15th Anniversary Edition

The Bread Baker's Apprentice
Mastering the Art of Extraordinary Bread
Peter Reinhart

全米製パン競技大会のチャンピオンと作る

アルチザン・ブレッド

ピーター・ラインハート　日本語版監修　竹谷光司　ハーパー保子 訳

楽工社

全米製パン競技大会のチャンピオンと作る

アルチザン・ブレッド

Contents
目次

謝辞　7
前書き　12
序文　17

1 人はなぜ、パンに魅せられるのか　23

2 パンを理解するためのレッスン　43

パン作りの前提条件とその論理的根拠　43
パン作りの12の工程　穀物の風味を最大限に引き出すために　65

3 レシピ　127

発酵種　128
　パート・フェルメンテ　129
　ポーリッシュ種　130
　ビガ種　131

アナダマ・ブレッド　132

アルトス：ギリシャの祝祭パン　136
　クリストプソモ　／　ランブロプソモ

ベーグル　140

ブリオッシュとブリオッシュの親戚たち　149
　リッチマンのブリオッシュ　／　ミドルクラスのブリオッシュ　／　プアマンのブリオッシュ

カサティエッロ　156

ハッラー　160

チャバッタ　163
　ポーリッシュ種を使ったチャバッタ　／　ビガ種を使ったチャバッタ　／
　キノコのチャバッタ（チャバッタ・アル・フンギ）　／
　チーズのチャバッタ（チャバッタ・アル・フォルマッジョ）　／　あめ色タマネギとハーブのチャバッタ

シナモンバンズとスティッキーバンズ　171

シナモン・レーズン入りクルミのパン　176

コーンブレッド　178

クランベリーとクルミ入りの祝祭パン　182

イングリッシュ・マフィン　185

フォカッチャ　187
　ポーリッシュ種を使ったフォカッチャ　／　ピザ風フォカッチャ

フランスパン　197

イタリアンブレッド　202

カイザーロール　207

ラバッシュ・クラッカー　211

小麦全粒粉入りの軽いパン　215

マーブル模様のライ麦パン　217

とびきりおいしいマルチグレイン・ブレッド　221

パン・ア・ランシエンヌ　225

パン・ド・カンパーニュ（田舎風フランスパン）　231

パーネ・シチリアーノ　235

パネトーネ　240

ナポリタンピザ　246

ポーリッシュ種を使ったバゲット　253

ポルトガル・スイートブレッド　256

ポテトとローズマリーのパン　259

プリエーゼ　263

サワードウ・ブレッドとそのバリエーション　269

 小麦の起こし種／初種／初種の種継ぎ
 基本のサワードウ・ブレッド（サンフランシスコ・サワードウ・ブレッド）　277
 サワードウ・ブレッドのバリエーション：ニューヨーク・デリのライ麦パン　281
 サワードウ・ブレッドのバリエーション：ライ麦100％のサワードウ・ブレッド　285
 サワードウ・ブレッドのバリエーション：ポワラーヌ・スタイルのミッシュ　289
 サワードウ・ブレッドのバリエーション：プンパニッケル・ブレッド　293
 サワードウ・ブレッドのバリエーション：ヒマワリの種入りライ麦パン　297

シュトレン　301

スウェーデンのライ麦パン（リンパ）　307

トスカーナ・ブレッド　310

ヴィエナ・ブレッド（ウィーンのパン）　313

ホワイト・ブレッド：3種類のバリエーション　318

小麦全粒粉のパン　322

発芽小麦と玄米のパン　325

オニオンとケシの実のフィリング入り、発芽小麦全粒粉のビアリー　329

メガリッチなシナモンバンズ＆スティッキーバンズ　332

最後の応用レシピ：薪窯で焼く天才職人が贈る2つのレシピ　336

 ジャガイモ、チェダーチーズ、チャイブ入りのトルピード　342
 ローストオニオンとアジアーゴチーズのミッシュ　347

パンに関する情報源　352

索引　353

本書に寄せられた推薦の言葉

この本の著者ピーター・ラインハート氏は、パン作りと若い生徒・職人の指導に人生を捧げ、現在も自身を「見習いの身」と呼び、学び続け、新たな発見を喜び、ベーカーズパーセントの啓蒙とパン作りに必要な理論と感性を大事にしています。パンは4000年の歴史を持ち、その美味しさは時代と共に進化を続けてきました。著者は本書で、今後も低温発酵、酵素の力等を取り込んだ新技術で、さらに美味しいパンの開発が進むことを予言しており、そのことに共感します。

竹谷光司（日本語版監修者）

プロのパン職人も家庭でパンを焼く人も、必ず書棚のコレクションに加えるべき一冊。

ナンシー・シルバートン（『パンの呼吸が聞こえる』著者）

アルチザン・ブレッドを作るプロの手法と、家庭での手軽なパン作りとの溝を埋めるように書かれた画期的な書籍だ。レベルの高いパンを作るためのコツやヒント、各種チェックリスト、計算方法、専門用語、完璧な発酵の秘訣などが、すぐに活用できる形でこの本に詰まっている。

ベス・ヘンスペルガー（『ベスのベーシック・ブレッド・ブック』著者）

ジェフリー・ハメルマンが書いた評価の高い本『Bread』が、製パン学校の上級コースだとするならば、本書は、その前段階の、中級コースにあたる本と言えるだろう。上達をめざすなら、まずは本書を読むことをお薦めする。

C・スプリング（製パン研究家）

私は埼玉県でパン教室を主宰しています。12年前に教室を始めて以来、多くの方に教えてきましたが、教える際の悩みのひとつが、一般の人がパン作りに入門した後に中級・上級へとステップアップしていくために書かれた情報や本がないことでした。一般向けの入門書と、プロ向けの専門書はあるのですが、その中間にあたる本がなかったのです。この本は、その一般人とプロの間の情報のギャップを、埋めてくれる内容になっています。家庭製パンを本格的にやりたい方、今までの家庭製パン用の本が物足りないと感じられている方に、ぴったりの本だと思います。また家でパンを作るだけでなく、パン教室を開業したいという方にとっても、とても役立つ本だと思います。

山田密穂（「自然派パン工房ぷれっちぇる」主宰。日本創芸学院・手づくりパン通信講座講師）

詳細に書かれたレシピと丁寧な指示のおかげで、今まで疑問に思っていたことがどんどん解決され、知識と技術が身についていく。まるでピーターが横に立って、個人指導をしてくれているように感じるだろう。

フロー・ブレイカー（"The Simple Art of Perfect Baking" 著者）

パン作りの初心者もベテランも、本書に感謝したくなるに違いない。ピーターが長年にわたって現場で積み重ねてきた経験と、卓越した指導技術がみごとに結実し、パン作りの名人といっしょにパンを焼いている気分にさせてくれる。

ローラ・ブロディ（"Basic Baking" 著者）

凡例（日本語版制作にあたっての注記）

- 〔 〕内の記述、および「＊訳注」と明記してある記述は、訳注です。
- 第3章のレシピについて。原書のレシピの分量は、日本の一般家庭向けとしては多過ぎるため、著者の了承を得た上で、日本の家庭用オーブンで再現可能な分量に調整しました。
- レシピの材料表においては、「日本仕様」と記してある分量が、日本の家庭用オーブン向けに調整した分量です。原則として原書のベーカーズパーセントをもとに算出し、必要に応じて最低限の微調整を行いました。
- 参考情報として、原書オリジナルの分量も、材料表内に残しました。
- 材料表内のベーカーズパーセントは、原書のものです。
- 本文および注の「焼成時間」は、「日本仕様」の分量用に独自に算出したものです。その他の記述も特記なき場合は原則として「日本仕様」の分量に合わせた記述にしてあります。
- レシピの材料表の表記の順番は、原書の順番を変更し、日本で推奨されている順番にしてあります（まず粉を基準として、生地に及ぼす影響力の大きいもの順）。
- レシピの材料表の「日本仕様」の分量表記について。生地に及ぼす影響が大きいもの（インスタントドライイースト、イーストフード、塩、およびごく微量のスパイス、エッセンス）については小数点第1位までとし、その他は整数表記としました。
- 「砂糖」はすべてグラニュー糖のことです。手順説明では「砂糖」としていますが、正確にはグラニュー糖のことです。
- コーシャーソルトは、米国でよく使われる粗塩の一種です。
- 生クリーム（高脂肪）とは、米国では脂肪分36％以上のものを指します。
- ミキサー、オーブンなどの家電製品に関する記述について。日米で電圧およびサイズ等の違いがあるため、原書の記述の一部を割愛しました。
- 原書には記述がありませんが、日本ではインスタントドライイーストは15℃以下の冷水では溶かさないことが推奨されています。ご留意ください。
- 本書の情報は、原書または日本語版の刊行時のものです。

謝辞 Acknowledgements

　この謝辞は、本書の旧版〔2001年刊〕の謝辞に少し手を加えたものです。旧版の制作に尽力してくださった皆さんの存在なくして、この15周年記念の新版〔2016年刊〕が生まれることはありませんでした。あらためてお礼を申し上げます。また、この謝辞の最後の部分には、新版の制作にかかわってくださった皆さんへの謝意を加筆しました。

　このようなテーマの本を作るためには、村がいくつかできるくらいの人数が必要になるものです。そこで私は厚かましくも、過去20年間を共に過ごしてきた村人たちの力を借りることにしました。まず、妻のスーザンに感謝します。またもや長期にわたって執筆に没頭する私に文句も言わず、忍耐と、たっぷりの紅茶とビタミンで支えてくれてありがとう。

　テンスピード社のチームはあらゆる面で最高の仕事をしてくれました。まず代表のカースティ・メルビルと、編集ディレクターのロレーナ・ジョーンズに感謝の意を表します。担当編集者のアーロン・ヴェーナーは熱意と的確なアドバイスで私を支え、作家の成功の陰には優秀な（そして過労気味の）編集者あり、という事実を今回も証明してくれました。アートディレクターのナンシー・オースティンは才能豊かな上にムードメーカーとしても一流で、チーム内の誰もが対等な立場で働ける温かい雰囲気を作り、クリエイティブな士気を高めてくれました。テンスピード社が本書の制作に心血を注いでくれたおかげで、私ももてる力を出し切ることができました。原稿整理担当のアンドレア・チェスマン、校正担当のシャロン・シルバ、索引担当のリンダ・バウチャードにも感謝します。

　ロン・マンビルは本書の写真撮影に全身全霊で臨んでくれました。ロードアイランド州プロヴィデンスに越してきて、近所にロンのような人がいたのは信じられないほど幸運なことでした。私の頭の中にあるイメージを、そのまま写真にし

てくれるのですから。彼といっしょに仕事ができて幸せでした。ロンと私の計画を完璧に実現してくれたのがリニー・リーミングで、撮影用小道具の使い方が斬新なうえに、彼女と仕事をするとほんとうに楽しくて力が湧いてくるのです。

　ジョンソン＆ウェールズ大学も、本書の制作に惜しみなく協力してくれました。とくに学部長のカール・グッゲンモスは、パンの試作と撮影のために大学の実験室や教室の使用許可を与えてくれました。また、世界的なパティシェでもある学科長のマーサ・クローフォードは、本書が目指すものを完璧に理解してくれました。調理学責任者のパメラ・ピーターズには、変わらぬサポートに感謝するとともに、つねに前向きな姿勢に敬服します。ジョン・イェナ博士、ジョン・ボーウェン、アービング・シュナイダー博士、トム・ファレルをはじめとする同大学首脳陣の力で、学内は先進的で創造性あふれる場になっています。広報担当アシスタントのリンダ・ボーリューは見事な手腕で、私の考えるパンの革命を世に広める手助けをしてくれました。素晴らしい教師であると同時に、パン作りにも並々ならぬ情熱を燃やす同僚のスティーブ・カルブルには、心からの感謝を捧げます。また、ペストリー作りの教師で、パン作りの名人でもあるシリル・ヒッツからは、成形技術を数多く伝授してもらいました。彼が2002年度クープ・デュ・モンド（ベーカリー・ワールドカップ）に向けて練習中の時期にも、時間を割いてくれたことに感謝します。ジョンソン＆ウェールズ大学のスタッフは誰もが、教育に対する真摯な姿勢と、知識を広めることへの情熱にあふれています。今の私にとって、彼らすべてが良き師なのです。

　私の生徒はみな私の教師でもあり、私は彼らから多くを学び、ときには助けられています。とりわけ、写真撮影で大いに手助けをしてくれ、私が松葉杖のお世話になっていたときには代わりを務めてくれた何人かは、名前を挙げて感謝の気持ちを伝えたいと思います。柴﨑史江、アレックス・モルナー、ジェニファー・パッサレッラ、ホサカ・リナ――君たちの教師であることを誇りに思うよ。

　私はジョンソン＆ウェールズ大学に勤務する前、カリフォルニア・カリナリー・アカデミーに籍を置いていました。私はそこでパン・ア・ランシエンヌ（P225）の探究を始めたのです。同校では光栄にも、ロバート・パークス、レッグ・エルジン、トニー・マラーノ、ニック・スネルといったシェフと共に働くことができました。彼ら以外にも優秀な人たちが大勢いて、現在アリスタ社で活躍するグレッグ・トンプキンスもその一人でした。また、同校で私の生徒だったピーター・ディクローチェにも感謝します。パーネ・シチリアーノに対する彼の情熱から、本書の斬新なレシピが生まれました。

　「ザ・ベイカーズ・ダズン」というユニークな組織と、創設者のマリオン・カニンガムとフロー・ベイカーに感謝するとともに、フラン・ゲイジ、キャロル・フィールドをはじめ、同組織の編集担当仲間にも感謝します。ブレインストーミング、編集会議、そして数えきれないほどのレシピ試作を重ねること7年、奇遇

にも本書の出版と同じ月に"The Baker's Dozen Cookbook"が刊行されることとなりました。同書の編集チームの一員として働くことで、パンそのものについて、またパンに対する愛情について多くを学ぶことができました。

地元のロードアイランド州プロヴィデンスの3軒のベーカリーからは、何かと力を貸してもらい、また撮影用のパンも一部提供してもらいました。アメリカ国内の多くの町と同じくプロヴィデンスも、パン革命のただ中にあります。その革命を担っているのは、人気の長時間発酵でパン作りに挑む、歴史あるベーカリーと新しいベーカリーです。「セブンスターズ・ベーカリー」のリン・ラムラス、「オルガズ・カップアンドソーサー」のオルガ・ブラヴォ、「ラサール・ベーカリー」のマイク・マンニには、素晴らしいパンを焼き、プロヴィデンスの人々のパンに対する意識を高める道筋を作ってくれたことに感謝します。

本書に収められた情報に関しては、今回も「ブレッド・ベイカーズ・ギルド・オブ・アメリカ」のお世話になりました。ディディエール・ロサダ、グレッグ・ミステル、ピーター・フランクリン、エイミー・シャーバー、トイ・デュプリー、クレイグ・ポンスフォードを筆頭に、数えきれないほどのパン職人が私に影響を与え、アメリカのパン事情を変えてきました。

本書の最後で、次世代の偉大なパン職人の代表としてティム・デッカーとクリスタル・デッカー夫妻を紹介しています。掲載を快諾してくれた夫妻に感謝します。また、私たちパン職人はすべて、自身の知恵を次の世代に伝えてくださったレイモン・カルヴェル教授に多大な恩義があることを忘れてはなりません。

フランスへの旅で出会った3人――リオネル・ポワラーヌ、フィリップ・ゴスラン、そして私のパリでの世話役だったステファニー・カーティスにも感謝します。彼らから受けた刺激が、本書を執筆するきっかけになりました。フランスでの経験がこのような形で結実するなど、当時は私たちの誰も思いもよらないことでした。そして、あの旅が実現したのは、ニック・マルギエリとジェイムズ・ビアード財団のおかげです。彼らが催したコンペティションが私を巡礼の旅へ送り出したのです。

レシピの試作を担当してくれた100名以上の人々には、感謝してもしきれません。彼らのほとんどはレジー・ドゥワークとジェフ・ドゥワークが創設したメーリングリスト「ブレッドベイカーズ・リスト」のメンバーで、このメーリングリストからは大量の情報や知識が途切れることなく流れてきます。彼らがみずから進んで私のレシピを試作し、素晴らしいコメントを送ってくれたおかげで配合率の微調整が可能になりました。ここに名前を挙げて感謝の意を表します。デナ・アルビー、トゥリース・エイムズ、バーリー・アングル、クレア・バナジアク、ロレイン・ベグリー、ケビン・ベル、デボラ・バーグ、ビル・バウワーズ、テリ・ブルックス、ボニ・リー・ブラウン、ドーン・バースティン、フランク・キャバリエ、テイミ・クラーク、ベヴ・コリンズ、マーガレット・コープ、コー

キー・コートライト、クリス・ダルリンプル、キャロリン・ダンダライズ、キャシー・デスてゥディオ、バーバラ・エドワーズ、マリリー・エヴァンズ、ジル・ファリモンド、エレン・H・G・フェンスター、ローズマリー・フィンチ、ナタリー・ファイン、シンシア・フレデリック、ジョー・グールド、ジム・グリブル、シャロン・ヘイル、パティ・ハンベルトン、ロイス・ハンセン、ダルシー・ヘラー、ジェーン・ヘルウィグ、ジェニー・ヘンスリー、バーニス・ヒックス、キャロリン・ホレンベック、ジョージ・ハウアー、アラン・ジャクソン、ベス・ジャーヴィス、クレア・ジョンソン、キース・ジョンソン、メアリー・ジョー・キングストン、イヴ・キニー、ロンダ・キルシュマン、パット・クラインバーグ、ジャナ・コカ、スーザン・クリストフ、ジム・ローラー、ドロシー・レアマン、シンディ・ルウェリン、ハイディ・リズィツキー、レス・ロイド、シャーリーン・マギー、アレクサンドラ・マホニー、リンデル・マーティン、タフィ・マトックス、ジャスティン・マッカティア、イヴォンヌ・マッカーシー、リン・マイルズ、ジョン・マレン、ジル・マイヤーズ、エリン・ネスミス、ローナ・ノーブル、ヴァレリー・ノートン、エド・オーキー、ラロンナ・ペイン、チャールズ・D・ペリー、ラリー・ピーターズ、ビル・ポテーレ、アンヌ・レイニッシュ、マット・リーム、ヘザー・レセック、ジョニ・レスパッシュ、ディック&ウィリス・リチャーズ、モーリーン・ライリー、ショーナ・ロバーツ、ウェンディ・ロビンソン、デビー・ロジャース、ジョアンヌ・ソイヤー、バーバラ・シュミット、パット・シャスター、ダン・シュワルツ、ジャッキー・シルバーグ、フィリップ・シルバーマン、エイミー・スメレック、ビル・スナイダー、ジェニファー・サマーヴィル、シェリ・スタート、ドーン・スウィンデルズ、ドナル・サッカー、スーザン・トーマス、マギー・タッカー、テリー・ヴラッサク、リー・M・ヴォーゲルハット、シンシア・ウェア、ダイアナ・ウォーシェイ、ジョン・ウェスフォール、ジョー・アン・ウィーゼ、アラン・ワース、ジョアン・ウォルッケンナウアー、ジョン・ライト、リタ・ヤゼル、タメラ・ヨアクム、マイケル・ザスマン。

　最後に、いつも私を支え、助言と励ましをくれるエージェントのパム・バーンスタインに心から感謝します。

　ここからは、15周年記念版の刊行に際し、旧版の内容をさらにグレードアップする手助けをしてくださった皆さんに感謝いたします。

　前回同様、最初にお礼を申し上げたいのは、エネルギーにあふれたテンスピード社のスタッフです。旧版の担当編集者で現在はテンスピード社の代表を務めるアーロン・ヴェーナーは、旧版だけでなくこの記念版の出版も企画してくれました。今回の担当編集者であるキム・レイドローは、ケリー・スノーデン、アリ・スレイグル、アシュリー・マトゥザック、ジェーン・チン、ケイト・ボーレンと力を合わせ、本書の出版を実現に導いてくれました。敏腕校正者のシャロン・シ

ルバは15年前に続いて今回も、私の実力以上に出来のいい本に仕上げてくれました。装丁担当のデビー・ベルンとクロエ・ローリンズ、そして広報担当のクリスティン・ケイスモアとエリン・ウェルケにも感謝します。

　過去16年にわたり、教師としての私の本拠地であるジョンソン＆ウェールズ大学は、私が作家としても教師としても心おきなく活動できるよう、つねに励まし、サポートしてくれています。私は同大学の最も新しいキャンパスであるシャーロット校で教壇に立つために、ロードアイランド州プロヴィデンス郡からノースカロライナ州シャーロットに転居しました。そして、次に名前を挙げる素晴らしい人々とともに働く光栄に浴しています。まず、初代学長のアート・ギャラガー。そして現学長のロバート・モック博士。教育副学長のタルン・マリク。料理学部の学部長マーク・アリソンとジェリー・ラヌッツア。ベーキングとペストリー学部の学部長ワンダ・クロッパー。学科長でシェフのエイミー・フェルダーとジェニファー・ギャラガー。製パンの教師として私の同僚であるシェフのハリー・ピーモエラーとアーミン・グロナート。私たちのキャンパスは、前向きな創造力と行動力をつねに生み出す力にあふれています。私にとっては上司や同僚のサポートが、長年にわたる執筆活動の活力源になっているのです。最後に、本書を含めて過去5冊の私の著書で個人的に校正を行ってくれたローラ・ブノワに、深い感謝の気持ちを捧げます。

前書き Preface

　改訂版の刊行にあたり、私の胸中には複雑な思いが錯綜しています。何よりも大きいのは、旧版を執筆したときより15歳も年をとってしまったことを認めたくない気持ちです。そんなに速く月日が過ぎるわけがないではありませんか。とはいえ、年を重ねるほどに時間の経つのが速くなるという事実は、徐々にではありますが実感するようになりました。この15年のあいだに、非常に優れたパンの本が数多く出版されています。そのおかげで、パン作りをする人たちのコミュニティは大きく広がり、知識や情報も昔とは比べものにならないほど入手しやすくなりました。

　旧版が出てからの15年間は、多忙な日々が続きました。5冊の著書を出版したり、人の本のために序文などを書いたり、国内外のカンファレンスで講演やプレゼンテーションを行なったりもしました（あの"TED"でもプレゼンをしました）。また、ロードアイランド州プロヴィデンスからノースカロライナ州への転居もありました。ジョンソン＆ウェールズ大学がノースカロライナ州にシャーロット校を新設することになり、私は開校準備を手伝うことになったのです。今は同校で教壇に立ち、妻のスーザンと楽しく暮らしています。振り返れば、たしかに慌しい日々でした。それでも、あれから15年もの月日が流れ、旧版が25万部以上を売り上げたなんて、いまだに信じられません。さらに、SNSでは本書のタイトル（"The Bread Baker's Apprentice"）の頭文字をとって、"BBA"という略称で呼ばれているとか。なんでも「BBAを制覇する会」というグループまであって、本書の全レシピ制覇を目標に、毎週ひとつのレシピを使ってパンを焼き、ブログに進み具合をアップしているのだそうです。旧版が出版された当時は、「ブログ」という言葉を耳にすることもあまりありませんでした。どうやら学びというものに終わりはないようです。これまで私も含めて多くの人がパンの本を

書き、さまざまな情報を発信してきましたが、それでも、やるべきこと、学ぶべきこと、そして教えるべきことは決してなくならないのです。

　さて、いま旧版を読み返してみると、自分を褒めたくなるところもあれば、「しまった！」と冷や汗が出るところもあります。またたく間に過ぎた15年のあいだ、パンの世界は劇的な進化を続けていましたが、それは同時に、小麦などの穀物は健康に悪いからとパンを排斥する動きに脅かされ、耐えてきた期間でもありました。旧版の序文を見ると、のちの自分にとって重要なテーマになったことの多くがすでに書かれていて、嬉しくなります。旧版以降の著書でも同じようなことを繰り返し書きましたが、あの序文ほどうまく書けたものはなかったと思います。ただ、自分の伝えたいメッセージはすべての著書できちんと伝えてきたつもりです。「私の著書はすべてパンを題材にしていますが、伝えたいテーマは"つながり"です」というのが私の口癖で、そのテーマをさまざまな形で表現してきました。そんなことを考えながら旧版の序文を読み返していると、はたして改訂版など必要だろうかと思ったりもしました。しかし、そんな思いはすぐに打ち砕かれました。"パン"や"つながり"の普遍的な概念は昔から変わることがありませんでしたし、これからも変わらないでしょうが、パン作りへの取り組み方に関しては、あっという間の15年に多くの変化が訪れました。第1章の最後に書いたように（これは私の文章の中でもとくに名文だと思います）、「パンが生まれて4000年以上経った今も、どうすればさらにおいしいパンを作れるのか、私たちはその答えを求めて終わりのない旅を続けているのです」。

　旧版の表紙の若い女性は柴﨑史江といい、あの写真を撮ったときは19歳で、私の製パンクラスの1年生でした。ロン・マンビルが撮った彼女の表紙写真は、今では伝説的な写真になっています。実は、あの写真は予定して撮ったものではありませんでした。たまたま彼女が丸いパンを手に取って運ぼうとしたとき、ロンが言ったのです。「史江、そのまま、動かないで」　そしてカシャッとシャッターの音。ポラロイドだったので、60秒待ったあと、みんなでその写真を見ました。その場にいたのは、アートディレクターのナンシー・オースティン、撮影用小道具担当スタイリストのリニー、撮影の手伝いに来ていた生徒が何名か。妻のスーザンもいました。その中の誰かが（誰だったかは思い出せません。なにしろ15年前のことですから！）言いました。「表紙はこれで決まり」と。

　この"15周年記念改訂版"の出版が決まったとき、編集者と私のあいだで制作方針についての相談が始まりました。写真は撮り直すべきか。新しいレシピを追加すべきか。旧版のレシピに手を入れるべきか、それともそのままにすべきか。さらに、改訂版の制作に際してすべての出版社と著者が直面

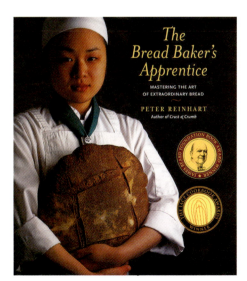

旧版の表紙

する、「本のイメージを一新するために、表紙の写真を撮り直すべきか」という問題もありました。このような問題はすべて検討に値する重要事項ですが、表紙に関しては、旧版の写真はインパクトがあって少しも古びていないのだから、撮り直す必要はないという結論にいたりました。そもそも、あの表紙写真を超えるものを作れるはずがないと、誰もが思っていたのです。史江は今、私と同じように15歳年をとり、日本でパティスリーシェフとして働いています。私は最初、彼女にアメリカまで来てもらい、新しい表紙写真を撮影しようと考えていました。旧版と同じように、史江にはジョンソン＆ウェールズ大学の制服を着てもらおう。そして、史江の横にはシェフコートを着た子どもが寄り添っていて、その子は旧版の表紙と同じような大きなミッシュ（大型のブール）を抱えている──そんな構図を描いていました。さぞかし魅力的な表紙になっただろうとは思いますが、結局、すでに最高の表紙があるのに変える必要などないという結論を出したのです。

　各章の初めの解説文や、パンの種類別の説明文については、新版用に書き直すのではなく、必要に応じてコメントを追加する形で情報を補足することにしました。レシピに手を入れた場合は、その旨のコメントをつけてあります。そういうわけで、基本的には旧版から大きな変更はありませんが、パン作りの手法は何点か改良したため、それに関する新しい記述は追加しました。改良点としては、まず延ばし＆折りたたみ（P77、P168参照）の使用を増やしたことが挙げられます。この手法は従来のミキシング法（P74「ミキシングのメソッド」参照）の代わりに使ってもいいし、2つを組み合わせてもかまいません。また、サワー種を使った手法（P269〜参照）にも改良をほどこしています。この改良は私の学習の成果であると同時に、パン職人仲間と、真剣にパン作りに取り組むアマチュアの皆さんの協力を得て実現したものです。そして最後に、この15年で自分が学んだことをお伝えするために、ボーナスレシピとして3つの新しいレシピを追加しています。

　旧版の功績として挙げたいことのひとつに、長時間発酵法の紹介があります。この手法は、私がパリで会ったフィリップ・ゴスランの手法に影響を受けて取り入れたもので、パン・ア・ランシエンヌ（P225）のところで詳しく説明しています。私は旧版で「長時間発酵法はパン作りにおいて非常に重要な手法になる可能性があるし、そうなるだろう」と予測し、その後、それが現実になっていくようすをワクワクしながら見ていました。具体的には、ジム・レイヒー（『ニューヨーク・タイムズ』紙で紹介された「捏ねないパン」のレシピの数々で有名）、ジェフ・ハーツバーグとゾーイ・フランソワ（『1日5分かけるだけで本格パンが焼ける！』〔邦訳は楽工社刊〕の著者）、ナンシー・バゲット（"Kneadlessly Simple（捏ねないシンプルなパン作り）"他の著者）をはじめ、長時間発酵法を取り入れる人が増えたことと、長時間発酵法を使うベーカリーが増えてきたことで、こ

の手法が広まっていると実感しました。今になってみれば、時間と温度と材料を自由にコントロールするために、発酵法、前発酵、酵母のはたらきなどの先進技術を利用するのは、当然のことに思えます。しかし、最近の書籍と昔の書籍を比べてみると、ここに至るまでの道のりがいかに長いものだったかがよくわかります。

　1986年に初めてベーカリーを開いたとき、私はカップやスプーンで材料の計量をしていました。比率やパーセンテージといった概念、つまりパン職人にとってきわめて価値のある「ベーカーズパーセント」の存在に気づいたのは、開店から7年が過ぎたときでした。ベーカーズパーセントはレシピを公式として捉えるもので、この基本的な知識を手に入れたことが私の人生を変え、無限の可能性が目の前に広がったのです。そして、パン職人を辞めて製パンを教える立場になると、生徒からこんな質問が出てきました。「もし、その方法じゃなくてこの方法でやったら、どうなりますか？」　また、最初の本が出版されて取材を受けたときには「なぜパンはこんなに人を夢中にさせるのですか？」という質問をよく受けました。このような質問の答えを探そうとする過程で、私はいやおうなく成長していったのです。そして、パンの世界を深く知るにつれ、すでに答えが出ていることもあるけれど、まだ答えが見つかっていないこともあるに違いないと思いいたりました。私たち人類は何千年というパン作りの歴史をもちながら、探索すべき未知の領域がまだあるのだという気づきは、驚き以外のなにものでもありませんでした。本書は、そんな未知の領域に続く扉を開け、新たな未知の領域に、さらにその先の未知の領域に踏み入る探求の旅に私を送り出してくれたのです。今、私には確信をもって言えることがひとつだけあります。それは、何かを知るため、とくに自分自身を知るための探求の旅に終わりはないということです。自分は永遠に見習い職人であると自覚することこそ、あるべき心がまえなのです。

序文 Introduction

> パンが発明されるまでは、どんぐりはけっこうなご馳走だった。
> ──紀元125年 デキムス・ユニウス・ユウェナリス（古代ローマの風刺詩人）

　私はかつてパン職人で、風光明媚なカリフォルニア州ソノマ郡で楽しくパンを焼いていました。その後、いくつもの出来事が複雑に絡み合った結果、ロードアイランド州プロヴィデンス郡にある世界最大の料理学校、ジョンソン＆ウェールズ大学で製パンを教える職に就きました。ロードアイランドは州といってもとても小さな州で、面積はカリフォルニア州ソノマ郡より小さいくらいです。州というよりも都心と郊外から成る大都市といった趣でしょうか。ロードアイランドには独特の魅力がありますが、私はその魅力に惹かれてソノマからこの地に越してきたわけではありません。その経緯については過去の著書で述べていますので、ここで詳細を繰り返すことは避け、大切なことを要約して記そうと思います。私は人生の師と言える人々から多くを学んできて、「知識を伝える」ことの大きな意義に気づいたのです。それはパンに関する知識であっても、それ以外のことであっても同じです。それが教職を選んだ理由でした。ですから、パン作りに成功したときよりも、優秀な生徒を育てるのに成功したときのほうが、喜びが大きいほどです。

　私の最初の著書 "Brother Juniper's Bread Book: Slow Rise As Method and Metaphor" が出版されたのは25年以上前のことです。それ以来、パンに関する素晴らしい書籍が何十冊と出版されています。その中には、さまざまな国々のありとあらゆるタイプのパンを集めて数百種類のレシピを収め、形も穀物の配合率も膨大な種類に及ぶものがあります。たとえばキングアーサー・フラワー社の『ベイカーズ・カタログ』は、最初はごく限られた人向けの刊行物でしたが、今ではアメリカ中にあふれる"パン・マニア"たちの情報源として伝説的な存在になっています。ホームベーカリーはどの家庭にもある家電になり、しかも多くの家庭では台所の飾りものではなく、実際に使われています。また、ホームベーカリー用レシ

ピ本は、シングルローフの秘伝のレシピの情報源として最適で、家庭に代々伝わるレシピが載っていることもあります。ある種類のパンについて生徒から質問を受けたりして、そのパンの"素性(すじょう)"を手早く調べる必要があるときに私がまず向かうのは、ホームベーカリー用レシピ本の並んだ本棚です。パンの百科事典、パンに関する"究極の"本、アルチザン・ブレッドとその職人の本、そしてブームを反映してパン作りだけをテーマにした膨大な数のウェブサイトとメーリングリストも、パンの世界を彩っています。

　私は最近出版した著書に、『パン革命』というタイトルをつけたかったのですが、ちょっと物騒な響きだったようで、「だいたい、何に対する革命なんですか？」と編集者から言われました。次に考えたのが『パンのルネッサンス』ですが、これは気取りすぎのように思いました。パンに関する鼻持ちならない発言で最も有名な人物といえば、「パンがなければブリオッシュを食べればいいのに」で知られるマリー・アントワネット。ギロチン台に散った彼女が浮かんで、このタイトルも却下となりました。その後も真剣に討論を重ねて、"*Crust & Crumb : Master Formulas for Serious Bread Bakers*（クラスト＆クラム：本気でパンを焼く人のためのマスター・フォーミュラ）"に落ち着きました。このタイトルにしてよかったと思っていますし、多くの読者からも「内容にふさわしいタイトルだ」とのコメントをいただきました。私は同書を通じて、自分の教師としての使命だと考えているものを追求することができました。それは、情報を総合し、現代において使用可能な知識に体系化し直すことです。同書の「マスター・フォーミュラ（基本の配合率、公式）」という概念によって、家庭でパンを焼く人たちや、プロの人たちもレシピに頼ることをやめ、パン職人の考え方をするようになりました。それは、まず配合率にしたがって体系的に考え、次に「勘」という理屈では説明できないものを使ってパンを焼くということ。すなわち、作業工程の背景にある理由も知らずに、ただやみくもにレシピに従うのとは違う考え方です。

　知識は力です。そして教師の仕事は、教えることが何であれ、生徒に力を与えることです。真の職人なら皆同じですが、パン職人も出来上がりをコントロールする力を持たなくてはなりません。この「力を与える」という考えは、普遍の原理であり、私が教師という仕事を愛する理由のひとつでもあります。中世の職人ギルドを重要で権威あるものにしたのが、この考え方です。当時の職人の徒弟制度において、新人は他のメンバーと同等に扱われました。そして、伝統を受け継ぐ者がパン職人であろうと、大工、石工、肉屋、ロウソク職人、あるいは料理人であろうと、向上心あふれる職人であれば、何が人生を意義あるものにするのかを共に解明していこうとしました。ギルドでの修行は宗教的な啓蒙と読み書きなどの基本的な教育を兼ね備え、「上質」「美」「善」といった精神を世の中から絶やさないための礎(いしずえ)になったのです。この新しい本を出すことで、私は皆さんとともに未知の領域に飛びこもうと思います。ただパンを作るのではなく、思いどお

りのパンを作る力を手にしていただくために、徹底的に可能性を探求したいのです。優秀なパイロットはときに、マニュアルではなく勘に従って飛ぶことを求められます。それと同じようなパン作りの方法を皆さんに教えることが、私の目標です。

　本書を書き始めたとき、仮のタイトルは『パンのディコンストラクション（脱構築）』でした。なかなか気の利いたタイトルとはいえ、哲学用語としてのディコンストラクションはずいぶんと容赦ないもので、対象となる物からロマンも神秘も剥ぎとって、物自体を見るということです。私のこれまでの著書を読まれた方なら、それが私の流儀でないことはおわかりでしょう。私はロマンも神秘も大好きですし、パンこそが人生の意味を説明する神秘的な象徴だと考えています。パン作りが単なる作業だったら、歴史的にも精神的にも、パンがこれほどまでに大きな影響を私たちの人生に与えることはなかったはずです。パンを解体して本質に迫る際の私の目標は、未知の領域に踏みこむことです。今、パンに対する考えは新たな次元を迎えています。私は枠から飛び出して、パン職人ギルドの先達

のように、神秘とロマンがさらに強い力を持ち、さらに大きな喜びをもたらしてくれる場所に行きたいのです。

　本書では、伝統的な12の作業工程という枠組を通してパン作りを考察します。この枠組みによって、パン作りを大きな流れとして捉えることができます。そして、その流れの中で私たちは深く、さらに深く進み、その過程で基礎を確立していきます。

　私の目標は皆さんを教科書の文言に従うだけのパン職人にすることではありません。教科書の奥にある精神を汲み取るパン職人になるお手伝いをしたいのです。つまり、パン作りをするうえで自分にどんな選択肢があるのかを知っていて、その中から自分が望む仕上がりにつながるものを自由に選べる人です。既成の枠から飛び出して未知の領域に踏み入り、もてる知識を駆使して、可能性の限界に挑むようなパンを作る人になってほしいのです。このような自由が実現するのは、普遍的な原理とパン作りの原理が一体となる中で、パン作りの形式と構造を習得したときか、少なくとも理解したときだけです。熟達の技能は修行を重ねてこそ身につくもの。そして理解は、先入観を捨て、本書を使って私と共にあきらめずにやり通すことで身につきます。また、これまで読んだ他のパン作りの本を新たな視点で読み返すのも大事なことです（けっして伝統的なパン作りの本を捨てたりはしないように！）。

　本書には何百とまではいきませんが、50以上のレシピが収められています。取り上げているのはおなじみのパンばかりですが、本書のレシピをマスターすれば、格段にグレードの高い仕上がりになります。ときには革新的な手法を用いていますが、その手法は他の本のどんなレシピにも応用できるものです。人は誰も、好みのパンがあります。その味覚に関する記憶が感情に結びついている場合もあるし、育った環境の食文化が理由という場合もあるでしょう。けれど、長年パンを焼いてきて気づいたのですが、あのパンをまた食べたいと思う理由は、個性的な風味でもなければ、珍しい材料でもないようです。時間と温度を巧みに操って穀物の風味を最大限に引き出すことができ、最高の仕上がりになったパン——人はそんなパンに感動し、評判が広がるのです。かねてからの私の持論ですが、ピザというものは、トッピングの豪華さなど関係なく、クラストさえほんとうに美味しければ人の記憶に残るのです（なのにこの条件を満たすピザのなんと少ないことか）。これはピザ生地だけでなく、パンに関しても同じです。

　皆さんは本書でパンに関する冒険をすることになりますから、実践的な内容に入る前に、第1章を私の冒険物語から始めようと思います。そのあとでパン作りに関する私の理論やアイデアを解説し、続いて出てくるマスター・フォーミュラ（基本の配合率）の使い方を皆さんが理解できるようにします。そしていよいよパン作りの実際の工程に入り、数々のマスター・フォーミュラを応用していきます。

1 人はなぜ、パンに魅せられるのか

　1999年8月7日、オレゴン州ポートランド。その地域に典型的な霧雨の降る肌寒い天候の中、サウスウェスト地区フォーブロックエリアのポートランド州立大学近くの公園は、何千人もの巡礼者であふれかえっていました。巡礼者とはいっても、宗教的な理由で集まったわけではありません。世界で最もさまざまなものを象徴する食べ物――パンに対する新しく湧き起こった情熱をもって、パンを崇めるために集まったのです。それもただのパンではなく、太平洋岸北西部のパン職人が作る、最高レベルのパンです。職人たちが使う技術には、偶然発見された技術もあれば、ごく最近になってブレッド・ベイカーズ・ギルド・オブ・アメリカが広め始めた、ヨーロッパの古い秘伝の技術もあります。「サマーローフ・フェスティバル」と名づけられたこの集まりは、かつてない画期的な食の催しとして、やがて全国的に知られるようになりました（【備考】ただし、この催しはパンのフェスティバル第1号ではなく、最初に催されたパンのフェスティバルはサマーローフ・フェスティバルの2年前、カリフォルニア州ソノマ郡で開催された「グレイネッサンス（穀物のルネッサンス）・フェア」でした）。

　サマーローフ・フェスティバルで展示されたのは、フランスではシンプルに"pain ordinaire"（ふつうのパン）と呼ばれる、いわゆるフランスパンです。まだ歴史の浅いアメリカの若いパン職人は、フェスティバルのブースに何十個ものフランスパンを誇らしげに並べていました。彼らは本物のフランスパンのたった4つの原料――粉、水、塩、そしてパン酵母――から複雑な風味が生まれることに気づき、今も昔も変わらぬパン職人の難しい技に挑んだのです。それは、小麦のもつ可能性を最大限に引き出すこと。そのためには、パンのほとんどを占める無味のデンプンを分解し、単糖を解放する方法を模索しなければなりません。昔ながらの技と現代的なテクニックを使って首尾よく成功すれば、幾重にもかさな

る風味の層が姿を現します。たとえるなら、じっと見つめていると立体的に見えてくる絵のようなものです。パンを噛んでいると出てくる唾液酵素のはたらきもあり、舌の5つの味覚ゾーンうち、まず甘味ゾーンで風味に出合います。次に塩味が訪れ、そのあとには舌の両サイドで甘味か酸味（度合いはパンによって異なる）が感じられます。最後はパンを呑みこむとき、舌の中央奥が刺激されて旨味（うまみ）が口いっぱいに広がります。このナッツのような風味は鼻腔（びくう）を芳香で満たし、15〜30分ものあいだ留まって、息を吸いこむたびに、最高クラスのパンだけがもたらす得（え）も言われぬ余韻に思わず声が漏れます（まれに感激のあまり両腕をバタバタする人もいます）。パンはこのような味覚の喜びだけでなく、聴覚や視覚の喜びも与えてくれます。クラストに歯を立てたときのパリッという音や、咀嚼（そしゃく）して砕けていくときの音の楽しさ。深みのある、少しくすんだような赤味がかった茶色のクラスト。クラストに斜めに入れたクープが、焼かれて開いたよう。カリッと焼けてクープから盛り上がったクラストは、まるで誇らしげに唇を突き出しているように見えます。ここまで見事に仕上がったパンなら、姿も美しいはずです。私が籍を置く料理学校では、料理はまず目で食べるもの、と教えています。

　私は大規模な料理学校でパン作りを教えています。生徒はほとんどが、これからパティシェかパン職人を目指す人たち、もしくはまもなくその職に就く人たちです。私は9日間に満たないコースの中で、自分がパンについて知ることのすべて、あるいはほぼすべてを彼らに教えなければなりません。そのためにまず何がしたいかといえば、生徒をサマーローフ・フェスティバルとグレイネッサンス・フェアに送り出すことです。あるいは、数百軒のベーカリーを擁するパリの町に送りこんで、かつての私と同じように、パン革命のロマンに浸ってもらうのもいいでしょう。しかし現実に戻ると、私の職務は彼らにパン作りのフォーミュラを教え、オーブンの安全な使い方を教えること。それに、スパイラルミキサーや縦型ミキサーなど、焦って生地に触れようとすると手をもぎとられかねない、危険な道具の使用法を教えることです。こういう事柄は退屈ではあっても安全なパン作りには欠かせませんから、急いで教えたあと、パン作りの夢が詰まった、"生地に触れる"授業に進みます。生徒はここで、パン作りの魔法にかかるのです。たいていは3日目か4日目あたりで、ほとんどの生徒にその魔法が訪れます。

　アメリカ人の禅修行僧が焼いたパンを売る「タサジャラ・ベーカリー」がサンフランシスコにオープンしたのとほぼ同じ頃、『禅とオートバイ修理技術』〔邦訳は早川書房刊〕という本が出版されました。著者のロバート・パーシグはこの本の中で、バイクに乗る人には2種類あると書いています。ひとつは、色々な道具を使ってバイクをいじるのが好きな人たち。もうひとつは、ただバイクに乗って頬に風を感じながら走るのが好きな人たち。パン職人も同じように分類できます。技術や機械に興味のあるタイプは、カンザス州マンハッタン市の「アメリカン・インスティテュート・オブ・ベーキング」という素晴らしいスクールに行くこと

が多いようです。そこで、小麦の特徴や、多様な糖類がさまざまな酵母に及ぼす影響をしっかり学びます。さらに生地の配合率、使用する数々の装置、方法論などを学び、卒業生は多くの場合、大手製パン会社で技術面の担当者となって高収入を得、1日4万個以上のパンを生産する中で問題解決にあたり、滞りなく操業できるように管理します。

　もうひとつのタイプは、頬に当たる風を愛するパン職人です。小さなベーカリーを開き、いわゆるアルチザン・ブレッドを作る人が多いようです。余談ながら、最近は「アルチザン」という言葉が乱用されて、ほぼ意味のない言葉になってしまったのは悲しむべきことです。さて、このタイプのパン職人は、自分の焼いた"ローフ"のこととなると、つい熱くなる傾向があります。彼らにとって自分の焼いたパンは"商品"ではなくて、あくまでも"ローフ"なのです。多くはヨーロッパに足を運び、ポワラーヌやガナショーといった有名店を訪れ、年間を通して気の向いたときに開かれるパン職人ギルド集会所の会合に参加し、バゲットの成形技術がどうだとか、このあいだ試験的に作ったチャバッタの水和能力はどうだとかいったことを話し合います。彼らは哲学的思索を好み、書物をひもとき、また自分でも本を書いたりします。真の職人と大量生産者との曖昧な境界線について、あるいは在来種の小麦を栽培する小規模農家支援のメリットについて議論を戦わせます。このタイプのパン職人は、新しい技術を学んだり、フランスからレイモン・カルヴェル教授が町にやってくるらしいと聞いたりすると、とても興奮します（【備考】旧版執筆当時、パン作りの神様といわれたカルヴェル教授は80代後半でした。教授は1994年にブレッド・ベイカーズ・ギルド・オブ・アメリカと共に制作した素晴らしいビデオ・シリーズの中に、自身の知識を余すところなく詰めこんでいます。カルヴェル教授は2005年に逝去されました）。フランスやドイツなど、いいパンが見つかりそうな国に行けば、新しいアイデアを持ち帰り、その地で仕入れた話題を提供して職人仲間との話はさらに盛り上がります。

　このような起業家精神をもつパン職人がアメリカにおけるパン事情を大きく変えているわけです。彼らより年若い私の生徒たちも、いつかは技術職タイプか情熱家タイプか、あるいはその2つを併せ持つタイプになるでしょう。パンに魅力を感じないままで終わるタイプの生徒もいます。もともと生徒の多くは、おしゃれなデザートやウェディングケーキのクラスに進むために必要な前段階だと考えて、私のクラスを受講します。けれど授業が始まると、パン・オ・ルヴァンやきのこのチャバッタ、パン・ア・ランシエンヌなどに魅せられてしまうのです。しかし中には、明けても暮れても続くバゲットの成形（これが意外と難しいのです）といった、同じ練習の繰り返しに悪戦苦闘し、クープを均一に入れようとして失敗に終わる生徒もいます。1クラスの生徒は約20名。授業開始から9日目の最終日に、その中の誰がパン職人の素養を見せ始めるのか、スタート時には見

当もつきません。ただ、そういう生徒が出てくることはたしかです。たいていの生徒はパン・ア・ランシエンヌ（P225）を試食するまでにパンの魅力に目覚めますが、もしそれまでに目覚めていななかったとしても、パン・ア・ランシエンヌを経験すればパンのとりこになります。それでも目覚めの訪れない生徒がいれば、私は全力を尽くしたのだから、チョコレートかケーキのクラスで彼らの目覚めが訪れますように、と祈ります。

　私の教え子たちの多くは卒業して久しく、今はパン作りの現場で働いています。そして、ときどきメールを送ってくれたり訪ねてきてくれたりして、現場での"戦い"について話を聞かせてくれます。最初に想像力を刺激されたのがパン・ア・ランシエンヌだったと、多くの教え子から聞きました。今では職場で多種多様なパンを目にしているというのに、そのパンのことが頭から離れることはないといいます。パン職人ではなくパティシェになった生徒でさえ、そうなのです。

　私がパン・ア・ランシエンヌを知ったのは、1996年、パリでのことでした。前年の1995年、私はジェイムズ・ビアード財団主催の全米製パン競技大会（National Bread Competition）で優勝しました。シンプルなサワー種(だね)を使った田舎風のブールで優勝したのですが、そのパンはサワー種のスターター（初種(だね)）の比率が通常よりかなり高いものでした。賞を獲ったパンを焼いたのは、マンハッタンのウェストサイドにある「エイミーズ・ブレッズ」という店です。そのエイミー所有の高価なボンガード社製スチーム付きオーブンから取り出したパンを、すぐさま友人のジョエルの車のトランクに積みこみました。ジョエルは鍵屋という職業柄、町のどの道を通ればいちばん早く移動できるか熟知していて、グリニッジビレッジのジェイムズ・ビアード・ハウスまで私とパンを無事に送り届けてくれました。

　ジェイムズ・ビアード・ハウスはアメリカ食文化のメッカといわれる場所です。ジェイムズ・ビアードは恰幅(かっぷく)のいいフードライターであり、アメリカで最も有名な美食家でもある人物でした。1982年にビアードが亡くなったとき、友人や同僚が集まって、アメリカで高まりつつある食への関心の火を絶やさないように、ビアードの名を冠した財団を設立しました。やがて彼らはビアードの自宅のローンを払い終え、将来有望なシェフのための、食の博物館のような場所に作り変えました。それがビアード・ハウスで、ハウスでは定期的にテーマを決めて食のイベントを催し、そのために招いたさまざまな分野の食のアーティストが調理にあたります。また、優れた料理書やアメリカの一流シェフに毎年授与される、その名も「ジェイムズ・ビアード賞」の式典はオスカーのような華やかさです。

　全米製パン競技大会を指揮したのはニック・マルギエリでした。ニックはピーター・カンプ・ニューヨーク・クッキングスクール（2001年、「インスティテュート・オブ・カリナリー・エデュケーション」に改名）のベーキング部門主任講師で著書もあり、また生前のビアードと親交がありました。決勝戦に先立

ち、ニックはアメリカ中を旅して地方大会の開催にあたり、各地方の優勝者8名を、1995年1月にニューヨークで行われる決勝戦に招待しました。

　この前年の1994年10月、カリフォルニアで開かれた地方予選で、私はクレイグ・ポンスフォードをおさえて優勝しました。予想外の展開でした。というのもクレイグはその約2年後、パリで行われたパンのオリンピック「クープ・デュ・モンド・ド・ラ・ブーランジュリー」で、パンの世界チャンピオンの座についた実力の持ち主だからです。カリフォルニアでの地方予選は、クレイグが接戦で負けた唯一の大会でしょう。優勝者として私の名が呼ばれたとき、私は思わずクレイグに「信じられない」と囁いたのですが、「僕もだよ」という言葉が返ってきたのも無理はありません。クレイグの出品したパンはサワー種を使ったマルチグレイン・ブレッド（複数の穀類を配合したパン）で、成形は非の打ちどころがなく、複雑な風味がぎっしり詰めこまれていました。彼はカリフォルニア州ソノマ郡にある自分の店「アルチザン・ベイカーズ」で出品用のパンを焼いてきていました。一方、私の出品した2つの大型のブールは、決勝戦の3か月前から培養していたスターターを使って自宅で焼いたもので、ピザストーンにのせ、植物用の霧吹きで水を吹きかけて作りました。ほとんどのサワードウ・ブレッドは生の小麦粉に対して25〜30％のスターターを使うのですが、私のサワードウ・ブレッドはスターターの比率が80％という非常に珍しいものでした。オーブンから取り出したパンは横と上に向かって広がったような形で、少しいびつでした。表面のクープはまあまあの出来で特に魅力的とも言えず、焼かれて開いた切り口はわずかに盛り上がっただけで、クラストが立ち上がるほどではありません。しかし、一晩かけて冷蔵庫で十分に発酵させたおかげで、クラストはみごとな黄金色の輝きを放ち、火ぶくれのような小さなぶつぶつができていました。フランスの本物のパンの水準からすれば、私のパンは優勝に値する質ではなかったでしょう。けれど、あの日、あの審査員たちにとっては、私のパンの素朴さと酸味のきわだった味わいが、完璧ではあるけれど素朴さにやや欠けるクレイグのパンに比べて、一日の長があったのでしょう。

　地方選の優勝賞品は、決勝戦が行われるニューヨークへの招待です。私は喜んで賞品を受け取りましたが、決勝で本物の賞品を手にするためには、もっといいパンを作らなければならないとわかっていました。決勝大会の賞品は、1週間パリに滞在し、自分の選んだブーランジュリー（ベーカリー）で研修を受ける権利でした。

　製パン用オーブンと家庭用オーブンでは、パンの焼き上がりに天と地ほどの差が出ます。ただ、たとえ最高のオーブンを使っても、生地がきちんと発酵していなければおいしいパンは焼けません。小麦粉などの材料が良いものだという前提で言えば、発酵こそが一流のパンの鍵です。自宅のお粗末な電気オーブンを使ったにもかかわらず地方予選で優勝できたのは、私の生地が素晴らしかったからで

す。植物用霧吹きと電気オーブンの機能を駆使して、ボンガード社、ティブレッティ社、ヴェルナープフライデラー社といった本格的オーブンのスチーム噴射を真似ようとするのは、大胆不敵な試みでしたが成功し、私の持論が正しいことが証明されました。パンの焼き上がりを決めるのは80％が生地で、オーブンの影響はせいぜい20％だというのが私の持論です。

　さて、ニューヨークのマンハッタンにある「エイミーズ・ブレッズ」に赴いた私は、地方予選よりもさらにいい生地を作ることができました。予選のあと3か月にわたり、材料の配合率とミキシング時間について重ねた研鑽のたまものです。

　「エイミーズ・ブレッズ」のオーナーのエイミー・シャーバーとトイ・デュプリーは大会のあいだ、自分たちの作業の合間に快く厨房を使わせてくれました。エイミーはアメリカのパン革命を担う第一人者で、ブレッド・ベイカーズ・ギルド・オブ・アメリカ創設期からの役員です。おまけに優れたビジネスウーマンでもあります。「エイミーズ・ブレッズ」の看板商品のひとつ、セモリナツイストはまたたく間に売り切れてしまう人気商品です。セモリナ粉のパン（パーネ・シチリアーノ。P235参照）は、アメリカで増えてきている本物のパンの代表と言っていいでしょう。私自身もセモリナ粉のパンには関心を持っていたのですが、エイミーの作るパンを食べて、その気持ちはますます大きくなりました。

　他人の店でパンを作るのは非常に難しいことです。当時のエイミーは温度管理のできる発酵容器を持っていなかったため、私は室温を元に発酵時間を見積もらなければなりませんでした。私のレシピの秘訣のひとつは、成形した生地を一晩冷蔵庫で寝かせて長時間発酵させることです。そうすることで、乳酸菌による発酵が野生酵母による発酵に追いつき（この2種類の発酵とさまざまな酵素のはたらきが、サワー種で作るパンの要です）、焼成前の適切な大きさに膨らむ過程でデンプンは分解して糖になります。ところが翌朝、パンを焼こうとエイミーの店に行ってみると、生地の膨らみ方はオーブンに入れられるサイズからはほど遠いものでした。私は、ウォークインタイプ冷蔵庫の温度を計算し間違えていたのです。なんとか生地を温めて目覚めさせ、膨らんでもらわなくては。凍えるようなニューヨークの朝、発酵容器を持たない私はまったくの無力でした。そんな私にエイミーは、店の中でいちばん暖かい場所は、地下室に続く階段の上だと教えてくれました。「生

焼き上がったばかりの田舎風ブール。ロードアイランド州プロヴィデンス郡にある「セブンスターズ・ベーカリー」のスペイン製の窯から出されるところ。

地の膨らみが足りないときは、ここに置くの。でも、生地をのせたラックが階段から転げ落ちないように気をつけて」という警告とともに。私は布で裏打ちした柳細工のカゴ（バヌトン）に成形した生地を並べ、カゴをのせたキャスターつきのラックを2台、地下室から暖かい微風が漂ってくる階段の上まで押して行きました。そのとき午前8時で、パンを焼き上げるタイムリミットは正午。正午にはジョエルが迎えに来て、凍てつく通りを車でグリニッジビレッジまで送ってくれるのです。しばらくのあいだ、私にできるのは、ただ待つことだけ。そして生地が暖かさに反応して膨らんでくれるよう、願うだけです。「階段の上にラックがあるからぶつからないように。さもないと大事な生地が地下に転がり落ちてしまうから」と従業員たちに注意して、私は外に出ました。そして9番街でベーグルを買い、『ニューヨーク・タイムズ』日曜版を読みました。それはカリフォルニアに住んで25年間、味わうことのなかったぜいたくでした。

　2時間後に店に戻ると、ラックは無事に階段の上にあってホッとしましたが、生地はまだ膨らみが足りません。私は午前11時を最終期限にしようと決めました。そして、それまでの1時間、店の人たちといっしょにパンの成形をしたり、パンに関するあれこれを語り合ったりして時間をつぶし、11時になって生地を確認しました。まだ焼くには小さすぎましたが、オーブンの中でスチームを噴射されて、しっかり膨らむのを期待することにしました。私が作っていたのは2つのサイズのパンで、540gのバタール（魚雷形のパン）と、1360gのミッシュ（大型のブール）でした。私は生地をスリップピールに並べ、斜め格子、斜線、星形などのクープを入れると、スリップピールを奥行き180cmのオーブンに押しこみました。このとき、いくつかある専用のストッパーにスリップピールの縁をはめこみ、次にこれをオーブンから引き抜いていくと、生地はひとつ、またひとつと炉床の上に規則正しく落ちていきます。炉床にすべての生地が並んだのを確認し、スチームのスイッチを押すと、オーブン内部に激しいスチームが20秒間、噴射されました。スチームが生地の表面を潤してクラストの形成を遅らせ、パン酵母が最後の食事に励むあいだに生地が限界まで膨らむことができます。やがて生地の中心温度が60℃以上になると、働き者のパン酵母は全滅します。通常、生地はオーブンの中で10〜15％ほどサイズが大きくなります。しかし、あの決勝戦の日、あのオーブンの中で、私のあの生地はなんと、20％も大きくなったのです。クープも完璧に開き、切り口のクラストは十分に盛り上がって、そこをつまんで運べるほどでした。パンの表面はカラメル化によって赤味を帯びた豊かな褐色に輝き、その姿の美しさ、食欲をそそってやまないその魅力は、涙が出るほどでした。いえ、ほんとうに涙が出ました。

　そのとき、まるでタイミングを見はからったようにジョエルの車が店の前に止まりました。彼はトランクの中の商売道具を脇に寄せてスペースを作り、30個ほどのパンを空の小麦粉袋に詰めるのを手伝ってくれました。そのあとはもう、

たくさんのハグと、たくさんの「がんばって！」「ありがとう！」を繰り返して、店をあとにしました。会場に着くと、最も出来のいいパン2個を審査用に選び、残りのパンはテーブルの下に置きました。これで、審査を待つ以外にすることはありません。ジョエルとふたり、近くのカフェでカプチーノとホットチョコレートを飲みながら、互いの近況を話し合いました。ジョエルは鍵屋の物語を出版社に売りこんだばかりで、私もパンに関する本のアイデアを別の出版社に持ちこんだところでしたから、パンの話ではなく作家としての話に花が咲きました。パン作りと本づくりには共通点がたくさんありますね。

　1時間後、私たちは結果発表を聞きに会場へ戻りました。出品されていたパンの中で私が最も素晴らしいと思ったのは、ブルックリンにある「ブルーノ・ベーカリー」のビアジオ・セッテパーニのパンでした。見た目は私のパンほど美しくありませんが、味は素晴らしいとしか言いようがなく、甘みがあってなめらかなクラムはみごとでした。寒い冬の朝、口どけのいい小麦のホットシリアルを食べたときのような、満たされた気分になる味わいでした。ビアジオと息子、そして私とジョエルはテーブルをはさんで、数百名のゲストと観客の試食用に、持参したパンを小さくスライスしました。他のファイナリストはテキサス、オレゴン、ワシントン、セントルイス、ボストンから集まってきていました。どのパンも素晴らしく、表面にココアで花模様を描いて焼きつけた1800gのライ麦パンなどもありました。見た目は私のにそっくりなパンもありましたが、中身のクラムは私のものより堅く、ややパサついていました。私のパンは、それまでの最高傑作だったと思います。内側（クラム）と外側（クラスト）が絶妙にマッチして、クラムは風味も食感も申しぶんなく、焼きたてで温かいうちから、口に入れるとしっとりとした感触が広がりました。複雑な酸味がいい仕事をして、噛むたびに新しい風味が口中に広がります。そしてパンを飲みこむとすぐ、乳酸発酵によって生まれた乳酸と酢酸が鼻腔を昇っていき、その余韻は30分も続くのです。優勝者として私の名が呼ばれたとき、驚きはなく、ただ安堵の気持ちが広がりました。このパンで優勝できないなら、一生無理だと思いましたから。私はサンタローザにいる妻のスーザンに電話をし、彼女が電話口に出るとフランス国歌の最初の部分を口ずさみました。妻は喜びのあまり悲鳴のような声を上げました。フランス行きの決定です。

....

　それから1年半後の1996年、ようやくフランス旅行の手はずが整いました。ジェイムズ・ビアード財団を通じてゴディバ・チョコレートから贈られる賞金は、自分が選んだパリのベーカリーで1週間の研修を受ける費用として使うことが条件でした。パリでの世話係はステファニー・カーティスという現地在住のアメリカ人で、詳細は彼女と相談するように、とのことでした。私はステファニーに、ひとつのベーカリーで5日間過ごすよりも、5軒のベーカリーを1日ずつ訪問す

るわけにはいかないか、と尋ねてみました。せっかく訪れたパリで、妻はひとりで観光、私はパン作り、というのはどうしても嫌でした。それよりも、一流のパン職人たちに会って集中的に取材をし、彼らの知恵を学ぶ旅にしたかったのです。取材時間は、ひとりの職人につき2時間と考えていました。そのときの私はパン職人としてよりも、作家として、そして教師して彼らに関心があったのです。何か自分の知らないことを学び、パリに来なければ知り得なかったであろうものを持ち帰り、生徒たちに伝えたいと考えていました。

モンマルトルのセカンド・アパートメントを貸してくれるというステファニーの親切な申し出をありがたく受けて、私たち夫婦は6月初旬の晴れた日にパリを訪れました。憧れの地に立って心は浮き立ちながらも、パリの人たちについては色々と噂を聞いていたし、自分たちが世間に疎いのもわかっているしで、心底びくびくしていました。はじめてカフェに足を踏み入れたときのことです。妻が「"avion"を2本」と注文すると、バーテンダーは口まねでエンジン音を出しながら、両腕を広げてバタバタさせ始めました。それで妻は自分のしくじりに気づき、あらためて"エビアン（Evian）"を2本、無事に注文することができたのでした。そしてこれをきっかけに、私たちの緊張はほぐれたのです。それ以降はステファニーが通訳としてベーカリー・ツアーに付き添ってくれたので、ミネラルウォーターのつもりで"飛行機"を注文することはありませんでした。

ところがツアーの出だしは、ずいぶん妙なことになってしまいました。フェランディ技能研修センターという国立のベーキング機関から放り出されてしまったのです。私たちの訪問を許可した講師が上司に報告し忘れたらしく、実技のクラスを見学中の私たちを見た上司は激怒したのです。ステファニーと講師が単なる連絡ミスだといくら説明しても、上司は納得しません。とにかく出て行けと言って譲らないので従ったのですが、出て行く前に若い生徒たちを観察するチャンスはありました。生徒の年齢層は16～18歳くらいで、日課の練習をしていました。各生徒が約50個のバゲットと、同じ数のクロワッサンかデニッシュ・ペストリーを完璧に成形する練習です。教室から投げ出されるまでの短いあいだでしたが、フランス式訓練の良い面と悪い面が私にははっきり見えました。良い面は、この学校の卒業生は卓越した基本技術を身につけているであろうこと。悪い面は、彼ら（生徒は全員男性でした）は特定の方法に染まりすぎていて、型にはまらない、伝統的でない方法を受け入れる姿勢に欠けるのではないかということです。ただ、現状から抜け出したいという願望をもつような生徒は稀にしかいないし、とくにあのクラスのような駆け出しの段階では、そんな心配は意味のないことかもしれません。それに、フランス式の厳格な訓練の良い面を見ると、フランスとアメリカにおけるパン作りの教育システムが大幅に違うことがわかりました（要するに、アメリカ式のシステムなんて存在しないという話です）。

フェランディのムッシュB、とでも呼びましょうか、彼と出会ったことで、フ

ランス人は傲慢で意地悪だという噂はほんとうだったのだと思ったのですが、幸い、そんな人はあとにも先にもムッシュBだけでした。他の場所への訪問はどれも、和気あいあいとして楽しいものでした。ステファニーが連れて行ってくれたホテル・リッツでは、パン部門の責任者でエグゼクティブ・パティシェでもあるベルナール・ビュルバン氏がホテル内のベーカリーを案内してくれました。ビュルバン氏は数あるパンの中から、リッツ名物「ブリオッシュのクラストを使ったクラフティ・タルトレット」を作っているところを見せてくれました。

　翌日はミシェル・クザン氏の店「ロートル・ブーランジュリー」を訪れました。同店の特徴は、他では見られないほどの種類の豊富さで、1週間に30種類ものパンを作るそうです。もちろん同じ日に30種類を作るのではなく、「本日のスペシャル」メニューにしたがって作ります。マルチグレイン、サンドライトマトのパン、さまざまなハーブとチーズのバタール、2.7kgはあろうかという巨大なライ麦パンなど。このツアーで会ったパン職人の中で、アメリカのパン職人の仕事ぶりに関心を示したのはクザン氏だけでした。アメリカでは材料をどこから仕入れるのか、パンのアイデアはどんなふうに思いつくのか、といったことを質問してくるのです。伝統に従うのではなく個性を求め、フランスでの慣習という枠を飛び越え、既成概念を打ち破るリスクを恐れないという点で、パン作りに対する姿勢においてはアメリカ的な店でした。

　ヨーロッパのパン職人は優れた訓練を受け、伝統が身にしみついています。アメリカのパン職人がこんなに早く彼らに追いつくことができたのは、何ものにも縛られない気質のおかげでしょう。フェランディ技能研修センターの良い面、つまり非常に限られた方法だけを追求することは、アメリカでは悪い面になります。フランスのように、ある特定の方法で作るパンだけを尊重する社会では、既成の枠から飛び出すのは容易ではありません。一方、アメリカではまだ、既成の枠があるのか、あるとすればどんなものなのかといった概念も確立されていません。パンには限りない可能性があるというクザン氏の考えに大賛成でしたから、カリフォルニア州ヒールズバーグでサンドライトマトを作っている友人を紹介できたのは嬉しいことでした。「イタリアから取り寄せると、こんなに近いのに信じられないほど高いんですよ」とクザン氏は言っていました。

　その次の日は、私たちが何よりも楽しみにしていたツアーです。パリ6区のシェルシュミディ通りにあるリオネル・ポワラーヌ本店を訪れました。ウィンドウには2kgのミッシュ（大型のブール）がぎっしり並んでいます。これはライ麦粉と小麦粉を混ぜた有名な「パン・ポワラーヌ」で、パン革命の象徴になっています。全粒粉と野生酵母の前発酵を使ったこのパンこそ、新しいタイプのパン・マニアが"本物のパン"と呼ぶものです。パン・ポワラーヌは大きくてずっしりと重く、皮が硬くて、1日目より3日目のほうがおいしいと言われています（ポワラーヌ氏自身もそう評価しています）。ポワラーヌ氏はこぢんまりしたオ

フィスに私たちを招き入れ、暖かい湯気の立つコーヒーと紅茶、それにクロワッサンでもてなしてくれました。オフィスの壁にはパンを題材にした絵が何十点も飾られ、天井からは30数年前に氏がサルヴァドール・ダリのために作ったパン生地のシャンデリアがぶら下がっています。

挨拶が済むとポワラーヌ氏に案内され、地下にある洞穴のようなオーブン室に行きました。地下に続く古いらせん階段は石と漆喰(しっくい)でできていて、小麦粉が散らばっています。オーブン室にはポワラーヌ氏の弟子がひとりいました。氏が弟子を雇う際の条件のひとつは、他のベーカリーで働いたり、学校で正式な訓練を受けたりした経験がないことだそうです。「私にはパンの作り方に対するビジョンがあります。いわばポワラーヌ式ビジョンですね。学校での習慣を身につけてしまった人に教えるのは、あまりにも難しいのです」。彼は率直に話してくれました。もっと詳しくとせがむ私に応えてくれたポワラーヌ氏の話を聞くうちに、彼のビジョンを支えている重要な要因がいくつか見えてきました。その多くには、材料と焼成工程に対する徹底的なこだわりがかかわっていました。

作業は可能なかぎり手で行うこと。ひとりの人間が、工程の最初から最後まで責任をもってパンを作ること。つまり流れ作業とは逆の方式です。一つ一つのローフが、職人がポワラーヌ式方法論に忠実にしたがいつつ生み出す、自己表現の作品なのです。ポワラーヌ氏の兄のマックスもブーランジュリーを経営していて、大勢のファンがいます。彼らは父親から学んだことをもとに独自の方法論を編み出しました。ポワラーヌ氏設計による薪窯(まきがま)には温度計がないため、生地をオーブンに入れるタイミングは職人が勘で決めるしかありません。氏の弟子たちの修行には、パン職人の勘を養うための訓練が大きくかかわっています。

洞窟のようなオーブン室は私たち4人と弟子1人でいっぱいになり、私達はその中で若い弟子が作業するのを見学しました。まず2kgの生地を2ダース、バヌトンからはがして小さな開口部に入れ、熱い石床上に落とします。石床の下には火室(ひむろ)があり、そこから炎をオーブン内に吹きこんで石床を熱します。石床と火室の連結部の穴には湾曲した金属管が挿しこまれていて、その管が旋回するとオーブン内部の隅々まで炎が行き渡る仕組みになっています。オーブンが適切な温度に達したら回転台を取りはずし、水を張った金属製のボウルで穴をふさぎます。するとボウルの水が熱されるにしたがって適度な湿気が生まれ、熱が均一に循環するようになります。

2kgの田舎風ミッシュは今ではポワラーヌの代名詞となっています。そのため、フランス全土で何百軒もの他のベーカリーが、同じようにミッシュを作っていることはつい忘れられがちです。ポワラーヌのミッシュは丸くて高さはあまりなく、厚さは約10cm、直径は約30cm。焼成前の生地を最終発酵させるバヌトンの内側に振った小麦粉がついて、表面は粉っぽくなっています。表面のクープは大きな斜め格子で（今は「ハッシュタグ」と呼ばれることが多いようです）、ローフ

の端近くまで切れ目を入れるため、丸いパンを四角く切るように見えます。パリが誇るもうひとつのパン、おなじみの「バゲット」とは違い、ミッシュの生地には全粒粉が入っています。野生酵母で自然発酵させ、一つの仕込みから次の仕込みへ移すと、強すぎない独特の酸味が生まれ、噛みごたえのあるパンができます。家族で食べて1週間近くもち、パンが落ち着いてくるにしたがって毎日、風味が変わっていくように計算されています。フランスでは、サンフランシスコなどと違って酸味は評価されません。パンの風味のピークは3日目に来るというのがポワラーヌ氏の持論です。私はというと、オーブンから出して3時間後がベストだと思いましたが、所詮、アメリカ人の味覚をもった粗野なアメリカ人なわけですから、十分に落ち着いた3日目のパンの繊細な風味を感じにくいのでしょう。

　ポワラーヌ氏はパリから25kmほど離れたビエーブルにある新しい工房の見学ツアーにも招待してくれました。彼はこの場所で、現代のアルチザン・ベーキングの画期的な手法を生み出しました。この郊外の町の丸い建物の中で、ポワラーヌ氏は膨大な数のミッシュを作って国内外に流通させ（ニューヨークとシカゴの特別な顧客に向けて、数ダースが定期的に出荷されています）、自身の考えを世に広め、富を築いたのです。

　では、ここでのパンの作り方を見ていきましょう。建物の周囲に、24台の窯が戦略的に設置されています。窯はすべて、私たちがパリ6区のシェルシュミディ通りにある本店の地下室で見た古い窯を正確に複製したものです。各窯は専用のスペースに設置されていました。そこはシェルシュミディの地下室のように魅力的な場所ではありませんが、設備はまったく同じでした。ドウ・ミキサー、発酵容器、昔なつかしいパン屋のてんびん秤、積み重ねられたバヌトン。そしてここでも作られている、ポワラーヌ名物のサンドイッチ用ライ麦パンに使う金属製の長い焼き型がいくつか。建物中央はアリーナのような広いホールになっていて、大きな扉がいくつかあり、そこを通ってトラックが入れるようになっています。ホールには堅いフレンチオークの薪が、それまで見たこともないほど大量に円形に積み上げられ、薪の山の上方にはレールに乗った金属製のアームが、まるでイベントの司会者のように私たちを見おろしていました。スイッチを押すとこのアームが薪をすくい上げて、壁に12か所設けられた傾斜台まで移動させます。そこから薪はクレーンゲームの賞品のように傾斜台を滑り落ちて、壁の反対側で待つ職人のもとに届きます。薪は2つの窯のあいだのスペースに落とされ、職人たちはそれを拾い集めて積み上げておき、生地が窯に入れられる状態になったときに最大の火力になるよう計算して火をおこします。

　この独特の設計によって、ポワラーヌ氏はひとりの職人による手作りのパンというビジョンを忠実に守ることができるのです。ひとりの職人が1日に作るのは300個だけですが、すべての職人が窯を稼働させれば、かなりの数になります。私たちが訪れたとき、使用されている窯は16台だけでした。ポワラーヌの生産

部長の話では、この工房は10年単位の成長を頭においで設計されているそうです。工房が作られたのは私たちの訪問の2年前で、当時稼働していた窯は14台のみ。そして毎年、未使用の窯のうち1台に火を入れて稼働させるという計画です。つまり、毎年ひとり、新しい職人を訓練して工房のメンバーに加えなければなりません。この工房でまかなえるのは、あと8年分の生産増加量で、そのとき窯はフル稼働状態になります。もしその後も需要が生産量を上回り続けた場合は、職人ひとりあたりの担当量を増やすのではなく、新しい施設を建設することで解決するそうです。ざっと計算してみると、パン・ポワラーヌ1個の卸売価格が約10ドルとして、それ以外にもライ麦パン、ポワラーヌ名物のアップル・タルトなど数種がありますから、ブーランジュリー・ポワラーヌの年商は2000万ドル近いに違いありません（【備考】リオネル・ポワラーヌ氏は2002年、自身が操縦するヘリコプターがフランス北西部ブルターニュ沖に墜落し、夫人のイレーナとともに亡くなりました。現在は娘のアポロニアが店の経営にあたっています）。

　そんな計算をしながらおみやげのパンを抱えて、パリはモンマルトルの通りを歩いていると、ポワラーヌの黄金色のパンを、しかもひとつではなくふたつも持っている私に、通行人が羨望のまなざしを向けてきました。ひとつはその週いっぱいもちました。もうひとつは、ブーランジュリー・ゴスランのバゲットといっしょに、翌日のディナーの席に持っていきました。

　ブーランジュリー・ゴスランには、まだポワラーヌ氏のビジョンに酔いしれている状態で訪れ、パン・ア・ランシエンヌの作り方を教えてもらいました。この技術を学んだことは、今回の旅の経験の中で、少なくともパンに関することがらとしては最高に重要なことでした。

　ゴスラン氏は30代前半とおぼしき青年で、ルーブルからさほど遠くないサントノーレ通りにある小さな、あまりおしゃれとは言えないベーカリーの主（あるじ）です。多くのベーカリー同様、売上の比率はパン、ペストリー、ランチ向け商品（おもにサンドイッチ）という3つのカテゴリーがほぼ同じとのことです。ペストリーとサンドイッチは平凡な印象を受け、5軒限定の訪問先のひとつとしてステファニーはなぜこの店を選んだのか、首をかしげたくなりました。バゲットも他の店によくあるタイプでしたが、隣のラックに並べられたパンはようすが違いました。見た目はバゲットのようですが、表面の粉が多めで、焼き色はこんがりとまではいかず、クープもあまり目立ちません。そのパンを指さしてステファニーが言いました。「このパンのためにここにお連れしたんですよ。このバゲットは、パリ中のベーカリーのパン・ア・ランシエンヌの中で最優秀賞をとったんです。ぜひ試してみてください」

　ゴスラン氏はみずから店の奥に私たちを案内し、5年間師事した師匠の店を買い取って経営するようになって以来、店にほどこしてきたリフォームを誇らしげに見せてくれました。彼のあとをついて地下の工房に下りていくと、まるで地下

墓地に続くような階段の壁には奇妙な管状の装置が張りめぐらされていて、それが途切れたと思ったら、目の前に小さいながらみごとなペストリー用の厨房が現れました。床も壁も新しいセラミックのタイルが敷き詰められ、クロワッサンやデニッシュ・ペストリーなど、チョコレートやバターの薄い層を重ねていくペストリーには理想的な16℃を保つよう温度管理もされています。この地下のオアシスはゴスラン氏のご自慢のようでしたが、私はまだ、階段の壁に張りついた芋虫のような管の正体が気になってしかたありませんでした。

　「あれを通って、小麦粉が運ばれてくるんですよ」ゴスラン氏はステファニーを介して説明してくれました。あとになって、私達はこの装置の優秀さをやっと理解することができました。20kgを超えるような小麦粉の袋をかついで、地下の貯蔵庫まで運びたい人なんて、誰もいません。そこで彼が考案したのが、週に何度か、小麦粉を積んだトラックを上に停め、壁の管に小麦粉を吹きこんで地下の一時保管庫に送るという方法でした。地下に届いた小麦粉は重力送り装置で管から出て、ミキシングのために計量されます。とても簡単で、重い袋をかつぐ必要もない。これでみんなが幸せです。

　さて、肝心のパン工房は、ペストリー工房とは別の、明らかにリフォームされていない部屋でした。私たちが訪ねた他のブーランジュリー、たとえばポーリッシュ製法で有名な店「ブーランジュリー・ガナショー」では、薪の火で焼くことがパン職人のイメージにとって大切な要素でしたが、ゴスランではガスで加熱する4段窯の、ありふれたフランスパン用オーブンを使っていました。ゴスランのパン・ア・ランシエンヌの魔法を起こすのはオーブンではなく、発酵技術なのです。これほど独創的で、これほどそぐわない名前をつけられた技術は見たことがありません。なにしろ、冷蔵庫という近代的な発明品の力に全面的に頼るのですから、「パン・ア・ランシエンヌ（昔のパン）」と呼ぶわけにはいきません。「パン・モデルヌ（現代のパン）」と名づけるべきでしょうが、それでは値打ちがありませんね。彼の生地と他のほとんどのベーカリーの生地との重要な違いは、発酵を遅らせて作る点です。発酵スピードを遅くするために、パン酵母も塩も入れず、よく冷やした水を使ってミキシングをし、すぐに冷蔵庫に入れます。そのままひと晩、生地を冷蔵庫で寝かせたあと、今度はパン酵母と塩を入れてミキシングすると、生地はゆっくりと目覚めて一次発酵を始めます。この手法で作ると、通常の60－2－2のバゲットとはまったく違うタイプの風味と食感が生まれます。60－2－2とは、粉100％に対して水60％、塩2％、パン酵母2％の比率を指し、昔からバゲットはこの割合で作られてきました。常識にとらわれずより良いパンを作ろうと、パン職人がこの神聖な公式に手を加え始めたのはつい最近、少なくとも1960年代にガナショーが現れて以降のことです。

　ゴスランのパン・ア・ランシエンヌはそれまで私が食べた中で最高のバゲットでした。1994年、カリフォルニア州バークレーでレイモン・カルヴェル教授

が開いた「フレンチ・ブレッド・セミナー」で教授のバゲットも試食しましたが、それをも超える素晴らしさでした。

　パンの神様と言われるカルヴェル教授は、1950年代、生地の発酵工程で起こることを数値化した化学者であり、またパン職人の立場から、その知識を応用して優れたフランスパンの基準を定めた人でもあります。ゴスランのバゲットを口にするまでは、教授のバゲットが私のベストワンでした。セミナー当時、80歳をゆうに越えていたカルヴェル教授がパン・ア・ランシエンヌの技法に言及することはありませんでしたが、ゴスラン氏は自身の技法について惜しげもなく説明してくれました。パリのパン職人はみな自分のパンこそ世界一とうぬぼれているので、自分の技術を盗もうとする職人なんているわけがない、と言うのです。しかし私は、生地を冷やして発酵を遅らせる手法の説明を聞きながら、これはとんでもない、次世代のパン作りの偉大な手法に出合ったのではないかと考え、帰国して自分で試してみるのを待ちきれませんでした。

　その夜、私は友人のマイケルから夕食に招かれていました。マイケルはパリに住むアメリカ人で、映画の字幕・吹替え翻訳者として、フランス語から英語、英語からフランス語のどちらの翻訳もこなします。電話でパンを持っていくと伝えると、彼は言いました。「いや、いいよ。近所にすごくいいブーランジュリーがあって、そこのバゲットが最高なんだ。１本買っておくから」

　「でも、パン・ポワラーヌと、君に食べてもらいたいとびきりのバゲットもあるんだよ」

　「おお、パン・ポワラーヌか、それはいいねえ、ぜひ持ってきて。でもバゲットはこちらで用意するよ」

　「いや、そうじゃなくて。ほんとうに、びっくりするくらい美味しいバゲットなんだから」私は引きさがりませんでした。

　「まあ、いいよ、どうしてもと言うなら」

　マイケル宅に着くと、キッチンカウンターには彼が作ったブッフブルギニヨン（ブルゴーニュ風牛肉の赤ワイン煮）の鍋があり、その横には焼きたてのバゲットが置いてありました。私がバゲットの隣にパン・ア・ランシエンヌを置くと、マイケルが笑みを浮かべるのが見えました。妻に見せなければと、彼はパン・ポワラーヌを手に取って大急ぎでリビングルームに向かいました。パリ生まれの可愛い奥さんはパンを見ると嬉しそうにうなずき、「まあ、ポワラーヌじゃない。マックス？　それともリオネルの？」

　「リオネルだよ。シェルシュミディじゃなくてビエーブルだけど」と言うと、奥さんはいぶかしげな表情をしました。ビエーブルのことは知らないようです。私は「リオネルのに違いはないよ、作る場所が違うだけで」と言って安心させました。

　その後、もうひとりの友人が到着しました。ハウイーというアメリカ人で、作

家兼パフォーマーとして、アメリカでは芽が出ませんでしたがフランスで大きな成功を手にしています。皆が席につき、ホストのマイケルがブッフブルギニョンといっしょにパンを運んできました。それを見たハウイーが「お、パン・ポワラーヌか、すごいね。でも、なんでバゲットがふたつあるの？」と聞いてきました。

　私がゴスランの話をすると、マイケルが言いました。「じゃあ、比べてみよう。まずこれを食べてみて。このへんでは評判のバゲットで、僕らはほんとに気に入ってるんだ」

　私はひと切れちぎって口に入れ、よく噛みました。おいしいバゲットでした。私達が滞在しているモンマルトルのアパルトメントの近くにもベーカリーがありますが、そこで売っているバゲットと変わらないおいしさです。さらに言えば、パリ市内のよくできたバゲットのほとんどと比べても遜色ないし、アメリカのバゲットでこれに勝てるのはまずないでしょう。でも……。

　「じゃあ、次はゴスランのをどうぞ」そう言ってマイケルとハウイーのほうへパンを押しやると、ふたりはパンをちぎりました。まず皆が驚いたのは、中の空洞がふつうのバゲットよりもずいぶん大きいことでした。クラムの色も他のバゲットのように白くなく、クリーム色です。マイケルがひと口齧るとパリパリという音が、地元のベーカリーのバゲットよりも少し大きく響きました。パンを噛み始めたマイケルの顔を観察していると、バゲットの都に住んでいながら経験したことのない、別次元のバゲットが存在し、それが今、自分の世界に入ってきたのだと実感しているようすが見てとれました。彼の表情はさまざまな感情を映し出し、厳かな笑みを浮かべたかと思うと今度は怒りで眉間に皺が寄り、次の瞬間にはまた微笑んだりします。マイケルの気持ちが振り子のように揺れ動く中、部屋は静寂に包まれ、誰もが固唾をのんで彼を見守り、重苦しい空気が立ちこめてきました。私の記憶では、部屋の照明が徐々に薄暗くなり、マイケルの顔にスポットライトが当たっていたのですが、もちろん気のせいでしょう。実際に起こったのは、次のようなことでした。マイケルは地元のバゲットをゆっくり取り上げ、眺め、次にテーブルの上のパン・ア・ランシエンヌを眺め、もう一度自分が握りしめているバゲットに目をやりました。そしてスローモーションのような動きで地元のバゲットを壁に向かって投げつけたのです。バゲットは跳ね返って、床に落ちました。奥さんがきつい声で「マイケル！」と言うのが聞こえました。

　マイケルが私に向き直って言いました。「僕のプライドはずたずただよ。満足かい？」

　「うん、そうだね。満足だよ」と私は答えました。

　それから全員が微笑み合って、おいしく夕食をいただきました。

....

　私はよく、フィラデルフィアで開催される「ブック・アンド・クック」というイベントに参加していました。これは料理本の著者と地元のシェフが組んで、そ

の著者の最新の著書を参考に料理を作るという企画です。私は5年続けて、人気レストラン「シャントレル」や「フィリップ・オン・ローカスト」のオーナー、フィリップ・チンと組みました。彼の店の顧客は洗練された食通ですから、新しく考えたパンを彼らに試してもらえるのは幸運なことです。2000年度のイベントでは、ゴスランのパン・ア・ランシエンヌの技法で作る「きのこのチャバッタ」を取り上げました。さらにパーネ・シチリアーノも紹介しましたが、これはカリフォルニア・カリナリー・アカデミーで生徒だったピーター・ディクローチェからの提案でした。ピーターはシチリア系アメリカ人で、子どもの頃に食べていたセモリナ粉パンの味を再現したいと言うので、そのとき教えていた前発酵の技術を応用して、最高のものを作ろうということになったのです。私たちは何か月も試行錯誤を繰り返した果てに、ようやく「これだ！」という配合率を発見し、今はそれを使ってパーネ・シチリアーノの決定版と言えるものを作っています。秘訣は前発酵の生地をたっぷり使うことと、ひと晩かけてさらに発酵させることです。セモリナ粉を使うと、甘味があってナッツを思わせる、独特のさわやかな風味をもつパンになります。

　フィラデルフィアでの催しに向けて最新のアイデアを試す中で、私はゴスランの手法について、多くの先輩や尊敬する人たちに相談しました。その中にジェフリー・スタインガーテンとエド・ベアーがいました。ジェフリーは『ヴォーグ』誌のフード・コラムニストで『美食術』〔邦訳は文藝春秋刊〕の著者。エドは人気を集めているフードマガジン "The Art of Eating" の発行者とライターを務めています。ふたりともゴスラン氏を訪ねたことがあって彼のパンをよく知っており、そのクオリティと他にはない個性に感嘆していました。ジェフリーもエドも食品全般をテーマにするライターですが、おいしいパンにはとくに情熱を注いでいるようです。パン・マニアのネットワークはそこかしこに――インターネット上に、さまざまなニュースレターの中に、そして『ヴォーグ』などのメジャーな雑誌のページ上に広がっています。ジェフリーとエドといえば、パン革命における雄弁なスポークスマンの代表です。それでもことゴスランの手法の話になると、私を含めた3人が受けた印象はバラバラでした（ゴスラン氏は相手によって違うバージョンを見せて、私たちをからかっていたのでしょうか。それとも私たちが頭の中で、3人3様に作り変えてしまったのでしょうか）。いずれにしてもあの手法に対する現在の私の解釈は、ゴスラン氏自身の解釈ともかなり違っていることはたしかです。有能なパン職人の例にもれず、私も改造や微調整をほどこしましたから。正式なゴスランの手法はミキシングを2度行いますが、1度にまとめても結果に支障がないことを発見したのです。色々なバリエーションや応用形を試してみて、私がたどり着いたパン・ア・ランシエンヌ手法の定義とは？　大きく見ても、細部まで解体しても、「発酵を遅らせ、低温でミキシングする」技法です。

　この技法はアメリカのパン事情を根底から変える可能性をもっています。私は

ジョンソン＆ウェールズ大学でも、全国で開いている趣味のパン教室でも、生徒たちにこの手法を教え始めました。今後数年以内に、手作りのベーカリーにも大規模な製パン会社にも、この手法のバリエーションで作ったパンが現れることを確信しています。パン・ア・ランシエンヌこそが、次世代の技法です（【備考】上記の文章を書いたのは2001年で、かなりあとになってから、「生地を捏ねずに冷蔵庫で寝かせる」手法が他の著者の本でも盛んに使われるようになりました。こんなふうに、きょうの「次世代の技法」は、明日には「主流の技法」になっていくのです。そんなわけで、私は本書の旧版以降の著書で、「次世代の技法」という言葉を何度も使うことになりました。新たな「次世代の技法」は、休むことなく生み出されているのです）。この工程を分解していくと、発酵において大きな役割を占める「酵素」の話になります。小麦粉の複合デンプンに閉じこめられた糖類を解放する触媒の役目を果たすのが、酵素なのです。ゴスラン氏が私に教えてくれた、そして他の多くの人々が理屈ではなく直感で行っていた「発酵を遅らせる」手法は、煎じつめれば、酵素がどう発酵に影響し、風味を引き出すかということです。料理学校では、「味がすべて」という基本原理を教えますが、味を引き出すためには酵素が必要なのです。

　私は2000年度サマーローフ・フェスティバルでも、授業を担当したりスピーカーズ・コーナーで演説を行ったりして、低温発酵と酵素について話してきました。パン作りのコツや秘訣を貪欲に求める、革新的なパンの作り手が何千人も参加していました。フードライターのジョン・ソーンの言葉を借りれば、「神の与えし美味なるパン」を求めている人たちかもしれません。私たちはパンが神の象徴であることを生まれながらに知っており、パンを食べるときは、祈りを捧げつつイエスのからだをいただいているのです。私たちにとってパンは、まさに命の糧です。

　古代エジプトで、ビールを種に発酵させて膨らませたパンという概念が生まれてから4000年以上が過ぎました。この工程には明らかに、従来の伝統と新しい伝統が混在しています。優れたパンを作るために、私たちはパンの世界の先達から旧世界の由緒ある技法を学んできました。しかし彼らの時代には冷蔵庫もなく、氷や冷水器を入手することもできませんでした。私たちは今、微生物のはたらきという視点からパン作りに取り組み、パンの新たな歴史を作ろうとしています。

　パンはなぜ、いつの時代にも人々を魅了するのでしょう。それは、パンがつねに進化しつづけるものだからではないでしょうか。熟練の職人であろうと、駆け出しの若い職人であろうと、私たちは誰も「見習い」の身です。今も学び続け、発見したことを互いに教え合っては喜び、パン作りの新たな領域に踏みこもうとしています。パンが生まれて4000年以上経った今も、どうすればさらにおいしいパンを作れるのか、私たちはその答えを求めて終わりのない旅を続けているのです。

2 パンを理解するためのレッスン

パン作りの前提条件とその論理的根拠

　私のパン作りには、前提となる重要な条件がいくつかあります。また、数ある材料や道具や方法からどれを選ぶのかも大切なことです。前提条件には本書の中で繰り返し出てくる概念が関連していますから、レシピごとに何度も同じことを説明しなくていいように、ここでまとめておきます。

　最初は材料、次に器具について説明し、最後はパンの基本的な分類とパン作りに必要な計算の説明で締めくくります（計算といっても難しくはないのでご安心ください）。

計量の際に注意すること

　塩の計量には注意が必要です。同じ大さじ1杯でも、銘柄や種類によって重量が違ってくるからです。結晶の粗さ、細かさもさまざまですし、コーシャーソルトのように結晶がフレーク状でとても軽いものもあります。本書ではどの家庭にもある食卓塩を基準にしています。海塩やコーシャーソルトを使うなら、食卓塩と同じ重量でも大さじ・小さじに換算すると差が出てくることを覚えておきましょう。本書のレシピでは、食卓塩小さじ1杯を約7gで計算しています。同じグラム数にするためには、コーシャーソルトは2倍近い小さじ1 3/4杯、海塩はその中間の小さじ1 1/2杯が必要です。レシピにコーシャーソルトか海塩が出てきた場合は、これを思い出してください。

　塩と同じように小麦粉も、同じカップ1杯でも製粉度合いによって重量は異なります。たとえば1カップの粗びき粉は細びき粉よりも軽くなります。これは、粒子の粗い粉は隙間ができやすく、ご存じのように空気はたいていの材料よりも

軽いからです。また、銘柄による違いもあります。ベーカーズパーセントは必ず重量で計算されますから、正確を期すためにグラムで量ることが大事なのです。

小麦粉の種類

穀物はパンの要となるもので、その中には生命と魂が宿っています。パンの材料として最もよく使われる穀物が小麦なのは、小麦にはグルテンを形成するタンパク質が他の穀物よりも豊富に含まれているからです。小麦以外のパンも世界各国で作られていますし、栄養分を強化し、個性的な味わいを出すために、小麦のパンに他の穀物を加えることもよく行われています。けれど本書に掲載しているパンはほとんどが、銘柄や製粉方法はさまざまでも、小麦粉を主材料にしています。

小麦の製粉は、成熟した小麦の種子である「小麦粒」を、さまざまな粒子サイズの粉に砕く方法で行います。小麦粒を構成する主要な部分は、「ふすま」と呼ばれる外皮、脂質とビタミンEが豊富な「胚芽」、デンプンとタンパク質を含む栄養豊かな「胚乳」の3つです。卵が「殻」「卵黄」「卵白」からできているのと同じようなものと考えればいいでしょう。

パンのレシピでは、小麦粉（および小麦以外の穀物の粉も含めて）の量を「100％」とし、他の材料は小麦粉に対する比率で表します。全粒粉でも、1度または2度ふるいにかけた小麦粉でも、あるいは漂白でも無漂白でも、小麦粉の種類は問いません（P46参照）。アメリカで採用されている小麦粉の分類法のひとつが、（胚乳部分に由来する）タンパク質の含有量による分類です。薄力粉のタンパク質含有率は6〜7％、ペストリーフラワーは7.5〜9.5％、準強力粉は9.5〜11.5％、強力粉は11.5〜13.5％、そして超強力粉は13.5〜16％（16％まで高いのは稀だがあり得る）です[*]。タンパク質の含有量は小麦の種類によって決まります。硬質小麦、軟質小麦、赤小麦、白小麦、冬小麦、春小麦。このような品種はそれぞれが異なる性質や特徴をもっていて、製粉会社ではベーカリーの要求に応じて、品種をブレンドしています。

ヨーロッパでの小麦粉の分類には他の基準があり、灰分量（繊維質の量）、または伸展性によって分類し、番号で表すことが多いようです。たとえばフランスのタイプ55は標準的なバゲット用小麦粉で、適度な灰分を含有し、伸展性に富んでいます（伸展性は弾力性と反対の性質。P91【伸展性、弾力性、耐久性】参照）。フランスでは最近、タイプ65の小麦粉も使われており、この種類は灰分量が多いため、小麦らしい自然な色合いをもち、アメリカでいうクリアー粉（二等粉）と似ています。

[*]訳注：小麦粉のタンパク質含有量と呼称（米国と日本の比較）

米国	日本
薄力粉（cake flour）6〜7%	薄力粉 6.5〜8%
ペストリーフラワー（pastry flour）7.5〜9.5%	中力粉 7.5〜9%
準強力粉（all-purpose flour）9.5〜11.5%	準強力粉 10.5〜12%
強力粉（bread flour）11.5〜13.5%	強力粉 11.5〜12.5%
超強力粉（high-gluten flour）13.5〜16%	※日本には「超強力粉」という分類はない

日本では上記のようにタンパク質含有量で薄力粉、中力粉、準強力粉、強力粉と区分されているが、「超強力粉」という分類はない。
参考資料：日本麦類研究会発行「小麦粉」平成19年改訂4版

プロのパン職人は、小麦粉の分類として「クリアー粉（二等粉）」と「パテント粉（一等粉）」という名称を使用しています。この２種類の名称から、小麦粒のどの部分をふるいにかけ、製品にしたのかがわかります。クリアー粉（二等粉）は、（ふすまと胚芽を分離するために）一度ふるいにかけた粉を意味し、小麦粒の胚乳の外側にある、ふすまの細かい繊維質が残っているため、粒子が粗く、多量の灰分が含まれています。クリアー粉（二等粉）はライ麦パンによく使用され、一般的に、非常にタンパク質の豊富な種類の小麦を原料としています。この粉が一般の市場に出回ることはめったにありませんが、プロにとっては、全粒粉のパンや繊維質の豊富なパンを作る際に使える、価値ある小麦粉です。

　一方のパテント粉（一等粉）には、「セカンド・クリアー粉」という別名もあります。要するに二度ふるいにかけた小麦粉ということで、小麦粒のうち、残っているのは白い胚乳部分だけです。パテント粉（一等粉）は最も精白度の高い小麦粉で、漂白小麦粉〔日本には存在しない〕、無漂白小麦粉、準強力粉、ペストリーフラワー、強力粉、超強力粉などの形で店頭に並びます。

　パンの種類に合った小麦粉を選ぶのは、職人にとって楽しみでもあり、頭を悩ませるところでもあります。また、小麦粉の選び方ひとつで他の店とは違う個性のパンができることもありますから、パン職人は材料の配合率を考えるのと同じくらい、小麦粉の選択に対しても力を入れるものです。最近では多くのベーカリーが、ヨーロッパの小麦粉の特質をもつ品種を手に入れようと、特定種の小麦を栽培する小規模農家と契約しています。小麦粉へのこだわりはパン作りの意識が高まっている証拠ですが、家庭でパンを焼く人たちにまでは浸透していないようです。地元の製粉所か、もしくは有名メーカーのものを使う人がほとんどでしょう。しかし、このまま小麦粉に対する需要が高まっていけば、店で手に入る小麦粉の種類は間違いなく増えます。それまでは、近所にお気に入りのベーカリーがあれば、使っている小麦粉の銘柄を尋ね、売ってもらえるかどうか聞いてみましょう。

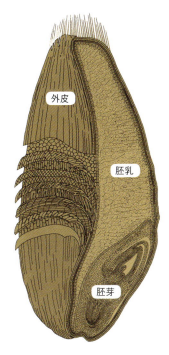

　プロでない人が入手できる小麦粉の種類は限られていますが、レシピで指定されているタイプの小麦粉を使えば、失敗することはありません。本書のレシピは市販のどんな銘柄の強力粉でもうまくできますし、ほとんどは準強力粉を使っても大丈夫です。同じ配合率でも小麦粉の銘柄によって出来が違ってくるのはたしかですし、生地の吸水量も違うでしょう。一般的には、タンパク質含有率の高い小麦粉は水をよく吸い、ミキシングの時間がやや長くなります。しかし、灰分量、タンパク質含有率、異なる品種の小麦粉のブレンド法など、小麦粉の特徴は銘柄によって微妙に違いますから、結局のところ、大事なのは生地に触れてどう感じるか、ということです。

無漂白粉*を使う理由

　漂白小麦粉でもおいしいパンを作ることはできますが、できれば無漂白のものを使うのが好ましいでしょう。無漂白小麦粉の黄色っぽい色合いはβ-カロテンに由来するもので、β-カロテンは体内でビタミンAに転換されます。とはいえ、焼成の過程で栄養分は多少失われてしまいます。β-カロテンの存在が好ましいほんとうの理由は、パンに豊かな香りと風味が生まれるからです（さらに、クラムの色がクリーム色がかって見た目も魅力的になり、真っ白なクラムよりもはるかに食欲をそそります）。この香りと風味はほのかではありますが、漂白小麦粉と無漂白小麦粉で作ったパンを食べ比べてみると、はっきり違いがわかります。小麦粉の風味を最大限に引き出すためには、使えるものは何でも活用しましょう。ベーカーズパーセントで基準の「100％」とされる小麦粉は、パンの出来を左右する大きな要因なのですから。

　無漂白小麦粉の使用がとくに重要になるのは、バゲットなどのフランスパン、イタリアのパン、ウィーンのパンのように、シンプルでリーンなパンです。この種のパンは、小麦のクオリティが味の良し悪しを決めると言ってよく、加えて、発酵や焼成の技術を通して小麦の風味を引き出す職人の腕も求められます。逆に、プルマン、ハッラー、一般的なサンドイッチ用パンやディナーロールなどエンリッチ度の高いパンは、油脂、卵、牛乳などが豊富に含まれているため、無漂白小麦粉の長所が消えてしまいます。もしも手元にあるのが漂白小麦粉だけ、でもバゲットなどのリーンなパンを作りたい、というときは、気にせずに作りましょう。そして不安になったら、私が「家庭で焼くパンに関する黄金の法則」と呼んでいるものを思い出してください。それは、「どんな出来上がりでも、みんなは大喜び」ということです。

　上で述べたような理由から、レシピではほとんど無漂白小麦粉を指定しました。いずれにしても、最近の強力粉は大部分が無漂白です。タンパク質含有率が約14％にもなる超強力粉はスーパーではなかなか見かけませんが、自然食品の店や専門店で購入することができます。超強力粉を使うことで違いが出るパンもたしかにありますが、手に入らなければ強力粉で代用しても大丈夫です（行きつけのベーカリーで少し粉を分けてくれるようお願いするのは意外と効果がありますから、やってみる価値はありますよ）。

小麦全粒粉

　小麦全粒粉には脂質が含まれているため、製造後数か月以内のものがベストですが、通常の室温なら何か月も保存がききます。気温の高い時期は、密閉容器に入れて冷蔵庫か冷凍庫で保存したほうがいいでしょう。

*訳注：日本では昭和52年の食品衛生法で漂白剤の使用が禁止されたため、現在、漂白小麦は流通していない。こうした事情をふまえ、本書のレシピでは、原著で「無漂白小麦粉」となっているものでも単に「小麦粉」と表記している。

さまざまな種類の小麦粉を並べてみると、色合いや、きめの微妙な違いがわかりやすい。(左から右へ) コーンミール、セモリナ粉 (粗いデュラム小麦粉)、ファンシー・デュラム、ダークライ (黒いライ麦粉)、ホワイトライ (白いライ麦粉)、漂白薄力粉、無漂白ペストリーフラワー、無漂白強力粉、クリアー粉 (二等粉)、小麦全粒粉。

レシピによっては、細びき、中びき、粗びきなどを指定している場合もあります。指定がなければ細びきを使うか、歯ごたえがほしければ細びきに中びきか粗びきをブレンドしたものを使いましょう。

インスタントドライイーストを使う理由

私はインスタントドライイーストを好んで使用していますが、理由はいたって単純です。ドライイーストやパン酵母 (生) よりも凝縮されているため、消費期限が長く、また、水に溶かなくてもそのまま粉に加えることができるからです。

インスタントドライイーストは、製造・包装の技術によって酵母が凝縮された状態にしたものです。小さじ1杯あたりの生きている酵母細胞の量は、同量のドライイーストに比べて25％多く、パン酵母 (生) の3倍です。インスタントドライイーストのパッケージには「短時間で発酵」「ホームベーカリー向き」と書かれているものもありますが、実際は、効力は強くても発酵に時間のかかるパン酵母です。私にはこの点が、多くのケースでメリットになっているように思えます (おいおいわかると思いますが、発酵は遅いほどいいのです)。

インスタントドライイーストが発酵を始めると、酵母細胞は他の種類のパン酵母のときと同じはたらきをします。糖類を分解し、その際の副生成物として炭酸ガスやエタノールを産生します。発酵の度合いを決める要因として、室温や生地の環境 (パン酵母の成長に必要な3要素：餌、温度、湿度) とともに、パン酵母の生細胞数があります。インスタントドライイーストは最も使いやすく、手に入りやすいうえに、生細胞数が多いので使用量も最も少なくてすみます (通常、粉の重量に対してパン酵母 (生) は2％のところ、インスタントドライイーストは0.66％)。「パン酵母は必要な量だけを使い、それ以上は入れないこと」という昔ながらのパン作りの原則を私は信じていますが、それにはインスタントドライイーストが最適なのです。

インスタントドライイーストとドライイーストは、密閉容器に入れて冷蔵保存すれば効き目は何か月も失われません。パン酵母（生）は水分が多いため、2週間ほどすると質が落ち始め、4週間以内には完全に劣化します。本書のレシピではインスタントドライイーストを指定していますが、どのタイプのパン酵母でも代用できます（P79〜参照）。どのタイプを使う場合も、必ず密閉容器に入れるか、きっちりラップで包んで保存してください。

水

　お宅の水道水が飲料水として問題ないのなら、高価なミネラルウォーターをパン作りに使う意味はほとんどありません。塩素の味はパンを焼く過程でなくなります。水道の水が極端な硬水や軟水の場合だけ、ミネラルウォーターの使用を考えましょう。一般的な話として、最近は飲料水全般の質が低下していて汚染の恐れもありますから、水道に浄水フィルターをつけることをお勧めします。ただしパン作りにかぎって言えば、どんな微生物も焼く過程で死滅しますから心配はいりません。

　ちなみに、ニューヨークのベーグルがおいしいのは水道水がいいからだとニューヨーカーは口をそろえて言いますが、私はそうは思いません。たしかにニューヨークの水は非常に良質ですが、ベーグルがおいしいのには別の理由があります。本書のベーグル（P140）を作ってみれば、納得していただけるはずです。

手捏ね、電動ミキサー、ホームベーカリー、フードプロセッサー

　本書のレシピのほとんどは、手捏ねか電動ミキサー、もしくはその両方でミキシングを行います。ミキシングの項（P74）を見ればわかるように、どんな方法を使うかよりも、どんな出来上がりになるかのほうがずっと大事ですから、ミキシングの方法はご自分で決めてください。

　私はだいたいいつも手捏ねですが、それは生地を触るのが好きだからです。本書の目標のひとつは、「感触で判断する」という、理屈では説明できない技能を身につけていただくことですから、できるかぎり手を使ってのミキシングをしてください。生地を手で捏ねるという作業におじけづく人が多いのですが、それではパン作りの貴重な楽しみのひとつを、みすみす逃すことになります。手で捏ねる場合、スピードにもよりますが、かかる時間は機械を使った場合とそんなに変わりません（1、2分は長くかかるでしょうが）。

　ホームベーカリーに関しては、私はまったく反対派ではありません。ただしホームベーカリーでできるのは食パン形1斤分だけですから、ご自分のホームベーカリーに合わせてレシピの分量を調整して作ってください。最近は生地のミキシングと発酵をホームベーカリーで、分割と成形は手作業で、焼成は一般的なオーブンで行う人が増えています。これならパンの形は好きなようにできますか

ら、ホームベーカリーの活用法として素晴らしいと思います。

　ほとんどのパン生地はフードプロセッサーでうまくできることが、家庭でパンを焼く人たちの間で認識されつつあります。P74に、フードプロセッサーでミキシングを行う場合の大まかな方法を書きました。フードプロセッサーを使うとうまくできる生地については、その旨をレシピ脇の【解説】に記してあります。

温度計

　どのメーカーのものでもかまいませんから、ぜひ料理用のデジタル温度計を使ってください。各材料、生地、焼き上がったパンの温度を確認するのに必要です。本書のレシピはいずれも温度を指定しています。あなたもいずれは勘で温度を推測できるようになるでしょうが、温度計に表示された数字と、実際に触れてみたときの感覚を結びつけることによって、その勘を磨くことが大切なのです。温度計が正確に調整されているかどうか確認するのを忘れず、調整が必要なら説明書の指示に従って調整しましょう。

モスリンで裏打ちした籐のバヌトン。

成形と二次発酵用の道具

　もうずいぶん昔の話ですが、カリフォルニア州で教師をしていたとき、担当クラスの生徒たちを連れて、ソノマ郡にあるクレイグ・ポンスフォード経営の名店「アルチザン・ベイカーズ」を見学したことがあります。1996年、クレイグがパリの「クープ・デュ・モンド・ド・ラ・ブーランジュリー」で世界チャンピオンに選ばれて間もない頃でした。生徒のひとりが、クレイグの店にはバヌトンが数十個しかないことに気づきました。バヌトンは柳の曲げ木細工のカゴで、二次発酵の工程で使われています。バヌトンが少ない代わりに、店には小さな籐カゴが何百個と置かれていました。よくレストランでロールパンやクラッカーを入れてテーブルに出す、ああいうタイプのカゴでした。なぜ本物のバヌトンではなくて籐カゴで生地を発酵させるのか、生徒が尋ねると、クレイグは片手にバヌトン、もう一方の手に籐カゴを持ってみせました。そして「こっちは」と顎でバヌトン

セブンスターズ・ベーカリーのブール（右）。籐カゴ（左）の中で発酵させると、ローフの表面にこのような独特の模様がつく。

を指すと、「卸売価格で1個14ドルくらい。小売価格だと、たぶん30ドルかな。だけど、こっちのほうは」と今度は籐カゴを見ながら続けました。「大型雑貨店に行けば1個1ドルで買える。どちらも同じように仕事をしてくれる。どちらがいいか、自分で計算してごらん」。

　正直なところ、バヌトンのほうが作りはずっとしっかりしているし、扱いやすさにもかなりの差があります。しかし値が張るのは事実だし、パン作り全般に言えることですが、家庭でパンを作る場合、プロの道具を、はるかに安価なもので代用することができます。

　プロが使うバヌトンを持っていないなら、ステンレス製やガラス製のミキシングボウル（P51参照）で代用がききます。ボウルの大きさは作るパンの大きさによりますが、本書のレシピはほとんどが450〜680g程度のローフ用ですから、そんなに大きなボウルは必要ありません。ただし、生地が2倍に膨らんでも大丈夫な程度の大きさは必要です。

　クーシュも代用品で間に合わせられる道具です。クーシュはフランス語で「層」という意味の、発酵用の丈夫な麻布です。多くのベーカリーで、型で焼かないパン生地の発酵に使用されています。本物のクーシュは「ベイカーズ・カタログ」やベーキング用品店で購入できますが、そこまでする気がないなら、白いテーブルクロスを使ってもかまいません。もうお客様用に使っていないものがいいでしょう。古くなった枕カバーも使えます。クロスにパン生地がくっつかないよう

即席の発酵ボウル

❶ ステンレス製またはガラスのボウルにスプレーオイルをかけてから、布製ナプキンか布切れ、またはでこぼこのないタオル（パイル地でないもの）をかける。布にもスプレーオイルをかけて軽く手粉を振る。

❷ 写真のような状態に生地を整えたら布をかけたボウルに入れ、生地の表面にスプレーオイルをかける。

❸ 次に布の四方の隅を折り返して生地にかぶせるか、別の布をかぶせる。

❹ 焼成の準備ができたら、セモリナ粉かコーンミールを振っておいたピール、または天板の裏にボウルを慎重に引っくり返す。布をそっと取り除き、クープ、焼成へと進む。

リュスティックタイプの生地を発酵させるために、麻布の準備をする史江。

に、表面に軽くスプレーオイルを吹きかけ、小麦粉を振りかけてから生地を並べます。すべて並べ終わったら、パン生地のあいだの布にひだを寄せて壁を作り、布かラップをかぶせてください。

　この方法は柔らかい生地のときに便利で、生地が横に広がったり平らになったりするのを、布の壁が防いでくれます。ただし、柔らかい生地の多くは、ベーキングシートを敷いた天板にスプレーオイルを吹きつけ、コーンミールかセモリナ粉を振りかけ、ふんわりラップをかけるか、プラスチックの食品保存袋に滑りこませても、完璧にうまくいきます。食品保存袋は通常、透明か半透明で、石油化学成分が浸出することなく食品を保存できるよう作られています。光沢のあるビニールっぽいゴミ袋は食品用ではありませんが、パン作りに使う人が多いようです。

　スプレーオイルをはじめ、簡単な道具をいくつか用意すれば、ベーカリーで使われているものの多くを、ほとんどお金をかけずに再現することができます。あるいは、今はプロでなくても本物の道具が手に入る時代ですから、徹底的にこだわってプロ仕様のキッチンにすることもできます。クレイグの言葉を借りて、「どちらがいいか、自分で計算してごらん」と締めくくりましょう。

ベーキングシートとシリコン製ベーキングマット

　私の厨房で大活躍しているお薦めの道具が、ベーキングシートです。ただし、ロールタイプはすぐに丸まってしまい、カットもしにくいので使いません。私が好きなのはカットされたシート状のもので、最近はずいぶん手に入りやすくなり、専門店には必ず置かれています（行きつけのベーカリーで何十枚か分けてもらうという方法もあります）。家庭用の天板には１シートを半分に切って使いましょう（プロの厨房ではこれはハーフサイズの天板になります）。

　知らない人もいるようですが、ベーキングシートはシリコン加工されているため、油を塗った紙やパラフィン紙のようには使えません。シリコンの上に物を置くと、71℃に達するまでくっついて離れないので、シートの上でパン生地を移動させたいなら、使用前にスプレーオイルを吹きかけておくのがいいでしょう。また、コーンミールや粗いセモリナ粉をシートに振りかけておくと、くっつきにくくなる上に食感もよくなる場合があります。これはいつも必要ではないし、かぎられた種類のパンにだけ使える方法ですが、ハースブレッド（オーブンの炉床で直焼きするパン）は底の部分がおいしそうに焼き上がります。

　ベーキングシートの長所のひとつは、そのままオーブンの中に滑りこませてベーキングストーンの上に置けることです。そのため、生地が最も崩れやすい状態のときにシートから持ち上げて、形を崩してしまう危険性を減らすことができます。

　家庭でパンを焼く人たちに人気があるのが、シリコン加工のベーキングマッ

トで、「シルパット」という商品が最も有名です。ベーキングマットはパンの種類によっては便利な道具で、とくに天板に直接のせて焼くときは非常に便利です。私自身は、熱したベーキングストーンの上に直接置いて焼く場合、ベーキングマットは決して使いません。シリコンが融けるのではないか、あるいは何度も使わないうちにマット傷めてしまうのではないかと不安だからです。ベーキングマットの最大の長所は、何度も繰り返し使えることです*。

スプレーオイルが効果的な理由

　焼成前の生地にオイルをスプレーすると、ラップなどで覆（おお）ったときにくっつきにくく、焼き上がったパンを焼き型からはがしやすくなります。私はまわりの誰よりもスプレーオイルを使いますが、おかげでどれだけ楽をさせてもらっていることか。どのブランドでもかまいませんが、純粋な植物油使用のものもあれば、焼き型からはずれやすくするために食品用の添加物を使用しているものもあります。本書のレシピはすべて、いずれかの段階でスプレーオイルを使用しますから、キッチンカウンターに常備しておきましょう。わざわざ買わなくても、植物油かオリーブオイルを加圧ポンプ式の料理用霧吹き器に入れて、自家製スプレーオイルを作ることもできます。スプレーオイルのおもな長所は、最小限の油を使うだけで、パンが焼き型からはずれやすくなることです。スプレーオイルがない場合は、キッチンペーパーかハケで薄くオイルを塗ってください。

ベーキングストーン

　本書のレシピには、ぜひベーキングストーンを使用していただきたいパンがたくさん出てきます。ベーキングストーンは天板よりもずっと効率よく熱を留めるため、均一に火が通り、クラストはパリッと焼き上がります。ダブルスチーミング（P117参照）の技術と並んで、パン職人が使うデッキオーブンを家庭で再現するための最善の方法と言えるでしょう。

　私が愛用しているのは厚みのある長方形のベーキングストーンで、今はたいていの家庭用品コーナーや調理器具店で販売されています。このタイプのベーキングストーンは、薄い円形のピザストーンよりも熱を長く留めることができます。今のようにベーキングストーンが入手しやすくなる前は、多くの人が正方形の素焼きタイルを使っていました。これもいい道具ですが、ずれやすく、濡れると割れやすくなる傾向があります。すでにタイルを使用していて使い心地に満足しているなら、そのまま使い続けてください。大事なのは、ベーキングストーン（またはタイル）が最大限に熱くなってから、生地をオーブンに移すことです。ですからオーブンを予熱するときは、必ずベーキングストーンが正しい位置にあることを確認し、45分ほどかけてベーキングストーンがオーブンと同じ熱さにな

*訳注：日本のプロは、数十回使えるベーキングシートやベーキングマット（シルパットなど）を使う。

るまで熱してください。スチーム加湿と、扉の開閉の際に失われる熱を補うために、私はいつも実際の焼成温度よりも、少なくとも10℃、ときには38℃ほど高めにオーブンを熱します。そして加湿が終わると、元々の設定温度にセットしなおします。

オーブンは1台、1台、焼け具合が異なりますから、ベーキングストーンを置く位置もあなたが判断しなければなりません。オーブンの床に置くのを好む人もいれば、ラックのどの段かを選んでそこに置く人もいます。私はたいてい、電気オーブンの下段のラックに置きます。そこなら背の高いローフでも上部にゆとりがあり、均一に焼き上がるからです。

ハースブレッドを作りたいけれどベーキングストーンを持っていない人は、ふつうの天板を裏返せばデッキとして使うことができます。そのままオーブンのラックにのせてスチーム加湿をしてください〔この場合も、あらかじめ天板を加熱しておいたほうがよい〕。

(【備考】最近では「ベーキングスチール」という商品も販売されています。これはスチール製のプレートで、ベーキングストーンよりもさらにすぐれた性能の道具ですが、当然、価格もそれなりに高くなっています。ベーキングストーンと違って、壊れる心配はありません)

オーブン

オーブンはそれぞれ焼け具合が異なるものです。したがってレシピの焼成時間はおおよその目安であり、また、標準的な輻射熱オーブンの使用を想定しています。たいていの場合、均一に火を通すためには、焼成時間を半分過ぎたあたりでパンを前後に180度回転させることが必要です。

薪窯を使っている人には、このような目安は意味がなく、パンが焼き上がるまで何分かかるのか、私よりもあなた自身がよくご存じのはずです。

コンベクションオーブンの場合は、熱風の対流の強度によって、レシピに書かれた温度よりも4〜10℃低めにセットし、焼成時間を約10〜20％短くします。

一次発酵と二次発酵の温度

本書のパンをいくつか作ってみると、どれも暖かい場所ではなく室温で発酵させることに気づくでしょう。パン職人にとっては、室温の場所が「暖かい場所」なのです。温度が8℃上がるごとに発酵速度は2倍になり、約60℃まで上がるとパン酵母は死滅します。発酵のスピードは、遅いほうがいい場合がほとんどです。32℃に設定した市販の発酵容器で発酵に1時間かかるパンを、23℃の室温で発酵させれば2時間かかります。しかし、余計にかかるこの1時間のあいだに、生地の中で進行している微生物の活動によって、小麦粉からより多くの風味が引き出されるのです。

とはいえ、発酵をコントロールするのはあなた自身ですし、諸々の理由で最終発酵をスピードアップしたい（あるいは遅くしたい）と思うこともあるでしょう。それがあなたにとって必要なことなら、そうするのは自由です。家庭で発酵容器を作る場合のアドバイス（P110）を参考にしてください。

ベーカーズパーセント

　プロのパン職人はレシピを公式として見ます。つまり、カップ何杯、大さじ何杯といった捉え方ではなく、比率やパーセンテージで考えているのです。これを「ベーカーズパーセント」といいます。カップなどの体積表示よりも重量表示が好まれているのは、そのほうがはるかに正確なためです。しかしもっと重要なのは、各材料の比率によるパターンを把握すれば、それを応用して創造性に富んだレシピを考案し、思いどおりの仕上がりにできるということです。趣味でパンを焼く人は数学的に考えるのを避ける傾向がありますが（私の全日制コースの生徒たちも、なんとかしてこの問題から逃げようとしますが、そうはいきません）、この知識があれば間違いなく、自分の焼きたいパンが焼けるようになります。それを実現できるように、本書の各レシピにはベーカーズパーセントをつけました。これを使えば、レシピの分量より多めに作るときにも、分量を簡単に計算しなおし、調整することができます。

　ベーカーズパーセントを理解する上で大事なのは、すべての材料が、粉の総重量に対する割合で表されているということです。粉の総重量はつねに100％で、他の材料はすべて、それに対して何％になるかが算出されています。たとえば粉の総重量が1000gで、塩が15gの場合、粉に対する塩のパーセンテージを求めるには、塩の重量を粉の重量で割り、それに100をかけます（15 ÷ 1000 ＝ 0.015 × 100 ＝ 1.5％）。経験豊富なパン職人なら、通常、塩は粉の重量の1.5％から2.5％だと知っていますから、この1.5％は適切な量であることがわかります。

　水などの液体も、パンの種類によって基準値の範囲が決まっています。フランスパン、サンドイッチ用パン、ロールパンは55〜65％で、チャバッタ、フォカッチャは68〜80％です。たとえばフランスの小麦粉で作るバゲットのレシピで粉の総重量が1000gの場合、水は約60％ですから、1000gに60％をかけると（1000g × 0.6 ＝ 600）、水の分量は600gであることがわかります。

　これ以外に、次の原則も覚えておいてください。

- 粉の総重量はレシピ中の粉類の合計です。ですから小麦粉と小麦全粒粉が使われていれば、その合計重量を100％とします。例：レシピに強力粉500g、ライ麦粉125gとあれば粉の総重量625gを100％とし、他の材料の数字は粉の分量に対する比率で決まります。また、液種を使う場合、そちらのほうが粉の総

重量よりも重くなることがあります。例：小麦粉500g、液種（ポーリッシュ種）830g使用の場合。830g ÷ 500g ＝ 1.66で、ポーリッシュ種のパーセンテージは166％。

- ベーカーズパーセントの数字を全部足しても100％にはなりません。100％は粉類の合計だけです。粉類の100％をスタートラインにして、他の材料の数字を足していったものがベーカーズパーセントの合計になります。

- ベーカーズパーセントに重量表示がなくパーセンテージしか載っていなくても、作りたいパンの重量から、各材料の重量を計算することができます。

たとえばパーティー用に5kgのパンを作るとしましょう。総重量5000gのパンということになります。レシピは伝統的なフランスパンの生地で、小麦粉100％、水60％、塩2％、パン酵母（生）2％。合計すると164％です。これを使って各材料の重量を計算していきましょう。

まず、総重量をベーカーズパーセントの合計（164％＝1.64）で割ります。5000g ÷ 1.64 ＝ 3048。これが粉の重量で、3048gです。簡単に計算できるように、半端な数字は切り上げましょう（生地が少ないよりは多すぎるほうがましですから、数字は必ず切り上げてください）。その際、少しゆとりをもたせて切り上げ、それを粉の総重量として使いましょう。この場合は3100gに切り上げます。

次に、水は60％ですから、粉の重量3100g × 0.6 ＝ 1860g。

パン酵母（生）と塩も同じように計算します。3100g × 2％ ＝ 62g

これで各材料の分量が決まりました。
  粉   3100g
  水   1860g
  塩   62g
  パン酵母（生） 62g

合計すると5084g。「総重量5000g」の予定より84g多めですが、これが先ほど述べた「ゆとり」ですから、ちょうどいいのです。

これからもっと多くの種類のパン（P62　パンのカテゴリー別分類を参照）を作るようになると、この計算方法がとても役に立ちます。とくに、パンの風味と食感を調整したいときや、何か問題を解決したいときに便利です。たとえば、油

脂6％でディナーロールを作ったら硬すぎたので、10％に増やしたいとします。この場合、粉の総重量に10％をかければ、油脂の必要量が導き出せます。あるいは、生地がなかなか膨らまなくて、計算してみるとパン酵母（生）が2％しかなく、生地に問題がなければ3％に増やしたいというときも、この計算法で量がわかります。生地が塩辛くて計算したら塩が3％だった場合も、自信をもって2％に減らすことができます（ちなみに、本書のレシピはすべてインスタントドライイースト使用ですが、プロのパン職人のレシピでは、パン酵母のパーセンテージは通常、パン酵母（生）の使用を前提にしています。インスタントドライイーストを使って作るならパン酵母（生）の3分の1、ドライイーストを使うならパン酵母（生）の半量を目安にしてください。また、レシピに「インスタントドライイースト使用」とあるのにドライイーストしかない場合は、インスタントドライイーストより25％増やした分量を使用してください）。

　ここで紹介した計算式は、最初はややこしく思えるかもしれません。たしかにベーカーズパーセントを使いこなすには練習が必要ですが、基本的な知識をもつだけでも、パン作りの技術は磨かれるでしょう。次の基本的な公式を覚えておきましょう。

TFW（Total Flour Weight）　粉の総重量
TW（Total Weight）　生地の総重量
TP（Total Percentage）　パーセンテージの総計
IW（Ingredient Weight）　材料の重量
IP（Ingredient Percentage）　材料のパーセンテージ

TFW ＝ TW ÷ TP
（粉の総重量＝生地の総重量÷パーセンテージの総計）

IW ＝ IP × TFW
（材料の重量＝粉の総重量×材料のパーセンテージ）

IP ＝ IW ÷ TFW × 100
（材料のパーセンテージ＝材料の重量÷粉の総重量× 100）

　この概念をわかりやすく説明するために、私が授業で使うような形のレシピ（本書のレシピと同じような形式）を見てみましょう。これは標準的なサンドイッチ用ホワイト・ブレッドで、フランス語で「パン・ド・ミ」といい、アメリカのベーカリーでは「プルマン・ブレッド」と呼ばれることもあります。このレシピは総重量4500gのパン用です（同じレシピを家庭向けに少量で計算したも

のが P319 に掲載されています）。

　練習に入る前に、大切な心がまえをひとつ。人生においてもパン作りにおいても、知識は力です。その力によって結果が決まります。この計算システムの知識を習得すれば、パン作りが楽しくなるとともに、力を身につけることができます。ぜひ、チャレンジしてください。

プルマン・ブレッド（ホワイト・ブレッド）

	%	重量
強力粉	100	2381g
パン酵母（生）	3	72g
（インスタントドライイースト使用の場合	1	24g）
塩	2	48g
グラニュー糖	8	190g
全脂粉乳	6	143g
ショートニング	8	190g
卵（Lサイズ）	4	95g
水	58	1381g
合計	189	4500g

　容量20クォート（約19リットル）程度のミキサーに材料をすべて入れ、低速で2分間回す。次に中速で6〜8分間、または生地が均一に混ざり、27℃前後になるまで回す。あとは12の工程に従う。

　このレシピを見てすぐにわかることがいくつかあります。まず、生地には、粉（100％）に対して8％のショートニング（油脂）が含まれています。これで、この生地は「エンリッチタイプ」のカテゴリー（P62の説明参照）に入ることがわかります。さらに、牛乳（全脂粉乳という形で）、砂糖、卵も含まれているので、間違いなくエンリッチタイプのパンです。粉に対して、塩の割合は2％、パン酵母（生）は3％です。この種のパンとして適正な割合ですが、3％のパン酵母（生）は発酵スピードが速い生地であることを表します（たとえばフランスパンは通常、粉に対して2％のパン酵母（生）しか入っていません）。このような生地は、ガス抜きや発酵のサイクルを長くするのは無理です。つまり、短時間で簡単にできるパンで、風味に及ぼす影響は、発酵よりも、油脂や卵などの材料のほうが大きいということになります。エンリッチタイプのパンは、ふんわりして軟らかな食感をもたせるように作られています。卵、牛乳、砂糖といった材料を使いますから、パンには甘味、脂肪分、タンパク質が含まれることになります。そのため焼き色がつきやすいので、リーンなフランスパンなどよりも低温で焼く必要があります。フランスパンには砂糖などが入っておらず焼き色がつきにくいため、高温で焼成しなければならないのです。

粉に対する水分率は58％です（それに加えて卵に含まれる液体。卵の75％は水分なので、約3％〔4％×75％〕）。この数字を見ると、プルマン・ブレッドは明らかに、リュスティックタイプや硬いタイプ（スティッフ）ではなくスタンダードの範囲内に入ります。生地はしなやかで粘りがあるけれど、べたつかず、扱いやすくて手粉は最小限ですみます。

　一次発酵のあいだに生地は2倍に膨らみます。かかる時間は環境温度によって、60〜90分のあいだでしょう。一次発酵が終わるとすぐに、分割、丸め、ベンチタイム、成形の工程を経て、二次発酵（最終発酵、ホイロともいう）に入ります。これも60〜90分かかります。そのあと、約180℃で焼き上げます。焼き上がったパンのクラストはタンパク質が凝固して独特の網目構造をもつグルテンが形成され、デンプンが糊化された状態になっています。この種のパンはバターやジャム、サンドイッチの具などと組み合わせるように作られており、噛みやすく、小麦粉よりも砂糖の甘さを感じさせます（甘味はすべて小麦の糖分から生まれるフランスパンとは、そこが違います）。

　ここでもう一度プルマン・ブレッドのレシピに戻り、パーセンテージの欄を見ましょう。それぞれの材料が、粉の重量とどのような関係にあるかを把握してください。粉の重量は、全材料の合計重量（4500g）を、全材料の合計パーセンテージ（189％、つまり1.89）で割って算出しています。

ベーカーズパーセントの比率について

　レシピの材料をパーセンテージに換算する方法は二つあります。第一の方法は本書のほとんどのレシピでもしているように、本捏ねに使う粉の量だけを総重量として100％の材料にするやり方です。この方法では、前発酵の粉は粉の総重量に含めません。第二の方法は、前発酵の粉も本捏ねの粉もまとめて、粉の総重量として計算するやり方です。どちらも正当な方法であり、メリットもデメリットもあります。

　第一の方法のおもなメリットは、前発酵が本捏ねの粉とは別の材料として扱われていること。これはポーリッシュ種、ビガ種、パート・フェルメンテ、サワードウなどの前発酵を使うパンの場合に便利です。このような前発酵は好きなだけの量を作り、必要な分量を計量して使うことができます。デメリットは、各材料のパーセンテージが、実際に使用されている粉の量に対する比率ではなくなってしまうこと。たとえばポーリッシュ種の粉は、実際には粉の総重量の一部なのに、生地として100％表示される粉の中には入っていません。一例として、チャバッタのレシピでは、ビガ種（レシピのバリエーションによってはポーリッシュ種）は粉とは別の材料として記載され、ベーカーズパーセントでも粉の総重量に対する割合が記載されています。

　第二の方法は、前発酵の材料をすべて本捏ねの一部として計算する方法ですが、

おもなメリットは、実際に使う粉の量との比率で他の材料を見られることです。ベーグル、ブリオッシュ、カサティエッロ、シュトレンなど、そのレシピ専用に計算された短時間の前発酵を使うものには、この計算法が適しています。本捏ねは短時間の前発酵を全量使って作ります。短時間発酵の液種で作る生地はたいてい、液種の段階でパン酵母全量と液体材料のほとんど、そして小麦粉の一部を入れます。この計算法のデメリットは、小麦粉や水、パン酵母などの材料が、2つのリストに重複して記載され、ややこしくなることです。

本書のレシピには、各材料のベーカーズパーセントを記載しています。また、ポーリッシュ種、ビガ種、サワー種などの前発酵を使用する場合は、前発酵に含まれる粉と水も計算に入れた配合率を、「全体の配合」として別のリストにしました（前発酵の粉と水の量は、P128〜131に掲載した前発酵のレシピの配合から導き出しています）。

パンの分類法

P62〜63の表を見ればわかるように、パンの分類法には数多くの基準があります。

たとえば、水分量を基準にパン生地を3つのカテゴリーに分ける方法があります。スティッフ（ベーグル、プレッツェル。粉に対する液体材料の割合50〜57％）、スタンダード（サンドイッチ用パン、ロールパン、フランスパンなどの欧風パン。粉に対する液体材料の割合57〜67％）、リュスティック（チャバッタ、ピザ、フォカッチャ。粉に対する液体材料の割合68％以上）です。どんなパンも、3つのカテゴリーのいずれかに該当します。

生地の硬さ、あるいは使用する材料の種類による分類法もあります。リーン（この生地を使ってフランスパン、イタリアンブレッド、サワードウのハースブレッド、ベーグルを作る）には、油脂や砂糖などがほとんど、あるいはまったく入っていません。エンリッチタイプは、生地を柔らかくし、多少の甘味や風味をつけるのに十分な油脂、乳製品、卵、砂糖などが含まれています。このカテゴリーには、ほとんどのサンドイッチ用パン、ソフトロール、そしてハッラーなどの編みパンが属しています。リッチなパンは粉に対する油脂の割合が20％以上のものを指し、ブリオッシュ、祝祭用パン数種類、甘い菓子パンなどがあります。リッチなパンの中には、ラミネート（「薄片」「薄い層を重ねた」の意）というカテゴリーがあり、クロワッサン、デニッシュ、パフ・ペストリー、さらにある種のビスケットやパイ生地など、油脂のパーセンテージが高いものを指します。生地を何度も折りたたむことにより、生地の薄い層が油脂に覆われ、焼くと生地が

パンのカテゴリー別分類

本書に出てくるパンをすべてカテゴリー別に分類しました。複数の分類法があるため、どのパンも二つ以上のカテゴリーに属することになります。すべてのパンについて、どのカテゴリーに属しているか見ることで、似ている点、違う点が浮かび上がってくるでしょう。そのパターンを把握すれば、焼き上がりまでの工程を思うようにコントロールできます。

各カテゴリーと特徴を簡単に記します。

硬い（スティッフ）　水分量50〜57%。硬くて水分が少なく、粘り気のないなめらかなテクスチャー。

スタンダード　水分量57〜67%。粘りがあってしなやかで、べたつかない。

リュスティックタイプ　水分量68〜80%。ウェットでべたつきのある生地。

リーン　油脂や砂糖がほとんど、あるいはまったく入っていない生地。

エンリッチタイプ　油脂分20%未満。砂糖、牛乳、卵を含む場合もある。中くらいの柔らかさの生地。

リッチ　油脂分20%以上。砂糖、牛乳、卵を含む場合もある。柔らかい生地。

フラット　パン酵母使用、不使用どちらもあり。パリッとしているものも、柔らかいものもあるが、焼き上がりが薄い点は共通している。

ストレート法　前発酵を使わず、一度のミキシングで作る。

中種法　市販のパン酵母、野生酵母で発酵させた前発酵を使う。

パン酵母使用　種類を問わず市販のパン酵母（インスタントドライ、ドライ、生）を使用して作る。

自然発酵　野生酵母のスターターだけを使って作る。

混合法　市販のパン酵母と野生酵母のスターターを使う製法。

膨張剤使用　膨張剤（重曹かベーキングパウダー）を使用する。

パンの名称	スティッフ	スタンダード
アナダマ・ブレッド		×
アルトス（ギリシャの祝祭パン）		×
ベーグル	×	
ブリオッシュ		×
カサティエッロ		×
ハッラー		×
チャバッタ		
シナモンバンズ		×
シナモン・レーズン入りクルミのパン		×
コーンブレッド		
クランベリーとクルミ入りの祝祭パン		×
イングリッシュ・マフィン		×
フォカッチャ		
フランスパン		×
イタリアンブレッド		×
カイザーロール		×
ラバッシュ・クラッカー	×	
小麦全粒粉入りの軽いパン		×
マーブル模様のライ麦パン		×
とびきりおいしいマルチグレイン・ブレッド		×
パン・ア・ランシエンヌ		
パン・ド・カンパーニュ		×
パーネ・シチリアーノ		×
パネトーネ		×
ナポリタンピザ		
ポーリッシュ種を使ったバゲット		×
ポルトガル・スイートブレッド		×
ポテトとローズマリーのパン		×
プリエーゼ		
基本のサワードウ・ブレッド		×
ニューヨーク・デリのライ麦パン		×
ライ麦100%のサワードウ・ブレッド		×
ポワラーヌ・スタイルのミッシュ		×
プンパニッケル・ブレッド		×
ヒマワリの種入りライ麦パン		×
シュトレン		×
スウェーデンのライ麦パン（リンパ）		×
トスカーナ・ブレッド		×
ヴィエナ・ブレッド		×
ホワイト・ブレッド		×
小麦全粒粉のパン		×
ポテト、チェダーチーズ、チャイブ入りのトルピード		×
ローストオニオンとアジアーゴチーズのミッシュ		
発芽小麦と玄米のパン		×
オニオンとケシの実のフィリング入り発芽小麦全粒粉のビアリー		
メガリッチなシナモンバンズ&スティッキーバンズ		×

リュスティックタイプ	リーン	エンリッチタイプ	リッチ	フラット	ストレート法	中種法	パン酵母使用	自然発酵	混合法	膨張剤使用
			×			×	×			
			×			×	×または		×	
	×					×	×			
			×			×	×			
			×			×	×			
		×			×		×			
×	×					×	×			
		×			×		×			
		×				×	×			
		×								×
		×			×		×			
		×			×		×			
×		×			×	×または	×			
	×					×	×			
		×				×	×			
		×				×	×			
		×		×	×		×			
		×			×		×			
		×			×		×			
		×				×	×			
×	×					×	×			
	×					×	×			
		×				×	×			
			×			×			×	
×	×または	×		×	×		×			
		×				×	×			
			×			×	×			
			×			×	×			
×	×					×	×			
	×					×		×		
		×				×	×		×	
	×					×		×		
	×					×		×		
		×				×			×	
	×					×			×	
			×			×	×			
		×				×	×			
		×				×	×			
		×				×	×			
		×			×または	×	×			
		×				×	×			
		×				×			×	
×		×				×			×	
×					×		×			
×	×				×		×			
			×		×			×		

空気をふくんで膨らみ、サクサクした食感になります。

　大きなカテゴリーとして、フラットブレッドがあります。パン酵母を使用したものも、不使用のものも含まれ、最大の特徴は名前のとおり、平らなことです。ピザ、フォカッチャ、クラッカー、マッツォ、ラバッシュ、トルティーヤが代表的ですが、他にも多くあります。パリッとしている、軽い、ふんわりしている、サクサクしている、軟らかいなど、パンの種類によって食感はさまざまです。リーン、エンリッチ、リッチ、いずれのタイプの生地も使われます。

　また別の分類として、前発酵を使わず１度のミキシングで作るパンがあり、この製法はストレート法と呼ばれています。これに対して前発酵を使う製法を中種法といいます。

　最後の分類は、市販のパン酵母を使用したパンと、野生酵母かサワー種を使って自然発酵させたパン、そしてパン酵母不使用のパンです。パン酵母不使用の生地は、重曹やベーキングパウダーなどの膨張剤で膨らませるもの、そうでないものがあります。パン酵母不使用のものはクイックブレッドという独立したカテゴリーになり、トルティーヤ、マフィン、パイ生地などがあります。

　本書のパンを作るにあたり、各工程での扱い方を明確にするために、どのカテゴリーに属するのかを知る必要が出てくることがあります。この分類法とベーカーズパーセントを頭に入れておけば、趣味でパンを焼く人もプロの職人も、数かぎりないバリエーションのオリジナルレシピを作り出すことができるでしょう。

パン作りの12の工程
穀物の風味を最大限に引き出すために

　私はジョンソン＆ウェールズ大学でパン作りの実習授業を担当しています。そしてその9日間コースの初日に、「君たちのパン職人としての使命は、小麦の風味を余すところなく引き出すことです」と生徒たちに告げます。この原則は、それから始まる実習のすべてにかかわってくることです。そのことを最初から理解できる生徒もいれば、コースが終了する頃にやっと理解する生徒もいます（残念なことに、一部の生徒は理解しないまま終わってしまいますが、そういう場合は、将来の収穫につながる種を蒔いてあげたのだと考えるようにしています）。いずれにしても最も大切なのは、「小麦の風味を引き出す」という目標に焦点が絞られることにより、授業内容のひとつ、ひとつが意味を持つようになることです。パン作りの分析などという作業は、なぜそうするのか納得できるだけの理由がなければ、面倒で退屈なものです。幸いにも、全国を飛び回って教えている趣味のパン教室でも、大学の全日制コースでも、生徒はこの使命に対して驚くほど強い関心を持ってくれています。

　このセクションでは、パン作りの12の工程を要約しています。また、パン職人の使命を果たすためには、どのようにパン作りを進めていけばいいのかを簡潔に説明します。突き詰めれば、使命達成に必要なのは次のような要因です。

　まず、発酵の技術を使って、複合炭水化物を分解し、基本構成単位である糖類を放出させること。次に、タンパク質を熱して、ナッツのような香ばしい風味を引き出すこと。そして風味を閉じこめないように、デンプンを十分に糊化させることです。どうすればこういったことを実現できるのか、それを理解するために、一流のパンを作り上げている基本原理をおさらいしていきます。その中で、液種・中種・スターターの使用、オーブンを使いこなすコツ、野生酵母と市販のパン酵母の違いなどを取り上げます。こういった技術の多くは、私の前著 *Crust & Crumb* の中で、さらに他の著者による書籍の中ですでに取り上げられてきました。しかし、本書では過去の書籍よりも深く掘り下げて、技術の探究を行いたいと考えています。そこで、「最高のパンは段階を追って生地を作ることで生まれる」というパン作りの原則に、本作りにおいても従うことにしました。すなわち、基本原理の上に新たな知識を積み重ねていき、そのようにして蓄積された知識を使って未知の領域を開拓していくやり方を採用することにしました。

　P66の表にはパン作りの12の段階がまとめられています（私はこれを、"小麦（ウィート）が食卓にのぼる（イート）までの道のり"と呼んでいます）。これがパン作りの工程の枠組みとなるもので、どんなパンもこのような段階を経て完成します。ただし、この枠組みを理解したからといって、素晴らしいパンができるという保証はありません。逆に、この枠組みが理解できなくても、素晴らし

パン作りの全体像をつかむために、12の工程を順番に示す。

1. 下準備 (準備の基本は「あるべきものが、あるべき場所にある」こと)	2. ミキシング (3つの重要な目的をもつ工程)	3. 一次発酵 (バルク発酵とも呼ばれ、ここでパンの風味がほぼ決まる)	4. パンチング (ガス抜きとも呼ばれ、ここから個性化が始まる)
5. 分割 (生地を計量して切り分ける。その間も発酵は続いている)	6. 丸め (最終成形の前に仮の成形を行う)	7. ベンチタイム (生地を休ませる時間。中間発酵ともいう。このあいだにグルテンがゆるむ)	8. 成形と型入れ (焼成前の最終成形を行う)
9. 二次発酵 (最終発酵とも呼ばれ、焼き上がりのサイズに応じて生地を膨らませる)	10. 焼成 (クープとスチームの作業を含む。オーブンの中で3つの重要な化学反応が生じる)	11. 冷却 (実際には焼成の最後に含まれる作業。パンを切り分ける前に必ずこの工程を経なければならない)	12. 保存することと食べること (プロのパン作りにおいては保存が第一。家庭ではたいてい食べることが第一!)

いパンが作れないということにはなりません。パン作りを仕事にしている人たちの中にも、正式に修行したことがなく、12段階といっても何のことだかわからない人は大勢います。それでも彼らは、きちんと指示どおりに作れば、そこそこおいしいパンができることは知っています。けれど私たちは、思いどおりに焼き上がりをコントロールし、「そこそこおいしい」パンから「一流の」パンへ突き進む、探究の旅に出るのです。パン作りの基礎としてこの枠組みを理解することは、これから積み重ねていく知識の、最初の層になります。このあとに続くページの中で、その知識の層を進化させて、確固たる概念にしていきましょう。

　どんなパンも、素材の段階から12の工程を経て、完成したパンになります。サンドイッチ用パンなどの場合、複数の工程がほぼ同時に進行することもあります。また、ベーグルのように、種類によって生地の通る工程が微妙に違うものもあります。では、すべてのパンに共通することは何でしょうか。それは、小麦粉をベースにした、命を持たない粘土のかたまりのようなものが、何らかの変化が生じた結果、生きて成長する有機体に変身することです。素材の状態の小麦粉は味もそっけもなく、おが屑を食べているようです。その物質がまるで奇跡のように、口の中で複雑な風味と食感を次々と繰り広げ、味覚だけでなく魂までも喜びで満たしてくれるものに変化するのです。なぜこんなことが起こるのでしょうか。化学の力か、錬金術か？

　パンのクオリティの80％は一次発酵（第3段階）の工程で、残りの20％はおもに焼成（第10段階）の工程で決まります。この2つ以外にもパンの出来に微

妙な、しかし重要な影響を与える段階はありますが、発酵と焼成の段階で下された決断を元に戻せる段階はありません。しかし実は、パン作りの要となる発酵・焼成さえも左右する工程があります。それが第1段階の「下準備」です。パンの出来はもちろん、あなたがパン作りの腕をあげていけるかどうかも、下準備にかかっています。出だしさえよければ、あとは自然にうまくいきます。

第1段階　下準備

　素材が変身していく工程の検証を、下準備（mise en place）から始めましょう。これはパン作りの第1段階にとどまらず、生き方や知性に関する原則の第1段階でもあります。下準備は料理全般における段取りの基本原則です。"mise en place"とは、「やるべきことから手をつける」ということ。文字どおりの意味は「あるべきものが、あるべき場所にある」。小麦粉がパンになるまでの道のりの、最初の段階です。

　パン職人が素材をパンに変身させるために不可欠なものは、ほんのいくつかしかありません。正しく計量された材料、頑丈な作業台、ミキシング用のボウルか機械、標準的な機能のオーブン、生地が12の工程を終えるまで各種作業を行うのに十分なスペース、といったところでしょう。もちろんこのリストに、温度計、ベーキングストーン、霧吹き器などの本格的な道具を加えることもできます。

下準備をうまく進めるコツ

　パン作りの第1段階である下準備のポイントを挙げておきます。

・P68の「下準備チェックリスト」で、必要なものが揃っているか前もって確認しておきます。

・レシピの指示を最初から最後まで読み、各工程での作業等を具体的に思い描きます。このように頭の中で準備することで、足りない道具や、時間的な問題（例：ちょうど焼成の頃にオーブンでローストビーフを焼いている予定だけれど、どうすべきか）が明らかになることがあります。

・各材料の比率で構成されているベーカーズパーセントとは違って、レシピに記されている材料の分量（重量）は、あくまでも目安にしかなりません。また、たとえ材料をきちんと計量したとしても、使用する小麦粉のブランドや賞味期限までの日にちによって、粉や液体の量を調整する必要が生じる場合もあります。とはいえ、最初に正確な計量をしておけば最小限の調整で済み、失敗のリ

スクも少なくなります。最近は0.01g単位、もしくはそれ以下の計量ができる安価なデジタルスケールがたくさんありますから、活用しましょう。

- 下準備において材料の計量と同じくらい大切なのが、落ち着いた精神状態にあることです。作業のじゃまになりそうな要因は極力なくすか、どうしても必要ならそれを計算に入れて予定を立てましょう。おしゃべりはできるだけ少なくしなければ、間違いをおかしたり、材料を入れ忘れたりするでしょう。人生のあらゆる局面においてと同様、パン作りの成功もキーワードは「集中力」です。

下準備チェックリスト

「必ず用意するもの」と「あると便利なもの」のチェックリストに分けました。パン作りの道具には代用のきくものもたくさんありますが、少なくとも本書のレシピに関しては、必ず用意していただきたい道具がいくつかあります。スプレーオイルやベーキングシートがいい例です。ここでひとつ、段取りよくパン作りをするためのコツをお教えしましょう。作業を始める前に必ず、手粉用と調整用として、予備の粉をボウルに用意しておくこと。ドレッジ（プラスチック製のボウルスクレイパー）とスケッパー（金属製の生地スクレイパー）を手元に置いておくこと。水を入れたボウルを用意すること。これは生地の調整用と、生地がくっつかないように手や道具を洗うのに使います。こういった準備を整えずにミキシングを始めてしまうと、何か必要なものを取ろうとしたときや、あとになって色々なものにこびりついたパン生地を落とそうとしているときに、前もって準備しておくことの大切さが身にしみるでしょう。

必ず用意するもの
- ☐ 計量器具
- ☐ スプレーオイル（どのメーカーでも、手作りでもよい）
- ☐ ベーキングシート
- ☐ ドレッジ
- ☐ スケッパー
- ☐ ゴムべら
- ☐ 各種サイズのミキシングボウル
- ☐ 木製と金属製のミキシングスプーン
- ☐ 頑丈な作業台
- ☐ 予備の粉
- ☐ 予備の水
- ☐ デジタル温度計
- ☐ レシピの全材料（計量済み）
- ☐ オーブンに合った天板
- ☐ 2つのサイズの焼き型*
  約22cm×11cmのもの
  （450gのローフ用）
  約23cm×13cmのもの
  （680g及び900gのローフ用）

あると便利なもの
- ☐ スタンドミキサー（ビーターとドウフック付属）、またはフードプロセッサー
- ☐ よく切れる波刃のナイフ、クープナイフ、またはカミソリ
- ☐ ピザカッター
- ☐ 手粉用コーンミールまたはセモリナ粉
- ☐ 発酵用クーシュ、または代用の布
- ☐ 発酵用カゴ（バヌトン）、または代用のボウル
- ☐ 小数点第2位まで量れる正確なデジタルスケール
- ☐ スチーム用器具
- ☐ 冷却用金網
- ☐ ラップ、または食品用ビニール袋
- ☐ ベーキングストーン、または四角いタイル
- ☐ 木製、または金属製のピール

＊訳注：本日本語版では、日本で一般的な約19cm×9.5cm 400gの1斤用を使用。

・生地作りに取りかかる前に、すべての材料を計量しましょう。

第2段階　ミキシング

　ミキシングは混捏とも言われ、とくに機械ではなく手で捏ねるときにはその言葉が使われます。ミキシングといっても混ぜるだけではなく、この工程には3つの目的があります。材料を均一に混ぜ合わせること、グルテンをのばすこと、そして発酵を開始させることです。もちろん、この3つの目的を達成するための方法は、ミキシングされているもの——つまり「生地」——に入る素材に大きく左右されます。そこで、まず生地の2つのカテゴリーについて学びましょう。ストレート法の生地と、前発酵法の生地です。

ストレート生地と前発酵生地

　ストレート生地は、前もって捏ねたり発酵させたりしていない材料を、一度にミキシングした生地です。ストレート生地のパンはたいてい、発酵過程で生まれる風味よりも、材料そのものの風味が強く出ます。また、この生地を使うレシピの多くは、最短時間で膨らませるのに十分な量のパン酵母を使用しています。ストレート生地で作る代表的なパンには、スタンダードでエンリッチタイプのホワイト・ブレッド、チーズブレッドやスパイスブレッドなど生地に風味づけしたパン、ほとんどの（すべてではない）サンドイッチ用パンとソフトロールなどがあります。

　前発酵生地は、前発酵を利用して2つ以上の段階を積み重ねて作ります。前発酵には多くの種類がありますが、どれか1つを使います。この積み重ね方式によって非常においしくなるパンがある一方で、ストレート法で作ったときと変わらないパンもあります。積み重ね方式がとくに効果的なのは、リーンなフランスパンなど、風味や食感を出すために長時間発酵が必要なタイプのパンです。バゲット、全粒粉（とくに小麦全粒粉100％）のパン、ライ麦パンなどは、長時間の発酵によって消化しやすくなり、穀物の風味が十分に引き出されるため、前発酵を使ったほうがおいしくなります。

前発酵

　前発酵は一流のパンを作るための頼もしい味方です。前発酵を使うことで発酵時間が長くなり、小麦の複雑な分子から、多くの風味が少しずつ引き出されていきます。一般的に使われている前発酵は4種類ですが、それぞれにバリエーションがあり、前発酵の種類は無限と言っていいほどです。4種類のうち2つは硬い前発酵で、あとの2つは液状の前発酵です。硬い前発酵はパート・フェルメンテ

とビガ種という、ヨーロッパでの呼び名で知られています。液状でゆるいタイプの前発酵には、ポーリッシュ種と液種があります。

パート・フェルメンテは「前もって発酵させた生地」、または「古い生地」という意味のフランス語です。たとえば、一次発酵させた生地の一部を取っておくという方法で作り、あとで別のパンを作るときに使います。あるいはシンプルに、翌日に作るパンのために、生地を少し作っておく方法もあります。パート・フェルメンテを加えると、作ったばかりの生地をあっというまに熟成させる効果があります。この手法はシンプルでリーンなパンの味をよくするために、ベーカリーでよく使われています。

ビガ種はイタリア式の硬い前発酵で、パート・フェルメンテとの違いは塩がまったく使われていない点です。また、完成した生地を一部取り置いてあとから使用するためではなく、全量を前発酵として使うために作ります。ビガ種は塩を入れないことにより、完成した生地を使うときよりも少量のパン酵母で必要な発酵を進めることができます。塩にはパン酵母の活動を抑制して、発酵しにくくする効果があります（この特性のために、塩は他の食品では優れた防腐剤として使用されています）。つまり塩がなければパン酵母は思う存分、糖を消化できますから、ほんの少量のパン酵母で十分なのです。

では、なぜパン酵母は少ないほうがいいのでしょうか。小麦の風味を最大限に引き出すという、私たちの使命を思い出してください。パンの風味を生むのはパン酵母ではなく、小麦です。パン酵母が穀物より目立ってはいけないのです。したがってパン酵母の使用は、発酵に最低限必要な量に押さえるよう、心がけるべきです。そうすればパン酵母の風味は最小限におさえ、穀物の風味は最大限に引き出すことができます。このような理由から、ビガ種の場合、パン酵母（生）なら粉に対して0.5％、インスタントドライイーストかドライイーストならさらに少ない量で、生地を発酵させることができます。

「ポーリッシュ種」という名称はフランス人の考案したもので、何世紀も前にこの技術を彼らに教えてくれたポーランド人（ポーリッシュ）のパン職人たちに敬意を表してつけられました。ポーリッシュ種はゆるい液状の前発酵で、ふつうは同量の水と小麦粉を使い、塩は入れません。パン酵母の割合は粉に対してわずか0.25％未満で、ビガ種より少ないくらいです。どろどろのポーリッシュ種は硬い前発酵よりも発酵を妨害するものが少ないため、パン酵母は楽々と糖〔$C_6H_{12}O_6$〕類を分解して、二酸化炭素〔CO_2〕とエタノール〔C_2H_5OH。アルコールの一種〕に変換します。こういう事情で、ほんの少量のパン酵母が大いに活躍し、長時間の発酵が続きます。例外はありますが通常、ポーリッシュ種を前発酵として使用するときは、完全に発酵させるために生地のミキシング中にパン酵母を追加する必要があります。

一方、液種はたいていポーリッシュ種よりも発酵が速いのですが、これはパン

生地を目標温度にするために

　生地のミキシングの際、水などの液体材料の温度はどう決めるのかという質問をよく受けます。本書では生地の多くに常温、つまり68〜72°F（20〜22℃）の水を使用しています。しかし常温（室温）がそれ以上か以下の場合、生地が望ましい温度――たいていの場合77〜81°F（25〜27℃）――に達するために、他の材料との兼ね合いで液体の温度が68〜72°F（20〜22℃）以上、あるいは以下でなければならないこともあります。次にご紹介するのは"240ファクター"という計算方法で、多くのパン職人が水温を決めるために使用しています。

　この計算法の仕組みを説明するために、生地の目標温度を80°F（27℃）に設定してみましょう。生地の温度に直接的に影響する要因には、粉の温度、気温、水など液体の温度、ミキシングによって生じる摩擦の4つがあります。材料の中で最もコントロールしやすいのが、液体の温度です。液体の温度を何度にすべきかは、粉の温度、気温、摩擦係数を足せば導き出せます（摩擦係数はほとんどのミキサーでは30。一方、延ばし&折りたたみ（P77、P168参照）と組み合わせた短時間のミキシングのように、ミキシング作業が非常に少なく、熱を生じさせる摩擦をともなわない場合は20まで低くなることがあります）。この3つの数値を合計したものを、240から引いてください。"240"という数字は、すでに数値のわかっている要因（粉の温度、気温、摩擦係数）の数――つまり"3"に、目標とする生地の温度"80"を掛けたものです。3つの要因の数値を240から引いて、残った数字が望ましい液体の温度です。具体的な例を挙げます。

粉の温度	65°F
気温	69°F
摩擦係数	30°F
合計	164

240 − 164 = 76°F（24℃）

　つまり、一般的なミキサーを使って通常のミキシングを行う場合、望ましい液体温度は76°F（24℃）前後であることがわかります。スタンドミキサーを使って長め（合計7分以上）のミキシングを行う場合は、摩擦係数を40まで上げます。すると合計174となり、240から174を引くと66。目標とすべき液体温度は66°F（19℃）ということになります。

　本書ではほとんどのレシピで液体の温度を表示していますが、この計算式を使って、気温や使用するミキシング法に応じた液体の温度をご自分で計算してくださってけっこうです*。

*訳注：原書では摂氏も華氏にして計算しなおす方法が説明されているが、ここでは日本向け情報として摂氏での計算方法を記載する。
（参考：『フランスのパン技術詳論』レイモン・カルヴェル著、清水弘煕訳、パンニュース社刊、1985年）
まず、基礎指数として「強力混捏=51」、「改良混捏=60」、「通常混捏=69」という数字を基にする。
次に、粉の温度、作業室の温度を調べる。この両者を合計した値を基礎指数から差し引いた数値が、そのときに加えるべき液体の温度となる。
例）粉の温度18℃、作業室の温度24℃で、改良混捏の場合
　　60 −（18 + 24）=18　つまり、水温は18℃が望ましい、ということになる。
ただし、基礎指数はミキサーそれぞれによって異なるため、この一例に頼るのには無理がある。肝心なのは、あくまでも混捏を終えたときの生地温度である。

酵母のほぼすべてが、工程の初期段階で液種自体に入れられるからです。液種は全粒粉のパンやリッチなパンによく使われ、穀物の風味と消化をよくしますが、ポーリッシュ種ほど時間はかかりません。味をよくするという点では、長時間発酵の前発酵ほど劇的な効果はないものの、それを補っているのが、比較的短い時間でパンが作れる点です。たとえば生地の最終ミキシングは、液種を作って１時間ほどで行うことができます。

野生酵母を使って作るサワー種のスターターも前発酵の一種で、どろどろのポーリッシュ種のような形状のものもあれば、ビガ種のように硬いものもあります。これも基本的に塩は入れません。サワー種のスターターについては、のちほど詳しく説明します。

本書のレシピのいくつかには、「前処理」という工程も出てきます。これはパン酵母を使わず、コーンミール、ライミール、ひき割り小麦などの粗びき全粒粉を１晩、水か牛乳に浸けたものを使います。浸漬（しんせき）の目的は、穀物の中の酵素を活性化させ、デンプン内に閉じこめられた糖を解放することです。もちろん、穀物の粗い粒を柔らかくする効果もあります。前処理の中では実際の発酵はほとんど起こっていないにもかかわらず、前処理が生地に与える影響には目をみはるものがあります。詳しくは、前処理使用のレシピで説明します。

さて、ここまで各タイプの前発酵について読んできて、賢明な読者はある疑問を抱いていることと思います。なぜ長時間発酵させるとパンの味がよくなるのでしょうか？　ここからパンの分析がほんとうに面白くなります。穀物から風味を引き出すための重大な要因——酵素の世界、そして糖の分解という概念に足を踏み入れることになるからです。酵素のはたらきについては、第３段階の一次発酵で詳しく取り上げます。

（【備考】前発酵に関する用語は統一されていないため、しばしば混乱が起こります。使っているのが市販のパン酵母でも野生酵母でも、硬くても液状でも、前発酵なら何でも中種と呼ぶ人がいます。かと思えば、水分が多く短時間の前発酵だけを中種と呼ぶ人もいます。短時間発酵の液種で作るパンもあれば、長時間発酵の液種（例：ポーリッシュ種）で作る

ポーリッシュ種（右）は非常にウェットでベタベタしている。ビガ種（左）は見た目も感触もフランスパンの生地に近い。

パンもあります。しかし、このように作り方や呼び名が違っても、すべて前発酵の一種であることは変わりません。つまり、あらかじめ発酵させておき、他のパンを作るときに生地の一部として加えるものを本書では「前発酵」としています。

　ここで、本書での定義をもう少しはっきりさせておきましょう。本書では以下のものを「前発酵」と呼んでいます。まず、ゆるい液状のものとして「液種」と「ポーリッシュ種」があります*。市販のパン酵母を使う場合も（例：ポーリッシュ種）、野生酵母を使う場合も（例：初種、サワー種のスターター）あります。

　また、硬い前発酵は、「パート・フェルメンテ」「ビガ種」もしくは「小麦サワー種」（サワー種で作るパンの場合）のように個々の名称で呼びます。ちなみにサワー種のスターター、ルヴァン、初種、バーム、デイズム、マザー、シェフなどは、それがどう呼ばれようと、すべて市販のパン酵母ではなく野生酵母を使ったなんらかの前発酵をさしています。このカテゴリーの前発酵についてはP128から説明します。）

機械でのミキシングと手捏ね

　ミキシングの目的は、材料を混ぜ合わせること、グルテンを延ばして完成させること、発酵を開始させることです。ストレート生地、前発酵生地のどちらを使うにしても、この3つの目的は達成しなければなりません。その大切なミキシングをどう行うかをめぐっては、いささか哲学的な見解の相違があるようです。パンの世界は「何があっても手捏ね」派と、対立グループの「何といってもミキサー」派に分かれています。手捏ねはある種のロマンと精神性を感じさせますし、心を落ち着かせる瞑想的な要素が手捏ねの作業にあることを否定するつもりはありません。けれど、純粋に実利的な観点から言えば、どちらの方法でもちゃんとミキシングできることに変わりはないのです。

　1回分の総重量が10ポンド（4.5kg）以上のパンなら、手で捏ねるよりも、大型のミキサーを使うのが現実的な選択です（10ポンドどころではない量でも手で捏ねるパン職人を何人か知っていますが）。

　手で捏ねる場合は、何通りもの方法があります。私は次のような方法を好んで使います。まずボウルの中で材料をすべて混ぜ合わせ、きめの粗いボール状にまとめます。それを軽く手粉を振った作業台に移して、両手でやさしく作業台に押しつけ、ころがし、引っくり返します。私の友人のなかには、子どもが縫いぐるみをいたぶるように生地を作業台に打ちつけ、生地が延びたら折りたたみ、また打ちつけてグルテンに十分な刺激を与える人もいます。どちらも極端な方法ですが、その中間の方法も数多くあります。たとえば片手で押さえる方法や、ころがし、押さえ、またころがす方法。あるいは両手で絞るようにして長く伸ばし、部分別に捏ねる方法もあります。P75の写真のように、片手でボウルを回しな

*訳注：本日本語版内では、粉1に対して水が1以上のものを「液種」、そのうち粉：水がほぼ1：1のものを「ポーリッシュ種」として区別している。

がら逆の手を生地に突っこんで（ドウフックのように）混ぜ、ボウルの中ですべて済ませるのを好む人もいます。手の代わりに、金属製または木製の大きなスプーンか、ドレッジを使う場合もあります。リュスティックタイプの生地は水分が多く作業台の上では扱いにくいので、ボウルを使う方法が適しています。

ミキシングの3つの目的を果たしたら、それ以上ミキシングを続ける理由はありません。場合によっては、ただちにやめて第3の工程（一次発酵）に移らなければならないこともあります*。

ミキシングのメソッド

プロのパン作りの現場では3種類のミキシング法が使われています。インテンシブ法、インプルーブド・ミキシング法、シンプリファイド法（ショート法ともいう）の3つで、作る生地のタイプによって、それぞれに利点があります。たとえばリッチで甘い生地には、高速で長時間のミキシングを行うインテンシブ法を使って、油脂を生地になじませ、グルテンを形成させます。フランス風のリーンな生地にはインプルーブド・ミキシング法（低速と高速を組み合わせる）か、低速で長時間、穏やかなミキシングを行うシンプリファイド法のあとに数回の延ばし＆折りたたみをする方法が適しています。家庭でパン作りをする人は、インプルーブド・ミキシング法（電動ミキサーを使う場合）か、シンプリファイド法

*訳注：原書ではこの項目内に家電とその使い方の説明があるが、家電事情は日本とは異なるため割愛した。

フードプロセッサーでのミキシング

最近は多くのパン職人がフードプロセッサーを使って生地を捏ねていますし、正しく使えば、うまく出来上がります。プロセッサーをうまく使うこつは、スイッチを押しているあいだだけ作動する"パルス"機能を使うことと、長時間のミキシングをしないことです。また、フードプロセッサーは材料を混ぜるスピードが速いため、材料の吸水が追いつきません。ですから、材料がある程度水を吸ったら、もしくは材料がひとつにまとまったら、最低でも5分間、生地を休ませましょう。パルス機能ではなく、スイッチを押すと作動し続ける通常モードで作動させてもかまいませんが、45秒以上は回さないようにしてください。それまでに作業は終わっているはずです。私がこの方法でミキシングを行う場合は、粉と水の調整を完全に終えて生地が正しい感触になるまで待ってから行います。

生地によっては、特にウェットなリュスティックタイプの生地は、フードプロセッサーの刃の下にくっついてしまうことがあります。もしそうなってしまったら、いったんミキシングをやめ、ドレッジかゴムべらを使って（くっつかないように何度も水で濡らしながら）生地をはがし、刃を取りはずして生地も取り出しましょう。ミキシングボウルをきれいにしてから刃を取りつけ、生地を戻して再びスイッチを入れ、ミキシングを仕上げてください。

【備考】最近話題になっているのが、金属製ドウブレード（刃）とプラスチック製ドウブレードでは、それぞれにどんな利点があるのかということです。プラスチック製の刃は生地にやさしい素材だという理由で開発されましたが、使ってみて便利だと言う人はほとんどいません。プラスチック製よりも金属製のほうが優れているという意見が最近の多数派で、私自身もこの意見に賛成です。ただし、使用するときはここに書いたミキシングの方法を守ってください。

水分量の多い生地を手でミキシングする。

大きいスプーンを使って材料を混ぜ合わせ、ミキシングを始める。そのままスプーンでかき混ぜるか、片手を水につけて上の写真のように、ボウルを回しながらその手をドウフックのように使ってもよい。

で作ることが多いようです。とくに手捏ねの場合は、高速のミキシングを継続するのは不可能ですから、シンプリファイド法ということになります。

　どの方法を使うにせよ、生地を傷めたり劣化させたりせずに、ミキシングの目的を達成しなければなりません。最もよくある劣化の原因は、過剰なミキシングと、ミキサーの過熱（過発酵の原因になる）です。

　どんな生地にも、その生地独自の特徴があり、扱い方の条件があります。たとえば、冷水を使用すべき生地もあれば、湯を使用すべき生地もあります。発酵の速い生地もあれば、グルテンが延びるようになるのに時間がかかる生地もあります。また、ミキシングに使う道具や方法は、ミキシングにかかる時間に直接影響しますから、成功の可能性を最大限にするような道具と方法を選びましょう。あなたの選択の良し悪しが、出来上がったパンに反映されるのです。

　ぜひ覚えておいてほしいのは、生地の吸水具合は気候条件や粉の新しさ・古さによって変わるということです。したがって、ベーカーズパーセントで示された水分の比率は、おおよその目安以上にはなり得ません。ですから、ミキシングの初期段階では液体材料を全部入れずに少し取り置き、もっと水分が必要だと確信できたら生地に足すようにしましょう。これは必ず守ってください。同様に、液体材料を全部入れても生地が硬すぎるようなら、レシピの分量以上の水分を足して調整します。何がどれだけ必要かは、レシピではなく生地が教えてくれるものです。もしも水分を足しすぎて生地がゆるくなりすぎた、あるいはベトベトするという場合は、粉を足して調整してください。

　一次発酵に進む前に、ミキシングの3つの目的を達成するためのヒントを学んでおきましょう。

材料を均一に混ぜ合わせる

ここで紹介したミキシング法はいずれも、材料を十分に混ぜ合わせることができる方法です。ボウルに材料を入れるとき、パン酵母と塩を接触させないように注意しましょう。塩はパン酵母に直接触れると、パン酵母を死滅させてしまうからです。まず粉に塩を混ぜ、次にパン酵母を混ぜこむといいでしょう。もっと簡単なのは、ボウルに粉類を入れたら塩とパン酵母をボウルの両端に離して置き、そこに液体を入れてミキシングする方法です。前発酵や堅いサワー種を加えるときは、小さくちぎってから加えるとムラなく混ざります。

グルテンの形成

グルテンは小麦中の成分から作られるタンパク質で、生地の構造と風味のもとになります。小麦にはもともとグリアジンとグルテニンという2つのタンパク質が存在します〔小麦中には他のタンパク質も存在するが、この2つでタンパク質の大部分を占める〕。この2つは水を加えると互いに結合し、グルテンという複雑なタンパク質を形成します。小麦粉の種類は、この潜在的なグルテン含有量によって分類されます。"潜在的な"というのは、水を加えてグリアジンとグルテニンが結合するまでは、小麦粉の中にグルテンは存在しないからです。P44で取り上げたように、小麦粉の種類によってグルテンのパーセンテージは異なります。

ミキシング時間を短縮する（ひいては、小麦粉の自然漂白を引き起こす酸化を減らす）ためにパン職人が使う技術のひとつが、小麦粉と水を混ぜて生地を休ませる方法です。この工程はフランス語で「オートリーズ（自己分解）」といいます。休ませているあいだにタンパク質分子は吸水を完了し、自然に結合を開始します*。

グルテンの生成が十分かどうかを確かめるのに最適な方法が「グルテンチェック」で、別名を「グルテン膜テスト」といいます。これは仕込みボウルから小さく生地を切り取り、やさしく引っぱりながら延ばしていき、ごく薄い半透明の膜になるまでもちこたえるか試す方法です。窓ガラスのようになる前に生地が破れてしまったら、1、2分捏ねてから再びテストします。生地を捏ねすぎる——つまり、グルテン分子の結合を壊してしまうほど捏ねるのは、なかなか起こることではありません。プロが使うミキシング装置内で生地が過熱状態になったり、フードプロセッサーであっというまに生地が過熱したりということはありますが、たいていの家庭用キッチンミキサーは生地を捏ねすぎる前にミキサー自体が過熱状態になるでしょう。手捏ねの場合には、おそらく生地がだめになるだいぶ前に、あなたの手が痙攣を起こすでしょう。私はミキサーで捏ねすぎて酸化し、風味を失った生地は見たことがありますが、手で生地を捏

*訳注：グルテンはグリアジンとグルテニンに水が加わり、エネルギーが加えられると同時に弱い塊状に形成される。このことから今日、ミキシングの目的はこの塊状のグルテンをほぐし、しっかりとした膜に延ばすことと理解されている。

ねすぎた人にはいまだに会ったことがありません。

発酵の開始

パン酵母の活性化も発酵の開始も、グルテンの形成と同じく水分を加えることで起こります（水分には、水にかぎらず牛乳やジュースなどの液体も含まれます）。どんな種類のパン酵母であろうと、発酵という魔法を起こさせるためには、水分を加えて生地全体に行き渡らせることが必要です。

ドライイーストはあらかじめ水に溶いて使用します。一方、パン酵母（生）とインスタントドライイーストは、ミキシングのあいだに十分に吸水して活性化します。水に溶いて柔らかくしたければそうしてもかまいませんが、その必要はありません。私は液体材料を加える前に粉と混ぜる方法を使っています。

延ばし&折りたたみ

本書の旧版が出版されて何年か過ぎてから、私は"延ばし&折りたたみ"の効果により深い関心を抱くようになりました。延ばし&折りたたみ法は旧版でも使われていますが、私がこの技術を多用するようになったのは出版後だったため、あまり頻繁には出てきません。この改訂版ではレシピの多くで、長時間のミキシングに替えて延ばし&折りたたみを採用しました。この方法を使えばミキシング時間を短縮できるうえにβ-カロテンの酸化が抑えられ、また、窯伸びのいい生地に仕上がります。P42の写真や、P168のチャバッタのレシピの写真を見ると面倒そうですが、そんなことはなく、とても簡単です。それをさらに簡単にするために、作業台にオイルを塗って生地を扱いやすくする「オイルスリック」という手順を加えました。この方法を使うと、折りたたみのときに余分な粉を使う必要がなく、手や作業台に生地がくっつくこともありません。

まず、作業台の上に植物油かオリーブオイルを少量（小さじ1/4程度）垂らし、25cmくらいの大きさの円か四角に広げていきます。次にオイルを塗った手、またはドレッジを使って、生地を作業台のオイルの上に移します。生地を叩いて平らにしたら、片方の端を引っぱってほんの少し延ばしたあと、端が生地の中央に来るように折り返します。反対側の端も同じように延ばして、最初に折りたたんだ生地が完全に隠れるように重ねます。同じ作業を生地の上辺と下辺でも繰り返してください。これで生地の上下左右、四面で延ばし&折りたたみが行われました。今度は生地を引っくり返して折り目を下にし、継ぎ目のない滑らかな面が上に来るようにします。ここで軽くオイルを塗ったボウルに生地を戻してもいいし、ボウルを生地にかぶせて蓋をしてもかまいません。これで"延ばし&折りたたみ"作業のワンセットが完了です。

次の延ばし&折りたたみまでの間隔は生地によって異なりますから、各レシピの手順に従ってください。レシピによって1〜5分の短いものもあれば、20分、あるいは45分まで時間をあけるものもあります。炉床で焼くリーンな生地は3、4回の延ばし&折りたたみでいい結果が出ることが多く、作業を繰り返すたびに生地の強さと滑らかさが増していきます。

グルテンチェックを行うと、グルテンの状態がよくわかる。

第3段階　一次発酵

　良い小麦から悪いパンができることもあると、多くのパン職人が気づいていない。パン作りの魔法を生み出すのは、条件のコントロールと発酵だ。失われてしまったものは、（略）このメソッドである。
　──リオネル・ポワラーヌ

　素晴らしいパンを作り出すものは何かと考えると、ひとつの技術に行き着きます。それは、出来上がりをコントロールするために、時間と温度を操作する技術です。パン職人が下す決断はすべて焼き上がったパンに反映されますから、コントロールという概念は非常に重要になってきます。生地の焼き方が足りなかったり焼きすぎたりすると、それは出来上がったパンに表れます。発酵時間が長すぎたり短すぎたりした場合、これも出来上がったパンを見ればわかります。外的な条件にどう対処するかがパン職人のわざの見せどころであり、職人として最も挑みがいのあることでもあります。

　ほんとうにおいしいパンを作る上で、唯一最大の重要な工程と言ってもいいのが、発酵です。あとに出てくる焼成（第10段階）の工程にも時間と温度の操作がかかわってきますが、どんなにいいオーブンを使っても、成形の技術がどんなに優れていても、発酵が正しく行われなければ、平均点以上のパンができることはありません。この一次発酵の工程こそ、粘土のかたまりのような物質に命が吹きこまれ、パン生地に変身するところなのです。

生地の種類によって発酵に必要な条件はさまざまで、次のような要因がかかわってきます。パン酵母、パン酵母の餌、活動している酵素の微妙な量のバランス。生地の温度と、生地を発酵させている部屋の温度。そして発酵時間の長さです。何種類かの生地は、蓋付きのボウルか桶に入れ、室温かそれ以上の温度の部屋で、一般的には１、２時間かけて発酵させます。あるいは、酵素の活動時間を長くして生地からより多く風味を引き出すために、ミキシングが終わったらすぐに冷やして発酵活動を遅らせる方法もあります（後者は私がフィリップ・ゴスラン氏から教わったパン・ア・ランシエンヌで使われる技法です。パン・ア・ランシエンヌのレシピはP225に掲載されています）。ベーカリーでは通常、パン作りの環境はコントロールされ、生地も室温も厳密に管理されています。けれど家庭でパンを作る場合は、限られた条件で対処しなければなりません。寒い日に暖かい場所を見つける苦労もあれば、一次発酵や二次発酵に合わせて家にいるように予定を調整する苦労もあるでしょう。私が家でパンを焼くときはタイマーをセットして、うっかり生地のことを忘れないようにしています。

　あなたが作る生地の発酵に必要な条件がどんなものであれ、煎じつめれば、「時間」「温度」「材料」の調整ということになります。材料の中でも重要なのが糖で、糖は最終的にはパン酵母によって、アルコールの一種であるエタノールと二酸化炭素に変換されますから、発酵を起こすために欠かせない材料なのです。糖は材料のひとつとして加える形もあるし、フランスパンのように、小麦粉の複雑なデンプンが分解されて単糖になるという形もあります。一般には砂糖や卵などの材料が少ない生地ほど、発酵にかかる時間は長くなります。そういった生地は風味のほとんどが小麦粉から出ることになりますが、小麦粉のデンプンが糖に分解されるのは時間がかかるからです。逆に砂糖や乳製品、油脂などを加えたエンリッチタイプの生地は、風味の多くが小麦粉ではなく、他の材料に由来しますから、短時間の発酵のほうが向いています。

　次に、パン作りの工程でどんなことを決めなければならないのかを示します。これをしっかり頭に入れておけば、自信をもってパン作りに臨めるでしょう。

発酵方法とパン酵母の種類

　まず、パン酵母による発酵に絞って話をします。乳酸発酵という別のタイプの発酵もパンの発酵、とくにサワー種（野生酵母使用の前発酵）の発酵に関係してきますが、これについてはのちほど触れます（P85参照）。パン酵母によるパンの発酵は、パン酵母の細胞が糖類を餌にして成長した結果起こります。餌になる単糖類はおもにブドウ糖で、他に果糖も餌になります[*]。パン酵母のなかでおもなものは、サッカロマイセス科に属するサッカロマイセス・セレビシエです。サッカロマイセス・イグジグースというパン酵母の何種類かもパンの発酵に

[*] 訳注：より正確に言うと、麦芽糖、ショ糖といった二糖類も分解して利用する。

使用されますが、こちらはたいていサワー種のパンの場合です。家庭でもベーカリーでも、一般的なパンの発酵には必ずといっていいほど、市販のサッカロマイセス・セレビシエのパン酵母が使われています。

プロのパン職人はパン酵母（生）を使い慣れていますが、ドライイーストやインスタントドライイーストも使いこなします。その場合、次の公式に従って使用量を決めます。

パン酵母（生）100％＝ドライイースト40〜50％＝インスタントドライイースト33％

パン酵母（生）は専門店か自然食品の店で手に入りますが、賞味期限は2〜3週間と短めです。それに対してドライイーストとインスタントドライイーストは、賞味期限はないも同然のところが利点です。レシピでパン酵母のタイプを指定されていても、前述の割合に従って別のタイプのパン酵母を使えば、たいていうまくいきます。

サフ（SAF）の製品に「サフ インスタントドライイースト（高糖用 金ラベル）」があり、これは甘味や酸味が非常に強い生地向けに作られたものです。酸度や糖度が非常に高いと、通常はパン酵母のはたらきが抑制されますが、この製品はそういった影響を受けないように作られています。パッケージが金色であることから、「サフ・ゴールド（またはサフの金ラベル）」の愛称があります。この種のパン酵母が適しているパン生地はほんの少ししかありません。また、そのようなパン生地にふつうのインスタントドライイーストを使っても、発酵が始まるまで時間がかかるだけで問題はありませんから、金ラベルがなくても心配せずに作って

＊訳注：糖質の種類と分類

区分			一般名称	物質名	甘味度	特徴	構造イメージ
糖質	糖類	単糖類	ブドウ糖	グルコース	0.5	穀物、果実、蜂蜜などに多く含まれる	●
			果糖	フラクトース	1.5	果物に多く含まれる	○
			ガラクトース	ガラクトース	0.3	乳糖や少糖類を構成する単糖。酵母が利用できない単糖	◎
		二糖類	麦芽糖	マルトース	0.4	ブドウ糖が2個結合	●●
			ショ糖	スクロース	1.0	ブドウ糖と果糖が結合	●○
			乳糖	ラクトース	0.1〜0.4	ブドウ糖とガラクトースが結合	●◎
	少糖類		オリゴ糖		0.3〜0.5	単糖が3〜10個程度結合	
	多糖類		デンプン、デキストリン他		0	単糖が数十個から数万個ほど複雑に結合	

みましょう。

パン酵母に関する情報

- 市販のパン酵母は非常に厳しい衛生法規のもとで培養・包装されます。培養の際は、糖蜜などの糖質を栄養源としています。パン酵母は出芽（有糸分裂）によって繁殖しますが、メーカー各社は細胞を急速に成長させ、ドライでも生でも生きた状態を保てる技術を完成させました。

- 大規模なベーカリーでは、一般には販売されていない「クリームイースト」を使うことがあります。クリームイースト自体もその栄養源も液状であるため、高速のミキシング法で簡単に混ぜることができます。毎日かなり大量の生地を製造するベーカリー以外で、このパン酵母を目にすることはまずありません。

- 市販のパン酵母はどの銘柄も、効力に大差はありません。スプーン1杯に含まれる生きたパン酵母の数は、インスタントドライイーストの場合、ドライイーストの1.25倍です。これは製造法の違いに由来するもので、どのメーカーにも共通しています。こういう理由で、インスタントドライイーストはドライイーストより少量の使用で済みます。また、ドライイーストは粒が大きいので、あらかじめ湯に溶かしておかなければなりません（これを予備発酵といいます）。一方、インスタントドライイーストの粒はごく小さいため、粉に直接加えても、生地に水分を加えるとすぐに水に溶けます。これがインスタントドライイーストを使う最大の理由で、本書でもこのタイプを指定しています。けれど手元にインスタントドライイーストがなければ、ドライイーストで代用しても問題ありませんし、パン酵母（生）を使ってもかまいません。

- 開封したパン酵母は空中の湿気を吸収し始め、ゆっくりと目覚めてきます。そのため、開封後は密閉容器に入れて冷蔵庫か冷凍庫で保存しないと、時間とともに効力が失われていきます。冷凍するとパン酵母が死滅すると思っている人もいますが、私は密閉容器を冷凍庫で1年以上保存して、パン酵母の効き目は失われませんでした。

発酵中に起こることと生地への影響

パン酵母による発酵の基本を簡単にまとめると次のようになります。パン酵母は糖を食べ、消化の副産物として二酸化炭素とアルコール（エタノール）に変換します。エタノールは焼成中に蒸発し、二酸化炭素は生地を膨らませますが、これも焼き上がったパンには残りません。

ここでパン作りの原則を思い出してください。「パン酵母は必要な量だけを使

い、それ以上は入れないこと」。パン酵母の量が多すぎると生地はすぐに膨らみますが、それはつまり、糖を使い果たしてアルコールっぽいあと味が生まれるということです。糖が欠乏するとパン酵母は自分の中で反応を起こし始め、同じ副産物でも今度はあまり好ましくない、グルタチオンという物質を産生します。このグルタチオンがアンモニア臭を生み出し、生地の風味をそこなうのです。さらに、グルテンの結合を弱めてしまいます。標準的なレシピの一次発酵はほとんどが60〜90分で、二次発酵（最終発酵）の時間も同じくらいです。温度やパン酵母の量が原因でこれよりも速く発酵が進むと、生地の状態をコントロールできなくなり、質のよくないパンになるでしょう。

酵素の重要性

　酵素はタンパク質です。どんなタンパク質なのか、フードサイエンティストのハロルド・マギー博士の説明を借りましょう。「（酵素は）有機触媒です。すなわち、本来、非常にゆっくりとしか起こり得なかった化学反応の発生率を選択的に高めていくのです」。これはパン作りにおいてきわめて重要な情報ですが、パン職人と一般の料理人とでは、受け取り方が違ってきます。ほとんどの料理において、酵素は食品の分解、つまり腐敗を速める物質です。パン（やビールやワイン）と違って、たいていの食品にとって発酵は好ましいことではなく、悪いことなのです。しかしパン作りをするとき、私たちは穀物を膨らませるために発酵させ、さらに、デンプンに閉じこめられた糖類を解放しようとします。解放された糖の一部はパン酵母の餌になりますが、多くはパンの風味を生み出し、またクラストのこんがりした色のもととなります。

　デンプン粒子を、毛糸玉のようなものだと想像してください。その毛糸玉は、膨大な数の糖分子が糸のように絡まってできていて、侵入不可能な要塞のようになっています。生の小麦粉や、火を通す前のパン生地にはほとんど味がありませんが、それは糖分子の糸が絡み合っていて、人の味覚では感じにくくなっているからです。小麦粉に含まれる糖成分は複雑すぎて舌では識別できないため、舐めるとおが屑のような味がするのです。そこで、酵素という触媒を登場させます。酵素は毛糸玉をバラバラにほぐして、一本、一本の糸を自由にします。すると糸は人の味覚で感知できるようになり、同時にパン酵母や乳酸菌のような有機体に対して無防備になります。どんな食品もこのようなプロセスを経て、分解に至ります。そして分解された糖質は、最終的にはそのほとんどが、発酵に使うことのできる単糖になります。

　意識的にせよ無意識にせよ、パン職人はこの自然現象を利用しています。複合糖質とタンパク質の風味を最大限に引き出すタイミングで焼成（第10段階）の工程に入り、分解を止めるのです。焼き上がったパンは、解放された糖がクラストを黄金色にし、生の粉や生地のときにはなかった甘味が生み出されています。

「大切なのは時間と温度を操作することだ」と何度も言っていますが、それはこの工程においてのことです。

　酵素の科学はそれ自体が壮大で複雑なテーマですから、素人にも理解できるように噛み砕くには、酵素触媒による分解が必要になりそうです。ここでは、ごく簡単に解説することにします。

　酵素の中でも、小麦粉の糖質に関係するのはアミラーゼという酵素で、アミラーゼにはα-アミラーゼとβ-アミラーゼがあります。"ase"で終わる名称の物質を見たら、呼応する糖類（名称が"ose"で終わる）を分解する酵素だと思っていいでしょう。たとえばアミラーゼ（amylase）は多糖類のアミロース（amylose）の分解酵素で、ラクターゼ（lactase）は乳糖（lactose）の分解酵素です。（プロテアーゼというタンパク質分解酵素もあり、この酵素はグルテンなどのタンパク質に同じような連鎖反応を引き起こし、風味よりも生地の構造に影響を及ぼします）。α-アミラーゼの一種にジアスターゼという酵素があり、複合多糖類を麦芽糖、または麦芽に分解します。もし粉の原料リストに「大麦麦芽粉（モルト粉末　malted barley flour）」や「糖化麦芽（活性モルト　diastatic malt）」とあれば、それは粉の中に活性ジアスターゼ酵素が入っていることを意味します。また「非糖化麦芽（不活性モルト　nondiastatic malt）」もあり、これはジアスターゼが約77℃まで熱されて不活性化されたものです。このタイプの麦芽は酵素触媒としてではなく、風味づけに使用されています（よく使われるのはベーグルです）。

　パン酵母による発酵のあいだ、パン酵母の主食になるのはブドウ糖で、果糖がそれに続きます。ブドウ糖や果糖のような単糖類は、小麦粉の中に少量存在していますが、これはほとんどの場合、製粉工程でデンプンが壊され、一部のデンプンが傷つけられることが原因です。このような形で小麦粉に存在する糖のおかげで、フランスパンは砂糖を加えなくても発酵するのです。アミラーゼ酵素は生地の発酵中、デンプンにはたらきかけ、デンプンから糖を解放することによって、複雑なデンプン粒子を単純な形にしていきます。十分な時間を与えればデンプンは残らず分解されて糖になり、やがてパン酵母や乳酸菌に食べ尽くされてしまいますが、そうなるかなり前に、しかも風味と食感がピークに達するタイミングで（職人の腕がよければ！）焼成の工程に入ります。（酵素の力だけで分解できるデンプンの量は上限が決まっていて、そこを超えてしまえばもう糖を解放することはできません。これ以上踏みこむと難解な話になるので、このへんでやめておきましょう）。

　発酵がうまくいった生地は、風味と焼き色に必要な糖が最大限に放出される一方で、最高の食感を生み出すために必要なデンプンとタンパク質は十分に残っています。パン作りを大きな目で見るなら、最高の風味、最高の見た目、最高の食感を作り出すために、時間との戦いを繰り広げるドラマチックなレースと言えるでしょう。

ほとんどの強力粉には、大麦麦芽粉（モルト粉末）がすでに添加されています〔日本ではごく一部の銘柄を除いて、ほとんど添加されていない〕。大麦麦芽粉の製法は、まず大麦を発芽させることから始まります。これが酵素を活性化させ、大麦のデンプンが麦芽糖に変換されるプロセスを開始させます。次にこれを乾燥させ、ひいて粉末にしたり、それをシロップに溶かしたりします。前述の触媒作用を促進するために、糖化酵素（アミラーゼ）の豊富な麦芽粉が少量、強力粉に加えられますが、酵素がその役割を完全に果たすには何時間もかかります。これもまた、おいしいパンを作るには時間をかけてゆっくり発酵させなければならない理由のひとつです。すでに述べたように、酵素の触媒プロセスには自動制御機能が組みこまれているため、酵素が行える分解の上限は決まっています。ですから、麦芽を大量に使う必要はありません。たいていは 0.5 ～ 1 ％で十分でしょう〔製品によって幅がある〕。それ以上入れると、生地にネバつきが出てしまうことがあります。

　糖化酵素（アミラーゼ）の豊富な大麦麦芽粉の活用法のひとつは、クラストの発色をよくする目的での使用です。糖化酵素を少量（0.5％）加えると、小麦粉のデンプンから分解される麦芽糖の量が増え、カラメル化が劇的に進みます。強力粉には大麦麦芽粉が添加されているので、ほとんどの場合、糖化酵素を加える必要はありません。ただし、レシピによってはミキシングの工程で糖化酵素を加えることによって、さらにおいしいパンが出来上がります。

　酵素の働きのもうひとつの効果は、小麦に閉じこめられていた糖類の味が、舌で感じられるようになることです。このことを知っていれば数々の個性的なパンを作ることができるのですから、これは酵素に関する知識の中で最も重要だと言っていいでしょう。穀物から最大限に風味を引き出すのは、時間がかかるものです。小麦粉の中にはもともと酵素が存在していますから、じっくり時間をかけて酵素に仕事をさせる余裕があるのなら、大麦麦芽粉を加える必要はありません。前発酵を使ったほうがパンの出来がよくなる理由は、これなのです。前発酵は時間を操作するための手段です。具体的に言えば、細胞レベルで起こっている驚くべき化学反応がその任務を遂行できるように、時間を引き延ばすための手段なのです。

　さまざまな発酵方法の長所を最大限に活かせるかどうかは、作り手しだいです。ほとんどのパンは何種類もの作り方がありますから、昔から伝えられてきた方法が最善とはかぎりません。たとえば、冷蔵などの形で温度管理が可能になったのは、近代になってからのことです。また、ここまでの数ページであたりまえのように述べてきた生地の中のドラマも、化学者がそのメカニズムを解明したのはわずか 50 年ほど前でした。かつては厳密に 60 − 2 − 2 メソッド（水 60％、塩 2 ％、パン酵母 2 ％）で作られていたフランスパンは、今では配合率も自由、各種前発酵の使用も自由です。フィリップ・ゴスランのパン・ア・ランシエンヌ（P225 参照）のように、前発酵を使わない方法さえあります。ポーリッシュ種でも、ビ

ガ種やパート・フェルメンテを使っても、さらにはこれらの前発酵と他の方法を組み合わせても、おいしいバゲットができます。

サワー種（野生酵母使用の前発酵）による発酵と乳酸菌による発酵

発酵に関するセクションの締めくくりとして、野生酵母のパンを取り上げます。サワー種のパンと言ったほうがわかりやすいかもしれません。これまでは、酵素のはたらきで促進される、パン酵母による発酵に焦点を合わせてきました。しかしパン酵母の活動と同時に起こっているのが乳酸菌による二次発酵で、これはパンの風味にパン酵母とは違った効果をもたらします。P269にサワー種の作り方を、そのあとにこの種を使ったレシピを何種類か載せています。レシピに入る前に、この重要な手法について、いくつかの疑問に答えておきましょう。

野生酵母による発酵と乳酸菌による発酵　Q&A

サワー種のパンとふつうのパンの違いは、どこから生まれるのでしょうか？ ほとんどの人は特殊な野生酵母がその違いを生み出すと思っていますが、それは理由のひとつにすぎません。たしかに、ふつうのパンにはサッカロマイセス・セレビシエという菌を使うのに対し、サワー種のパンにはサッカロマイセス・イグジグースという野生酵母を使用します。けれど、複雑な酸味をもつ風味を生み出すのは、サッカロマイセス・イグジグースではなく乳酸菌です。具体的には、乳酸を作るラクトバチルスが、生地の中で酵素が解放した糖を餌にして酸味を生み出しているのです。たとえばサンフランシスコのサワードウ・ブレッドはラクトバチルス・サンフランシスコ（なんとわかりやすい名前！）という、その土地に固有の乳酸菌を使っていて、他の地域や国で他の野生酵母を使って作られるどのパンよりも強い酸味と、厚いクラストが特徴です【備考】ラクトバチルス・サンフランシスコは世界中に存在していて、この乳酸菌を使用したサワードウ・ブレッドもあちこちで見られますが、もちろん数の多さではサンフランシスコにかないません）。

野性酵母はどんなはたらきをするのでしょうか？ 一般的な市販のパン酵母（サッカロマイセス・セレビシエ）は酸性の環境を好みません（ちなみにサッカロマイセス・セレビシエはビールの醸造にも使用されています。ビールの別名が「飲むパン」なのも納得ですね）。このタイプのパン酵母は、乳酸菌の活動で環境が酸性に傾くと死滅します。その結果、アンモニアのようなあと味が生まれ、また、パン酵母が放出したグルタチオンによってグルテンの構造が弱くなり、嫌な味のパンになります。サッカロマイセス・セレビシエで発酵させたパンは通常、pH5.0〜5.5です。

野生酵母（サッカロマイセス・イグジグース）は逆に酸性の環境（pH3.5〜4.0）を好み、乳酸菌（種類によっては乳酸だけでなく酢酸も作る）のはたらき

化学的膨張剤

　ひとつのレシピ（P178のコーンブレッド）を除き、本書では膨張剤を使用したクイックブレッドは取り上げていませんが、膨張剤を使う人はとても多いので、ここで何点か明確にしておきたいことがあります。料理学校では膨張剤には3種類あると教えます。天然膨張剤（すなわち、パン酵母または野生酵母）。物理的膨張剤（スチーム、または空気を入れる）。化学的膨張剤（ベーキングパウダー、重曹。他にも家庭ではほとんど使われないが炭酸アンモニウムや重炭酸アンモニウム）。物理的膨張は、ほぼすべてのパンやケーキの中で起こります。生地に閉じこめられた空気は、暖まるとすぐに生地を膨らませ始めるからです。けれど、このタイプの膨張でまず思い浮かべるのは、パフ・ペストリー、デニッシュ、クロワッサンなど薄い層が重なったラミネートタイプか、ポップオーバーやシュークリームのように中が空洞になった薄い生地でしょう。

　最もよく使われる化学的膨張剤はベーキングパウダーで、重曹も多くの料理に使われています。炭酸アンモニウムの一種には鹿の角由来のものがあり、名前もそのままハーツホーン（鹿の角）といいます。ベーカリーではハーツホーンを、クラッカーなど、乾いてパリッとした食感のものに使います。アンモニア臭をなくすためには、水分をすべて蒸発させなければならないからです。

　化学的膨張剤は物理的膨張剤や天然膨張剤と同じく、二酸化炭素を発生させますが、発酵の過程で発生させるのではなく、中和という化学反応を通じて発生させます。簡単に言うと、酸（pH 1から14の目盛りで7未満）がアルカリ（pH 7以上）と反応して中和し合い、副生成物として二酸化炭素が発生するのです。たとえば重曹はアルカリ性で、クリームオブターターに含まれる酒石酸は強い酸性です。この2つをグラスの水に溶かし、アスピリンを1錠放りこめば、即席の発泡性胃薬の出来上がりです（アスピリンを入れなければ、ただの炭酸水です）。

　重曹を使うレシピには、必ずと言っていいほど柑橘類の果汁、ハチミツ、酢、バターミルク、サワークリームなどが入っています。通常、重曹の量は粉の総重量に対して0.5〜1.5%のあいだです。ベーキングパウダーには、酸性の物質とアルカリ性の物質が安定した状態で含まれていて、水を加えたり加熱したりすると活性化が始まります。家庭で一般的に使われているベーキングパウダーには、少なくとも2種類の酸が含まれています。1種類の酸は、パン職人が言うところの「ボウル・アクション」を引き起こします。これは、水に濡れるとただちにアルカリ（たいていは重曹）の中和作業に入ることを指します。この役目をするのはふつう、酒石酸か第一リン酸カルシウム一水和物です。硫酸ナトリウムアルミニウムなど、他の酸は水には反応せず熱に反応する性質を持ち、約66〜71℃に達すると活動を開始します。これは「オーブン・アクション」と呼ばれます。ベーキングパウダーの量は粉に対して1〜5%がふつうですが、レシピによっては7%にもなる場合があります。本書の主目的のひとつは材料比率を理解することですから、化学的膨張の基礎的知識を身につけるとともに、このような膨張剤のパーセンテージを頭に入れるのも大切なことです。

　化学的膨張剤のはたらきについてもっと詳しく知りたい方には、"CookWise"と"Bake Wise"（ともにシャーリー・コリハー著）か、『マギー キッチンサイエンス』（ハロルド・マギー著）〔邦訳は共立出版刊〕をお薦めします。

で乳酸と酢酸が増えていくと、どんどん繁殖します。乳酸菌が風味を生み出すには、パン酵母が生地を発酵させる2倍の時間がかかるため、それに持ちこたえるには大量のパン酵母が必要になります。このような理由で、良いサワー種を作るためには野生酵母が必要なのです。

野生酵母はどのように作り、繁殖させるのでしょうか？ 野生酵母は空気中、植物、穀物、果実（ブドウやプラム、小麦粒の表面）など、私たちの身の回りにすでに存在しているので、作る必要はありません。とはいえ、パンを作るためにはその野生酵母を捕え、培養しなければなりません。その方法が、サワー種を作ることなのです。どうすればスターターを一つの仕込みから次の仕込み容器へと移動させながら元気な状態を保てるのか、おいしいパンを作るためにどれくらいの量を加えればいいのか、腕のいいパン職人は知っています。これも職人の技能です。

スターターを培養するときのおもな作業は、新鮮な小麦粉と水をこまめに与え、生きるために必要な栄養分と糖を餌として補給することです。また、冷蔵か冷凍にすればスターターを休眠状態にして発酵速度を遅らせることができます（パン酵母による発酵は4〜5℃以下になると止まる）。正しく培養した健康なスターターは、生きた状態を永久に保つことが可能です。サンフランシスコの製パン企業数社は、なんと150年以上前から同じスターターを使い、毎日餌を与えています。野生酵母のスターターの製造法については、レシピのセクションで詳しく学びましょう。

第4段階 パンチング（パンチ、ガス抜き）

生地のパンチングというと激しい作業のようですが、要するにガス抜きのことです。生地のガス抜きには4つの目的があります。

まず、グルテンの構造内に閉じこめられた二酸化炭素を一部、外に出すこと。二酸化炭素が多すぎると、あとあとパン酵母のはたらきが妨げられるからです。2番目は、グルテンの構造を少しゆるめること。3番目は、生地の外側の温度は内側の温度よりも低いことが多いので、ガス抜きをして内と外の温度差をなくすこと。最後に、生地からガスを追い出すことで栄養分が再び生地全体に行き渡るようにして、パン酵母の食事を再開させることです。

二次発酵に向けて完全なガス抜きの必要なパンはたくさんありますが、やさしく扱ってできるだけ多くガスを残すタイプも数多くあります。後者の目的は、完成したパンに大きな気泡が不規則に開いているようにすることです。バゲットなどのフランスパンは、この気泡の出来具合で評価されることがよくあります。

カリッとしたクラストのリーンなパンを作るときは、一次発酵のあと、生地を

やさしく扱って、なるべく多くの二酸化炭素を残しておくことが大事です。この段階の小さな気泡が、二次発酵と焼成の工程でできる大きくて不規則な気泡のもとになります。そしてこの大きな気泡こそが、優れたクオリティのハースブレッド（オーブンの炉床で直焼きするパン）の証なのです。

パンのタイプによっては、ガス抜きのあと2度目の一次発酵が必要になることがあります。フランスパンなどのリーンな生地を長時間発酵させる場合がこれにあたります。何度ガス抜きをしても生地が大きなかたまりの状態にあるかぎり、その生地は実質的には一次発酵の段階です。

二次発酵が始まるのは、あくまでも生地を小さく分割（第5段階）してからです。したがって、「ガス抜きの工程」というときには、分割と丸めの前のガス抜きを指します。ガス抜きの程度は作っているパンのタイプによって決まります。たとえば、生地をボウルから作業台へ移すだけでガス抜きになるタイプもあります。この動きだけで、二酸化炭素を外に出して、先ほど挙げた4つの目的を果たすのに十分なのです。一方、サンドイッチ用パンやディナーロールのように、中くらいの大きさの気泡が均等に並んだパンを作りたいときは、しっかりガス抜きをしなければなりません。

私はチャバッタやフォカッチャのようなリュスティックタイプの柔らかい生地をボウルから作業台に移し、生地が自分の重みで沈んでいくのを見るのが大好きです。生地は沈みながらガスを放出しますが、グルテンが気泡を包みこんだ構造を維持するのに十分なガスは残してくれます。この方法でガス抜きを行うときのコツは、生地に触れる時間は極力短くし、触れるときはやさしく扱って、なるべくガスを逃がさないようにすることです。たっぷり手粉を振った状態に生地を保つか、手を濡らしておくとうまくいくでしょう（ウェットな生地は濡れた手にはくっつきません）。この種のウェットな生地は、延ばすというよりも、やさしく折りたたむように扱います。このタイプのパンのガス抜きの工程は、可能なかぎり多くのガスを生地に留めておくのが目的です。それがうまくいけば、二次発酵の段階で新たに発生したガスが生地をさらに広げて、大きな気泡が不規則に開いた、おいしいパンが出来上がります。今は多くのアルチザン・ベーカリーで一流のパンが作られています。そんなパンを自分も作りたいと望むパン職人たちは、レイモン・カルヴェル教授の言葉どおり、「鉄の手にベルベットの手袋をはめて」生地を扱うという難題に挑んでいるのです。

焼成前のフランスパンの生地の断面写真。ガスの大きなくぼみは、パンが焼き上がると不規則に散らばる気泡になる。

第5、6、7段階 分割、丸め、ベンチタイム

　市販のパン酵母を使用したパンも、自然発酵（野生酵母使用）のパンも、たいていは2段階の発酵が必要です。一般には、まず生地がひとつのかたまりのときに最初の発酵を行い（一次発酵）、分割と成形が終わってからもう一度発酵させます（二次発酵）。この2つの発酵工程のあいだに、生地は3つの重要な工程を通ります。

　生地の分割は二次発酵の第1段階で、そのすぐあとに丸め（仮の成形）とベンチタイム（生地を休ませる時間。中間発酵ともいう）が続きます。この3つの工程はあいだをあけずに行いますから、ひとつのセクションでまとめて取り上げます。

分割

　まず、生地を分割して計量します。出来上がりと同じサイズに分割する場合もあるし、あとで行う分割の準備として中間的なサイズに分割する場合もあります（例：最初は約450gずつに分割し、あとでディナーロール用に約55gの生地8個に分割する）。分割するときは生地をスパッと切り（引きちぎるような感じにならないよう注意）、切る回数はできるだけ少なくしましょう。生地を切るたびにその部分が弱くなりますから、所定の重量にするために2つ以上の生地をひとつにまとめる場合は、焼き上がりに悪影響が出ます。スケッパーか波刃のパン切りナイフを使って、きれいな切り口になるように切りましょう。

丸め

　分割がすむと、通常はブール形（ボール状）かバタール形（魚雷形）〔日本では枕形という〕に仮の成形を行います。これを「丸め」といい、この作業でグルテンがさらに延びて、生地の表面に張りが出ます。これによって、二次発酵のあいだも生地の形が保たれます。大きな気泡が不規則にあいたパンを焼きたいなら、成形はやさしく行い、ガス抜きは最小限にとどめてください。サンドイッチ用パンやロールパンなら、丸めのときに十分ガス抜きをしてもかまいません。

　丸めの作業は最終成形に向けた仮の成形と考えるのがいいでしょう（ただし、丸いパンを焼く場合は丸めが最終成形になることもあります）。バゲットのように長いパンを作るときは、ブール形よりもバタール形に仮成形をしたほうが最終成形がしやすくなります。P94～109に仮の成形の詳しい方法が写真付きで載っていますので、参考にしてください。

ベンチタイム

　作っているパンのタイプによって、丸めのあと素早く最終成形にかからないといけないこともあれば、グルテンをゆるめるために生地を30分以上休ませることもあります。後者の生地を休める工程を「ベンチタイム」といいます。本書のパンの多くは分割からすぐに最終成形に移りますが、成形しにくい生地があればベンチタイムを設けてください。この工程の目的はただひとつ──丸めの作業で硬くなったグルテンの構造をゆるめて柔らかくし、最終成形をしやすくすることです。生地にベンチタイムが必要かどうかは、最終成形に影響してくる3つの性質によって決まります。伸展性、弾力性、耐久性の3つで、これはすべて生地のグルテンの状態に左右されます。

伸展性、弾力性、耐久性

　グルテンが引き締まっていると、弾力性に富んだ生地になります。弾力性の逆は伸展性で、柔軟で伸びやすい性質を指します。パンの成形はつねに、この2つの特性と、もうひとつ、耐久性に影響を受けます。伸展性は生地が延びてその形を保つ能力で、弾力性はゴムのように跳ね返す性質。耐久性は破れたりせず作業に耐えられる能力です。弾力性と伸展性はおもに小麦、または小麦粉のタイプによって決まりますが、生地をどの程度捏ねるかも影響します。筋肉を鍛えると固くなるように、グルテンを捏ねると引き締まって、グルテン本来の弾力のある状態になります。耐久性は小麦の品種や配合率といった要因で決まります。

　この3つの性質に影響する他の要因として、水分量（ウェットな生地は耐久性と伸展性が強く、水分の少ない生地は弾力性に富み耐久性は劣る傾向がある）と、生地の温度（温度が高いほど伸展性に富むが耐久性は弱くなる）があります。

　たとえば、プルマン・ブレッドのひとかたまりの生地を、出来上がりサイズに分割するとしましょう。まず、1個分に切り分けた生地をブール形かバタール形に丸め、それを最終成形する前に5〜20分のベンチタイムをとります。このベンチタイムによってグルテンの弾力がゆるみ、もし、このあと最終成形でなにか別の形に整えたとしても、それが再びブール形やバタール形に戻ってしまうことはなくなります。バゲットなどの長いローフに成形するときは、予定の長さに伸ばせる状態になるまで、2回、ときには3回のベンチタイムが必要になります。弾力が強くなってきたら、そのつど生地をゆるめて延ばしやすい状態にするためです。ベンチタイムが長いほど、生地はゆるんで延ばしやすくなります。

　分割、丸め、ベンチタイムの工程について覚えておくべきことは、ここでの目的は、成形と二次発酵に向けた生地の準備だということです。風味を引き出す作業は、一次発酵のあいだにほとんど終わっています。なぜかというと、最初の発酵のときに起こる化学変化によって、劇的な風味の変化が生じるからです。二次

発酵のあいだにも風味は生まれますが、一次発酵のときほど顕著ではありません。

第8段階　成形、型入れ

　伝統的なパンの形は何十種類もあり、それぞれが1種類ではなく多種多様な成形技術で作られています。そのなかには昔から変わらず、世界中いたるところで、さまざまな名前で愛されているパンがあります。ブール、バタール、バゲット、それに長さ30cmのパン・パリジャン（アメリカではスティック・ブレッドとも呼ばれ、サワードウ・ブレッドとフランスパンの最も一般的な形）がその代表でしょう。他の種類はそれほど一般的でなかったり、作られる地域や季節が限られていたりします。最近は伝統的なパンに対する関心が高く、家庭でパンを焼く人たちも、もっとおしゃれで手のこんだ成形技術を学びたいと望んでいるようです。さらに、芸術的なパン細工に興味を持つ人も急増しています。

　正しく成形するのが難しいパンの代表は、意外なことにバゲットです。どこにでも売っていて、手頃な価格で作り方もシンプルなバゲットこそ、パン職人が最初に弟子の成形技術を評価するパンなのです。しかし、バゲットにも多くの成形法がありますから、これから紹介する方法はあくまで出発点として見てください。これ以外の方法をすでに習得なさっているかもしれないし、どこかで他の方法をご覧になっているかもしれません。私のやり方は、たくさんある方法のひとつにすぎないということを忘れないでください。パン作りの経験を重ねていけば、やがて自分なりに工夫できるようになり、あなた独自の成形法が生まれてくるでしょう。意識してそうする人もいれば、自分では気づかずに生み出す人もいます。どちらにしても、ここで紹介する方法をマスターしておけば、順調に腕を上げていくことができます。

　次のページからさまざまな成形法を説明していきます。取り上げる形は、ブール（ボール）、バタール（魚雷形）、バゲット、クーロンヌ（冠）、エピ（小麦の穂）などハサミで切りこみを入れたパン、フォンデュ（割れ目パン）、フーガス（梯子）、タバチェール（タバコ入れ）、オーヴェルニャ（帽子）、プレッツェル、サンドイッチ・ローフ、ピストレ（トルピード・ロール）、ディナーロール、プル・アパート・ロール、結びパン、編みパンなど。このすべての形にできる生地は限られてきますが、ほとんどの生地は何種類もの形に作ることができます（ベーグルやブリオッシュのように形が決まっているパンは、レシピでその旨を記しています）。また、各レシピでは、そのパンにはどの形が適しているかを述べています。

　形によっては、発酵ボウルか発酵容器、キャンバスか柔らかい綿布、パン型などの成形道具を使ったほうがいい場合もあります。このような道具があれば便利

なのはたしかですが、身近なキッチン用品に工夫して即席の成形道具に変身させることもできます（P49〜51参照）。

　ほとんどのパンは最初にブール形かバタール形に仮成形されますから、まずこの2つを取り上げましょう。

パン作りの12の工程　穀物の風味を最大限に引き出すために

ブール（ボール形） Boule (Ball)

　ブール形は基本となる形で、そこから多彩な形の生地に成形することができます。ブール形を作る際の重要な原理が「表面張力」です。パン生地をこの形にするのは、表面張力を発生させ、生地が横方向だけでなく上にも膨らんで盛り上がるようにするためです。表面が張った生地は広がって平らにならず、丸く盛り上がった形が維持されます。したがってブール形を作るときには、底面にできた割れ目やしわをなくし（シーツのしわを延ばすように）、表面を張らせることが大切です。やり方はいくつもありますが、手の縁か両親指で割れ目の両側の生地をはさんで合わせ、引っぱりながら閉じて表面に圧力をかける方法が一般的です。これを頭に入れた上で写真を見ながらやってみれば、少しの練習でブール作りの名人になれるでしょう。

❶ 生地をまとめてだんご状にする。

❷ 表面を張らせるために、生地の端と端を下に引っぱるように巻きこんで楕円形にする。このとき生地の中に閉じこめたガスを必要以上に締め出さないこと。

❸ 同じように楕円形の短い2辺も端を下に引っぱるように巻きこんで、丸形にする。生地の合わせ目をつまんで閉じて表面を張らせる。

❹ できたブールは発酵させるか、次の成形まで休ませる。

バタール（魚雷形） Bâtard (Torpedo)

　バタールは長さ 15 〜 30cm の魚雷形のローフで、太さはバゲットとパリジャンの中間です。作りやすく人気のある形というだけでなく、クラストとクラムのバランスもよくなります。また、他の形にする過程での中間的な形としても優れています。たとえばバゲットやサンドイッチ・ローフの成形の準備段階として、私ならブールよりもバタールを作るほうを選びます。そのほうが近道で、少し休ませたあとで生地を延ばす作業も楽だからです。

❶ 生地を軽く叩いて長方形にする。ガスを抜かないように注意しながら生地の下1/3を中心に向けて3つ折りのようにたたみ、合わせ目を指で押さえて、生地の下部の表面をぴんと張らせる。

❷ 残りの上1/3をかぶせるように折りたたむと、端に新たな合わせ目ができる。

❸ 手の小指側の側面か両手の親指で合わせ目を閉じて、生地全体の表面が張った状態にする。

❹ できたバタールは発酵させるか、次の成形まで休ませる。

バゲット Baguette

　これはパリで有名になった形ですから、きわめて都会的なパンと言えるでしょう。長さは地域によって異なりますが、家庭で作るときに長さを決める基準になるのは、オーブンのサイズです。たとえ1mのバゲットを完璧に成形できたとしても、家庭用オーブンに入るのは30〜40cm程度でしょう。ですから、ここで説明するバゲットは家庭用のオーブンとベーキングストーンに合わせて、重さ約230g、長さ35cm程度にしました。大型のオーブンを使える人は、約400g、60cmに増やしてください。ベーカリー用オーブンが使えるなら、長さ70〜90cm、重さ約450〜540gの堂々たるフランスパンが焼けます。

　写真を見る前にもう一度、ブールのところで説明した表面張力の重要さを思い出してください。表面張力があると生地が盛り上がって丸い形を保てるだけでなく、焼成前のクープも入れやすくなります。

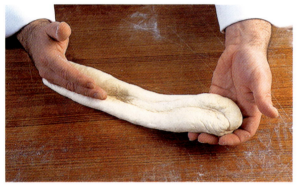

❶ グルテンがゆるむようにバタールを休ませた後、生地を両端から持ち上げて軽く引っぱる。生地の中心に筋目をつけて、バタールと同じように3つ折りにたたむ。

❷ 表面を張らせるように、生地を作業台に押しつけて合わせ目を閉じる。

❸ 生地の中心から両端に向けて、力を入れすぎず、けれどしっかりと生地を前後に転がしながら伸ばしていき、好みの長さにする。生地に弾力がありすぎて目標の長さより短く縮んでしまったら、さらに5分休ませてから、転がす作業を繰り返す。

❹ そのままバゲットを発酵させる。

クーロンヌ（王冠形） Couronne (Crown)

❶ ブールを作り、中央に穴を開ける。その穴をやさしく広げて、大きな丸いドーナツ形にする。

❷ 手粉を振った作業台にその生地をのせ、細いめん棒（または木製の丸い棒）で4辺に筋目をつける。筋目がふさがってしまわないように、そこに粉を振る。

❸ できたクーロンヌを発酵させる。

エピ（小麦の穂）とハサミで切りこみを入れたその他のパン
Épi(Sheaf of Wheat) and other scissor cuts

❶ バゲットと同様に成形し、発酵させる。焼く直前に、生地に対してほぼ平行にハサミで切りこみを入れる。切りこみはできるだけ深く入れるが、芯の部分は残して生地がつながっていなければならない。

❷ 切りこんだ生地片は、左右交互に外側に傾け、互いにできるだけ離れるように広げる。ベーキングシートを敷いた天板にのせて焼く。このエピの切りこみ法を使って、リース形のエピを作ることもできる。まずバゲットで輪を作り、上記の要領で切りこみを入れていく。

ハサミを使えば、写真のディナーロールのように、面白い形のハースブレッドを作ることもできる。

フォンデュ（割れ目パン）Fendu (Split Bread)

❶ バタールか短めのバゲットの表面に手粉を振り、細いめん棒（または木製の丸い棒）を生地が切れない程度に底まで押しこみ、筋目をつける。

❷ めん棒をはずして筋目に手粉を振る。もう一度、めん棒を押しつけて筋目を広げ、しっかりした割れ目を作る。そこにまた手粉を振る。

❸ 生地をそっと持ち上げて引っくり返し、割れ目を下にした状態で発酵させる。発酵が終わったら、割れ目の面を上に戻して焼成する。

フーガス（梯子パン）Fougasse (sometimes called Ladder Bread)

方法1：焼成する直前に、発酵させたバゲットにスケッパーで細い切りこみを入れたあと、切り口を広げる。

方法2：焼成する直前に、発酵させたバタールを平らに広げてから、ナイフで好みのデザインの切りこみを入れ、切り口を広げる。

タバチェ（タバコ入れ） Tabatière (Pouch)

❶ ブールを作り、10分休ませてグルテンをゆるませる。生地の表面に手粉を振る。めん棒で生地の半分を薄く延ばす。

❷ 生地の丸い部分の表面にハケで植物性油脂を塗る。

❸ 薄く延ばした部分を折り返して上にかぶせる。できたものを発酵させる。

オーヴェルニャ（帽子） Auvergnat (Cap)

❶ ブールを作る。それとは別に、そのブールの1/4の大きさの生地を用意し、円形に広げる。めん棒を使い、円形の生地をブールの上部と同じ大きさに延ばす。ブールの表面に少量の植物性油脂を塗り、その上に平らな円形の生地をのせる。

❷ 生地の上から人差し指をブールにあたるまで押しこんでくぼみを作り、2つの生地をつなげる（できたくぼみに小さな球状の生地を入れ、その上にケシの実かゴマを散らしてもよい）。できたものを発酵させる。

プレッツェル Pretzel

❶ 85～140gくらいの生地を30～38cmの長さの紐状に伸ばす。生地の両端を持って交差させて輪を作り、もう一度ねじって固定させる。

❷ 両端を持ち上げ、折り返して先を輪の上にのせる。

ピストレ（トルピード・ロール） Pistolet (Torpedo Roll or Hoagie)

定量に切り分けた生地をやさしく押さえて平らにし、端を折り返して四角にする。次にバタールの要領で下から巻き上げ、表面を張らせて合わせ目を閉じる。

生地を前後に転がし、特に先のほうには力を加えて細くし、トルピード形にする（個性的なデザインにしたければ、フォンデュのように縦に割れ目を入れてもよい）。

サンドイッチ・ローフ Sandwich Loaf

❶ 定量に切り分けた生地を手で平らにして端を折り、13cm×15〜20cmのサイズで、両端の高さが同じ長方形を作る。

❷ 生地を縦長に置き、手前からひと巻きして、ひと巻きごとに表面がしっかり張るように合わせ目を押さえる。巻き上げるにつれて、生地は横に広がり、最終的には20〜23cmくらいまで伸びる。

❸ 手の小指側の側面か両親指で押さえて巻き終わりを閉じる。次に生地を前後に転がして、表面のでこぼこをなくしていく。その際、両端が細くならないように注意すること。どこをとっても生地上部までの高さが同じになるようにする。

❹ 薄くオイルを塗ったローフ型に生地を入れる。生地が均一に膨らむように、生地の端が型の端にしっかりついていなければならない。

ディナーロールとプル・アパート・ロール
Dinner Rolls and Pull-Apart Rolls

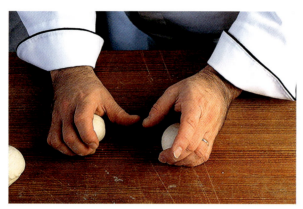

❶ 作業台を滑りにくい状態にするため、粉を拭き取ったあと濡れ布巾で拭く。手のひらを軽くすぼめ、その中に生地を置く。作業台に手を伏せ、生地を台に穴が開くらい強く押しつけながら、小指側の側面を使って生地を動かし、弧を描くように手を回していく。

❷ 生地は手のひらの中で持ち上がってきて、表面がぴんと張った丸い形になる(この成形技術は、練習を重ねれば両手で同時にできるようになる)。

❸ ベーキングシートを敷いた天板に、丸めたディナーロールを好きな数だけ、互いに触れるようにのせる。それぞれが膨らんでかたまりのようになるが、焼き上がると簡単にちぎれるプル・アパート・ロールができる。

結びパン Knotted Roll

❶ 定量に切り分けた生地を 15〜20cm ほどの紐状に伸ばす(ディナーロールなら約 60g。サンドイッチまたはカイザーロールなら約 85〜110g)。

❷−❸ 結び目を一つ作る。

❹−❺ 2本の端を輪の中にそれぞれ通す。時計をイメージして1本は7時のところを、もう1本は5時のところを通す(1本は輪の上から下へ、もう1本は輪の下から上へ通すと、中心に小さなこぶができる形になる)。

編みパン Braided Loaf

　編みパンを作るときに最も大事なのは、紐状の生地の重さと長さを同じにすることです。また、(向かって左から) つける番号は、紐そのものの番号ではなく、作業台の上の位置の番号だということも覚えておきましょう (つまり、紐を動かして位置が変わると、紐の番号も変わるということ)。紐状の生地は、バゲットの成形法と同じように生地を手で転がして作ります。

2本編み Two-Braid

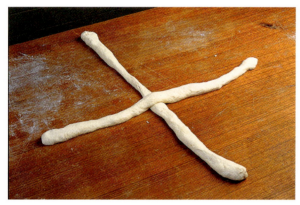

❶ 重さと長さが同じ2本の紐を十字に交差させ、下になった紐の両端を持ってもう一度交差させる。

❷ もう一方の紐の両端も同じ要領で交差させる。

❸ この交互に交差させる方法を生地がなくなるまで続ける。

❹ 生地の終わりをまとめてつまんで閉じる。できあがった編みパンは置いておく。

3本編みと2段重ねの編みパン
Three-Braid and Double Braid

これは中心から編んでいく唯一の編みパンである。重さと長さが同じ3本の紐を自分と垂直に、それぞれは平行に置く。左から1、2、3と番号をつける。まず、中心から自分のほうに向けて編んでいく。編み方は次の通り。

❶ 右の紐を真ん中の紐の上にクロスさせる（3を2にクロス）。左の紐を真ん中の紐の上にクロスさせる（1を2にクロス）。

❷ これを繰り返して、生地を下まで編む。終わりをつまんで閉じる。

❸ 生地を180度回転させ、編んでいない紐の束が自分に近くなるように置く。

❹ 同じように編んでいくが、今度は外側の紐を真ん中の紐の下にクロスさせて、生地の下まで編む。生地の終わりをまとめてつまんで閉じる。

❺ 2段重ねの編みパン（祝祭用パン）の作り方：3本編みを2つ作る。その際、1つの編み紐の重さがもう1つの編み紐の2倍になるようにする（例：170gの紐3本と85gの紐3本を使って編む）。

❻ 小さいほうの編みパンを大きいパンの中央にのせる。

4本編み Four-Braid

❶ 重さと長さが同じ4本の紐の一方の端をつなぎ、反対側のばらばらの端を自分のほうに向ける。左から紐に1、2、3、4と番号を振る。

❷−❸ 以下の要領で編む。4を2の上に、1を3の上に、2を3の上にクロスさせる。このパターンを生地がなくなるまで続ける。

❹ 編み終わりに生地の端をつまんで閉じる。

5本編み Five-Braid

❶ 重さと長さが同じ5本の紐の一方の端をつなぎ、反対側のばらばらの端を自分のほうに向ける。左から紐に1、2、3、4、5と番号を振る。

❷ 以下の要領で編む。1を3の上に、2を3の上に、5を2の上にクロスさせる。

❸ このパターンを生地がなくなるまで続ける。

❹ 編み終わりに生地の端をつまんで閉じる。

6本編み Six-Braid

❶ 重さと長さが同じ6本の紐の一方の端をつなぎ、反対側のばらばらの端を自分のほうに向ける。左から紐に1、2、3、4、5、6と番号を振る。
❷ 生地の根元を固定させるために、6を持ち上げて1の向こう側に置く（これで6が1になり、5が新しい6になる）。
❸ 以下の要領で編む。2を6の上に、1を3の上に、5を1の上に、6を4の上にクロスさせる。
❹ このパターンを生地がなくなるまで続け、編み終わりに生地の端をつまんで閉じる。

第9段階 二次発酵（最終発酵、ホイロ）

　ひとかたまりの生地を分割（第5段階）した瞬間から、二次発酵が始まります。そしてこの第9段階で二次発酵はクライマックスを迎え、焼成できる状態まで生地が膨らみます。生地が膨らむためには、発酵によって二酸化炭素とアルコールが産生されなければなりません。そうなると生地の中でさらに風味が生まれますが、その効果は一次発酵のときほどではありません。二次発酵の工程の最も重要な役割は、焼成するのに適切な大きさまで生地を膨らませることです。多くの場合、適切なサイズとは焼き上がり予定サイズの80〜90％で、これはオーブンの中でさらに膨らむこと（いわゆる「窯伸び」）を計算しての数字です。一方で、窯伸びがほとんど、あるいはまったくないものと予測して、焼き上がりのサイズまで膨らませるケースもあります。一般的に、ロールパンやバゲットなど、型に入れずに二次発酵させる生地は、十分な窯伸びがあるという予測のもとに、2倍に膨らむ前に焼成の工程に進みます（二次発酵で2倍になるまで膨らませると、クープを入れたときにしぼむことがあります）。

　二次発酵には、焼き型や発酵ボウル、あるいは発酵容器などを使う場合もありますし、平らな天板をベーキングシートで覆うだけの場合もあります（P49 "成形と二次発酵用の道具" 参照）。大事なのは、生地の重量に合ったサイズの道具を使うことです。レシピの指示の中で、正しいサイズの容器の選び方と、二次発酵に向けてどう準備するかを説明しています。

簡易発酵容器を作る

　ベーカリーではよく、温度と湿度の調整機能のついた発酵容器（発酵室）を使います。このタイプの発酵容器（発酵室）を使うと、二次発酵にかかる時間を正確に予測することができます。温度は32℃、湿度は80％が一般的な設定です。生地が焼成できる状態になったその瞬間に、オーブンに入れなければなりませんから、パン作りにおいてコントロールはとりわけ重要です。オーブンの準備ができているのに、生地の発酵が十分でなくて焼成できなければ、お金と時間が無駄になります。逆にオーブンの使用中に生地が発酵を終えてしまうと、オーブンが空くまで待っているあいだに過剰な発酵が進みます。そうなると生地はしぼむか、あるいは思ったほど窯伸びせず、期待どおりのクオリティではなくなってしまいます。人生と同じで、タイミングがすべてなのです。

　家庭でのパン作りではこのような問題はあまり起こりませんが、慎重に生地のようすを確認しなければならないのは同じです。温度や湿度をコントロールしてくれる高価な発酵容器（発酵室）がなければ、二次発酵は室温で行うか、あるいは即席の方法でコントロールした環境で行うしかありません。二次発酵の時間

をコントロールする上で、温度はきわめて重要な要因です。温度が9.5℃変化するたびに、二次発酵にかかる時間は2倍になったり半分になったりします。たとえば21℃（平均的な室温）で生地が2倍に膨らむのに90分かかるとすると、30.5℃では45分しかかかりません。逆に温度が11.5℃に下がると、3時間かかることになります。この温度の範囲内での変化に比例して、発酵時間も変化します。

　湿度のコントロールも重要です。生地の表面が乾燥して膜ができると、膜にじゃまされて膨らみにくくなります。これは焼き上がりにも影響し、硬くて食べにくいパンになってしまいます。湿度があれば生地の表面は柔らかく、しっとりした状態に保たれます。湿度のある環境を作り出すために、家庭でできる方法をいくつかご紹介します。

　食品用のビニール袋を使うと、湿度をある程度コントロールできます。袋に入れれば空気が動いて生地を乾燥させることはありませんから、生地の中に水分が閉じこめられて表面は柔らかいままです。生地の表面を守るという意味ではラップも同じですが、生地にぴったりくっついて膨張を抑制する可能性があります。ビニール袋ならその心配はありません。

　膨らんだ生地を十分隠せる大きさのボウルを、逆さにして生地にかぶせる方法もあります。ステンレス製のミキシングボウルか、大きめのサラダボウルがいいでしょう。ボウルの大きさに余裕がある場合は、カップ1杯の水を沸騰させ、すぐに生地の横に置いてからボウルをかぶせると、温度と湿度をさらに高めることができます。

　この方法はオーブンや電子レンジでも使えます（パイロットランプ付きのオーブンは、発酵に使うには温度が高すぎますから、ようすを見ながら慎重に進めてください。涼しい日を選んで15分だけオーブンに入れ、取り出したらあとは室温で発酵させましょう）。電子レンジを使うときは、まずカップ1杯の水を沸騰直前まで加熱し、その横に生地を置いて扉を閉めます。

　もっと効果的で、とくに寒い日に向いている方法を、パンの本を書いているローラ・ブロディが教えてくれました。食器洗浄機を使う方法です。まず、洗剤を入れずに1度運転し、庫内を蒸し風呂状態にします。次に、成形済みの生地を中に入れ、扉を閉めます。こうすると、他のどの方法よりも温度が高くなり、発酵速度が室温の約2倍になります。エンリッチタイプのサンドイッチ用パンは、リーンなパンほど二次発酵によって風味が出ないので、この方法が向いています。蒸し風呂にした庫内は長時間の一次発酵には温度が高すぎ、ほとんどの生地は発酵が速く進みすぎて風味が十分に出ないでしょう。けれど二次発酵には最適で、30〜45分で生地が膨らみます。

　時間を気にしなくていいのなら、やはり室温でゆっくり発酵させるのが一番です。本書のレシピも大部分がそうなっています。このやり方なら条件のコント

ロールも十分でき、風味も最大限に引き出せますが、少なくとも1～2時間、ときにはそれ以上かかることもあります。冷蔵庫の上や日光の当たる場所の近くなど、温かい場所に置いて発酵を速めてもかまいません。

ウォッシュとトッピング

　パンによっては、味や見た目をよくするために、生地の表面に何らかの工夫をするものがあります。たとえばハッラーやブリオッシュは、生地の表面に全卵か卵白の液をハケで塗ります。このように生地の表面に液状のものを薄く塗る作業を「ウォッシュ」といいます。また、シード類やダッチクランチ（P317参照）などのトッピングを散らしたりすることもあります。こういった作業は生地が完全に膨らむ前に行うのがベストです。完全に膨らんだ生地はハケの圧力に耐えられる強さがなく、ガスが抜けてしぼんでしまうことがあるからです。生地がどの程度まで膨らんだら作業するべきか見極めることが、この工程で求められる最大の技能です。たとえば、フランスパンがフルサイズまで膨らむのを待ってクープを入れると、ぺちゃんこの焼き上がりになります。しかし膨張の過程で最高のタイミングをとらえてクープを入れれば、生地はオーブンの中で勢いよく膨らみ、切りこみの部分はきれいに開きます。これについては第10段階（焼成）で詳しく説明します。

　ウォッシュやトッピングの中には、特定のパンに向いたものがあります。たとえば、ライ麦パンの表面に溶いた卵白の液を塗ると、透明感のある艶が出ます。また、ディナーロールやブリオッシュには全卵の液を塗って、卵白で艶を出すとともに卵黄の効果で焼き上がりを美しい褐色にします。ウォッシュの材料として最も一般的なのは、水です。水はパンの焼き色に影響せず、シード類や、押しオーツ麦やブランのフレークを表面につきやすくするうえに、窯伸びを促進し、艶もよくします。ホワイトビネガーの使用を指示するレシピも見かけますが、私自身は効果がほとんど見出せないので使いません。同様に、水溶きコーンスターチも使用しません。私が好きなのはヴィエナ・ブレッドにダッチクランチをトッピングしたもので、ときにはサンドイッチ用パンにもトッピングします。

　パンのトッピングとして最も一般的なのはポピーシード（ケシの実）とゴマで、他にキャラウェイシードなどのシード類が使われることもあります。押しオーツ麦などの穀物のフレークもよく使われますし、小麦ふすまや小麦粉を振りかけることもあります。こういったものが生地にしっかりくっつくように、生地の表面に水（または卵液）をスプレーするかハケで塗ってから、トッピングを散らします。これは二次発酵の前でもあとでも行えます。もうひとつ、生地を濡れたタオルの上で転がしたあと、トッピング材料に表面を軽く押しつける方法もありますが、これは二次発酵の前に行ってください。

　パンにトッピングをするときは、料理全般に共通するトッピングのルールを思

い出してください。まず実用性がある（つまり食べられる）こと。見た目が美しいこと。そして、味をよくすることです。トッピングが原因で若い料理人がどんなに苦労しているか、一般の人には想像もつかないでしょう。間違ったやり方をすると、実技試験で減点されたり、ときには仕事を失ったりすることさえあるのです。たとえばデザートの仕上げとしてミントの葉を使うと、グリーンがほどよいアクセントになり、見た目は美しくなります。しかし、ミントの風味を添えることでデザートの味がよくなるかどうかも忘れてはいけません。パンのトッピングにも同じことが言えます。人はまず目で食べますから、どんなトッピングであれ、パンの見た目を美しくするものでなければなりません。けれど、トッピングの風味はパンの風味をよくするものであること、という条件も忘れないでください。パンの味とけんかをしたり、パンの味を目立たなくしたり、さらには小麦粉や乾燥穀物のフレークで表面を覆い尽くしてパンの味を隠してしまったり、そんなことにならないよう、くれぐれも注意してください。

第10段階　焼成

　生地にクープを入れる、オーブンの準備をして生地を庫内に入れる（窯入れする）、パンを焼く、焼け具合を確認するなど、この工程には多くの作業があります。焼成の工程の核となることはもちろんオーブンの中で起こります。デンプンの「糊化(こか)」、糖の「カラメル化」、タンパク質の「凝固」と「ロースティング」という、焼成に不可欠な化学反応です。こういった要因をコントロールすることが、焼き上がったパンのクオリティを決める最後の重要ポイントになります。

　最初に実技面でのアドバイスをして、そのあと自然科学の話に移ります。

クープ入れ

　焼成の前にクープを入れる目的は、生地に閉じこめられたガスの一部を外に出すことです。これによって窯伸びがよくなり、焼き上がりの見た目もよくなります。このように、クープには実用面と美的な面の両方に効果があるのです。クープの割れ目には、生地に閉じこめられたガスを外に出すトンネルのような役割もあります（パン職人はこの割れ目を洞窟のようだと言って、冗談っぽく"パン職人の寝室"と呼んでいます）。美しいクープは、パンの輪郭を際立たせます。直線か曲線かを問わず、力強い輪郭はどんな食品にとっても高いクオリティの証です。

　ほとんどの場合、クープは焼成の直前に入れますが、ときには早めに行うこともあります。その意味で、クープは第9段階（二次発酵）と第10段階（焼成）のあいだのどこかの段階ということになります。本書では焼成の工程に含めまし

た。クープには美的な価値とともに、焼成中にもたらす独特な実用的利点があるからです。

　最も特徴的なクープは、バゲットなどヨーロッパのハースブレッドによく見られるクープです。このタイプには安全カミソリやクープナイフ（柄に両刃カミソリがついたもの。P115の写真参照）のように、鋭利な刃が適しています。クープを入れるときは刃の背の部分まで生地に沈ませて引きずるようなことはせず（そうなると切りこみを入れるのではなく生地を裂いてしまうことになる）、刃先だけを使いましょう。大事なのは、ペーパーナイフを滑らせて封筒を開けるようななめらかな動きです。私はどんな種類のクープを入れるときでも、この動きを思い浮かべながら作業するよう生徒に教えています。ナイフはまっすぐ下に向かってではなく斜めに差し入れると、切りこみの角度が生地の表面とほぼ平行になります。こうすることで切りこみのクラスト側と内側がはっきり分かれて、切りこみの端が立ち上がった「耳」ができます。そして、生地に火が通るにつれて切りこみがはじけ、そこを通って生地の中のガスが出ていき、その部分が開きます。フランスではこの現象を「笑う」と表現しますが、アメリカでは「ブルーム（花が開く）」と言います。コンテストではクープが均一に入っていることと、ブルームのクオリティが重要な評価基準になります。

　特定の村、あるいは特定の職人独自のクープもあります。そのため、同じようなタイプのパンでも、クープのスタイルが異なることがあるのです。たとえばブールには、斜め格子や渦巻きのクープがあります。かと思えば、パンの側面に縦に線が入っていて、その線が交差するものもあれば、星形や太陽光のデザインのように交差しないものもあります。つまり、伝統的なヨーロッパ方式には慣習やしきたりが存在する一方で、パンに美しさと実用性をもたらしさえすれば、ルールはないに等しいのです。よく切れる波刃のパン切りナイフなど、他のタイプの刃を使う場合は、作業はナイフにさせましょう。つまり、生地の中深くナイフを押し入れたい気持ちを抑え、ナイフがみずから生地にくいこみ、そこからやさしく生地の表面を滑っていくようにさせるのです。あなたはナイフを下に向かって押しつけたりせず、ナイフの重さと鋭さが自然に切りこみを入れていくようにしましょう。そうすれば、あなたの手の圧力で生地が崩れることはなく、くっきりと切りこみが入ってきれいに開きます。

炉床での焼成に向けたオーブンの準備と生地の入れ方

　本書にはハースブレッド、つまり、熱したオーブンの炉床で直焼きするパンのレシピが多く収められています。レシピの中で「炉床での焼成の準備をする」と指示しているのがハースブレッドです。炉床で直焼きする目的は、窯伸びを促進し、クラストをパリッと仕上げるために、熱を最速で直接パンの中に伝導することです。また、窯伸びをよくすると同時に、クラストが艶よく焼き上がるように、

クープナイフでクープを入れたバゲット。

　スチームを使うこともあります。ほとんどの業務用オーブンは、ボタンひとつで勢いよくスチームが噴き出す機能を備えています。家庭用オーブンでこの機能がついたものはあまりありませんが、最近はスチーム加湿できるタイプが出ています。

　業務用フランスパンオーブンの機能を家庭で再現する方法はいくつかあります。蓄熱機能と激しいスチーム噴射の機能では業務用に匹敵するというわけにはいきませんが、少しご紹介しておきましょう。最初は、P54で取り上げたベーキングストーンの使用です。ベーキングストーンか素焼きの四角いタイルの上に直接、生地を滑らせるようにして移すことができます。生地をストーンに移すときにのせる道具として、写真①のように裏返した天板か、②のようにセモリナ粉をたっぷり振ったピールを使います（ベーキングシートにのせたまま焼成しても問題ないケースもあり、その場合はレシピでその旨、指示しています）。ほぼすべてのパンがベーキングストーンの上で直焼きできますが、天板の上で焼いたほうがいいと思われるものも、いくつかあります。たとえばエンリッチタイプの生地（例：ポテトとローズマリーのパン）は、ベーキングストーンに直接触れないようにしないと焦げやすくなります。また、エピカットのバゲットなどは、形が複雑なためにうまく滑らせることができません。もしそのような生地の扱い方に自

オーブンに生地を入れる

❶ ジェニファーは天板の裏にパン生地をのせ、ベーキングシートごとベーキングストーンの上に滑らせる。

❷ アレックスはセモリナ粉をたっぷり振ったピールにバゲットをのせ、ベーキングストーンの上に滑らせてじかにのせる。

信があるなら、私の天板方式は遠慮なく却下して、本格的なハースブレッド作りを満喫してください。

　２番目の方法はダブルスチーミング法です。スチームはどんなパンにも必要なわけではありませんが、ハースブレッドにはぜったい欠かせません。スチームはクラスト形成を遅らせて、生地がオーブンの中で膨らむ時間の余裕を作るのです。さらにパンの艶をよくする効果もあります。ただし、スチームに価値があるのは焼成の工程の前半だけです。後半に入ると、パリッとしたクラストができるように乾燥した環境が必要になります。そのため、焼成の最初の数秒でスチームの全量を出し切ってしまい、あとはその効果が徐々に消えていく中でパンを焼いていきます。ですから焼成の後半に入ってからはもちろん、たとえ焼成開始後数分でも、いったんクラストが形成されてしまえばスチームをする意味はありません。

　以前の私は、オーブン庫内の壁に水をスプレーして蒸気を発生させる方法を推奨していましたが、もっといい方法を思いつきました。まずオーブンの予熱中に、厚手の天板か鋳鉄製のフライパンを空のまま、最上段のラックかオーブンの床に置きます（薄い天板だと高温で曲がってしまうため、厚手でがっしりした天板か鋳鉄製フライパンを使うことにしています）。生地をオーブンに入れる前に、できるだけ熱いお湯を用意してください（あまり激しく沸騰させる必要はありません）。お湯の代わりに氷を使ってもかまいませんが、氷は蒸気に変わるまでに庫内の熱を大量に奪いますから、好ましい方法ではありません。水ならどんな形態でもいいというわけではなくて、即座に蒸気を発生させることが必要なのです。生地をオーブンに入れたら、スチーム用の天板に熱湯を注ぎます（写真❶）。熱くなった天板に熱湯を注ぐのですから、蒸気でやけどしないように鍋つかみなどで腕を保護して、角度に注意しながら注ぎましょう。

ダブルスチーミング法

❶ あらかじめ熱しておいた天板に熱湯を入れ、スチームを起こす。　❷ 霧吹きでオーブンの壁に水をかけ、さらにスチームを起こす。

　スチーム用の天板に加えて、植物用霧吹き器を使用します（写真②）。あるいは思いきって園芸用噴霧器を買うのもいいでしょう。値段は15〜20ドルくらいで、大量の水が入り、圧力を高めるためにかなり激しくポンピングしなければなりません。噴霧器で大量の水を噴射すると、短時間で盛大な蒸気を発生させることができます。忘れないでほしいのは、目的は蒸気を発生させることであって、生地を濡らしてはいけないということです。生地が濡れると、しみのもとになります。まず、霧吹き器か噴霧器を室温の水で満たします。そしてオーブン内の側壁と奥の壁に向けて噴射すれば、水は壁に当たって瞬間的に蒸発します。照明器具やガラス製のものの近くでは行わないように注意してください。私は苦い経験をして、天板にお湯を注ぐときや庫内にスプレーするときは、オーブンのガラス窓にタオルを置くようになりました。小さな水滴ひとつでも熱いガラスにかかれば、たとえオーブンの強化ガラスであってもパチパチとひび割れる騒々しい音が鳴り始め、気は滅入るし、お金もかかるし、散々です。スプレーし終わったらすぐに扉を閉め、30秒待ってからもう一度スプレーしてください。私はできるだけベーカリーのオーブンに近い状態を作り出すために、30秒あけて3回スプレーをしますが、そのたびにオーブンの温度は下がります。解決策としては、予熱の段階で、焼成温度より10〜38℃高めに設定しておくことです。私は最後のスプレーを終えてから、設定を焼成温度（通常、パンの種類によって230〜220℃）まで下げます。スチーミングを繰り返したあとで庫内がその温度を下回っていても、設定温度に戻るまでの時間は、最初から230℃に設定していた場合ほどかかりません。

　家庭用オーブンはほとんどの場合、火通りを均一にするために、生地を前後に180度回転させる必要があります。この作業はたいてい焼成時間の半ばあたりで

行いますが、オーブンによって火の通り具合は異なりますから、レシピに書かれた焼成時間はあくまでも推奨時間であって絶対ではありません。

オーブンの中で起こる化学反応

デンプンの糊化

　小麦粉の約80％はデンプンです。デンプンの一部は一次発酵の過程で各種糖類が結合した「糖鎖」になりますが、大部分は複合デンプン質の分子と粒子として残ります。シャーリー・コリハーが自身の素晴らしい著書 "CookWise" で述べているように、デンプンは基本的に「数百、数千、ときには数十万ものブドウ糖分子が結合した」構造の物質です。つまり、これもシャーリーの言葉を借りるなら「デンプンは糖のかたまりにすぎない」のです。小麦をはじめパンに使う穀物に含まれるデンプンの主成分はアミロースと呼ばれます（もう1種類のデンプンはアミロペクチン、または「蠟質のデンプン」と呼ばれ、タピオカ、クズウコンなどの主成分になっています）。デンプンと液体の混合物を熱すると、糊化という化学反応が始まります。この化学反応は混合物内部の温度上昇にともなって進行し、デンプン粒が水分を吸収して閉じこめ、やがて限界に達して破裂し、液体がデンプン分子で満たされて粘りが出るまで続きます。アミロースのほとんどは82〜100℃のあいだで破裂します。生地の中心温度が最低でも82℃にならなければならない（そして99℃を超えることは決してない）理由が、これでわかりますね。デンプン粒が限界に達して破裂すると、混合物は白濁の状態から徐々に半透明のゲル状になり、ナイフで切れるだけの固さをもったかたまりになります。

　パン職人の使命である「穀物から風味を最大限に引き出す」という面から見れば、糊化は2つの理由で重要な現象です。第一の理由は言うまでもなく、生地に粘りを出して、パンに変身させるために必要だからです。第二の理由は、ゲル化したデンプンとゲル化していないデンプンでは、人の味覚による感じ方が違ってくるからです。複合炭水化物の糖分子は強く結合して毛糸玉のようになっているため、小麦粉はおが屑のような味がし、焼成前のパン生地を食べると粘土のような味がします。この絡まった糖分子が味覚で感知できるようになるためには、発酵のプロセスとアミラーゼという酵素の力で分解されることが必要なのです。このことは第3段階（一次発酵）で取り上げました。しかし、生地を糊化させて残りのデンプンを澄んだゲル状に変えるのは、熱の力です。糊化によって、生のパン生地の味気なさが、しっとりした舌触りのいい食感に生まれ変わります。デンプン自体に味はありませんが、ゲル化するとデンプンが姿を消して他の風味が姿を現し、いつもは複合デンプン質に覆われていた風味が解放されるのです。

糖のカラメル化

　糖は熱されて160℃に近づくと、カラメル化の進行にともない、固まって色が

濃くなり始めます。糊化のところで説明したように、生地内部の温度は最高でも99℃にしかならず、したがって内部では温度が低すぎて糖のカラメル化はおこりません。これに対して生地の表面はオーブンの熱を100％浴びているため、クラストの温度はオーブンの設定温度近くまで上がり、生地表面の糖はカラメル化を起こします。クラストがたいてい褐色をしているのは、このような理由からです。また、糖分子は加熱が進むと、タンパク質など他の物質と、多様な組み合わせで再結合します。糖とタンパク質の結合の形態によっては、カラメル化よりも低い温度で褐色化が起こります。これは褐変現象の一種でメイラード反応といい、発見者であるL.C. メラール博士の名を英語読みしてメイラード反応と名づけられました。糖鎖が褐色化したときの色合いは、パンの種類によって濃淡の差があります。たとえば4時間で出来る若いフランスパンは淡い黄金色です。しかし前発酵を50～100％使って作るフランスパンや、冷蔵庫でひと晩置いて発酵を遅らせたフランスパンは、赤味がかった黄金色になります。これは、アミロースに閉じこめられていた麦芽糖やブドウ糖が、酵素によって分解される時間が十分にあったからです。このように、カラメル化にともなうさまざまな化学反応は、発酵時間の長さ、酵素のはたらき、オーブンの温度などに影響を受け、その違いが、焼き上がったパンの見た目にも味にも表れるのです。

タンパク質の凝固とロースティング

　オーブンの中で起こる3番目の化学反応は、タンパク質の変性と凝固から始まりますが、その後、生地の温度がどんどん上がっていくとタンパク質のロースティングという現象に突入します。順を追って見ていきましょう。タンパク質分子が加熱されると、まず変性が起こります。コイル状にきつく絡まったタンパク質分子は約60～63℃でほどけてまっすぐになりますが、その後すぐ、同じように変性した分子と結びついて強固な鎖状を形成します。これをタンパク質の凝固といいます。生の卵白は半透明の液体ですが、スクランブルエッグや目玉焼きにすると、徐々に白濁しながら固まっていきますね。これがタンパク質の凝固のわかりやすい例です。同じ現象が、焼成中のパンにも起こります。小麦粉に含まれるタンパク質は約12％で、その大部分がグリアジンとグルテニンです。小麦粉に水を加えて捏ねると、グリアジンとグルテニンが絡み合ってグルテンが生成されます。生地を膨らませるために二酸化炭素を閉じこめる構造を形成するのがグルテンで、オーブンの中でパンの温度が上昇していくとグルテンの加熱がどんどん進み、単なる凝固を超えた状態になります。

　焼成によって、糊化したデンプンに閉じこめられていない水分は一部蒸発し、いわば液体を煮詰めたように風味が凝縮されます。そして結合したタンパク質がさらに高い温度にさらされると、生地の構造を保っているグルテンから、ナッツのようなほのかな風味が生まれてきます。私たちはここでもまた、材料から風味

を引き出すというパン職人の使命を、忠実に遂行しているわけです。

パンが焼けたかどうかの見分け方

パンの焼け具合を判断する方法は各レシピに記してありますが、一般的なルールをいくつか示しておきます。

- ハードなパンは高温で焼きますが、表面がキツネ色から黒っぽく変わってきたら、それはカラメル化を通り越して炭化を起こしているということですから、中心部が予定温度まで上がる前にパンを取り出すことになるでしょう。あるいは、アルミホイルでパンを覆って、焼成時間を何分か延ばす方法もあります。ベーキングシートを使ってもかまいません。高温で焼くのは、余分な水分を飛ばして風味を凝縮させるためです。高温のもうひとつの効能は、デンプンが完全に糊化して、穀物の風味がさらに引き出されることです。

- ソフト系のパン（エンリッチタイプのディナーロールやサンドイッチ用パンなど）はローフの底をトントン叩いてみて、鈍くて重い音ではなく、空洞に反響するように聞こえたら成功です。パンの側面は硬く、カラメル化でキツネ色になっていること。軟らかくてつぶれやすく、白っぽくて色づいていないものはだめです。

冷却は焼成の工程に含まれる重要な作業ですが、これについては次の段階で詳しく説明します。

第11段階　冷却（パン作りにおいて忍耐は美徳である）

ほとんどの人はパンが焼けたらパン作りは終わりだと思っています。また、パン作りには10の工程しかなく、焼成が最後の工程だとする考え方もあります。しかし現実的に考えれば、焼成のあとに続く作業として、冷却も重要な工程とみなすべきです。

オーブンから出したばかりのパンを室温まで冷ますには、パンの大きさによって最長2時間かかることもあります。そのあいだにも水分の蒸発は続いて生地は乾燥し、その結果、風味が濃縮されます。パンの温度が70℃以上のあいだは、まだ糊化が続いています。そのため、オーブンから出してすぐパンを切ると生焼けのように見えるのです。生地のデンプンが水分で膨張して完全な飽和状態になっても、糊化のプロセスはまだ完了していません。デンプンの中に閉じこめられた蒸気はクラストを通って蒸発するか、水分に戻ってクラムに吸収されます。

パンのおいしさを十分に引き出すには、このプロセスを最後まで終えさせることが大事です。まだ熱いうちにパンを切ったりちぎったりしてこのプロセスをさえぎると、生地は湿ったように見えます。

この工程で重要なのは、何といっても風味を凝縮させることです。世界中の料理学校で、「風味が何よりも大事」と生徒に教えています。本書の各レシピの手順は、タイプ別に最高の風味を持つパンができるように考えられています。私は生徒たちに「焼成時間はできるかぎり長くするように」と勧めていますが、もうひとつ、「冷却時間もできるかぎり長く」とも勧めています。ひとことで言うと、忍耐強くあれ、ということです。

パンのおいしさのピークは、たいていの場合（サワー種のパンは例外ではないかと感じている人もいますが）、中心温度が27℃あたりまで下がったときです。そこまで下がると余熱もなくなって、パンの風味が舌で感知できなかったり、はっきりわからなかったりということはありません。もちろん、まだ温かいパンの上でバターをとろけさせ、軟らかい口どけを楽しみたい人も多いでしょう。それはそれで何の問題もありませんが、こまやかな味の陰影など、パン自体の風味を満喫したければ完全に冷ましてください。できれば金網にのせて、室温でゆっくり冷ましましょう。パンをカウンターなどに置けば底面に、何かにもたれさせれば側面に凝結が起こりますが、金網はそれを防いでくれます。

早く冷ましたければ、扇風機の風をパンにあてて冷ましてもかまいません。風が熱を奪い、水分を飛ばしてくれます。この方法で冷却時間は半分に短縮できますが、どうしてもパンの表面がパサつきがちになります。

熱いパンを冷蔵庫や冷凍庫に入れて冷ませばいいと思っている人もいますが、これは効果がありません。この方法はパンの表面を冷ますだけで、内側の熱を引き出して冷ましてくれるわけではないからです。それなら風をあてるほうが、はるかに効率的です。多くのベーカリーでは何列にも扇風機を並べて、パンをのせたラックに向けて風を送り、1時間ごとに焼き上がったパンをのせたラックと入れ替えています。生産量の多いベーカリーになると、コンベヤベルトにパンをのせて送風室を通過させます。こうすると次の仕込み分がオーブンから出てくる前に、パンを包装することができます。

第12段階 保存、食べる

第11段階で、たいていの場合パンが最高においしいのは、完全に冷めた直後だと書きました。そのタイミングなら、パンの風味を曖昧にしてしまう余熱は消え、水分も蒸発して、味が濃縮されています。しかもパンはまだ新鮮ですから、軟らかでしっとりした食感が楽しめます。新鮮なパンについて人にアドバイスす

るのは簡単です。おいしく召し上がってください、と言うだけでいいのですから。厄介なのは、ピークをとうに過ぎておいしいとは言えなくなったパンをどうすればいいか、アドバイスするときです。

　パン作りの工程最後の第12段階は、保存です。加えて「食べる」こともこの工程に含まれます。しかしプロのパン作りの現場では何と言っても保存が重要事項です。これからパンの保存方法を説明し、そのあと、よく出来たパンの特徴はどんなものかについて語りたいと思います。

保存方法のコツ

- リーンなハード系パンと、エンリッチタイプのソフト系のパンでは保存法が異なる。
リーンなパンのパリッとした感じを保ちたければ、紙に包んで保存してください。ただし、1日たつと乾燥して硬くなりますから、作ったその日に食べるのがいちばんです。24時間以上保存したいときは、ラップで二重に包んでください（一度ラップで包み、反対方向からもう一度ラップを巻く）。それを冷凍するか、冷暗所に置きます。ジッパーつきのビニール袋に入れ、空気を全部抜いてから封をするのもいいでしょう。スライスしてから冷凍すれば、パン1個をまるごと解凍しなくても、必要な分だけ取り出して解凍できます。スライスした場合は、小さなサイズのビニール袋に1枚ずつ入れて冷凍してください。

- サンドイッチ用パンなど、エンリッチタイプのパンは必ずビニール袋に入れ、冷凍するか冷暗所で保存する。日光が当たるとパンの水分が蒸発して保存袋の中で凝結し、やがてパンにカビが生えます。スライスしてから冷凍すると、使いたい枚数だけ取り出すことができます（パン1個をそのまま冷凍したときよりも、解凍時間もずっと短くて済みます）。

- スライスせずに、かたまりのまま冷凍したパンを解凍するときは、少なくとも食べる2時間前には冷凍庫から出しておく。早く解凍しようとオーブンや電子レンジに入れると、パサパサになるだけです。もちろん、もうすぐ食事なのに解凍し忘れたというような緊急時には、電子レンジか温めたオーブンで手早く解凍してもかまいません。その際、パンがパサつくのを防ぐのに最も効果的なのは、濡らしたタオルを使う方法です。まずオーブンを200℃まで温め、パンを入れた鍋をオーブンに入れて蓋はせず、お湯に浸して絞ったタオルを鍋の上にかぶせます。10分ごとにタオルをチェックして、必要ならもう一度濡らしてください。標準的なパン1斤なら20〜30分、バゲットなら10〜20分で解凍できます。パリッとしたクラストに戻したければ、仕上げにタオルを取り除き、オーブンを230℃に設定して数分間焼きましょう。

やってはいけない保存方法

- パンを冷蔵庫で保存しない。食品保存用ビニール袋に入れてもパサつきが出ます。

- ハード系のパンをビニール袋やラップで保存しない。オーブンで再びクラストをパリッとさせる予定のときだけにしましょう。

- エンリッチタイプのソフト系のパンは紙袋で保存しない。あとで乾燥させてパン粉やクルトンにするときは例外です。

- 乾燥させてパン粉にするつもりのパンはビニール袋やラップで保存しない。湿気の逃げ場がなくなり、パンにカビが生えます。

- まだ温かいパンをビニール袋やラップで保存しない。閉じこめられた蒸気が凝結してカビの発生を早めますから、完全に冷めるまで待ちましょう。

食べる

　料理学校では味覚を鍛える訓練にも力を入れています。ワインの専門家になろうと思えば、ワインの微妙な風味を認識する技能と、その風味にふさわしい食べ物との組み合わせ方を学ばなければなりません。それはどんな種類の料理やベーキングにも通じることで、人の味覚がどんな風味をどんなふうに捉えるのか理解することが重要です。料理の面白さは、さまざまな風味が混じり合うとどんな相乗効果が起こり、どんな調和が生まれ、ときにはどんな不協和音を奏でるのか、ということです。

　パン作りも例外ではありません。とくに他の食べ物や風味との関係についてはそう言えるでしょう。パン職人にとっての難題は、あまり味のない生のデンプンを、甘味があって香ばしく、複雑な風味をもつもの——つまり、おいしいパンに生まれ変わらせることです。これが成功するかどうかはおもに一次発酵と二次発酵の過程で決まり、うまくいけば焼成の工程で実を結びます。

　うまく焼けたパンを食べると、気づくことがいくつかあります。まず、口当たりはしっとりして滑らかです。クラムに少しでもデンプンが残っていると、口の中でパサついて感じられ、粉っぽい、ほとんどザラつくような感触が残ります。これは生焼けのパンだけでなく、発酵不足のパンにも起こります。なぜでしょうか？　デンプンの大部分は発酵の過程で、デンプンよりも単純な形態の糖類に変換されます。しかし発酵が十分でないと、風味はデンプンという複雑な構造の炭水化物に閉じこめられたままで、人の味覚で感知できないのです。うまく出来た

パンは、糖の大部分がデンプンから飛び出していて、その一部はパン酵母の餌に変換されています。また、一部の糖はクラストでカラメル化しています。こうして、もともとはデンプンに閉じこめられていた糖分子は、五味（甘味、塩味、苦味、酸味、そして比較的最近になって加わった"旨味"）となって、私たちの味覚で感じることができるのです。グレイビーソースを熱して（たいていのレシピでは、沸騰に近い温度まで熱するように指示されています）糊化状態にすると、透き通って艶が出てきますが、パンのクラムにも同じことが起こります。薄くスライスしたパンを光にかざすと、光を反射してキラキラしているのが見えます。

このような形で生まれる風味に加えて、タンパク質の焼成からも風味が生じます。この化学反応は常温でも起こっていますがその速度は遅く、温度の上昇とともに活発になり、155℃でそのピークを迎えます。その間、絶えず風味を生み出していきます。例えるなら、コーヒー豆をローストすると次々と新たな風味が出てくるような、あるいは肉などのタンパク質含有食品をローストすると隠れていた風味が姿を現すようなものです。パンに含まれるタンパク質は、小麦粉の種類と、他の材料に含まれるタンパク質の量にもよりますが、生地の総重量の12～20％といったところです。小麦粉だけでなくタンパク質を含む他の材料からも、発酵中に生成されるアミノ酸と焼成中の化学反応に由来する、ほのかな風味が生まれます。そして焼成が進むほど、風味の複雑さは増します。そのため、短時間焼成のソフト系のパンはあまり風味が出ず、発酵と焼成の技術よりも、卵や牛乳などの材料による風味が大きくなります。それに対してリーンなハード系のパンは、高温での長時間焼成から生まれる風味のほうが大きく、パンの出来は発酵と職人の腕にかかっていると言っても過言ではありません。

オーブン内でのこれらの化学反応を通して、どのような風味が生まれるかは、最終発酵のクオリティが決め手になります。これまでも書いてきたように、ハード系のリーンなパンは、大きくて不規則な気泡の開いた状態を保つことによって、出来がよくなります。気泡が大きいほど、焼成中に生地から水分が蒸発しやすくなって、タンパク質の変性もデンプンの糊化も十分に進み、風味が凝縮されるからです。逆に気泡が小さくてきめが詰まっていると生地内部の水分が蒸発しにくく、焼成の間、クラストとクラムは同じ時間枠の中で競うように、必要なプロセスを進めていきます。クラストの糖がカラメル化する一方で、クラムのほうではデンプンの糊化とタンパク質の変性が進行します。オーブンと焼成の工程を操る職人の熟練の技によって、こういった化学反応が同時にピークを迎えたとき、一流のパンという結果が生まれるのです。パンの風味というものは、そのパンが属するカテゴリーの特徴に準ずるものなのです。ブリオッシュやパネトーネなどのリッチなパン、ホワイト・ブレッド（パン・ド・ミ）などのサンドイッチ・ローフ、ごく小さな気泡のライ麦パンと100パーセント全粒粉のパンは、それぞれが風味も違えば五味の表れ方も違います。

大切なのは、どのタイプのパンをどんな出来上がりにしたいのか、パンを作る人がきちんと思い描けていることと、12の工程を学んで蓄えた知識を活用して、頭に描いた通りの結果を達成することです。パン職人の課題が穀物の風味を余さず引き出すことだとすれば、全工程で時間と温度を巧みにコントロールする方法を身につけるのが、その課題を達成するための鍵です。パン作りの課題を達成するための知識と能力は、もうあなたの手の届くところにあります。手を伸ばしてつかみとってください。

3 レシピ

　いよいよパン作りに入りますが、まずレシピについて説明しておきます。サワードウ・ブレッドとライ麦のサワードウ・ブレッドはすべて、同じグループとしてまとめました。P269からの紹介文に書いてあることは、このグループのパンすべてにあてはまるからです。各レシピの初めに、"★パンの特徴"と"★作業日数"の項目を設けました。"★パンの特徴"には分類表（P62）に従ったパンのタイプ分類、使用するパン酵母などを示し、"★作業日数"では全作業に必要な日数に加えて、計画が立てやすいよう、各工程にかかる時間の目安も示してあります。各レシピ内の「ベーカーズパーセント」は、本捏ねだけの分量をもとに計算された比率です（詳しくはP56～の説明を参照）。発酵種を加えた生地全体の比率は別欄を設けています。

　実際にレシピに挑戦する前に少し時間を割き、ここまでのセクションを見直して、本書に出てくるパンに関する用語、概念、理論を正しく把握しているか確認してください。あなたのパン作り歴が長く、そのようなことをすでに知っていたとしても、私の使い方とは違っていたり、私とは違う流派で学んだ知識だったりするかもしれません。パン作りの教え方にも色々あり、私の教え方は他の誰の教え方とも違います。パートⅡの説明から得た知識を応用すれば、本書のレシピで素晴らしいパンができるのはもちろん、以前からお気に入りのレシピでもワンランク上のパンが作れることでしょう。少なくともパン作りに関する悩みは解決できますし、各工程で起こっていることへの理解が深まるはずです。

　私はあなたに、ただレシピに従うだけでなく、レシピからパン作りの精神を読み取れる人になってほしいのです。生地の感触を確かめつつ、正しい状態になるまで捏ねながら調整を重ねていると、「この感触だ！」とわかるときがいつか訪れます。この「感触」で判断する勘を磨いていくと、他のことを調整する自信も

出てきて、自分の好みや要求に合わせて配合率の微調整を行えるようになります。本書の配合率を手本として使いながら、最終的にはあなたバージョンの創造力あふれる配合率を生み出してください。これからパン作りの冒険に乗り出すあなたを、私が「パン職人のための祈り」と名づけた言葉で送り出しましょう。あなたの作るパンがいつも大きく膨らみ、クラストはカリッと歯ごたえある焼きあがりになりますように！

発酵種：パート・フェルメンテ、ポーリッシュ種、ビガ種

　本書のレシピの多くは、パン職人にとって時間をコントロールするための秘密兵器、発酵種を使用しています。発酵種を使う主目的は、風味と生地の構造を良くするためです。これについてはP69からの数ページで述べました。発酵種の必要量はパンによってさまざまですから、仕込み量に合わせて調整できる発酵種の製法を提案していきます。パート・フェルメンテ、ポーリッシュ種、ビガ種が主な発酵種になります。

　パート・フェルメンテを使用すると、ほとんどのパンは短時間でクオリティが上がり、発酵度合いと風味のよさが飛躍的な伸びを見せます。パート・フェルメンテの製法のひとつはP129のレシピのように、生地（実はフランスパンの生地なのですが）を作り、冷蔵庫に一晩入れておく方法です。フランスパンのレシピ（P197）では、このパート・フェルメンテの全量を本生地に使用しますが、本書の他のレシピでの使用量はそれ以上、あるいは以下のこともあります。したがって、以下のレシピで、そして以下のものに限らずあらゆるレシピで最も重要な情報は、各材料の比率です。比率さえわかっていれば、仕込み量を調整して、ちょうど必要な量を作ることができます。

　もうひとつ、フランスパンを作るたびに生地の一部を取っておき、後日フランスパンを作るときに発酵種として使用する方法もあります。生地は冷蔵庫で3日間、密閉性のある冷凍用保存袋に入れれば冷凍庫で3か月はもちます。

　液種の一種、ポーリッシュ種は簡単に作れ、新鮮な状態がベストですから必要なときにそのつど作るのがいいでしょう。しかし冷蔵庫で3日以内なら保存がききますし、パート・フェルメンテと同じように冷凍することもできます。安価にできますから、必要な量より多めに作って余ったら捨ててもかまいません。小麦粉と水が同量で、しかもスプーンか泡立て器で混ぜてできますから、これ以上に簡単なレシピはありません。

　ビガ種はイタリア式の硬い発酵種で、フランスパンの生地と同じくらい作りやすく、生地の感触もほぼ同じような感じです（パート・フェルメンテとの主な違いは塩を使わないことで、したがってパン酵母の使用量も少なくて済むことです）。ここでも大事なのは材料の比率です。比率がわかっていれば、必要に応じて仕込み量を変えて作ることができます。

レシピにポーリッシュ種とあっても代わりにビガ種を使ってもいいし、逆も可能です（残った種があって、何かの生地に使いたいときもあるでしょう）。ただし水分量が異なりますから、本捏ねでの調整が必要になります。

ウェットなスターター（初種）と野生酵母の硬いスターターも互いに代用可能ですが、本捏ねでの水分調整は忘れないようにしてください。このようにスターターの代用をすると、生地の風味と構造が変わるため、パン職人としての選択を迫られます。私のサワードウのレシピはほとんどが、ウェットなスターターを使って硬いスターターを作り、最後に生地を作るものですが、それ以外でもウェットなスターターで硬いスターターを作ることがあり、それについてはP279～で説明しています。発酵種の代用には何の問題もありません。色々と試してみて自分の好みを見つけることをお勧めします。

パート・フェルメンテ Pâte Fermentée

できあがりの分量 作りやすい分量（P197のフランスパン、P231のパン・ド・カンパーニュ、P235のパーネ・シチリアーノの一焼き分）

	原書オリジナル		日本仕様
	%	g	g
準強力粉	50	142	70
強力粉	50	142	70
インスタントドライイースト	0.55	1.5	0.8
塩	1.9	5.5	2.7
水（常温）	65	184	91
合計		167.5	

【解説】
●パート・フェルメンテは作ったその日に使うこともできます。その場合は冷蔵庫に入れず、室温で2時間発酵させましょう。私の好みは冷蔵庫で一晩寝かせる方法で、そのほうがさらに風味がよくなるように思います。
●強力粉か準強力粉のどちらかしかなければ、どちらかあるほうだけで作ってもかまいませんが、ブレンドしたほうがパンの出来はよくなるようです。どのメーカーの小麦粉を使用するかによって、水分量の微調整が必要な場合も出てきます。したがってレシピの水の量はだいたいの目安にしかなりませんが、小麦粉の65％程度と考えておけばいいでしょう。

1 大きめのボウルに粉類、塩、インスタントドライイーストを入れ、混ぜ合わせる。水を加え、すべての材料が一つにまとまるまでかき混ぜる。生地がべたべたしすぎたり、硬すぎたりしないように、必要に応じて粉か水で調節する（捏ねながら粉を足して調節できるので、べたつくほうがまし。逆にいったん硬くなった生地は吸水しにくく調節が難しい）。

2 手粉をふった作業台に生地を移す。3～4分、または生地が柔らかくしなやかで、粘りはあるが、べたべたしない程度ま

で捏ねる。生地の温度は 25 ～ 27℃になっていること。

3 ボウルに薄くオイルを塗り、生地を入れ、中で転がしながら全体にオイルをつける。ラップをかけて室温で 1 時間、または生地が膨らみ始めるまで発酵させる。

4 ボウルから生地を取り出し、軽くガス抜きをしてからまたボウルに戻し、ラップをかける。そのボウルを冷蔵庫で一晩寝かせる。冷蔵庫なら 3 日まで、冷凍庫なら気密性のあるビニール袋に入れて 3 か月まで保存できる。

ポーリッシュ種 Poolish

できあがりの分量 （P164 のポーリッシュ種を使ったチャバッタが作れる量）

	原書オリジナル		日本仕様
	%	g	g
強力粉	100	319	130
インスタントドライイースト	0.27	1	0.4
水（常温）	107	340	139
合計		207.3	

　ボウルに粉、水、インスタントドライイーストを入れ、粉気がなくなるまでかき混ぜる。柔らかくて粘り気があり、見た感じはどろっとしたパンケーキ生地のような状態に仕上げる。ボウルにラップをかけて室温で 3 ～ 4 時間、または種に気泡ができるまで発酵させる。それをすぐに冷蔵すれば、3 日まで保存できる。

【解説】
● どんなレシピで作るかによって、ここに示した量よりも多く、あるいは少なくしてもかまいません。また、予定の使用量よりも多めに作って、残った分を「ポーリッシュ種を使ったバゲット」（P253）など、他のパンに使ってもいいでしょう。
● ポーリッシュ種は発酵すればすぐに使うことができますが、私自身は他の発酵種と同じように、風味を引き出すために一晩寝かせて熟成させます。その日のうちに使うなら、室温でさらに 2～4 時間発酵させてから本捏ねに加えましょう。
● ビガ種をポーリッシュ種に、ポーリッシュ種をビガ種に代えても問題はありません。ただし、最終段階で水分量の調整をするのは忘れないでください。

ビガ種 Biga

できあがりの分量 （P166のビガ種を使ったチャバッタ、またはP202のイタリアンブレッドが作れる量）

	原書オリジナル %	原書オリジナル g	日本仕様 g
強力粉	100	319	130
インスタントドライイースト	0.49	1.5	0.6
水（常温）	66.7	213	87
合計		167.2	

1 大きめのボウルに粉、インスタントドライイーストを入れ、混ぜ合わせる。水を加え、すべての材料が一つにまとまるまでかき混ぜる。生地がべたべたしすぎたり、硬すぎたりしないように、必要に応じて粉か水で調節する（捏ねながら粉を足して調節できるので、べたつくほうがまし。逆にいったん硬くなった生地は吸水しにくく調節が難しい）。

2 手粉を振った作業台に生地を移す。3～4分、または生地が柔らかく、しなやかで、粘りがあるが、べたべたしない程度まで捏ねる。生地の温度は25～27℃になっていること。

3 薄くオイルを塗ったボウルに生地を入れ、中で転がしながら全体にオイルをつける。ラップをかけて室温で約2時間、または生地が大きく膨らむまで発酵させる（ただし元のサイズの1.5倍以上にならないようにする）。

4 ボウルから生地を取り出し、軽くガス抜きをしてからまたボウルに戻し、ラップをかける。そのボウルを冷蔵庫で一晩寝かせる。冷蔵庫なら3日まで、冷凍庫ならビニール袋に入れて3か月まで保存できる。

【解説】
●このビガ種は発酵すればすぐに使えますが、私はポーリッシュ種やパート・フェルメンテと同じように、一晩寝かせて風味を引き出すほうが好きです。その日のうちに使いたければ、室温でさらに2時間発酵させてから本捏ねに加えてください。
●イタリアではサワードウも含めて、ほぼすべての発酵種が「ビガ種」と呼ばれています。ですから本書以外のレシピで材料に「ビガ種」とある場合は、具体的にどの発酵種のことなのか、必ず確認してください。本書でいう「ビガ種」は、ここに示した材料と配合率で作ったものを指します。
●強力粉の代わりに準強力粉を使ったり、あるいはパート・フェルメンテのように準強力粉と強力粉をブレンドしたり、好みによってアレンジしてもかまいません。

アナダマ・ブレッド Anadama Bread

　私はカリフォルニアで22年間暮らしたあと、1999年にロードアイランド州プロヴィデンスに引っ越しました。そして、せっかくニューイングランド地方〔ロードアイランド州、マサチューセッツ州を含む米国北東部6州の総称〕に戻ったのだから、ニューイングランド名物のパン「アナダマ」にいま一度目を向け、決定版となるレシピを考案しなければと思いました。

　アナダマという名前の由来については、さまざまな説が乱れ飛んでいます。"The Book of Bread"（ジュディス＆エヴァン・ジョーンズ著）という素晴らしい本には、マサチューセッツ州ロックポートに住んでいた男の話が出てきます。男の妻は家を出ていき、しかも家じゅうのものを持って行ってしまって、残されたのはどろどろのコーンミールが入った鍋と少しの糖蜜だけ。これに腹を立てた男はコーンミールに糖蜜を入れ、さらにイーストと小麦粉を放りこんでかき回しながら、いまいましげに「Anna, dam'er!（アンナめ、こんちくしょう！）」とつぶやきました。この話が地元で語り継がれるうちに、下品な響きの薄れた「Anadama（アナダマ）」になって定着したとか。ありそうな話だと思いますね。

　伝統的なアナダマのレシピではたいていストレート法が使用されていますが、このレシピでは穀物の風味をいっそう引きだすために、前処理（このレシピでは浸漬処理をしたコーンミール）を使います。コーンのデンプン粒子には糖類が大量に閉じこめられていて、その糖類が分解されれば、コーンの素晴らしい風味をさらに強めることができます。

★パンの特徴
エンリッチタイプでスタンダードな生地。前処理法。インスタントドライイースト使用。

★作業日数：2日
1日目：前処理　5分
2日目：液種　1時間15分
ミキシング　15分
一次発酵、成形および二次発酵　2時間45分〜3時間15分
焼成　35〜45分

【解説】
●使用する糖蜜（モラセス）の種類によって仕上がりの風味に違いが出ます。このレシピを試作した人たちには、あっさりしたブレアラビット・ゴールデンモラセスが好評でした。糖蜜は鉄分などのミネラルが豊富ですが、メーカーによっては味も色も濃すぎるものがあります。そういったタイプがお好きでないかぎり、できるだけすっきりしたライトタイプのものをお薦めします。ソルガムシロップ〔モロコシのシロップ〕を使ってもあっさりした味わいのパンになります。
●糖蜜のタイプによって必要な粉の量は変わりますから、生地が柔らかすぎるようなら迷わず追加してください。やや粘りがあるけれどベタつかず、柔軟で成形しやすい状態になるよう、生地のようすを見ながら粉の量を調整しましょう。

手前左からマルチグレイン・ブレッド（P221参照）のローフとスライス、アナダマ・ブレッドのスライス。奥はアナダマ・ブレッドのローフ。

できあがりの分量　1斤型（約470g）1個分

		原書オリジナル		日本仕様
		%	g	g
前処理	コーンミール（できれば粗びきまたはポレンタと表示してあるもの）	29.5	170	59
	水（常温）	39.5	227	79
合計			—	

		原書オリジナル		日本仕様
		%	g	g
生地	強力粉	100	574	200
	インスタントドライイースト	1.1	6	2.2
	塩	1.9	11	3.8
	糖蜜（モラセス）	19.8	113	40
	植物性油脂または無塩バター（常温に戻したもの）	4.9	28	10
	水（32〜38℃のぬるま湯）	39.5	227	79
	コーンミール（仕上げ用）		好みで	好みで
合計		236.2		

1　パン作りの前日に、小さいボウルにコーンミールと水を入れて混ぜ、前処理をする。それにラップをかけて、室温で一晩置いておく。

2　当日、生地作りをする。ボウルに強力粉100g、インスタントドライイースト、前処理、ぬるま湯を入れてかき混ぜる。ボウルに布巾かラップをかけて1時間発酵させる。

3　残りの強力粉100g、塩、糖蜜（モラセス）、植物性油脂を加え、材料が一つにまとまるまでかき混ぜる。柔らかくて、少し粘りのある生地にするために、必要なら水を足す。

4　手粉を振った作業台に生地を移し、べたつかず、粘り気のある生地になるよう、適宜粉を足しながら捏ね始める。硬さはあるけれどもしなやかで、べたつきのない生地に仕上げる。捏ね終わるのに10分ほどかかる。グルテンチェック（P76〜）でグルテン膜の延びが確認でき、生地の温度が25〜27℃になっていればよい。

5　薄くオイルを塗ったボウルに生地を移し、中で転がしながら全体にオイルをつけ

る。ラップをかけて室温で約 90 分、または 2 倍の大きさになるまで生地を一次発酵させる。

6 ボウルから生地を取り出し、P103 に示した長方形に成形し、薄くオイルを塗るか、スプレーオイルをかけた食パン型に入れる。生地の上にスプレーオイルをかけてラップをふわりとかける。

7 室温で 60 〜 90 分、または型から生地の頭が出るくらいに膨らむまで二次発酵させる（もし生地の発酵を止めたければ、冷蔵庫に入れると 2 日まで発酵を遅らせることができる。焼成する約 4 時間前に冷蔵庫から取り出し、焼ける状態になるまで室温で発酵させる）。

8 オーブンを 180℃に温めておく。天板に型をのせて、ラップをはずす。生地の上に霧吹きで水をかけて、コーンミールを振りかける。

9 オーブンで 20 分焼く。まんべんなく焼くために天板を前後に 180 度回転させてさらに 15 〜 25 分、パンが（側面や底も）キツネ色になるまで焼く。底を叩いて乾いた音がすればよい。

10 焼き上がったらすぐにパンを型から取り出し、金網にのせて少なくとも 1 時間冷ましてから、切るかテーブルに出す。

アルトス：ギリシャの祝祭パン
Artos:Greek Celebration Breads

　季節の行事や祝いごとのパンというと、種類も、各家庭秘伝のレシピも数かぎりなく存在します。しかし元をたどれば、ほとんどがひとつのテーマから生まれたバリエーションだと言っていいでしょう。そのことが特にわかりやすいのが、ギリシャのさまざまなパンです。

　ギリシャの祝祭用パンの総称は「アルトス」ですが、どの祝祭に使われるかによって、それぞれのパンに独自の名称があり、作り方にもひと工夫ほどこされています。そのひと工夫の背景には、パンのデザインに秘められたドラマ、歴史、家族の伝統といったものがあるのです。たとえばフルーツの色ひとつとっても、クリスマスのパンとイースターのパンでは違います。クリスマスはキリストの誕生を記念する祝祭であり、イースターはキリストの復活を祝うものだからです。祝祭用のパンは家庭で焼いて教会に持っていき、神父の祝福を受けたあと、持ち帰って食卓に出すか、貧しい人々に寄付することが多いようです。私が好きなデザインのパンは、クリストプソモとランブロプソモです。クリストプソモは丸いパンの上に2本の生地を十字架の形に重ね、キリスト生誕を表現しています。ランブロプソモは編みパンの隙間にイースターエッグがはめこまれていて、トルコ風のものはツレキという別名もあります。聖バシリウスを讃えて新年に食べるヴァシロピタはオレンジとブランデーの風味で、必ず金貨をひとつ入れて焼きます。ニューオーリンズやスペイン語圏の国で食べるスリーキングス・ケーキには金貨は入っていません。

　こういったパンを作る基本レシピと、いくつかの祝祭パンをこのあとご紹介します。扱いやすく、しかも本格的な味わいのパンに焼きあがる生地になるよう、野生酵母のスターターに市販のパン酵母も加えました。今はほとんどの種類で市販のパン酵母が使用されていますが、それは最近になってからのことです。初種（野生酵母使用のスターター）が手元になければ、同量のポーリッシュ種で代用できます。一次発酵と二次発酵にかかる時間も同じです。

★パンの特徴
エンリッチタイプでスタンダードな生地。初種またはポーリッシュ法。インスタントドライイースト使用または混合法。

★作業日数：1日または2日
[初種を使う場合]
初種を常温に戻す　1時間
ミキシング　15分
一次発酵、成形および二次発酵　2時間45分～3時間15分
焼成　25～30分

[ポーリッシュ種を使う場合]
1日目：ポーリッシュ種を作る　3～4時間
2日目：ポーリッシュ種を常温に戻す　1時間
ミキシング　15分
一次発酵、成形および二次発酵　2時間45分～3時間15分
焼成　25～30分

【解説】
●マーラブ（別名マーレピシード。サンタルチア・チェリーの種子から抽出される）や粉末マスティックなど、本格的な中東のスパイスが手に入るなら、このレシピのスパイスを同量のマーラブやマスティックに変えてもかまいません（シナモン、ナツメグ、オールスパイスをマーラブに、クローブをマスティックに）。

できあがりの分量　ローフ1個分（約350g）

	原書オリジナル		日本仕様
	%	g	g
初種 (P273) またはポーリッシュ種 (P130)	43.8	198	66
強力粉	100	454	150
インスタントドライイースト	1.1	5	1.7
塩	2	9	3.0
ハチミツ	16.7	76	25
オリーブオイル	12.5	57	19
溶き卵	20.6	93.5	31
牛乳または低脂肪乳（32〜38℃に温めたもの）	37.5	170	56
シナモン (粉末)	0.7	3	1.1
ナツメグ (粉末)	0.2	0.85	0.3
オールスパイス (粉末)	0.2	0.85	0.3
クローブ (粉末)	0.2	0.85	0.3
刻んだオレンジかレモンの皮（またはオレンジかレモンのエッセンス）	1 (1)	4.5 (少々)	2 (少々)
アーモンドエッセンス		少々	少々
合計		236.5	

> グレイズ（好みで）：
> 水　大さじ2　／　グラニュー糖　大さじ2　／　ハチミツ　大さじ2　／　オレンジかレモンのエッセンス　少々　／　ゴマ　小さじ1

1　生地作りの1時間前に冷蔵庫から必要な分量の初種、またはポーリッシュ種を取り出しておく（ポーリッシュ種を使う場合は前日に作っておくこと）。

2　大きなボウルに、粉、塩、インスタントドライイースト、シナモン、ナツメグ、オールスパイス、クローブを入れてかき混ぜる。そこに初種またはポーリッシュ種、ハチミツ、オリーブオイル、卵、牛乳、オレンジかレモンの皮またはエッセンス、アーモンドエッセンスを加える。しっかりしたスプーンで生地が一つにまとまるまでかき混ぜる。

3　手粉を振った作業台に生地を移して捏ね始める。必要に応じて牛乳か粉を追加しながら、生地を柔らかいけれどもべたつかないだんご状にする。粘りがあってしなやかな生地がよい。捏ねる時間の目安は約10分。グルテンチェック（P76〜）

でグルテン膜の延びが確認でき、生地の温度が 25 〜 27℃になっていればよい。

4 薄くオイルを塗ったボウルに生地を移し、中で転がしながら全体にオイルをつける。ラップをかけて室温で 90 分、または 2 倍の大きさになるまで生地を一次発酵させる。

5 ボウルから生地を取り出し、P94 に示したブール形に成形する。ベーキングシートを敷いた天板に移し、スプレーオイルをかけてラップをふわりとかける。

6 室温で 60 〜 90 分、または生地がほぼ 2 倍の大きさになるまで二次発酵させる。

7 オーブンを 180℃に温めておく。

8 オーブンで 15 分焼く。まんべんなく焼くために天板を前後に 180 度回転させてさらに 10 〜 15 分、あるいはパンがキツネ色になるまで焼く。底を叩いて乾いた音がすれば焼き上がっている。

9 好みにより、オーブンから出してすぐ、天板にのせたままでパンにグレイズを塗ってもよい。グレイズの作り方は、まずソースパンに水と砂糖を入れて沸騰させ、ハチミツとオレンジかレモンのエッセンスを加えて火を止める。必要ならパンに塗る前に温め直し、ハケで塗ったらすぐにゴマを振りかける。

10 焼き上がったパンを金網にのせ少なくとも 1 時間冷まし、切るかテーブルに出す。

クリストプソモ Christopsomos

できあがりの分量 ローフ 1 個分（約 430g）

	原書オリジナル g	日本仕様 g
ギリシャの祝祭パン (P136)		
ゴールデンレーズンかブラックレーズン、または 2 種類を混ぜたもの	85	28
ドライクランベリーかドライチェリー、または刻んだドライイチジク (または好きな組み合わせで)	85	28
刻んだクルミ (軽くローストしたもの)	57	19

祝祭パンの生地を準備する。手順 3 にあるミキシングの最後の 2 分間で、レーズン、ドライフルーツ、クルミを混ぜこむ。祝祭パンの手順通りだが、丸形に成形する前に、

一方がもう一方の2倍の大きさになるように、生地を2つに分割する。大きいほうの生地はP94で示したブール形に成形し、手順5と6のように二次発酵させる。小さいほうの生地はビニール袋に入れて冷蔵庫で冷やす。大きいほうの生地の発酵が終わったら、小さいほうの生地を冷蔵庫から取り出し、半分に割ってそれぞれ25cmの紐に伸ばす。そして下記のように成形する。

クリストプソモの成形

❶ 丸形の生地の上に、紐状の2本の生地を十字にしてのせる。

❷ それぞれの紐の両端をスケッパーで縦2つに割り、外側にらせん状に巻いて飾り十字にする。

ランブロプソモ Lambropsomo

できあがりの分量　ローフ1個分（約420g）

	原書オリジナル g	日本仕様 g
ギリシャの祝祭パン (P136)		
ゴールデンレーズン	128	42
刻んだドライアプリコット	43	14
細切りアーモンド（湯通ししてから、軽くローストしたもの）	57	19
赤く染めた茹で卵	3個	1個

祝祭パンの生地を準備する。手順3にあるミキシングの最後の2分間で、レーズン、アプリコット、アーモンドを混ぜこむ。祝祭パンの手順通りだが、ブール形に成形するかわりに生地を3等分し、P107で示した三本編みにする。その編み目の隙間に卵を入れる。

ベーグル Bagles

　世の中には2種類の人種がいます。もちもちした茹でベーグルの好きな人と、ふんわりした蒸しベーグルの好きな人です。東海岸のユダヤ人の多い地区で育った私は当然、クラストが厚くて中身のどっしりした茹でベーグルが好みで、これこそ本物のベーグルだと思っています。このタイプのベーグルは、鍋にアルカリ水を沸かして、沸騰させないようにしながらさっと茹でます（生地に卵の入っているエッグベーグルもいいですね。こちらも茹でたベーグルです）。

　今ふうの軟らかいベーグルを好む人は非常に多いのですが、自分の大好きなベーグルがなぜこんなに大きくて柔らかいのか、知っている人はほぼいません。理由は、時間をかけた一次発酵のあとで成形された、柔らかい生地を使っているからです。膨らんでいて軽いという生地の性質上、湯がぶくぶく泡立っている鍋の中で形を保つことは不可能です。しかし業務用のスチーム噴射式回転ラックオーブンなら1度の処理で済みますから、柔らかいベーグルには打ってつけです（この種のオーブンは、茹でる代わりに蒸気を大量に噴射します。いくつもの天板がのったラックごと回転して、均一に火が通るようになっています）。

　民俗学的には、ベーグルが初めて作られたのは17世紀のオーストリアだとされています。オスマントルコと戦ってオーストリアを守ってくれたポーランド国王ヤン3世ソビエスキを讃え、王の鞍のあぶみを模してあのような形になったということです。ベーグルは庶民のパンとして、ドイツとポーランドでも好んで食べられていました。アメリカにはドイツとポーランドのユダヤ系移民が持ちこんだため、アメリカではユダヤ人のパンだと考えられています。最近は軟らかい蒸しベーグルの人気もあり、ベーグルは再び庶民のパンとなりました。しかし、ベーグルを蒸すという新しい手法は、本物のベーグルとは何かという議論に火をつけ、私たちのように昔ながらのベーグルに愛着をもつ者たちの反発をあおっています。たとえ正しい方法で茹でても、最近のベーグルはなぜ、記憶の中にある昔のベーグルほどおいしくないのか。ベーグルを愛する人は誰でも、その理由について自説をもっているようです。水質が影響すると考える人もいます。「ニューヨークのベーグルを他の町で真似できないのは、ニューヨークの水が素晴らしくおいしいからだ」とニューヨーカーは言いますね。小麦粉の質や、クラストの風味づけとして鍋に入れるものが原因だと考える人もいます。かと

★パンの特徴
リーンでスティッフな生地。ポーリッシュ種法。インスタントドライイースト使用

★作業日数：2日
1日目：ポーリッシュ種　2時間
ミキシング　10〜15分
一次発酵、成形および二次発酵　1〜1時間30分
2日目：湯通しとトッピング　10分
焼成　15〜20分

【解説】
●ここに載せているベーグルはどれも、サワードウで作ることもできます。その場合、ポーリッシュ種の代わりに野生酵母の初種（P273参照）200gを使い、本捏のインスタントドライイーストを1g増やします。酸味の強いベーグルにしたいときは、インスタントドライイーストを入れないでください。それ以降は、ふつうのベーグルと同じように進めてください。サワードウ・ブレッド独特の風味が出る一方で、伝統的なベーグルのもっちりした食感はそのまま残ります。ただし、サワードウのバージョンを作るのは、ここに載っているバージョンを作って技術をマスターしてからにしてください。

思えば、1950年代にトム・アトウッドが発明した自動ベーグル成形機のせいでまずくなったという人もいます（もう何年も前、80代だったトムに会ったとき、本人から聞いたところによると、彼が成形機を発明するまでは、ベーグルはすべてP146の方法を使って手で成形していたそうです）。

さて、私の説はというと、思い出の中の味を超えるものはない、ということです。去年作ったベーグルと、完全に同じおいしさのベーグルを見つけることも、作ることもできるでしょうが、それでも記憶の中の味を超えることはできないのです。

私はパン職人として、パン作りの教師として、そして茹でベーグル愛好家として、完璧なベーグルを作ろうと長年奮闘してきました。「蒸す」という手法によってベーグルの大規模市場が生まれましたが、この手法はごく最近になって考え出されたものです。同じように、ヤン3世の時代には存在していなかったけれど、今はプロの職場でも家庭でも使える手法がいくらでもあります。私の親の世代でさえ、ベーグル職人が生地の感触で判断する能力と勘はみごとなまでに研ぎ澄まされていたでしょうが、今、私たちが知っているパンの科学について、十分には理解していませんでした。私がずっと取り組んできたのは、新世代のパン職人が最近取り入れているアルチザンの技術を応用して、茹でベーグルの決定版を作ることです。私たちが子ども時代に食べた思い出のベーグルに負けないくらい、また、昔のベーグルに対するノスタルジックな思い入れを打ち壊すくらい、おいしいベーグルを目指しました。成功したかどうか、審判を下すのはあなたです。このレシピは、前著 *"Crust & Crumb"* に載せたレシピの改良版です。以前のバージョンも、もちろんその時点で最高のものだと思っていました。本書のバージョンは簡単にできる液種を使いますが、一晩発酵させて風味を最大限に引き出す方法も示してあります。私がジョンソン＆ウェールズ大学で教えている生徒たちは若者ですから、"古き良き時代"のベーグルを知る由もありません。したがって、彼らが気に入ってくれたとしても、それは非常に狭い経験の中での判断です。けれど、私と同じようにフィラデルフィアの「グルメとベーグルの聖地」と言われる場所で育った妻のスーザンも、ニューヨーク（住民いわく"ベーグルの本場"）育ちの友だち数人も、これ

ぞ未来に残るベーグルだと感じてくれています。

　ベーグルショップの大半は、一般の人には入手しにくい材料を2つ使っています。ひとつは超強力粉で、もうひとつは不活性モルトシロップです。グルテンの最大含有量は強力粉が12.5％、準強力粉が10.5％のところ、超強力粉は14％もあり、昔ながらの茹でベーグルの弾力と、もっちりした噛みごたえを生み出します。超強力粉の入手法は少なくとも3つあります。まず、通販での購入。次に、自然食品専門店（弾力性の強い小麦粉がほしいと伝えましょう）。3つめは、ずいぶん変わった方法だと思うかもしれませんが、そんなことはありません。近所のベーグルショップの親切心に訴えてみましょう。私はパン作りが趣味で、最高のベーグルを作ろうと日夜励んでいるのですが、お宅の在庫からほんの1、2kg、超強力粉を売っていただけないでしょうか、とお願いするのです。びっくりするほどあっさり売ってくれますよ。3つ全部失敗に終わったら、ふつうの強力粉を使ってください。超強力粉ほどのもちもち感は望めませんが、十分においしいベーグルができます。

　モルトシロップも同じような方法で手に入ります。また、自然食品専門店では「大麦シロップ」の名で売られています。ほとんどのベーグルショップでは、不活性モルトを使用しています。これは、濃くて粘りのある糖蜜のようなシロップです。大麦麦芽にはジアスターゼという酵素が含まれていて、ジアスターゼは炭水化物の分解を促進し、小麦粉に閉じこめられている風味を解放するはたらきをします。不活性モルトはこの酵素を不活性化させる温度まで熱しているため、モルトの使用目的は純粋に風味を出すためです。私は活性モルトをよく使いますが、これは通販で、粉末かペースト状のものが購入できます。この"生きている"モルトは、小麦粉のデンプンに閉じこめられた糖類の分解をスピードアップして、酵素による風味の改善をさらに進めるはたらきをします。どちらのモルトを使っても、店で売っているベーグルのような風味が出ます。もし、どうしてもモルトが手に入らなくて、それでもベーグルを作りたいなら、ハチミツかアガベシロップ〔リュウゼツランの根から抽出される甘味料〕、ブラウンシュガーを使いましょう。モルトほど本格的ではなくても、素晴らしい風味が楽しめます。

　私はあちこちを旅してパンを見てきましたが、次にご紹介するレシピのように液種を使うベーグルショップには出合ったことがありません。それでも、この手法を使うとベーグルの風味と食感がよくなるだけでなく、酸の産生量が増えるため、市販のベーグルよりも冷凍と解凍がしやすくなると自信をもって言えます。その根拠となっているのは、時間をかけてゆっくり発酵させると、風味が増し、保存のきく期間も長くなるという事実です。発酵時間を長くする手段のひとつが、液種を使う手法です。もうひとつは生地を一晩置いて発酵を

【備考】私は本を出すたびに、ベーグルの新しいレシピをひとつ載せています。発酵種を使うものもあれば、使わないものもあります。全粒粉のベーグル、昔風のベーグル、発芽穀物のベーグルもあります。どれも素晴らしいおいしさで、世界中どこにいようと——たとえニューヨークの水がなくても——とびきりのベーグルができることを証明しています。必要なのは、いい小麦粉と、たったひとつのテクニック。そのテクニックとは、一晩かけて生地を発酵させること。これが最高のベーグル作りの秘訣です。長時間の低温発酵のあいだに、まるで魔法のようなことが生地に起こります。ベーグルはとてもシンプルなパンですが、この魔法のおかげで、素朴な生地が誰にでも愛される絶品のパンに変身するのです。

遅らせる方法で、クオリティの高いベーグルを売る店なら、どこでも取り入れています。一晩寝かせる手法を使わずにまともなベーグルを作るのは不可能だと私は考えていますが、このきわめて重要なステップを省いているレシピを、数多くの料理書で見てきました。自信をもって言えますが、長時間の低温発酵の素晴らしい効果なくして、伝説のベーグルを作ることはできません。この発酵法によって、小麦粉中の酵素が（それに加えてモルトに含まれる酵素も）風味を生み出すのです。このステップを抜かしてベーグルを作るのは、質のいいワインを瓶詰め直後に飲むようなものです。つまり、風味になるものはそこに潜んでいるけれど、十分に引き出されていない状態です（ワインもパンも、未成熟な状態だと風味に欠ける理由は同じ。複合炭水化物の糖分子が分解されていないからです）。

　もうひとつ、ベーグルの個性を理解するための大切な要素があります。それは、おそらくベーグルほど生地の硬いパンはないということです。一般的なパンの生地は、小麦粉に対する水分の比率が55〜65％です。一方、ベーグルの水分比率は50〜57％と低く、生地が硬いため、熱湯の中で激しく動き回っても、しぼんだり形が崩れたりすることはありません。たとえばフランスパンの生地でベーグルを作ると、お湯の中で暴れ回って、取り出したときにはぺちゃんこの楕円形になっているでしょう。小麦粉に対する水分比率を正確に指定することは不可能です。小麦粉がどのくらい水分を吸収するかは、銘柄によって差がありますし、同じ銘柄でもそのときによって変わってきます。ですから私は生徒に、「生地の感触を確かめながら手探りで進めていき、最終調整で必要な水分、あるいは小麦粉の正確な量を、生地に決めさせなさい」とアドバイスしています。水分を追加するよりは、小麦粉を追加するほうが簡単です。硬い生地の場合は特にその傾向が強いため、レシピでは、小麦粉を少しずつ足して徐々に生地を硬くしていくよう指示しています。フランスパンの生地はべたべたした手触りですが、ベーグルは伸びがよく、べたつかない生地に仕上げます。

　最後にベーグルの茹で方ですが、これも家庭ごとにやり方があって、議論の的になりやすいテーマです。重曹、塩、砂糖、ハチミツ、モルトシロップ、牛乳のいずれか、または組み合わせて湯に入れる人もいます。多くのベーグルショップで食用の苛性ソーダが使われていますが、湯にはまったく何も入れないという店もたくさんあります。私はこういった方法をすべて試してみましたが、湯に何を入れるかよりも、茹で時間の長さのほうが仕上がりに大きく影響することがわかりました。でも、私が好きなのは重曹を少し入れて湯をアルカリ性にする方法です。重曹は入手しやすく、業務用の苛性ソーダ溶液に最も近い風味を出すことができます。水をアルカリ性にすると、生地表面のデンプンに起こる糊化の質が少し変化し、焼いたときにクラストの艶が増し、カラメル化も強くなります。とは言っても、はっきりわかるほどの効果ではないので、ベーグルを食べている人のほとんどは気づきません（そういう人には重曹の代わりにハチミツやモルトシ

ロップ、砂糖など、風味づけになるものを湯に加えるほうがいいでしょう）。ただ、いまだに「若いころニューヨークで（あるいはシカゴで、フィラデルフィアで、ロサンゼルスで……）食べたベーグルを超えるものはない」と言って譲らない頑固者を改心させる、最後のひと押しにはなるかもしれません。私は妻や友人たちと同意見です。このベーグルこそ、未来に受け継がれる本物の茹でベーグルです。

できあがりの分量　約60gサイズ5個分

		原書オリジナル		日本仕様
		%	g	g
ポーリッシュ種	超強力粉または強力粉	51.4	510	103
	インスタントドライイースト	0.31	3	0.6
	水（常温）	57.1	567	114
本捏	超強力粉または強力粉	48.6	482	97
	インスタントドライイースト	0.16	1.5	0.3
	活性モルトパウダー（または活性モルトシロップ（ダークかライト）かハチミツ、またはブラウンシュガー）	0.94 (−)	9.5 (14)	1.9 (2.8)
	塩	2	20	4.0
合計		160.5		

> 仕上げ：
> ・重曹　大さじ1（好みで湯に加える。ハチミツかモルトシロップ大さじ1に替えてもよい）
> ・コーンミールまたはセモリナ粉（仕上げ用）
> ・ゴマ、ケシの実、コーシャーソルト、乾燥ニンニクまたは乾燥タマネギ（水で戻したもの）、または生のタマネギのみじん切り（油であえたもの）（好みで）

1　まずポーリッシュ種を作る。大きめのボウルに粉とインスタントドライイーストを入れ、混ぜ合わせる。水を加え、生地がパンケーキ生地のように滑らかになり、べたつくくらいまでかき混ぜる。ボウルにラップをかけて室温で約2時間、または気泡が次々と浮き上がってくるまで置いておく。生地が2倍近くまで膨らみ、ボウルを作業台に軽く叩きつけるとしぼむくらいの状態になればよい。

2　次に本捏ねに入る。ポーリッシュ種が入ったボウルにインスタントドライイーストをさらに加え、混ぜる。粉の約3分の1量と塩、モルトの全量を加える。残りの粉を少しずつ加えて生地が硬くなるまでかき混ぜ、材料を一まとまりにする。

3　生地を作業台に移し、少なくとも8〜10分捏ねる。フランスパンより硬いが、し

なやかさと滑らかさが残っている生地にする。すべての材料が吸水して粉気がなくなり、グルテンチェック（P76〜）でグルテン膜の延びが確認でき、生地温度が25〜27℃になっていればよい。もし生地が乾燥しすぎて、ひび割れを起こしたら、数滴の水を加えてさらに捏ねる。反対にべたつくようなら、粉を加えて十分な硬さにする。滑らかでしなやかだが、べたつきのない生地に仕上げる。

4　捏ねあがったらすぐ、約60gずつに分割する。それをP104に示したように丸める。

5　生地に濡れ布巾をかけて20分ほど休ませる。

6　天板にベーキングシートを敷き、スプレーオイルを軽くかけておく。P146の2種類の成形法のうち一つを使って成形していく。

7　成形した生地を天板に5cmほどの間隔をあけてのせていく。生地にスプレーオイルを軽くかけ、天板ごと食品用のビニール袋に入れるか、ラップをふわりとかける。すぐに天板を冷蔵庫に入れ、一晩置く。冷蔵庫で3日まで保存可能だが、翌日使うのが一番よい。

8　ベーグルを焼く準備ができたら、オーブンを230℃に温める。大きめの鍋（できるだけ口の広いもの）に湯を沸かし、重曹を入れる*。穴あきスプーン、または穴あき杓子を用意しておく。

9　冷蔵庫から天板を取り出し、生地が茹でられる状態になっているかどうかを"フロートテスト"で確かめる。小さいボウルに冷水か常温の水を入れる。その水の中にベーグルを落として10秒以内に浮いてきたら茹でることができる。まず一つを試してみよう。10秒以内に浮いてきたら、そのベーグルをすぐに天板に戻し、布巾で軽く叩いて水分をとってからラップをかけ、湯が沸騰するまでのあいだ冷蔵庫に入れておく。ベーグルが浮いてこない場合は、天板に戻して水分をとり、室温でさらに発酵させ、10〜20分ごとにベーグルが浮いてくるまでテストをする。浮くまでの発酵時間は周りの温度や生地の硬さによって変わる。フロートテストに合格する前に湯が沸騰してしまったら、火を弱めて蓋をし、熱湯の状態を保っておく。

10　ベーグルを冷蔵庫から取り出し、湯の中にそっと入れ、重ならない程度の量だけ茹でる（浮いてくるまでの時間の目安は10秒以内）。30秒後、ひっくり返し、さらに30秒茹でる。もっちりしたベーグルが好みなら、茹で時間を片面1分ずつにのばしてもよい。ベーグルを茹でているあいだに、ベーキングシートを敷いた天板にコーンミールかセモリナ粉を振る（もしベーキングシートを取り換えるなら、新しいものにもスプレーオイルを軽くかけて、

*訳注：濃度は大体でよいが、5%以上になるときは手袋を着用のこと。

ベーグルの成形

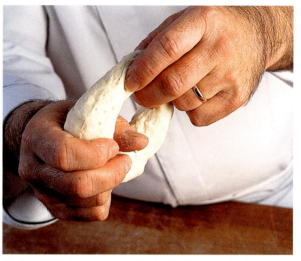

手法1 ❶ 丸いベーグル生地に穴を開ける。

❷ 穴に親指を入れてゆっくり回しながら直径4cm（写真は生地量約130gの大型ベーグルなので直径6cm）くらいまで広げる。できるだけ均等に（太いところと細いところができないように）伸ばす。

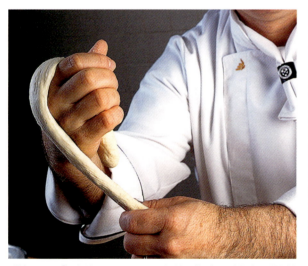

手法2 ❶ 生地を20cmほどの紐状に伸ばす。（生地に弾力性がありすぎて元の長さに戻ってしまい、途中で伸ばしたり休ませたりする作業が必要になることがある。その場合は3分休ませてからもう一度伸ばして20cmの長さにする）。親指と人差し指のあいだから小指に向け、手のひらと甲全体に生地を巻きつける。巻き終わりはしっかり重ね合わせる。

❷ 重なった部分を手のひらで台に押しつけ、前後に転がして、合わせ目を閉じる。

生地が表面にくっつかないようにする)。トッピングをしたいなら、湯からすくいあげてすぐ、まだ濡れているうちに行うこと。トッピングには材料リストにあげたものならどれでも使えるし、組み合わせてもよい。私はシードと塩を混ぜてトッピングすることが多い。

11 すべてのベーグルを湯通ししたら、天板をオーブンに入れる。200℃に下げて約7分焼いてから、天板を前後に180度回転させる。さらに約5〜7分、またはベーグルが薄いキツネ色になるまで焼く。好みで焼き色はしっかりつけてもよい。

12 オーブンから天板を取り出し、ベーグルを金網にのせて15分以上冷ましてからテーブルに出す。

―― 応用レシピ ――

シナモンとレーズンのベーグル

　シナモンとレーズンのベーグルにする場合は、本捏ねに使用するインスタントドライイーストを倍量に増やし、粉末のシナモンを大さじ1/5とグラニュー糖大さじ1を本捏ねに加えます。次に2/5カップのレーズン（カップに入れるとき押さえつけないようにする）を湯で洗います。ミキシング工程の最後の2分になったらレーズンを加えてください。あとはベーグルのレシピ通りに進めますが、トッピングは省略します。オーブンから出してまだ熱いうちに、表面にハケで溶かしバターを塗り、シナモンシュガーをまぶすのもいいでしょう。

〔このコラム内の数字は、日本仕様の生地量にあわせたもの〕

ブリオッシュとブリオッシュの親戚たち
Brioche and Brioche Relatives

★パンの特徴
リッチでスタンダードな生地。液種法。インスタントドライイースト使用。

★作業日数：1日か2日
1日目：液種　20〜45分
ミキシング　20分（プアマンのブリオッシュなら一次発酵、成形および二次発酵　3時間、焼成　15〜50分）
2日目：成形および二次発酵　2時間30分
焼成　15〜40分

リッチなパンを評価するとき、必ず判断基準になるのがブリオッシュです。そのため、リッチなパンについて語るときは、ブリオッシュと比較したり、「ブリオッシュの親戚」と呼んだりします。ブリオッシュはシンプルなパンで、少量の砂糖、たっぷりの卵、そして大量のバターを加えるのが特徴です。バターの量は（小麦粉100％に対して）20％が最低ラインですが、たいていは50％以上です。

市販のブリオッシュでバターの比率が75％以上のものはほとんど見たことがありませんが、レシピでは最大で100％と指示しているのを見たことがあります。ブリオッシュのレシピは数えきれないほどのバリエーションがあって、液種などの発酵種を使う方法もあれば、ストレート法で作るものもあります。また、すぐに発酵させて成形、焼成と進めるバージョンがあるかと思えば、冷蔵庫に一晩入れておくやり方もあります。

ブリオッシュに関するエピソードは数多くありますが、中でも有名なのがフランスの王妃マリー・アントワネットの発言で、彼女の最期の言葉「民衆にはケーキを食べさせよ」は、正しくは「民衆にはブリオッシュを食べさせよ」と訳すべきだと言われています。

どう翻訳するにしても、数々の根拠からこのエピソードは作り話だと思うのが妥当ですが、私たちにある疑問を投げかけてきます。それは、人がそんなことを言うとしたら、どんな理由があるのだろうということです。考えられる理由は、革命前のフランスでは、ブリオッシュは2つの種類に分かれていたということです。ひとつは富裕層向けで、その名

も「リッチマンのブリオッシュ」といい、バターがたっぷり（小麦粉100％に対して70％以上）入っていました。もうひとつは貧しい大衆向けの「プアマンのブリオッシュ」で、バターはほんの少し（20〜25％）。他のパンと同じように、ブリオッシュも多くのものの象徴になっていますが、その最たるものが、持てる者と持たざる者とのあいだの階級闘争です。革命家のほとんどは持たざる者でしたから、処刑を目前にした王妃が、大衆にリッチマンのブリオッシュを与えて助かろうとしたと考えれば、筋は通ります。しかし時すでに遅し。それでなくても、くだらない申し出だし、さぞかし傲慢な態度に見えたことでしょう。

　リッチマンのブリオッシュのレシピをよく見ると、あることがわかります。小麦粉に対する脂肪分と砂糖の比率が、パイ生地とほぼ同じなのです。パイ生地との主な違いは、パン酵母と卵の量です。たいていのパイ生地は、プレーンでもスイートでも、薄くてサクサクの生地でもしっかりした生地でも、いわゆる「1‐2‐3メソッド」のバリエーションで作ります。これは小麦粉3、油脂2、水分1の比率で作る方法です（スイートパイの生地には砂糖も入ります）。この比率をベーカーズパーセントに換算すると、小麦粉100％に対して油脂が66.6％になります。ブリオッシュは——少なくともリッチマンのブリオッシュはバターが50〜80％ですから、パイ生地の範囲内にぴったり収まります。つまり、原則的にブリオッシュの生地は、柔らかいパイ、またはタルトの生地として十分使えるということで、現にフランスのパティスリーではよく使われています。キッシュやカスタードタルトの台生地にぴったりです。私はパリのホテル・リッツ内のペストリーショップで、クラフティのタルト生地として使われているのを見ました。同店ではブリオッシュ生地を使ったタルト類を大量に作っていますが、大人気で需要に追いつかないようです。

　ブリオッシュ生地には他にも活用法があります。リッチなフレンチトースト用のパン、ティーロール、カフェロール、野菜か肉のフィリングを包む生地、そして最も有名なのが、"頭"がついた小さなロールパンの「ブリオッシュ・ア・テート」です。それ以外にも、イタリアのパンドーロやパネトーネから、アルザスのクーゲルホフ、ドイツとスイスのシュトレン、そして肉とチーズを詰めたイタリア版ブリオッシュのカサティエッロまで、地域や祝いごとの種類によって膨大なバリエーションがあります。

　このあと3種類のブリオッシュのレシピをご紹介します。バターの量がご自分にとって許容範囲だと思うタイプをお選びください。マリー・アントワネットにならって、「リッチ

【解説】
●バター、ショートニング、オイルなど、油脂分を多く使うレシピは、グルテンが十分に形成されるまで待ってから油脂を加えましょう。最初のほうで油脂を加えると、タンパク質の粒子（グリアジンとグルテニン）が油でコーティングされ、長くて丈夫なグルテン分子を形成するのが難しくなります。ですから油脂を加えるのは、グルテンが結合するのを待ってからにしてください。ただし、ブリオッシュにはケーキのようなタイプもあって、その場合は意図的に小麦粉とバターをいっしょに入れ、パウンドケーキのように軟らかくてクラムの詰まった仕上がりにします。このタイプの食感のブリオッシュは簡単に作れます。早い段階でバターを加え、低温発酵の工程は飛ばして、一次発酵のすぐあと、油をひいた天板にスプーンかゴムべらで生地を移しましょう。

●ブリオッシュ・ア・テートを作るには、専用の波形の型が必要です。キッチン用品専門店で手に入ります。型のサイズは色々ありますが、私は45g用の小さな型がいちばん使いやすいと思います。大きめの型はパネトーネなど、季節の行事や祝いごと向けのパンに使うのがいいでしょう。その場合は生地のサイズを考慮して焼成温度を低くし、焼成時間を長くするのを忘れないでください（本書のブリオッシュは3種類とも標準的なロールパンの成形法で作れます。P104の成形の説明を参照してください）。

●最初にご紹介する「リッチマンのブリオッシュ」は、前著 "Crust & Crumb" に載せたブリオッシュよりも、さらにリッチになっています。以前のバージョンは小麦粉に対するバターの比率が約70％でしたが、今回は約88％です。それにともない、発酵を促進するためにパン酵母の比率も高くしました。また、液種はわずか20分でできるスピーディーさです。あればビーターを使って電動ミキサーでミキシングするのがいちばんですが、丈夫なスプーンと腕力があれば手でやってもかまいません。

マンのブリオッシュ」「ミドルクラスのブリオッシュ」「プアマンのブリオッシュ」と名づけましたが、どれも素晴らしくおいしい、れっきとしたブリオッシュです。

リッチマンのブリオッシュ Rich Man's Brioche

できあがりの分量 小さいブリオッシュ・ア・テート（約45g）9個程度、大きいブリオッシュ・ア・テート1個分、または約400gのローフ1個分

		原書オリジナル		日本仕様
		%	g	g
液種	強力粉	12.3	64	18
	インスタントドライイースト	1.8	9.5	2.7
	牛乳（32～38℃に温めたもの）	22	113	33
本捏	強力粉	87.7	454	132
	塩	2	11	3.0
	グラニュー糖	6.8	35	10
	無塩バター（常温に戻したもの）	87.7	454	132
	溶き卵	45.2	234	68
	卵（よく溶きほぐし、泡が消えたもの）		適量	適量
合計		265.5		

1. まず液種を作る。大きめのボウルに粉とインスタントドライイーストを入れ、混ぜ合わせる。牛乳を加え、粉が水分を吸収するまでかき混ぜる。ボウルにラップをかけて20分、または液種が膨らみ、ボウルを作業台に軽く叩きつけるとしぼむまで一次発酵させる。

2. 次に本捏ねに移る。先ほどの液種に卵を加え、滑らかになるまでかき混ぜる。別のボウルに強力粉、砂糖、塩を入れ、混ぜ合わせる。卵を加えた液種にこの粉類を入れ、すべての材料がまんべんなく水分を吸収し、むらなく混ざるまでかき混ぜる。この生地を5分休ませ、グルテンの形成を促す。次に大きなスプーンで混ぜながら、バターを何回かに分けて加える。1回目のバターがなじんでから、次のバターを加えること。これに数分かかる。さらに6分ほど、あるいは生地がよくなじむまで混ぜる。ボウルの内側に生地がくっつくので、時々こそげとる必要がある。やがて生地は非常に滑らかで柔らかくなる。

3　天板にベーキングシートを敷き、軽くスプレーオイルをかける。そこに生地を移し、広げて厚みのある大きな長方形を作る。生地の表面にスプレーオイルをかけて、ラップをかけるか、食品用の大きなビニール袋に入れる。

4　すぐに天板を冷蔵庫に入れて、一晩、または最低でも4時間は冷やす。

5　冷蔵庫から生地を取り出し、よく冷えているうちに成形する。生地が温まったり、柔らかくなってきたりしたら、冷蔵庫に戻す。ブリオッシュ・ア・テートを作るなら、波形の型に薄くオイルを塗るかスプレーオイルをかける。小さいブリオッシュ・ア・テートの場合は生地を8～9個に分割する。小さいブリオッシュ・ア・テートはたいてい45～50gほどで、大きいものは400～900gまである。どのサイズも二次発酵の際の膨らみを考慮に入れ、下になる大きいほうの生地が型の大きさの半分以下におさまるようにする。小さいブリオッシュ・ア・テートは小さい丸形（下の方法を参照）に、大きいほうはブール形（P94を参照）に成形する。成形は下に示した説明に沿って進める。最後の成形が終わったら、型を天板にのせる。

食パン形に作るなら、生地を440～450g（粉165～170gで計算）を用意する。1斤用の食パン型に、薄くオイルを塗るかスプレーオイルをかけておく。生地をP103に示されているような長方形に成形する。

6　生地の表面にスプレーオイルをかけ、ラップをふわりとかけるか、食品用のビニール袋に入れる。波型または食パン型のどちらも生地が型の縁近くまで膨らむまで、小さいブリオッシュ・ア・テートなら1.5～2時間、大きいほうならそれより長く二次発酵させる。生地の表面にやさしく卵を塗る。軽くスプレーオイルをかけておいたラップでその生地を覆う。そしてさらに15分～30分、または生地が膨らんで型の縁に届くまで二次発酵を続ける。

7　小さいブリオッシュ・ア・テートを焼く場合はオーブンを200℃に、大きいブリオッシュ・ア・テートを焼く場合は180℃に温めておく。

8　オーブンの中段で、小さいブリオッシュ・ア・テートは12～13分、大きいほうは30～40分焼く。底を叩くと乾いた音がして、キツネ色になっていれば焼き上がっている。

9　オーブンからブリオッシュを取り出し、すぐに型からはずして金網の上で少なくとも小さいほうは20分、大きいほうは1時間冷ましてから、テーブルに出す。

ブリオッシュ・ア・テートの成形

手法1 ❶ 手に粉を振り、手刀を使って転がしながら丸形の生地を大きい丸と小さい丸に分けるが、完全には切り離さないようにする。

❷ オイルを塗ったブリオッシュ型に大きいほうを下にして入れ、指先でくびれをつけ、小さいほうに丸みがついて大きい生地の中央に来るようにする。

手法2 ❶ 生地を転がして片方の先が細い紐状にする。太いほうの先に穴を開ける。

❷ 細いほうの先端をもって輪を作り、端を穴に通して上に出し、頭を作る。頭を丸くして、大きい生地の真ん中にのっている形にする。オイルを塗ったブリオッシュ型に生地を入れる。

ミドルクラスのブリオッシュ Middle-Class Brioche

できあがりの分量 小さいブリオッシュ・ア・テート（約45g）8個分、大きいブリオッシュ・ア・テート1個分、または約350gのローフ1個分

		原書オリジナル		日本仕様
		%	g	g
液種	強力粉	14	64	21
	インスタントドライイースト	1.4	6	2.1
	牛乳（32〜38℃に温めたもの）	25	113	38
本捏	強力粉	86	390	129
	塩	1.9	9	2.9
	グラニュー糖	6.25	28	9
	無塩バター（常温に戻したもの）	50	227	75
	溶き卵	51.6	234	77
	卵（よく溶きほぐし、泡が消えたもの）		適量	適量
合計		236.2		

作り方はリッチマンのブリオッシュの手順に従う。ただし、液種の発酵時間は、30〜45分に延ばすこと。

【解説】
●ミドルクラスのブリオッシュは小麦粉に対するバターの比率が50％で、用途の広い生地です。特にシナモンバンズやスティッキーバンズ、柔らかい食パン、ブリオッシュ・ア・テートなどに最適です。リッチマンのブリオッシュと比べると、材料費がそれほどかからず、バターと格闘する時間も少なくて済みます（それでも小麦粉100％に対して50％ですから、かなりのエクササイズにはなります）。生地の扱いやすさもこちらのほうが上です。このような理由から、このタイプが最も一般的なブリオッシュになっています。

プアマンのブリオッシュ Poor Man's Brioche

できあがりの分量 小さいブリオッシュ・ア・テート（約45g）8個分、大きいブリオッシュ・ア・テート1個分、または約350gのローフ1個分

		原書オリジナル		日本仕様
		%	g	g
液種	強力粉	13.2	64	24
	インスタントドライイースト	1.3	6	2.3

	牛乳 (32〜38℃に温めたもの)	23.5	113	42
本捏	強力粉	86.8	418	156
	塩	1.8	9	3.2
	グラニュー糖	5.9	28	11
	無塩バター (常温に戻したもの)	23.5	113	42
	溶き卵	38.8	187	70
	卵 (よく溶きほぐし、泡が消えたもの)		適量	適量
合計		194.8		

1　まず液種を作る。大きいボウルに粉とインスタントドライイーストを入れ、混ぜ合わせる。牛乳を加え、粉が水分を吸収するまでかき混ぜる。ボウルにラップをかけて30〜45分、または液種が膨らみ、ボウルを作業台に軽く叩きつけるとしぼむくらいまで発酵させる。

2　次に本捏ねに入る。先ほどの液種に卵を加え、滑らかになるまでかき混ぜる。別のボウルに強力粉、砂糖、塩を入れ、混ぜ合わせる。卵を加えた液種にこの粉類を入れ、すべての材料がまんべんなく水分を吸収するまでかき混ぜる。この生地を5分休ませ、グルテンの形成を促す。その後、大きなスプーンで混ぜながら、バターを何回かに分けて加えていく。1回目のバターがなじんでから、次のバターを加えること。

3　作業台に生地を移し、必要なら少量の粉を足しながら、10分ほど、または生地が滑らかで柔らかいが、扱いにくいほどべたつかない、フランスパンの生地のようになるまで捏ねる。

4　ボウルに薄くオイルを塗り、生地を戻す。生地の表面にスプレーオイルをかけ、ラップで覆う。約90分、または生地が2倍の大きさになるまで一次発酵させる。

5　成形はリッチマンのブリオッシュの手順に従う。ただし、二次発酵は約1時間に減らすこと。焼成と冷ましもリッチマンのブリオッシュに準じる。

【解説】
● プアマンのブリオッシュは生地の扱いやすさでは群を抜いていますから、肉や野菜などのフィリングを包む皮として最適です。さらにパン・ド・ミ（食パン）にしても素晴らしいおいしさです。小麦粉に対するバターの比率は20%以上ですからリッチなパンではありますが、他の2種類のように、バターのしみこんだサクサクのパンが口の中で溶けるような食感はありません。

カサティエッロ（手前）と小さなブリオッシュ・ア・テート（左奥）。

カサティエッロ Casatiello

★パンの特徴
リッチでスタンダードな生地。液種法。インスタントドライイースト使用。

★作業日数：1日
液種　1時間
ミキシング　12分
一次発酵、成形および二次発酵　3時間
焼成　35～40分

カサティエッロはリッチでうっとりするほどおいしい、イタリア式の凝ったブリオッシュです。チーズと肉（サラミなら言うことなし）の風味がたっぷり詰まっています。私はキャロル・フィールドの名著 "The Italian Baker" でカサティエッロを知って以来、ベーコン、各種生ソーセージと燻製ソーセージ、さらには代用肉まで使って作ってきました。紙袋かパネトーネ型で焼くのが伝統的な方法ですが、食パン型でも焼けます〔日本語版では食パン型用の記述に統一した〕。

カサティエッロをひとことで表すなら、甘くないパネトーネといったところでしょう。甘いフルーツやナッツの代わりに、チーズや肉が入っていると思ってください。温かいうちに食べればチーズはまだ軟らかく、冷ましてからスライスして食べれば、1切れでサンドイッチのような味わいを楽しめます。

これは私のレシピの中でもとくに人気の高いパンです。本書の旧版ではじめて紹介してから15年が過ぎましたが、今も絶賛のメールが届いています。

できあがりの分量　食パン1斤型1個分（約460g）

		原書オリジナル		日本仕様
		%	g	g
液種	強力粉	12.3	64	22
	インスタントドライイースト	1.8	9.5	3.2
	牛乳またはバターミルク (32～38℃に温めたもの)	43.8	227	79
本捏	強力粉	87.7	454	158
	塩	1.4	7	2.5
	グラニュー糖	2.7	14	5
	無塩バター (常温に戻したもの)	32.9	170	59
	溶き卵	18	93.5	32
	イタリア産サラミまたは他の肉類 (【解説】参照)	22	113	40
	プロヴォローネチーズまたは他のチーズ (粗めのシュレッド状、またはおろしたもの。【解説】参照)	32.9	170	59
合計		255.5		

1. まず液種を作る。ボウルに粉とインスタントドライイーストを入れ、混ぜ合わせる。牛乳を加えてかき混ぜ、粘り気のないさらっとした生地を作る。ボウルにラップをかけて室温で1時間発酵させる。液種に気泡が次々と浮き上がってきて、ボウルを台に叩きつけると種がしぼむ状態にする。

2. 液種を発酵させているあいだに、サラミを小さなさいの目に切り、スキレットで軽く炒めてカリッとさせる（脂肪を減らしたければ、ベーコンをカリカリに焼くか、生のソーセージかサラミの代用品を炒めてカリカリにする）。

3. 次に本捏ねに移る。ボウルに粉、塩、砂糖を入れ、スプーンで混ぜ合わせる。そこに卵と液種を加え、すべての材料がざっくりまとまって一つになるまでかき混ぜる。粉気が残っていたら、少量の水か牛乳を垂らして、生地になじませる。1分ほどかき混ぜてから、10分休ませ、グルテンの形成を促す。バターを4つに分ける。生地の中にバターを一度に一つずつ入れてスプーンで勢いよくかき混ぜ、柔らかいが、べたつかない生地にする。スプーンでさらに混ぜる。あるいは手で捏ねてもいいが、その場合は手粉を振り続けながら、滑らかで粘り気のある生地にしていく。時間の目安は12分ほど。

4. 生地が滑らかになったら、細かく切った肉を加え、まんべんなく行き渡るまで捏ねる。さらにチーズを加え、同じようにまんべんなく行き渡るまでやさしく捏ねる。柔らかくて延びがよく、粘り気は非常に強いがべたつかない生地にする。もしべたつくなら、硬くなるまでもう少し粉を振り入れる。薄くオイルを塗った大きいボウルに生地を移し、転がして全体にオイルをつける。そのボウルをラップで覆う。

5. 室温で約90分、または生地が少なくとも1.5倍の大きさになるまで一次発酵させる。

6. ボウルから生地を取り出す。食パン型にスプレーオイルをかける。手と生地に軽く粉を振り、P103に示した長方形に成形し、型に入れる。生地の表面にスプレーオイルをかけて、紙袋か食パン型にラップか布巾をふわりとかける。

7. 60〜90分、または生地が型の上に膨らむまで二次発酵させる。

8. オーブンを180℃に温めておく。

9. 生地の入った食パン型をオーブンに入れ、20分焼いてから、天板を前後に180度回転させる。さらに15〜20分焼く。生地の上面と側面がキツネ色になり、チーズが流れ出してカリッとした小さな茶色のくぼみができる。パンが型から少し顔を出す程度に膨らめば、焼き上がっている。

10 パンが焼き上がったら、オーブンから取り出し、パンを型から取り出す。冷ますために金網に移す。少なくとも1時間は冷ましてから、切るかテーブルに出す。

【解説】
●プロヴォローネチーズの代わりに他のチーズを使ってもかまいませんが、独特の風味があって溶けやすいタイプを使ってください。スイスチーズ、ゴーダチーズ、チェダーチーズ、あるいはこういったタイプに似たチーズなら幅広い選択肢があります。私はモッツァレラやジャックチーズはあまり風味がないのでめったに使わないし、パルメザンチーズなどのハードタイプも塩気が強くてクリーミーに溶けてくれないので使いません。けれど、その種のチーズしか手元にないなら、ハードタイプのチーズをおろし、モッツァレラかジャックチーズとブレンドすれば、風味の良さと溶けやすさというそれぞれの特徴が活かされて、十分においしいカサティエッロができます。
●このパンは短時間でできる液種を使用していますし、最初から最後まで5時間あればできます。ブリオッシュと同じように生地を前日に作っておき、当日、成形と焼成をすることもできます。その場合は過発酵を防ぐために、オイルを塗ったボウルに入れたらすぐに冷蔵庫に入れてください。
●私はバターミルクの少し酸味のある風味が好きで、よく牛乳の代わりに使っています。
●カサティエッロに入れる肉は、手元にあるものか、好みに合うもので代用してもかまいません。理想的なのはイタリア産サラミとペパロニで、火が通るにつれて風味が出てきます。特に軽く炒めてから生地に加えると旨味が増します。カリカリに炒めたベーコンやパンチェッタもこのパンにはぴったりです。炒めたあとの油を加えると（その分、バターの分量を減らす）、さらにコクが出ます。他にも、チョリソ、イタリア産ソーセージ、あるいは他の生ソーセージをカリカリに炒めたもの、牛肉100％の生サラミ（さいの目に切って少しカリッとする程度に炒めたもの）、模造ベーコンビッツ（大豆）、細かく切った燻製木綿豆腐などが使えます。
●好みによってバターを半量にしてもかまいませんが、その場合は牛乳を少し増やして生地の硬さを調整しましょう。

ハッラー Challah

　ハッラーはユダヤ教の安息日のパンで、ヨーロッパでは神の寛容さと慈愛を象徴するものとして、お祝いの場で食べられます。編むことで生地を12の部分に分けるのが伝統的な方法で、これはヤコブの12人の子どもたちの子孫である、イスラエルの12部族を表しています。このパンに卵を使うのは、厳格なユダヤの安息日が訪れる前に、残っている卵を使ってしまう方法だったのでしょう。正統派ユダヤ教徒の社会では、労働とみなされる行為が数多くありますが、飼っているニワトリが産んだ卵を集めに行くのもそのひとつだったのです。

　私は何種類もの方法でハッラーを作ってきましたが、このレシピは軟らかくて黄金色に焼き上がり、テーブルに置くと輝かんばかりに美しく見えます。思わず会話を止めて、誰もが注目してしまうような美しいハッラーを作るコツは、先が細く、真ん中は盛り上がる形に編むことです。

　最近になって、このパンは卵黄を多めに使うなどの微調整でさらにおいしくなることがわかったため、本書では以前のレシピに手を加えています。余った卵白は卵液などに使いましょう。また、卵によって重量に差がありますから、水の量は大まかな目安です。必要に応じて調整してください。本捏ねは、柔らかいけれどフランスパンの生地よりは硬く、編みパン独特の形が崩れないようにべたつきのない状態に仕上げます。

★パンの特徴
エンリッチタイプでスタンダードな生地。ストレート法。インスタントドライイースト使用。

★作業日数：1日
ミキシング　10〜15分
一次発酵、成形および二次発酵　3時間30分
焼成　20〜45分（大きさによる）

できあがりの分量　編みパン1個分（約450g）、大きい3本編みの祝祭パン1個を作る場合は倍量（粉500g）で捏ねる。ただし、大型オーブンが必要。

	原書オリジナル		日本仕様
	%	g	g
強力粉	100	510	250
インスタントドライイースト	1	5	2.5
塩	1.6	8	4.0
グラニュー糖	6.9	35	17
植物性油脂	6.9	35	17
溶き卵	9.2	47	23
卵黄	16.7	85	42
水（常温。下の【備考】参照）	39	198	98

卵白（1個分に水大さじ1を加えてよく溶きほぐし、泡が消えたもの）	適量	適量
ゴマまたはケシの実（飾り用）	適量	適量
合計	181.3	

【備考】卵、または卵黄が冷たい場合は、常温の水ではなくぬるま湯（32〜38℃）を使う。

1. 大きめボウルに粉、砂糖、塩、インスタントドライイーストを入れ、混ぜ合わせる。別のボウルに油、卵、卵黄と水を入れて混ぜ合わせ、それを粉類のボウルに加える。すべての材料がまとまるまでスプーンで混ぜる。必要なら水を足しながら、やや粘り気のある生地にまとめる。

2. 手粉を振った作業台に生地を移し、必要なら粉か水を足しながら6〜10分ほど捏ねて、柔らかくしなやかで、少し粘り気はあるがべたつかない生地にする。グルテンチェック（P76〜）でグルテン膜の延びが確認でき、生地度が25〜27℃くらいになっていればよい。

3. 大きいボウルに薄くオイルを塗る。生地をP94に示したブール形に成形し、先ほどのボウルに生地を移して、転がしながら全体にオイルをつける。ラップをかけて室温で1時間一次発酵させる。

4. ボウルから生地を取り出し、2分捏ねて、ガス抜きをする。丸形に成形し直し、ボウルに戻してラップをかけ、さらに1時間、一次発酵させる。少なくとも1.5倍まで膨らませること。

5. ボウルから生地を取り出し、それぞれ約150gになるよう3等分する。（大きい3本編みの祝祭用のハッラーにするなら、倍量の生地を用意し、約200gの生地を3つとり、約100gの生地を3つとる。）作るパンの大きさにかかわらず、分割した生地をP94に示したブール形に成形し、布巾をかぶせて作業台の上で10分休ませる。【備考】分割する生地のサイズを変えて、4本編み、5本編み、6本編み（P108、P109）のパンに成形してもよい。

6. 分割した生地をそれぞれ転がしながら紐状に伸ばし、すべて同じ長さで、真ん中は太めに、両端は細くする。P107で示した3本編みで縄編みをする（祝祭用のハッラーを作る場合は、大きい3本編みの上に小さいほうをのせて、小さいほうを大きいほうにくっつくようにやさしく押しつける）。天板にベーキングシートを敷いて、その上に編みパンをのせる。パンの表面に卵液をハケで塗る。スプレーオイルをかけて、ラップでふわりと覆い、食品用のビニール袋に入れておく。

7 　室温で 60 〜 75 分、または生地が 1.5 倍に膨らむまで二次発酵させる。

8 　オーブンを 180℃に温めておく（祝祭用のハッラーは 160℃）。卵液をハケで塗り直して、上にゴマを振りかける。

9 　オーブンで 20 分焼く。天板を前後に 180 度回転させて、パンの大きさにより、さらに 10 〜 15 分（大きい祝祭パンなら 20 〜 45 分）焼く。表面が濃いキツネ色になればよい。

10 　パンが焼き上がったら、金網に移し、少なくとも 1 時間冷ましてから切り分けるかテーブルに出す。

【解説】
●祝祭用の2段重ねのハッラーは、結婚式によく使われます。また、ユダヤ教では男の子は 13 歳、女の子は 12 歳になると成人を祝ってそれぞれ「バル・ミツバー」、「バート・ミツバー」という儀式を行いますが、そのときにも使います。大きなローフの上に小さな編みパンをのせたこの2段重ねのハッラーは、お祝いの席をドラマチックに盛り上げてくれます。
●このレシピを試作してくれた人のひとり、エレン・フェンスターは、編んだ生地を丸めて丸形のパンにできるし、特にユダヤの新年祭「ロシュ・ハシャナ」にはぴったりだと教えてくれました。丸い形は、世界には始まりも終わりもないということの象徴です。3本の紐は、真理、平和、美を象徴し、渦巻きの形は神のもとに昇っていくことを暗示しています。砂糖の量を増やして（2倍にしてもよい）パンを甘くする風習もあります。これは新年の始まりを楽しい（スイートな）ものにするという意味がこめられています。これもエレンから教わったことですが、ケシの実やゴマなどのシード類を生地に散らすのは、マナを象徴しているとのこと。マナは、エジプトを脱出したイスラエル人が荒野で飢えていたとき、神が天から降らせて与えたとされる食物です。さらに、安息日の食卓にハッラーを出すとき布で覆うのは、マナを守る美しい露を表しているそうです。エレンの情報に感謝します。

チャバッタ Ciabatta

★パンの特徴
リーンでリュスティックな（水分が多く、成形していない）生地。ポーリッシュ種法、またはビガ種法。インスタントドライイースト使用。

★作業日数：2日
1日目：ポーリッシュ種またはビガ種　2〜4時間
2日目：ポーリッシュ種またはビガ種を常温に戻す　1時間
ミキシング　10〜15分
一次発酵、成形および二次発酵　3〜4時間
焼成　20〜30分

　艶のある生地に並ぶ大きな気泡と、ひとつずつ微妙に違う形が特徴のチャバッタ。過去50年間、イタリアの人々を魅了してきたこのパンが、今はアメリカ人もとりこにしています。このパンと同じような、ゆるい生地の素朴なパンの作り方は昔からありましたが、「チャバッタ」と呼ばれるようになった経緯には諸説あるようです。一説にはこの名がついたのは20世紀半ばになってからのことで、名づけたのはイタリア北部のコモ湖近辺で働く、進取の気性に富むパン職人だったといいます。彼は自分の焼くパンの形が、地元のダンサーが履くスリッパ*に似ていることに気づき、「チャバッタ・ディ・コモ（コモのスリッパ形パン）」と名づけたのだとか。こうして新たな伝統が生まれました。そして20世紀後半になると、イタリアの田舎で作られるもっちりした食感の素朴なパンとよく似たチャバッタは、非公式ながらイタリアを代表するパンになりました。プリエーゼ（P263〜参照）同様、イタリアやフランスのリュスティックタイプのパンの多く（ピザ、フォカッチャなど）と似た生地なので、コモのスリッパ形以外にも多くの形に成形することができます。

　チャバッタの生地は大量のポーリッシュ種、またはビガ種を使って作ることができ、ここにはどちらのバージョンも載せています。また、牛乳かオリーブオイルを加えて生地を柔らかくする作り方もあります。要するにバリエーションはたくさん

このリュスティックタイプの生地は、昔ながらのスリッパ形以外に何種類もの形に成形できる。細長いスティラート、ずんぐりしたパン・リュスティック、丸いプリエーゼなどのスタイルがある。

*訳注：英語のスリッパ（slippers）は紐などがなく、するっと履ける靴やダンスシューズを指す。

あり、そのどれもがりっぱなチャバッタで、スリッパの形に焼いてさえいれば「チャバッタ」と呼んでいいのです。

　私は前著 *Crust & Crumb* を書いたあと、小麦粉に閉じこめられた風味を残さず引き出そうと、時間と温度のコントロールの限界に挑み、こういったリュスティックタイプのパンの微調整を重ねてきました。パン・ア・ランシエンヌのレシピ（P225）では、チャバッタと同じような生地を作りますが、発酵種は使わず、低温で長時間発酵させます。このように手法を変えると小麦の味わいにも微妙な違いが出て、人それぞれ好みが分かれるようです。本書のバージョンでは、その日のうちに焼くパンの発酵時間としては上限の4〜5時間におさめるために、発酵種の量を165〜180％にするのが秘訣です。こうするとほのかな酸味と酵母の風味を感じさせるパンになります。この風味を好む人はたくさんいますが、彼らいわく「本物のパンらしい味がする！」のだそうです。ビガ種バージョンとポーリッシュ種バージョンの違いは、私にはほとんど感じられません。どちらも素晴らしくおいしいのは確かです。

ポーリッシュ種を使ったチャバッタ　Ciabatta, Poolish Version

できあがりの分量　小さいローフ（約230g）2個分

		原書オリジナル		日本仕様
		%	g	g
	ポーリッシュ種（P130）	168.5	644	253
	強力粉	100	382	150
	インスタントドライイースト	0.75	2.9	1.1
	塩	3.25	12.4	4.9
	水（牛乳かバターミルクで全量分または一部を代用可。【解説】参照。32〜38℃のぬるま湯）	44.5	170	67
	セモリナ粉またはコーンミール（ピールまたは天板用）			
合計			317	

		原書オリジナル		日本仕様
		%	g	g
全体の配合	強力粉	100	709	272
	インスタントドライイースト	0.7	5	1.4
	塩	1.8	12.5	4.9

		75	532	198
合計		177.5		

1. 生地作りの1時間前に冷蔵庫からポーリッシュ種を取り出し、常温に戻しておく。

2. 次に生地作りをする。大きめのボウルに粉、塩、インスタントドライイーストを入れ、混ぜ合わせる。そこにポーリッシュ種とぬるま湯を加える。金属製の大きいスプーンで（あるいは電動ミキサーのビーターを使って低速で）、材料がべたべたした一まとまりになるまで混ぜる。粉気が残っていたら、必要なだけ水を足して、さらに混ぜる。片手または金属製のスプーンを冷水に何度もつけて、もう片方の手でボウルをぐるっと回しながら（P75を参照）勢いよく混ぜ、電動ミキサーのドウフックを使ったときのように滑らかな生地にする。何回かはボウルを逆方向に回して、さらにグルテンの形成を促す。これを5～7分、または生地が滑らかになり、材料が均等に混ざるまで続ける。生地はボウルの側面から離れて、底にくっつくようになる。ボウルの側面から離れる程度にしっかりした生地にするため、粉を足す必要があるかもしれないが、十分に柔らかくてべたつきのある状態を保つこと。

3. 作業台にたっぷり手粉を振り、20cm四方の粉の台を作る（またはP77のオイルスリック法を使ってもよい）。水につけたドレッジかへらを使い、べたべたする生地を粉の台に移し、P77とP168に示した延ばし＆折りたたみを行う。生地の表面にスプレーオイルをかけて、もう一度粉を振り、ふわりとラップをかけるか、食品用のビニール袋に入れる。30分生地を休ませたあと、もう一度延ばし＆折りたたみを行い、スプレーオイルをかけて、粉を振り、覆いをする。

4. 覆いをした生地を作業台で1.5～2時間、一次発酵させて膨らませるが、元のサイズの2倍までは膨らませなくてもよい。

5. P50～に示したようにクーシュ（フランスパン用布）でひだを作る。生地からラップをそっとはずし、P168の説明に従って成形する。生地の上にスプレーオイルをかけて、さらに粉を振り、布巾でクーシュを覆う。室温で45～90分、または生地が見てわかるくらいに膨らむまで二次発酵をとる。P114～に示した炉床での焼成の準備をし、忘れずに空のスチーム用天板を入れておく。オーブンを260℃に温めておく。

6. ピール、または裏返しにした天板にセモリナ粉かコーンミールをたっぷり振りかけ、必要ならスケッパーを使ってそこに

【解説】
●このレシピの材料にオリーブオイル22gを足すか、水の一部、または全量を牛乳かバターミルクに代える作り方もあります（ポーリッシュ種も牛乳で作ることができます）。オイルを足して、さらに水を牛乳などに代えてもかまいません。オイルか牛乳を加えた生地は、水だけのリーンな生地よりも柔らかくてしっとりしています。オイルを使うなら、少量の小麦粉を用意しておきましょう。何度も言うように、小麦粉を足すべきか水分を足すべきかは生地自身に決めさせてください。
●ウェットな生地の扱いに慣れてくると、水分を増やしてべたついた生地に挑戦したくなるものです。生地はウェットなほどいいのですが、延ばして折りたたむ作業ができる程度にまとまっている必要があります。この「延ばして折りたたむ」あいだにグルテンが強度を増し、チャバッタの独特な魅力である大きな気泡ができるのです。
●この生地はフードプロセッサーでとても簡単に作れます。P74の説明を参照してください。
●基本のチャバッタに色々な材料を加えれば、おいしいバリエーションがいくつも楽しめます。以下ではマッシュルーム、チーズ、あめ色に炒めたタマネギを使ったバージョンを紹介しています。

生地をそっと移す。次に両端を持って生地を持ち上げ、18〜25cmの長さになるまで生地を引っ張って伸ばす。生地の真ん中が盛りあがっていたら、やさしく指先でへこませ、高さをならす。ベーキングストーンの上に2つの生地（1つだけでもよい）を滑らせる（あるいは天板の裏にのせたまま焼いてもよい）。スチーム用天板に50mlの熱湯を注ぎ、扉を閉める。30秒後に扉を開けてオーブンの側面の壁に霧吹きで水をかけ、また扉を閉める。30秒の間隔でさらに2回繰り返す。最後の霧を吹きかけたあと、オーブンの温度を230℃に下げて10分焼く。まんべんなく焼くために必要ならパンを前後に180度回転させ、さらに5〜10分かけて焼き上げる。パンの色がキツネ色になればよい（表面についた粉は白い筋になって残る）。焼き上がったばかりのパンはとても硬く、パリッとしているが、冷めるにつれ軟らかくなってくる。

7　焼き上がったパンをオーブンから金網に移し、少なくとも45分冷ましてから切り分けるかテーブルに出す。

ビガ種を使ったチャバッタ Ciabatta, Biga Version

できあがりの分量　小さいローフ（約180g）2個分

	原書オリジナル %	原書オリジナル g	日本仕様 g
ビガ種 (P131)	178	454	178
強力粉	100	255	100
インスタントドライイースト	2	5	2.0
塩	4.1	10.5	4.1
水（牛乳かバターミルクで全量分または一部を代用可。【解説】参照。32〜38℃のぬるま湯）	88	224	88
オリーブオイル（好みで）	11	28	11
合計		383.1	

		原書オリジナル %	原書オリジナル g	日本仕様 g
全体の配合	強力粉	100	527	206
	インスタントドライイースト	0.7	6.4	2.5
	塩	1.8	10.5	4.1
	水	78.4	411	159

延ばし&折りたたみ

❶ 生地の上にたっぷり粉を振りかけ、生地を軽く叩いて長方形にする。そのまま2分生地を休ませる。

❷ 手にも粉を振って生地を両端から持ち上げ、2倍の長さに伸ばす。

❸ 生地を三つ折りにして長方形に戻す。

チャバッタの成形

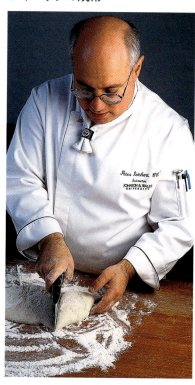

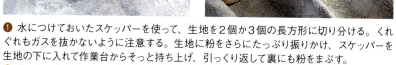

❶ 水につけておいたスケッパーを使って、生地を2個か3個の長方形に切り分ける。くれぐれもガスを抜かないように注意する。生地に粉をさらにたっぷり振りかけ、スケッパーを生地の下に入れて作業台からそっと持ち上げ、引っくり返して裏にも粉をまぶす。

❷ クーシュ（フランスパン用布）に生地を置き、左右から折りたたんで三つ折りにして、長さ15cmの長方形にする。

❸ 生地のあいだにひだを寄せて、壁を作る（天板を使う方法もある。まず天板にたっぷり粉を振る。使用する粉はライ麦粉、セモリナ粉、強力粉など、あるいはそのブレンドでもよい。成形したチャバッタの生地を天板の上で転がして粉をまぶし、閉じ目を下にし、間隔をあけて置く。生地にスプレーオイルをかけ、ラップか布巾をふわりとかける。30分後、生地をそっと引っくり返して閉じ目を上にし、さらに二次発酵させてから生地をオーブンに移して焼く）。

オリーブオイル（好みで）		28	11
合計	180.9		

1. 生地作りの1時間前に冷蔵庫からビガ種を取り出す。それをスケッパーか波刃ナイフで小さく切り分ける。布巾かラップをかけて1時間寝かせる。

2. 次に生地作りをする。大きめのボウルに粉、塩、インスタントドライイーストを入れ、混ぜ合わせる。そこにビガ種とぬるま湯、（もし使うなら）オリーブオイルを加える。金属製の大きいスプーンで、材料がべたつく一まとまりになるまで混ぜる。粉気が残っていたら、必要なだけ水を足して、さらに混ぜる。あとはポーリッシュ種で述べた手順に従う

キノコのチャバッタ（チャバッタ・アル・フンギ） Wild Mushroom Ciabatta (Ciabatta al Funghi)

できあがりの分量 小さいローフ（約250g）2個分

乾燥シイタケまたはポルチーニ茸（石づきを取り除き、細かく砕いたもの） 2.5個分 ／ 水（38℃の湯） 大さじ3 ／ マッシュルームまたはシイタケ（生。6mmの厚さにスライスしたもの。シイタケの石づきは取り除く） 約200g ／ ニンニク（潰したもの、またはみじん切り） 2かけ弱 ／ オリーブオイル 大さじ2弱 ／ 塩 ／ 挽きたてのコショウ ／ ポーリッシュ種を使ったチャバッタ（P164）またはビガ種を使ったチャバッタ（P166）

1. 乾燥キノコを30分、水に浸ける（この処理は生地作りの直前にしてもいいし、前日に済ませておいてもよい）。そのあいだに、大きめのスキレットを中火にかけ、オリーブオイルで生のキノコとニンニクを炒め、キノコが軟らかくなったら火を止める。スキレットに出た汁を、乾燥キノコを戻している水に加える。炒めたキノコに好みで塩、コショウをし、火から下ろして冷ましておく。

2. チャバッタの基本の製法に基づいて生地作りを行う。ミキシングのときに、水で戻したキノコと戻し汁を加え、柔らかく、粘り気のある生地になるだけの水分を加える。

3. ポーリッシュ種またはビガ種を使ったチャバッタの手順で進む。延ばし＆折りたたみを2回行う際、分割した生地を折りたたむたびに、炒めたキノコの1/4を生地に散らし、折りこむ。こぼれ落ちた分は次の折りたたみに回すか、折りたたんだ隙間から滑りこませる。

【解説】
●私の生徒のあいだで最も人気のあるパンは、おそらくキノコのチャバッタでしょう。前著 "Crust & Crumb" に載せたこのパンのレシピも絶品でしたが、本書のために、キノコだけでなく他の味のチャバッタにも使える新しいレシピを考案しました。ここに載せたのは3種類ですが、これ以外のバージョンもいくらでも作ることができます。

チーズのチャバッタ（チャバッタ・アル・フォルマッジョ）Ciabatta with Cheese (Ciabatta al Formaggio)

できあがりの分量　小さいローフ（約200g）2個分

- ポーリッシュ種を使ったチャバッタ（P164）またはビガ種を使ったチャバッタ（P166）
- パルメザンチーズ、ロマーノチーズ、モッツァレラチーズ、ジャックチーズ、チェダーチーズ、プロヴォローネ、スイスチーズ、ブルーチーズを自由に組み合わせる（細切りまたはおろしたもの）　1カップ

　チャバッタの基本の製法に基づいて生地作りを行う。延ばし＆折りたたみを2回行う際、分割した生地を折りたたむたびに、ブレンドしたチーズの1/4を生地に散らし、折りこむ。あとはポーリッシュ種またはビガ種を使ったチャバッタの手順で進む。

あめ色タマネギとハーブのチャバッタ　Caramelized Onion and Herb Ciabatta

できあがりの分量　小さいローフ（約200g）2個分

黄タマネギまたは白タマネギ（薄切り）2.1カップ　／　オリーブオイル　大さじ2弱　／　グラニュー糖　大さじ1弱　／　バルサミコ酢　小さじ1　／　生のハーブを混ぜたもの（パセリ、バジル、オレガノ、タラゴン、コリアンダーなど好みのハーブを自由に組み合わせる。みじん切り）1/2カップ　／　塩　／　挽きたてのコショウ　／　ポーリッシュ種を使ったチャバッタ（P164）またはビガ種を使ったチャバッタ（P166）

1. 生地作りの前日か、少なくとも1時間前にはタマネギとハーブのミックスを作っておく。まず大きめのスキレットにオリーブオイルを入れて、中火でタマネギがキツネ色に変わり始めるまで炒める（10～15分かかる）。次に砂糖を加え、さらに炒める。砂糖が溶けてタマネギがあめ色になったらバルサミコ酢を加え、タマネギにむらなく行き渡るまでかき混ぜる。火を止めてハーブを加え、タマネギとよく混ざるようにスキレットを揺する。ハーブがしんなりしてきたら塩、コショウで味をつけ、火から下ろして冷ましておく。

2. チャバッタの基本の製法に基づいて生地作りを行う。延ばし＆折りたたみを2回行う際、分割した生地を折りたたむたびに、タマネギの1/4を生地に散らし、折りこむ。あとはポーリッシュ種またはビガ種を使ったチャバッタの手順で進む。

シナモンバンズとスティッキーバンズ
Cinnamon Buns and Sticky Buns

★パンの特徴
エンリッチタイプでスタンダードな生地。ストレート法。インスタントドライイースト使用。

★作業日数：1日
ミキシング　15分
一次発酵、成形および二次発酵　3時間30分
焼成　20〜25分

　よく生徒から、「専門店で売っているようなおいしいシナモンバンズは、どうすれば作れますか」と質問を受けます。私が思うに、次にご紹介するレシピで作るシナモンバンズには、どの店のシナモンバンズもかないません。とはいえ、私のようにペンシルバニア州東部で育った人間にとって愛着があるのは、スティッキーバンズです。スティッキーバンズの中には、ペンシルバニアダッチ〔ドイツ系移民の子孫が多く住む地域〕の田舎を起源とするものもあるのです。どうやら、白砂糖を煮詰めた甘いフォンダンをかけたシナモンバンズであろうと、カラメルをかけたスティッキーバンズであろうと、地方によって色々なバージョンがあり、アメリカ人は誰でも自分好みのバージョンが決まっているようです。フォンダンかカラメルか、ナッツの種類は何か（たいていはクルミ対ピーカンナッツ）、あるいはレーズンを入れるか入れないか、といった本筋ではない問題はさておき、この種の手軽なおやつパンをうまく作るコツは、軽くて軟らかく、ほんのり甘いしっとりした生地を、最高のタイミングで焼き上げることです。

　このレシピは油脂分の比率が20％をやや下回りますから、リッチタイプでは

なくてエンリッチタイプのカテゴリーに入ります。私は油脂分50％の甘い生地で作ったこともありますが、正直、わざわざそんなバンズを食べる意味がわかりません。食べずに腰のまわりにぶら下げておけばいいでしょう。どうせ食べればそのあたりに落ち着くのですから（顧客のひとりがいつも言っていました。「食べたらお尻（バンズ）にくっつく（スティッキー）からスティッキーバンズっていうんだよ！」）。ショートニング、卵、砂糖、牛乳など、この生地にはしっとりさせるものがたくさん入っていますから、油脂分を足す必要はありません。それでも、こってりしたシナモンバンズかスティッキーバンズがどうしても作りたいという人は、「ミドルクラスのブリオッシュ」（P154）の配合率で作ってみてください。また、P325〜のボーナスレシピではさらにリッチなバンズを紹介していますから、そちらもご覧ください。

できあがりの分量　9個（1個約60g）のシナモンバンズまたはスティッキーバンズ、または他のスイートロール

	原書オリジナル		日本仕様
	%	g	g
強力粉または準強力粉	100	454	250
インスタントドライイースト	1.4	6	3.5
塩	1.6	7	4.0
グラニュー糖	20	90.8	50
無塩バターまたはショートニング、または植物性油脂（いずれも常温）	17	77	43
溶き卵	10.3	47	26
牛乳またはバターミルク（32℃くらいに温めたもの）または全脂粉乳〔スキムミルクで代用可〕とぬるま湯（32℃くらい）	56.25	255	141
レモンエッセンス（またはレモンの皮のすりおろし）			少々
シナモンシュガー（グラニュー糖大さじ3強にシナモンパウダー小さじ2を混ぜたもの）		113	62
合計	206.55		

- シナモンバンズ用の白いフォンダン（P175）
- スティッキーバンズ用のカラメルグレイズ（P175）
- クルミ、ピーカンナッツ、または他のナッツ類（スティッキーバンズ用）
- レーズンまたはドライクランベリーやドライチェリーなどのドライフルーツ（スティッキーバンズ用）

1　砂糖、塩、ショートニングを入れ、金属製の大きなスプーンとボウルを使って手でかき混ぜてクリーム状にする。全脂粉乳を使う場合は、全脂粉乳を砂糖と混ぜ、水は粉とインスタントドライイーストに加える。卵にレモンエッセンス（または

シナモンバンズとスティッキーバンズの成形〔写真は原書のもの。日本仕様のレシピの約2倍量〕

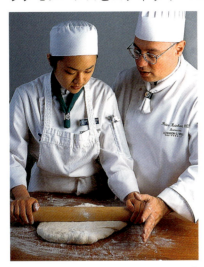

❶ めん棒に生地がくっつかないように生地の表面に軽く粉を振って、めん棒で生地を延ばす。厚さ17mmで、大きいバンズは35cm×30cmくらい、小さいバンズは46cm×23cmくらいの長方形にする。生地は薄く延ばしすぎないこと。薄すぎると軟らかくてふっくらした仕上がりにならず、硬くて歯ごたえのある生地になってしまう。

❷ 生地の表面にシナモンシュガーをまぶす。

❸ 生地を巻き上げて葉巻形のロールを作ると、シナモンシュガーの渦巻き模様ができる。巻き終わりを下にして(P171参照)、大きいバンズは約4.5cmの厚さで8〜12個に、小さいバンズは厚さ3cmで12〜16個に、均等に切り分ける。

レモンの皮)を入れて滑らかになるまで泡立てる。そこに粉、インスタントドライイースト、牛乳を加える。生地が一まとまりになるまで混ぜる(6〜8分)。あるいは生地に艶としなやかさと粘りが出てくるが、べたついていない状態になるまで混ぜる。生地がその状態になるまで少量の粉か水を足す必要があるかもしれない。グルテンチェック(P76〜)でグルテン膜の延びが確認でき、生地温度が25〜27℃になっていればよい。薄くオイルを塗った大きいボウルに生地を移し、中で転がしながら全体にオイルをつける。ボウルにラップをかける。

2 室温で1.5〜2時間、または生地が2倍の大きさになるまで一次発酵させる。

3 作業台にスプレーオイルをかけるか、薄くオイルを塗って、その上に生地を移す。上の写真に示したバンズの成形の手順で進む。

【解説】
●この生地には他の使い方もあります。たとえば、親指で表面中央にくぼみをつけ、ジャムを詰めたスイートロールを作れます。また、1本の長いペストリーを作ることもできます。その場合、シナモンバンズと同じように生地を延ばしますが、輪切りにした面を上に向けて焼くかわりに、ナッツ、レーズン、シナモンシュガーを生地にのせて巻き上げ、バタールのような形のまま焼きましょう。冷めてからスライスすると、パンの中に詰まっていたナッツやレーズンがお皿の上にこぼれ出てきます。

4 シナモンバンズを作るなら、天板にベーキングシートを敷き、渦巻き模様の面を上にし、バンズどうしが触れ合わない程度に、13mmほどの間隔をあけて並べる。スティッキーバンズを作るなら、1枚の耐熱皿か、または20〜25cm四方で縁の高さが少なくとも4cm程度の型に、底から6mmの厚さになるようにカラメルグレイズを敷く。そこにナッツ類とレ

ーズンを散らす。ナッツ類とレーズンはあまりたくさんではなく、少量でよい。その上に13mmの間隔をあけて生地を並べる。どちらの生地の場合も、生地を並べたら生地の表面にスプレーオイルをかけて、耐熱皿にラップをふわりとかけるか、食品用のビニール袋に入れる。

5 室温で75〜90分、あるいは生地が2倍近くまで膨らんで、生地どうしがくっつくくらいまで二次発酵させる。2日までなら成形した生地を冷蔵庫に入れて発酵を遅らせ、焼成する3〜4時間前に取り出して二次発酵させることもできる。

6 オーブンを180℃に温めておく。

7 シナモンバンズなら15〜20分、スティッキーバンズなら20〜25分、あるいはキツネ色になるまで焼く。スティッキーバンズを焼く場合は、火が天板を通ってグレイズに届き、カラメル化が起こるように、グレイズを敷いた面を下にする（ふつうのシナモンバンズは焼成中に上の面がそのまま上になる）。焼成中に上になっている面は完成時には下になるため、この面がこんがり焼けているかどうかではなく、底面がちゃんと焼けていることが肝心。焼き上がりのタイミングを的確に判断するには、経験を積む必要がある。

8 シナモンバンズは、天板のまま10分ほど冷ましてから、熱すぎない程度に冷めたバンズの表面に白いフォンダンを筋状にかける。そのバンズを天板から金網に移し、少なくとも20分置いてからテーブルに出す。

スティッキーバンズは耐熱皿のまま5〜10分冷ましたあと、耐熱皿の上に裏返した大皿をのせ、そのまま引っくり返して作業台の上に置き、耐熱皿を持ち上げてはずす。グレイズはまだとても熱いので気をつけること。こぼれたり耐熱皿に残ったりしているグレイズは、ゴムべらで丁寧にすくってバンズにかける。2個以上の耐熱皿を準備しているなら、引き続き同じ要領で焼く。少なくとも20分置いてからテーブルに出す。

---------- 応用レシピ ----------

シナモンバンズ用の白いフォンダン

　シナモンバンズによく使うグレイズは、とろみのある白いフォンダンです（「クイック・フォンダン」や「フラット・アイシング」とも呼ばれます）。フォンダンには色々な作り方がありますが、ここでご紹介するのは、レモンエッセンスかオレンジエッセンスで柑橘系の爽やかな風味を添えた、おいしくて簡単なバージョンです。柑橘系エッセンスの代わりにバニラエッセンスやラムエッセンスを使ってもいいし、何も風味づけしなくてもかまいません。

[作り方]（作りやすい分量）

　粉砂糖2カップをボウルにふるい入れます。次に、レモンエッセンスまたはオレンジエッセンス少々、温めた牛乳37～50mlを加え、粉砂糖が完全に溶けるまで勢いよくかき混ぜます。牛乳は、滑らかでとろみのあるペースト状にするのに必要な分だけ、ようすを見ながらゆっくり加えてください。泡立て器からリボン状になって垂れるくらいを目安にしましょう。

　バンズがまだ温かいうちに、フォンダンをかけます。フォークの先か泡立て器をフォンダンの中に浸け、引き上げたらバンズの上で振って、表面に白い筋を垂らします。あるいは、フォンダンに浸けた指先をバンズの上で振って、表面にフォンダンを垂らしてもいいでしょう（ゴム手袋をつけるのを忘れずに）。

スティッキーバンズ用のカラメルグレイズ

　カラメルグレイズをひとことで言えば、砂糖と油脂を加熱してカラメル化させたものです。砂糖が融けてカラメル化が起こり、琥珀色になったタイミングで火からおろすのがうまく作るコツです。こうすると、冷めても軟らかくてクリーミーなカラメルができます。加熱しすぎると焦げ茶色になって、冷めると歯が折れそうに硬くなってしまいます。ほとんどのスティッキーバンズ用グレイズには、風味と食感に影響を与える材料が含まれています。たとえば、砂糖の結晶化を防ぐコーンシロップ、バニラやレモンなどの風味をつけるエッセンスかオイルなどです。ここで紹介するバージョンは今まで私が食べた中で、最高のスティッキーバンズ用グレイズです。カリフォルニア州フォレストビルにある「ブラザー・ジュニパーズ・カフェ」のために、妻のスーザンが考案してくれました。

[作り方]（作りやすい分量）

　ボウルに、グラニュー糖0.3カップ、ブラウンシュガー0.3カップ（手で押さえてしっかりカップに詰めて計量）、塩小さじ1/4、室温に戻した無塩バター114gを入れます。ホイッパー（泡立て器）などで材料をクリーム状にします。ハンドミキサーやビーターを使う場合は高速で2分、フードプロセッサーを使う場合はパルス機能で約1分回し、クリーム状にします。

　そこにコーンシロップ0.3カップと、レモンかオレンジ、またはバニラのエッセンス少々を加え、ミキサーなら約3～4分、フードプロセッサーなら約1分、または全体が軽くふんわりするまで回します。できたグレイズを型の底に厚さ6mmに敷きます。残ったグレイズは、あとで使うときのために冷蔵庫に入れておきましょう。密閉容器で保存すれば数か月もちます。

シナモン・レーズン入りクルミのパン
Cinnamon Raisin Walnut Bread

　私は"Brother Juniper's Bread Book"という著書に、このパンのバリエーションのひとつを載せました。このレシピはそれよりもさらに優れていて、人がレーズンパンに求めるものをすべて備えています。軽くて風味豊かで、レーズンがたっぷり入っていて、食べ終わると香ばしいクルミのあと味が口いっぱいに広がり、うっとりします。ナッツを使いたくない場合は、材料からナッツを除くだけで、他は何も変更しなくてかまいません。クルミのかわりにピーカンナッツやヘーゼルナッツなど、他のナッツを使うのもいいでしょう。

★パンの特徴
エンリッチタイプでスタンダードな生地。ストレート法。インスタントドライイースト使用。

★作業日数：1日
ミキシング　15分
一次発酵、成形および二次発酵　3時間30分
焼成　35〜40分

できあがりの分量　食パン1斤型1個分（約480g）

	原書オリジナル		日本仕様
	%	g	g
強力粉	100	454	180
インスタントドライイースト	1.4	7.63	2.5
塩	1.9	9	3.4
グラニュー糖	4	18	7
無塩バター（溶かすか常温に戻したもの）か植物性油脂	6.25	28	11
溶き卵	10	45	18
バターミルクまたは牛乳（常温に戻したもの）	25	114	45
水（常温）	37.5	170	68
シナモンパウダー	1	4.5	1.8
レーズン（洗って水気を切ったもの）	56	254	101
刻んだクルミ	25	114	45
合計	268		

1　ボウルに粉、砂糖、塩、インスタントドライイースト、シナモンパウダーを入れ、混ぜ合わせる。そこに卵、溶かしバターまたは植物性油脂、バターミルク、水を加える。材料が一つにまとまるまで、大きなスプーンでかき混ぜる。生地がべたついたり硬かったりする場合は、粉と水で調整する。

2　手粉を振った作業台に生地を移し、捏ね始める。柔らかくてしなやかで粘り気も

シナモン・レーズン入りクルミのパン（シナモンの渦巻き模様と、シナモンシュガーのクラストを応用したバージョン。【解説】参照）。

あるが、べたついていない状態になるまで捏ねる。必要に応じて、捏ねながら粉を足す。約6分、手で捏ねる。レーズンとクルミは砕けすぎないよう、捏ねる作業の最後の2分になってから加え、生地全体にむらなく行き渡るようにする。グルテンチェック（P76～）でグルテン膜の延びが確認でき、生地温度が25～27℃になっていればよい。薄くオイルを塗った大きいボウルに生地を移し、転がしながらオイルをつける。ボウルにラップをかける。

3 室温で約2時間、あるいは生地が2倍の大きさに膨らむまで一次発酵させる。

4 生地をP103に示したローフ形に成形する。オイルを軽く塗った食パン1斤型に、成形した生地を入れ、表面にスプレーオイルをかけて、ラップをふわりとかける。

5 室温で60～90分、あるいは生地が型の縁を超えるくらいまで膨らんで、ほぼ2倍になるまで二次発酵させる。

6 オーブンを180℃に温めておく。食パン型を天板にのせる。

7 オーブンで20分焼く。まんべんなく焼けるよう天板を前後に180度回転させて、さらに15～20分焼く。パンの上面が濃いキツネ色に、側面と底は薄いキツネ色になって、底を叩いて乾いた音がすれば焼き上がっている。

【解説】
●このレシピをアレンジして、渦巻き模様のパンを作ることもできます。まず、グラニュー糖1/4カップとシナモンパウダー大さじ1杯弱を混ぜ合わせて、シナモンシュガーを作ります。次に生地の成形をします。それぞれの生地をめん棒で延ばして、縦長で厚さ7～8.5mmの長方形にします。生地の表面にシナモンシュガーを振りかけて、サンドイッチ・ローフ（P103）の要領で生地を巻き上げ、合わせ目を指でつまんで閉じます。焼き上がったパンを切るとシナモンの渦巻き模様が現れ、見た目が美しいだけでなく、追加したシナモンシュガーの香りがあふれ出てきます。
●このパンの風味をアップさせる方法がもうひとつあります。焼き上がったパンを型から取り出したらすぐに、パンの表面にハケで溶かしバターを塗り、そのあとシナモンシュガーの中を転がしてください。パンが冷めると、甘味が増してカリッとした食感のクラストの出来上がりです。

コーンブレッド Corn Bread

　感謝祭と聞いて、食べ物関係で私の頭に鮮明に浮かぶものはただひとつ、パリパリした七面鳥の皮の味です。私はほぼ毎年、手羽先を食べる権利をもらっているので、七面鳥が切り分けられないうちにキッチンに忍びこみ、塩とコショウがきいた黄金色の皮の、特別パリッとした部分をはがして食べています。濃厚な味わいですから、あまりたくさん食べなくても満足するはずです。なのに食事の終わりになるとたいてい、ああ、もうひと切れでいいから食べたい、という気持ちに駆られるのです。

　このコーンブレッドはそんな気持ちを鎮めるように考えられていて、七面鳥の皮の代わりに、塩味がきいてカリッとしたベーコンを使っています。でも私は、皮を使ったバージョンもよく作ります。肉屋でチキンか七面鳥の皮を200gばかり買ってきて天板に並べ、塩、コショウしてから180℃のオーブンに入れ、脂肪が流れ出てカリカリのかけらになるまで焼きます。ちょうどベーコンのようになるので、それを使って作るのです。

　このレシピのように砂糖、ハチミツ、バターミルク、たっぷりのトウモロコシ、そして（一般的な細びきではなくて）粗びきのコーンミールを使うと、しっとりした食感と、甘味の中に酸味のアクセントがきいた風味が生まれます。そして極めつけは、表面にのせたベーコン（またはカリカリの皮）です。これのおかげで、どんな感謝祭の食事も完璧になり、1年中いつでも、感謝祭の味の記憶を呼び起こすことができるのです。

　私は今、おいしいコーンブレッドと恋愛の真っ最中です。おいしいコーンブレッドの条件は、しっとりして甘く、カリッとした食感があることです。このレシピは私のお気に入りで、私が今まで作った中でも、食べた中でも、最高のコーンブレッドです。コーンブレッドはベーキングパウダーを使って膨らませるため、クイックブレッドのカテゴリーに入ります（P86　化学的膨張剤の項参照）。本書はクイックブレッドの本ではありませんが、どうしてもこのレシピを入れたいという気持ちを抑えることができませんでした。正直なところ、これよりおいしいレシピはあり得ないと思うからです。

　【備考】この改訂版のレシピでは、私が最近覚えた新しい方法を提案しています。それは、ふつうのコーンミールのかわりに発芽コーンミールを使うことです。発芽コーンミールを使うと、トウモロコシの魅力を余すところなく引き出したコーンブレッドを作ることができます。

★パンの特徴
エンリッチタイプで水分の多い生地。膨張剤（ベーキングパウダーや重曹）使用。

★作業日数：2日
1日目：コーンミールの前処理　5分
2日目：ベーコンの下準備　45分
ミキシングと天板の予熱　15分
焼成　30分

【解説】
●クイックブレッド全般と同じく、この生地もマフィン作りに使えます。オイルを塗ったマフィン型の縁までこの生地を入れ、180℃で約30分、またはマフィンの中心に弾力が出て、竹串を差して何もついてこなくなるまで焼きます。

できあがりの分量　直径 18 〜 20cm のケーキ型

		原書オリジナル		日本仕様
		%	g	g
前処理	粗びきコーンミール（ポレンタと表示してあるもの）または発芽コーンミール	42.9	170	86
	バターミルク	114	453	228
本捏	準強力粉	57.1	227	114
	ベーキングパウダー	5.4	21	10.8
	重曹	0.36	1.4	0.7
	塩	1.8	7	3.6
	グラニュー糖	14.3	57	29
	ブラウンシュガー	14.3	57	29
	ハチミツ	10.7	42.5	21
	溶かした無塩バター	7.1	28	14
	焼いたベーコンの脂か無塩バター、または植物性油脂	7.1	28	14
	卵	35.7	142	71
	粒状コーン（生または解凍した冷凍コーン）	114	452	228
	ベーコン	51.1	203	102
合計		475.86		

1　コーンブレッドを焼く前の晩に、コーンミールをバターミルクに浸す。蓋をして室温で一晩置いておく（冷蔵庫保存も可）。

2　当日、ベーコンの下準備用にオーブンを 190℃に温めておく。天板に、重ならないようにベーコンを並べ、約 15 分から 20 分、またはベーコンがカリカリになるまで焼く。トングかフォークを使って、ペーパータオルを敷いた皿にベーコンを移して冷ます。ベーコンを焼いた天板に残った脂を缶かステンレスのボウルに注ぎ、コーンブレッドの型に塗るために取っておく。ベーコンが冷めたら、粗めに砕く。

3　オーブンの設定温度を 180℃に下げる。粉、ベーキングパウダー、重曹、塩を合わせてボウルにふるい入れ、そこにグラニュー糖とブラウンシュガーを加えてかき混ぜる。別のボウルで卵を軽く泡立てておく。温かい溶かしバターにハチミツを溶かし入れ、卵のボウルに入れてかき混ぜる。それをコーンミールの前処理に加えて混ぜたものを粉類のボウルに加え、材料すべてが均一に混ざって、生地が

滑らかになるまで、大きなスプーンか泡立て器でかき混ぜる。とろみの強いパンケーキ生地のような硬さになったら、生地に粒状コーンを加え、むらなく散らばるまでかき混ぜる。

4 取っておいたベーコンの脂（または溶かしバター）大さじ1強を直径18〜20cmほどの丸いケーキ型（または1辺が18〜20cmの正方形の型）に入れる。オーブンに型を入れ、2〜3分、または脂が熱々になるまで焼く。厚手の鍋つかみかオーブンミトンを使って型を取り出す。型を傾けて底面全体に脂を行き渡らせたら、生地を入れて中心から端に向けて広げていく。表面に砕いたベーコンをまんべんなく散らし、軽く押さえて生地になじませる。

5 30分程度（焼き時間は型のサイズによる）、またはコーンブレッドが硬くなり、弾力が出てきて、中心に竹串を刺してみて中身がつかなくなるまで焼く。表面がほどよいキツネ色になっていれば焼き上がっている。

6 型の中で少なくとも15分冷ましてから、型の形状により四角、またはV字形にスライスする。温かいうちにテーブルに出す。

クランベリーとクルミ入りの祝祭パン
Cranberry-Walnut Celebration Bread

　感謝祭のディナーのまとめ役といえば、何といってもクランベリーソースです。皿の上をくまなく流れ、グレイビー、ポテト、七面鳥のお腹の詰め物などと混ざり合って、異なる食材の風味をひとつにまとめ、最後には甘酸っぱい風味で七面鳥そのものの味を引き立ててくれます。もちろん、缶詰のクランベリーゼリーをスライスしたものでは話になりません。粗く刻んだクランベリーの実とクルミ、それにオレンジ果汁を使った、ちゃんとしたクランベリーソースであることが条件です。このパンはそんなクランベリーソースの風味が詰まっていますから、ソース代わりに楽しめるものとして用意しておくのもいいでしょう（ソースはいつも、私がほしいだけ取る前になくなってしまうのです）。伝統的な祝祭パンのハッラー（P160）を思い出させる2段重ねの編みパンは目にも美しく、食卓を華やかに飾ってくれるでしょう。

★パンの特徴
エンリッチタイプでスタンダードな生地。ストレート法。インスタントドライイースト使用。

★作業日数：1日
ミキシング　15分
一次発酵、成形および二次発酵　3時間45分
焼成　35～40分

できあがりの分量　編みパン1個分

	原書オリジナル %	原書オリジナル g	日本仕様 g
強力粉	100	382	240
インスタントドライイースト	2.9	11	7.0
塩	1.4	5	3.4
グラニュー糖	11.1	42	27
無塩バター	7.4	28	18
溶き卵	24.4	93.5	59
バターミルクまたは牛乳（どんな種類でもよい。常温に戻したもの）	29.6	113	71
水（常温）	22.2	57～113	36～71
ドライクランベリー（砂糖使用）	66.7	255	160
クルミ（粗く刻んだもの）	22.2	85	53
オレンジまたはレモンのエッセンス			少々
卵（よく溶きほぐし、泡が消えたもの）			適量
合計		287.9	

1　大きいボウルに粉、砂糖、塩、インスタントドライイーストを入れ、混ぜ合わせる。

オレンジまたはレモンエッセンス、卵、バターミルク（または牛乳）、バターを加える。柔らかくて、しなやかなひとまとまりの生地になるように、水を加えながらかき混ぜる。

2 　手粉をした作業台に生地を移す。5分ほど、または生地が滑らかでほんの少し粘り気があるが、べたついていない状態になるまで捏ねる。硬すぎたり弾力が強すぎたりせず、柔らかくてしなやかな生地にする。硬すぎるようなら、柔らかくなるまで少量の水を加えて捏ねる。逆にべたつくなら、少量の粉を必要な分だけ加えて調整する。ドライクランベリーを加え、さらに2分、またはクランベリーがまんべんなく生地に散らばるまで捏ねる。次にクルミを加え、これもむらなく散らばるまでやさしく捏ねる。薄くオイルを塗った大きいボウルに生地を移し、転がして全体にオイルをつける。ボウルにラップをかける。

3 　室温で2時間ほど、あるいは生地が2倍の大きさになるまで一次発酵させる。

4 　作業台に生地を移し、150g 3つ、80g 3つの計 6つに分割する。大きいほうの生地を転がしながら約20cmの長さの紐状に伸ばし、真ん中を太く、先を少し細くする。小さいほうの生地も同じように約15cmの長さの紐状に伸ばす。3本編み（P107）の方法で長いほうの紐を編んでから、同じやり方で短いほうの紐も編む。天板にベーキングシートを敷いて、大きいほうの編みパンをのせる。大きい編みパンの中心に小さい編みパンをのせ、2段重ねにする。2段全体にハケで卵液の半分を塗り、残りはあとで使うので冷蔵しておく。

5 　何もかぶせずに室温で90分ほど、または生地がほぼ2倍の大きさになるまで二次発酵させる。残しておいた卵液をハケで塗る。

6 　オーブンを160℃に温めておく。

7 　オーブンで20分ほど焼く。むらなく焼けるように天板を前後に180度回転させてさらに15〜20分、またはパンがこんがりとキツネ色になり、しっかりした硬さになって、底を叩くと乾いた音がするまで焼く。

8 　焼き上がったパンを天板から取り出し、金網にのせる。少なくとも1時間冷ましてから切り分けるかテーブルに出す。

【解説】
●このパンにはドライクランベリーとクルミがたっぷり使用されているため、まんべんなく生地に散らすのが難しそうに見えますが、根気強く捏ねていれば均一に行き渡ります。クランベリーとナッツが生地からこぼれても心配はいりません。成形の際にはみ出たら生地に戻せばいいし、焼成のあいだにこぼれて焦げても捨てればいいだけです。
●クランベリーの代わりにレーズンなど他のドライフルーツを、クルミの代わりにピーカンナッツなど他のナッツを使ってもかまいませんが、私はクランベリーとクルミの組み合わせが最高だと思っています。クルミはそのまま使ってもいいし、軽く炒ってから刻むと風味が増します。どちらがいいかは好みで決めてください。
●この生地は食パン型で焼いてもいいし、ブールやバタールのように成形して焼くこともできます。P94と95の成形法に従ってください。甘くて卵や油脂分の多いこの種のパンは、形にかかわらず必ず160〜180℃の低めの温度で焼かなければなりません。そうしなければ、内側が十分に糊化する前に外側が焦げてしまうからです。

イングリッシュ・マフィン English Muffins

★パンの特徴
エンリッチタイプでスタンダードな生地。ストレート法。インスタントドライイースト使用。

★作業日数：1日
ミキシング　10〜15分
一次発酵、成形および二次発酵　3時間
スキレットで焼く、焼成　15〜25分

マフィンは子どもといっしょに作ると特に楽しいものです。ふつうのマフィンはオーブンで焼きますが、このレシピでは最初にスキレットか鉄板で焼きます。店のマフィンのような大きな気泡のあるマフィンにしたければ、柔らかいけれどべたつかない生地を作り、ちょうどいい具合に膨らんだタイミングで焼かなければなりません。エンリッチタイプにぴったりあてはまるこの生地は、子どもたちが――いやいや、子ども以外も――大好きな、気泡のあるイングリッシュ・マフィン風食パンを作るのにも向いています。

できあがりの分量　イングリッシュ・マフィン（約70g）6個分、または1斤型1個分（約440g）

	原書オリジナル %	原書オリジナル g	日本仕様 g
強力粉	100	284	250
インスタントドライイースト	1.4	4	3.5
塩	1.9	5	4.8
グラニュー糖	2.5	7	6
無塩バター（常温に戻したもの）または植物性油脂	5	14	13
牛乳またはバターミルク（常温に戻したもの）	70	170〜227	150〜200
コーンミール（天板用）		適量	適量
合計	180.8		

1　ボウルに粉、砂糖、塩、インスタントドライイーストを入れ、混ぜ合わせる。バター（または植物性油脂）、牛乳150gを入れ、材料がまとまるまでかき混ぜる。ボウルにまだ粉気が残っているなら、残りの牛乳から必要な分だけ足して調整する。硬くなく、柔らかくてしなやかな生地にする。

2　手粉を振った作業台に生地を移し、捏ね始める。8〜10分ほど生地を捏ね、必要なら粉を足しながら、粘りはあるがべたつかない生地にする。グルテンチェック（P76〜）でグルテン膜の延びが確認でき、生地温度が25〜27℃になっていればよい。薄くオイルを塗った大きいボウルに生地を移し、中で転がしながら全体にオイルをつける。ボウルにラップをかける。

3 室温で60〜90分、または生地が2倍の大きさになるまで一次発酵させる。

4 濡れ布巾でふいた作業台に生地を移す。生地を約70gずつに6等分し（または P103に示したローフ形に成形する。その場合はP320の「ホワイト・ブレッド」 の手順5以降にしたがって進める）。まず分割した生地をブール形（P94）に成形 する。天板にベーキングシートを敷き、スプレーオイルを軽くかけて、コーンミー ルを振りかける。そこにブール形の生地を8cmほどの間隔をおいて並べる。生地 の上に軽くスプレーオイルをかけ、コーンミールを少量振りかけて、ラップか布 巾をふわりとかけておく。

5 室温で60〜90分、あるいは生地がほぼ2倍の大きさになり、上にも横にも膨ら むまで二次発酵させる。

6 スキレットか平らな鉄板を中火（温度設定があるなら180℃）で熱する。オーブ ンも180℃に温めておく。

7 スキレットか鉄板にハケで植物性油脂を塗るか、スプレーオイルをかける。生地 のラップをはずし、金属製のへらを生地の下に入れて持ち上げ、半量をスキレッ トにそっと移す。少なくとも2.5cmの間隔があき、生地どうしがくっつかないよ うに並べる。残りの半分の生地には、表面が乾燥しないようにラップか布巾をか けておく。スキレットで焼くと、生地は平たくなってやや広がってから、少し膨 らんでくる。5〜8分、または生地の底が濃いキツネ色になり、これ以上焼くと 焦げるくらいまで焼く。生地の底はすぐにキツネ色になるが、しばらくは焦げな いので、早く引っくり返したいという誘惑に負けないこと。十分に焼けていない うちに引っくり返すと、しぼんでしまう。焼けたら金属製のへらで慎重に引っく り返し、反対側を同じように5〜8分焼く。これで両面が平らになる。反対側も これ以上焼くと焦げるくらいになったら、生地を天板にのせ、天板をオーブンに 入れる（これから焼く分を待たず、すぐオーブンに入れること。でないと焼きた ての分が冷めて、予熱したオーブンの温度設定に合わなくなる）。中心までしっか り火が通るよう、5〜8分焼く。そのあいだに残りの生地を先ほどと同様にまず スキレットで焼いてから、オーブンで焼く。

8 焼き上がったマフィンを金網に移し、少なくとも30分冷ま してからテーブルに出す（ローフの場合は切り分ける）。

【解説】
●焼き上がったマフィンを横半分に切るときは、ナイフではなく フォークを使いましょう。市販のマフィンは「フォークで半分に 割れる」を売り文句にしています。フォークを使うメリットは何 かというと、フォークの歯をマフィンの側面から差しこんで切り 開いていくと、イングリッシュ・マフィン独特の個性である生地 表面のでこぼこが生まれることです。
●窯伸びがよくて気泡の大きなマフィンにしたければ、スキレッ トで焼くときに蒸気と熱を逃さないよう、金属製のボウルをかぶ せましょう。ボウルをはずすときは、金属製のへらを使って 持ち上げます。

フォカッチャ Focaccia

★パンの特徴
リーンでリュスティックな生地（オリーブオイルの使用でわずかにエンリッチタイプ寄り）。フラット。ストレート法またはポーリッシュ種法。インスタントドライイースト使用。

★作業日数：2日
1日目：ミキシング　10分
延ばし&折りたたみ、一次発酵、型入れ　1時間40分（ポーリッシュ種を使ったフォカッチャ：ポーリッシュ種　3～4時間）
2日目：二次発酵　3時間
焼成　15～25分（ポーリッシュ種を使ったフォカッチャ：ポーリッシュ種を常温に戻す　1時間、ミキシング　15分、一次発酵、型入れ、二次発酵　3時間、焼成　15～25分）

　アメリカのフォカッチャの質ときたら、最近になって出てきたわずかな例外を除けば、ひどいものです。にもかかわらずこんなにブームになっているのですから、驚きを禁じ得ません。

　フォカッチャがアメリカでここまで根づいてきたのは、ほんとうにおいしいフォカッチャを作っているベーカリー数軒の力によるものでしょう。リュスティックタイプの生地を腕のいい職人が焼くと、気泡の多いクラムができます。彼らの作るそんな生地が、フォカッチャのイメージを高めているのです。トッピングは、たとえどんなに独創的で風味豊かなものであっても、生地の出来の悪さを補うことはできません。ピザにも同じことが言えます。

　フォカッチャはイタリア北西部のリグーリア州発祥のパンで、ピザの親戚です。ピザとフォカッチャの大きな違いは、伝統的なピザ（ナポリのピザ）はクラストが薄いのに対して、フォカッチャはクラストが厚めだという点です。もちろん厚いといっても、アメリカ版フォカッチャにありがちな、気持ち悪くなるほどの分厚さではありません。私の好みは3cm前後の厚さで、チャバッタやプリエーゼのように、半透明の生地に大きな気泡があいているフォカッチャです。そんな完璧なフォカッチャを作るには、水分の多いリュスティックタイプの生地を長時間発酵させる方法しかないと言っていいでしょう。その際、発酵種をたっぷり使う方法と、生地を冷蔵して発酵を遅らせる方法があります。どちらのやり方でも最高のフォカッチャができますから、ここには2種類のレシピを用意しました。出来上がりは優劣つけがたいおいしさで、時間と温度をコントロールすることで広がる可能性がはっきりわかるでしょう。P196の"応用レシピ"ではトッピングのバリエーションを紹介していますので参考にしてください。最後にひとこと。私は完璧なフォカッチャ作りを目指してつねに新しい技術を考案し続けています。本書のレシピにはその技術をいくつか取り入れているため、旧版とは違っていることをお断りしておきます。

できあがりの分量　1辺約20cmのフォカッチャ1枚分

	原書オリジナル %	原書オリジナル g	日本仕様 g
超強力粉または強力粉	100	638	200
インスタントドライイースト	0.8	5	1.6
塩	2	13	4.0
オリーブオイル	4.5	28	9
水（常温）	75.5	482	151
ハーブオイル（P192）		適量	適量
合計	182.8		

1　大きめのボウルに粉、塩、インスタントドライイーストを入れ、混ぜ合わせる。そこにオリーブオイル、水を加え、金属製の大きなスプーンで混ぜ、水分が多く、べたべたした一まとまりのかたまりにする。片手または金属製のスプーンを冷水で何度も濡らし、ドウフックのように使って、もう片方の手でボウルを回しながら（P75参照）、しっかり捏ねて滑らかな生地にする。何回かはボウルを逆方向に回して、グルテンをさらに延ばす。この作業を3〜5分、または材料がむらなく混ざって生地が滑らかになるまで行う。生地がボウルの底にはくっつくが、側面にはくっつかない状態にする。ボウルの側面につかない程度に硬くなるよう粉を足してもいいが、十分に柔らかく、べたつきのある状態を保つこと。

2　オリーブオイルを使って、オイルスリック（P77）の準備をする。水で濡らしたスケッパーかへらを使って、べたつく生地をオイルスリックの上に移し、手にオイルを塗り、手のひらで生地を軽く叩いて長方形にする。生地をゆるめるために5分待つ。

3　手にオイルを塗り、両端から生地を持って2倍の長さまで伸ばしたら、三つに折り重ねてまた長方形に戻す（P168参照）。生地の表面にスプレーオイルをかけ、ラップをふわりとかける。

4　30分生地を休ませたあと、延ばし＆折りたたみをもう一度行う。スプレーオイルをかけ、ラップをかける。30分おいて、この作業をもう一度行う。

【解説】
●この生地でフォカッチャはもちろん、おいしいピザも作れますが、生地に具材を置いて丸めて焼く「ストロンボリ」には生地がゆるすぎるでしょう。「ピザ風フォカッチャ」と呼ぶのがぴったりの、丸くて小さなパイもあります。これはピザと同じように作っていきますが、二次発酵で膨らませたあと、ピザのトッピングの定番であるチーズとソースではなく、風味の強いものをトッピングします。P196でトッピングの例をいくつか紹介していますので、参考にしてください。こういったパンのいいところは、見た目の美しさはもちろんですが、前もって作っておき、冷えたまま食べても、軽く温め直して食べてもおいしいことです。また、この生地でシチリア風ピザを作ることもできます。その場合、二次発酵はさせず、生地（長方形または円形）がある程度硬くなるまでオーブンで焼きます。冷ましてからトッピングをし、もう一度焼けば厚みのあるクリスピーなピザができます。

●水分の比率が70％以上の生地はほとんどそうですが、この生地も手かミキサーを使う方法の代わりに、フードプロセッサーでミキシングしても素晴らしい仕上がりになります。フードプロセッサーの使い方についてはP74を参照してください。

●ハーブオイルの量が多すぎるように思うかもしれませんが、焼成中に生地が残らず吸収するので大丈夫です。ただし、健康面で油の量が気になる人は、最後に生地にくぼみをつける段階で使うオイルを減らしてください。

●私の好きなバリエーションのひとつは、レーズンフォカッチャです（イタリアのリグーリア州には朝食に甘いフォカッチャを食べる昔からの習慣があります）。レーズンフォカッチャにはハーブオイルは使いません。レーズンは、ミキシングの最後の2分になったら加えます（生地がぎっしり埋まるくらい、たっぷりのレーズンを使ってください。粉の重量の50％が目安です）。ハーブオイルの代わりにふつうのオリーブオイルを生地の表面にかけ、コーシャーソルトかデコレーションシュガーを軽く振りかけてから焼きます。生涯最高のレーズンブレッドを食べる心の準備をして、焼き上がるのを待ちましょう。

●カリッとして歯ごたえのある仕上がりを好む人もいます。その場合はオーブンの温度を200℃くらいに下げて、焼成時間を10分延ばしてください。

5 ラップをかけた生地を作業台の上で30分間、一次発酵させる。生地はほんの少し膨らむ程度でよい。

6 天板または18〜20cm四方ほどの型にベーキングシートを敷き、成形と型入れの工程（P191）に進む。

7 天板にラップをふわりとかける（または天板を食品用のビニール袋に入れる）。生地を冷蔵庫に入れて一晩（または最長3日）置く。

8 焼成の3時間前に天板を冷蔵庫から出しておく。好みによってオリーブオイルまたはハーブオイルを表面に垂らし、指先でくぼみをつけていく（ハーブオイルは全量使ってもよい。量が多く見えても、生地が吸収する）。この作業で生地は天板いっぱいに広がり、13mmの厚みになる。好みでほかの発酵前用トッピング（P196参照）をのせる。もう一度天板にラップをかけて、室温で2時間半、または生地のサイズが2倍に、厚みが2.5cm近くになり、天板の縁に届くくらい膨らむまで二次発酵させる。

9 オーブンを260℃に温めておく。焼成前用のトッピング（P196参照）を生地にのせる。

10 オーブンに天板を入れる。設定温度を230℃に下げて、10分焼く。天板を前後に180度回転させて、さらに5〜10分、生地が薄いキツネ色に変わりはじめるまで焼く。焼成中用のトッピング（P196参照）を使うなら、このときに散らし、さらに5分ほど焼く。チーズを使うなら、焦げない程度に溶けるまで焼く。

11 オーブンから天板を取り出し、すぐにフォカッチャを金網に移す。フォカッチャの底がベーキングシートにくっついている場合は、フォカッチャの隅を持ち上げて、やさしく引っぱりながらはがす。

12 少なくとも10分冷ましてから切り分けるか、テーブルに出す。

フォカッチャの成形 〔写真は原書のもの。日本仕様のレシピの約3倍量〕

❶ オリーブオイル大さじ1弱をベーキングシートに垂らし、手かハケでペーパー全体と天板の側面に塗り広げる。手にもオイルを薄くつけ、オイルを塗ったプラスチックか金属製のスケッパーを使って、できるだけ長方形を崩さないようにして生地を作業台から天板に移す。

❷ スプーンで生地の上に小さじ2杯くらいのハーブオイルをのせる。

❸ 両手の指先をすべて同時に使って生地にくぼみをつけながら、天板いっぱいに生地を広げていく。生地がちぎれたり破れたりしないように、手のひらは使わないで指先だけを使う。できるだけ生地の厚みにむらがないようにする。くぼみをつけると、生地の一部だけガスを抜くことができ、くぼみをつけていない部分はガスを保てる。生地に弾力が出すぎたら、15分ほど休ませてからまた作業を続ける。天板の隅まで生地を広げられなくても気にする必要はない。生地がゆるんで発酵すれば自然に広がる。必要に応じてハーブオイルを追加し、生地の表面全体にオイルを行き渡らせる。

応用レシピ

ハーブオイル*

フォカッチャにたっぷりかけたハーブオイルは、どんなトッピングよりも生地の風味を高めてくれます。ハーブオイルの作り方は色々ありますし、どれだけの分量を作るかも自由です。私は料理用とディップ用として、常備するようにしています。使用するハーブは乾燥でも生でもいいし、組み合わせてもかまいません。オイルは加熱してはいけません。常温のオイルの中にハーブを浸し、ハーブの素晴らしい風味を浸出させましょう。

ここで作り方をひとつお教えしますが、材料は自由にお好みのハーブやスパイスに変更してください。オリーブオイルはエキストラバージンでなくてかまいません。せっかく高いお金を払ったエキストラバージンの繊細な風味は、焼成で加熱されると失われてしまいます。

常温のオリーブオイル1カップに、刻んだ生のハーブ1/2カップを加えます。バジル、パセリ、オレガノ、タラゴン、ローズマリー、タイム、コリアンダー、セイボリー、セージなどを、自由に組み合わせてください。

私のお薦めは、生のバジルをたっぷり使うことです。（乾燥ハーブ、エルブ・ド・プロヴァンスのようなハーブミックス、あるいは生と乾燥を混ぜて使う場合、量は生だけのときの1/3量にします）そこに、粗塩かコーシャーソルト小さじ1強、粗挽き黒コショウ小さじ1/2弱、顆粒ガーリック小さじ1強、または生のニンニク2〜3片を刻んだもの、あるいはつぶしたものを加えます。パプリカ小さじ1/2弱、カイエンペッパー少々、フェンネルシード小さじ1強、オニオンパウダー小さじ1/2弱、またはみじん切りの乾燥タマネギ小さじ1強を加えるのもいいでしょう。残ったハーブオイルは冷蔵庫で保存すれば2週間までもちます。

＊訳注：仕上がりは約300mlになる。使用目的にあわせて調整すること。

ポーリッシュ種を使ったフォカッチャ　Poolish Focaccia

できあがりの分量　約23cm四方のフォカッチャ1枚分

	原書オリジナル		日本仕様
	%	g	g
ポーリッシュ種（P130）	167	567	250
強力粉	100	340	150
インスタントドライイースト	1.4	5	2.1
塩	3.8	13	5.7
オリーブオイル	8.3	28	12
水（32〜38℃のぬるま湯）	58	198	87
合計	338.5		

		原書オリジナル		日本仕様
		%	g	g
全体の配合	強力粉	100	618	271
	インスタントドライイースト	1	6	2.4
	塩	2.1	13	5.7
	オリーブオイル	4.5	28	12
	水	79	488	216
合計		186.6		

1　生地作りの1時間前に冷蔵庫からポーリッシュ種を取り出し、常温に戻しておく。

2　大きめのボウルに粉、塩、インスタントドライイーストを混ぜ合わせる。そこにオリーブオイル、ポーリッシュ種、ぬるま湯を加え、金属製の大きなスプーンで材料がしっとりして水分の多いだんご状になるまで混ぜる。手捏ねの場合、片手または金属製のスプーンを冷水で何度も濡らし、ドウフックのように使って、もう片方の手でボウルを回しながら（P75参照）、勢いよく捏ねて滑らかな生地にする。何回かはボウルを逆方向に回して、グルテンをさらに延ばす。この作業を3〜5分、または生地が滑らかになり、材料がむらなく混ざり合うまで行う。生地がボウルの底にはくっつくが、側面にはくっつかない状態にする。ボウルの側面につかない程度に硬くなるよう粉を足してもいいが、十分に柔らかく、べたつきのある状態を保つこと。

3 作業台に約15cm四方の台ができるだけの手粉を振る（またはP77のオイルスリックの準備をする）。水で濡らしたスケッパーかへらを使って、べたつく生地を粉の台（またはオイルスリック）の上に移し、手粉をたっぷり振って、手にオイルを塗り、手のひらで生地を軽く叩いて長方形にする。生地をゆるめるために5分待つ。

4 手に粉をまぶすかオイルを塗り、両端から生地を持って2倍の長さまで伸ばしたら、三つに折り重ねてまた長方形に戻す（P168参照）。生地の表面にスプレーオイルをかけ、ラップをふわりとかける。

5 30分生地を休ませたあと、延ばし&折りたたみをもう一度行う。スプレーオイルをかけ、ラップをかける。30分おいて、この作業をもう一度行う。

6 ラップをかけた生地を作業台の上で1時間、一次発酵させる。十分に膨らませるが、元の大きさの2倍にまでする必要はない。

7 23cm四方の天板にベーキングシートを敷き、フォカッチャの成形と型入れの工程（P191）に進む。この時点で発酵前用のトッピングをのせる（P196参照）。

8 天板にラップをふわりとかける。室温で約2時間、または生地が天板いっぱいに膨らむまで二次発酵させる。

9 焼成の15分ほど前に、好みでハーブオイルを垂らす（ハーブオイルは全量使ってもよい。量が多く見えたとしても、生地が吸収する）。焼成前用トッピングものせ、指先で生地にくぼみをつけていく。この作業で生地は天板いっぱいに広がり、13mmの厚みになる。焼成前に15〜30分、生地をゆるませ、もう一度発酵させる。2.5cm近い厚さになるまで膨らませる。

10 オーブンを260℃に温めておく。設定温度になったらオーブンに天板を入れ、温度を200℃に下げる。10分焼いたら天板を前後に180度回転させ、さらに10〜15分、あるいはフォカッチャが薄いキツネ色になるまで焼く。焼成中用のトッピング（P196参照）を使うなら、このときに散らし、さらに5分ほど焼く。チーズを使うなら、焦げない程度に溶かす。

11 オーブンから天板を取り出し、すぐにフォカッチャを天板から金網に移す。フォカッチャの底がベーキングシートにくっついている場合は、フォカッチャの隅を持ち上げて、やさしく引っぱりながらはがす。少なくとも10分冷ましてから、切り分けるかテーブルに出す。

ピザ風フォカッチャ Pizza-Style Focaccia

できあがりの分量　フォカッチャ生地2～3枚分

1. フォカッチャ（P187）、またはポーリッシュ種を使ったフォカッチャ（P193）の手順に従い、延ばし＆折りたたみと一次発酵の工程を経て生地を作る。次に、手粉を振った台に生地を移し、表面に手粉を振る。生地を約150gずつ2～3等分する。分割した生地を手粉をふった台に移して手粉をまぶし、できるだけガスを抜かないように軽く丸めて、ゆるいだんご状にする。2～3枚のビニール袋の内側と、だんご状の生地にもスプレーオイルをかける。各袋に1個ずつ生地を入れ、ビニールタイ（ビニタイ）で閉じて、冷蔵庫に入れて一晩置く。3日間まで冷蔵保存できる（3か月までなら冷凍もできる）。

2. 焼成の3時間前に、冷蔵庫からだんご状の生地を焼きたい数だけ取り出す。生地1個につき大さじ2（28g）くらいの手粉を作業台に振り、そこに生地を移す。生地の表面にも少し手粉を振り、（手のひらではなく）指先で生地を軽く押して、直径15～20cmの円盤形にする。生地の弾力が強すぎてこの直径まで広がらない場合は、スプレーオイルをかけてラップで覆い、15分休ませてからそのサイズまで押し広げる。

3. 天板にベーキングシートを敷き、そこにスプレーオイルをかける。その上に少量のコーンミールかセモリナ粉を振り、生地を移す（天板1枚につき2個が目安）。表面にハーブオイルかオリーブオイルを塗り、使いたい発酵前用トッピング（P196）をのせて、指で生地の中に押しこむ。生地にラップをふわりとかける。

4. 室温で2～3時間、または生地が元の大きさの1.5倍くらいに膨らむまで二次発酵させる。

5. オーブンを290℃に温めておく。もっと高温に設定できるなら、できるだけ高い温度（315℃まで）に温めておく。この時点で生地に焼成前用トッピング（P196）をのせる。

6. ピールか天板の裏にベーキングシートごと生地を移す（フォカッチャが1枚しかのらないベーキングストーンを使う場合は、1枚用のサイズにハサミで切ったベーキングシートにフォカッチャをのせ、残りのシートは次の焼成時に使うか、別の機会のために冷蔵しておく）。ベーキングストーンの上にフォカッチャを滑らせるように置き（あるいは生地ののった天板をそのままオーブンに入れ）、13～15分〔焼き色がつきすぎたらオーブンの温度を下げる〕、あるいは生地の端がキツネ色になり、底

も薄いキツネ色になるまで焼く。5分過ぎたら生地の下からベーキングシートを引き抜く。焼成時間はオーブンによって異なる。また、確実にむらなく焼くために、フォカッチャを前後に180度回転させたほうがいい場合もある。

7 焼き上がったフォカッチャを金網に移し、少なくとも10分冷ましてから、切り分けるかテーブルに出す。2回目の焼成の前に、ベーキングストーンに残った粉やコーンミールを忘れずにハケで払っておく。

応用レシピ

フォカッチャのトッピング

ここではトッピングを3つのタイプに分類しています。二次発酵前に生地にのせるトッピング（発酵前用トッピング）、焼成の直前に生地にのせるトッピング（焼成前用トッピング）、焼いている途中、通常は残り数分になってからフォカッチャにのせるトッピング（焼成中用トッピング）です。サンドライトマト、オリーブ、ナッツなどのトッピングは、焼成中に焦げたり生地から落ちたりするのを防ぐため、生地で囲むようにします。一方で、焦げにくくて、焼成中に生地で囲んで守る必要のないトッピングもあります。ブルーチーズなどの水分の多いチーズや細切りの肉もその仲間で、これらは発酵中の生地にのせてはいけないトッピングです。焼成中用トッピングの多くは、おろしたチーズなど、早くからのせていると焦げてしまうタイプのチーズです。

生地にのせるタイミング別に、トッピングの例を挙げておきます。もし自分流のアイデアを思いついたら、3つの分類のどれに入るか判断し、適切なタイミングで生地にのせてください。

発酵前用トッピング
マリネしたサンドライトマト。オリーブ。ローストガーリック。生のハーブ。クルミや松の実などのナッツ。マッシュルーム、赤ピーマン、青ピーマン、タマネギなどを炒めたもの。

焼成前用トッピング
ブルーチーズ、フレッシュ・モッツァレラ、フェタチーズなど、水分量の多いチーズ。炒めた挽き肉や細切り肉。粗塩かざらめ糖。

焼成中用トッピング
パルメザンチーズ、ロマーノチーズ、モッツァレラ、ジャックチーズ、チェダーチーズ、スイスチーズなど、ドライまたはセミハードタイプのチーズ。

フランスパン French Bread

★パンの特徴
リーンでスタンダードな生地。パートフェルメンテ法。インスタントドライイースト使用。

★作業日数：2日
1日目：パート・フェルメンテ　1時間15分
2日目：パート・フェルメンテを常温に戻す　1時間
ミキシング　10〜15分
延ばし&折りたたみ、一次発酵、成形、二次発酵　4時間〜4時間30分
焼成　25〜35分

　私はこれまで出したどの著書でもフランスパンを1種類取り上げ、職人が焼くアルチザン・ブレッドとアマチュアが焼くパンの差を縮めようとしてきました。その作業は学びの連続であり、私は本書の旧版を書いたあとに自分が発見したことをすべて、この新版のレシピに盛りこみました。このレシピこそ、これまでで最高のバージョンであり、あなたがお気に入りのベーカリーで見つけるパンに最も近いものだと思います。おいしさの秘訣は、他の多くのレシピ同様、発酵種のパート・フェルメンテをたっぷり使用することです。また、ポーリッシュ種を使ったバゲット（P253〜）も、同じようにおいしくできます。

　過去のレシピで最も出来のよかったバージョンは、成形済みの生地を冷蔵庫で一晩寝かせる手法をとりました。この手法は今でも、長時間発酵のリーンなパンのクオリティを上げるために使うことができます。しかし本物のパンにこだわる人たちからは、このやり方だとクラストにぶつぶつの火ぶくれ（「鳥の目〔日本では「フィッシュアイ」とも言う〕」と呼ばれることもある）ができてしまうと批判の声が聞かれます（この火ぶくれは、低温で発酵を遅らせているあいだに生地表面のすぐ下に閉じこめられた二酸化炭素によるものです）。私自身はそんな見た目が好きですし、同じように思う人は消費者にも大勢いますが、フランスのブーランジュリーは言うまでもなく、どの国のベーカリーでも火ぶくれのあるバゲットを売っているようなところはありません（【備考】旧版で上のように書きましたが、その後、低温長時間発酵の手法が広まり、今ではベーカリーで「鳥の目」のあるパンを見かけることが多くなりました）。

　本書の手法を使うと、開始から焼き上がりまで4、5時間で、風味豊かなフランスパンが作れます（ただし前もってパート・フェルメンテを作っておくのが前提条件です）。発酵種を使った生地には、多くのプロの標準的発酵時間である7〜9時間の発酵を経た生地のクオリティが生まれます。またクラストの色は、若い生地にありがちな黄色っぽいキツネ色ではなく、赤味を帯びた深い黄金色になります。この深みのある色合いは、一次発酵のあいだにデンプンから分解された糖のはたらきによるものです。さらに、パンには砂糖を加えたかのような甘味が感じられますが、パンの中の糖はすべて小麦粉から出てきたものです。一次発酵のあいだに、アミラーゼとジアスターゼという酵素がデンプンを分解して糖に変換したのです。ハースブレッドの大部分と同じく、成功のもうひとつの秘訣は、成形の際にやさしく扱って、できるだけガスが抜けないようにすることです。そ

うすることによってクラムに不規則で大きな気泡ができ、これが最高の風味を生むことになるのです。大きな気泡のあいたクラムは、きちんと作られたアルチザン・ブレッドの証のひとつです。

できあがりの分量 小さめのバゲット（約220g）2本（他の形やサイズを試してもよい）

		原書オリジナル		日本仕様
		%	g	g
	パート・フェルメンテ（P111）	170	482	221
	強力粉	50	142	65
	準強力粉	50	142	65
	インスタントドライイースト	0.55	1.5	0.7
	塩	1.9	5.5	2.5
	水（32℃〜38℃のぬるま湯）	70	198	91
	準強力粉か強力粉、セモリナ粉 またはコーンミール（ピールまたは天板用）		適量	適量
合計			342.45	

		原書オリジナル		日本仕様
		%	g	g
全体の配合	強力粉	50	284	131
	準強力粉	50	284	131
	インスタントドライイースト	0.5	3	1.4
	塩	1.9	11	5.0
	水	67.5	283	177
合計			169.9	

1. 生地作りの1時間前に冷蔵庫からパート・フェルメンテを取り出し、すぐにスケッパーか波刃ナイフで小さく分割する。布巾かラップをかけて1時間置き、常温に戻す。

2. 大きめのボウルに、粉、塩、インスタントドライイースト、パート・フェルメンテを入れてかき混ぜる。そこにぬるま湯を加え、すべての材料がざっとまとまるまでかき混ぜる。生地がべたつきすぎたり、硬すぎたりしないように、必要に応じて粉か水で調整する（捏ねながら粉を足して調節できるので、べたつくほうがまし。逆にいったん硬くなった生地は吸水しにくく調節が難しい）。

3 作業台に手粉を振り（またはP77のオイルスリックの準備をして）、そこに生地を移し、捏ね始める。4分ほど、または生地に滑らかさとしなやかさが出て、粘りはあるがべたつかない状態になり、パート・フェルメンテが完全に生地になじむまで捏ねる。グルテンチェック（P76～）でグルテン膜の延びが確認でき、生地温度が25～27℃になっていればよい。グルテンがきちんと形成されているように見えるのに生地温度が25℃より低い場合は、数分間長めに捏ねて温度を上げてもいいし、一次発酵の時間を長くとってもいい。薄くオイルを塗った大きいボウルに生地を移し、転がして全体にオイルをつける。ボウルにラップをかける。30分経ったら延ばし＆折りたたみ（P77、P168参照）を行い、ボウルに戻してラップをかける。30分の間隔をあけて延ばし＆折りたたみをさらに3回行い、そのつどボウルに戻してラップをかける。

4 室温で1時間、または生地が2倍の大きさになるまで一次発酵させる。もし1時間経つ前に生地が2倍になったら、軽く捏ねてガス抜きをし、ラップをかけて元の大きさの2倍になるまでもう一度膨らませる。

5 ボウルから生地をそっと取り出し、手粉を振った（またはオイルを塗った）作業台に移す。バゲットにするなら、スケッパーか波刃ナイフで生地を3等分、または4等分する。その際、できるだけガスが抜けないように注意する。分割した生地をP96で示したバゲット形に（あるいは好みの形に）成形する。麻布（フランスパン用布）を使うか、小麦粉かセモリナ粉、またはコーンミールを振ったベーキングシートを使って、P49～に示したように二次発酵の準備をする。

6 室温で45～75分、または生地が元の大きさの1.5倍くらいに膨らむまで二次発酵させる。指でつついてみてわずかに弾力性があるくらいがよい。

【解説】
● 強力粉か準強力粉のどちらかだけを使ってもかまいませんが、50-50の割合でブレンドすると、しっかりした生地ながら柔らかさもあり、パリッとしたおいしいクラストになるようです。
● 配合率の表をよく見るとわかるように、発酵種のパーセンテージと、"全体の配合"の合計の数字は同じです。つまり、まずパート・フェルメンテを使わずに生地を作り、風味を引き出して糖の分解を促進するために一晩置き（ミキシングの工程を終えたらすぐに冷蔵庫に入れる）、翌日、それを発酵種として使って生地を作れるということです。その場合、発酵種はベーカーズパーセントで170％になりますが、これは非常に高い数字です。たいていのベーカリーでは発酵種が40～50％を超えることはめったにありません。しかしこの高い配合率こそが、ベーカリーの味を家庭で再現するための秘訣なのです。実際に作って確かめてください。
● 手元にあるのが有機小麦粉で大麦麦芽粉末が含まれていない場合は、小さじ1/2の活性モルトパウダーを小麦粉に加えてください。このモルトパウダーが生地の中の酵素の活動を促進し、クラストの色づきがよくなります。モルトパウダーは特殊なものですが、通販などで購入することができます。

7 P114～に示した炉床での焼成の準備をし、忘れずに空のスチーム用天板を入れておく。オーブンを260℃に温めておく。P113～に示した要領でバゲットにクープを入れる。

8 ピールか天板の裏に小麦粉かセモリナ粉、またはコーンミールをたっぷり振り、そこにバゲットを静かに移す。次にそのバゲットをベーキングストーンに移す（あるいは生地ののった天板をそのままオーブンに入れる）。スチーム用天板に50mlの熱湯を注ぎ、オーブンの扉を閉める。30秒後にオーブンの壁に霧吹きで水をかけ、また扉を閉める。30秒の間隔でさらに2回霧を吹きかける。最後に霧を吹きかけた後、オーブンの設定温度を230℃に下げて10分焼く。むらなく焼くために必要ならパンを前後に180度回転させて、パン

が濃いキツネ色になるまで焼く。焼き時間の目安は、オーブンの種類やバゲットの太さにより、10〜15分。焼き色が濃くなりすぎているのに中心温度が十分上がっていない場合は、オーブンの設定温度を180℃に下げて（またはオーブンを切って余熱で）、さらに5〜10分焼く。

9 　焼き上がったバゲットをオーブンから取り出し、金網の上で少なくとも30分冷ましてから、切り分けるかテーブルに出す。

イタリアンブレッド Italian Bread

アメリカで「イタリアンブレッド」というと、ほとんどフランスパンのようなもので、違うのは少し軟らかい点だけ、ということになっています。しかし実際には、さまざまなタイプの本格的なイタリアンブレッドがあります。

昔はアメリカの町々にイタリアのパンを作るベーカリーがありました。職人は毎日パンを焼き、客は店を訪れて焼きたてのパンを買い求めたものでした。それが今ではどうでしょう。パン革命の時代と言われながら、売られているパンの多くは、かつてのイタリアンブレッドのクオリティには届きません。職人は愛と気遣いをもってパンを焼き、多くのベーカリーは薪か石炭を使う素晴らしい窯を備えています。にもかかわらず、なぜこんなことになったのでしょうか。それは、多くのベーカリーが時間を節約し、利益を増やすために、発酵スピードを上げる近代的な原料に心を奪われ、短時間発酵の手法に戻ってしまったからです。その手法では、風味と焼き色を生み出すべきものが、デンプンに閉じこめられたままになります。パート・フェルメンテやポーリッシュ種がフランスパンのクオリティを高めるように、ビガ種を使う手法は、イタリアンブレッドのクオリティを高めるための一歩になるのです。

このレシピはビガ種を使用する手法を極めたもので、私がここ数年で食べたどのイタリアンブレッドにも負けないほどの出来のよさです。ビガ種を大量に使用することで、デンプンから分解される糖類の量は最大限になり、材料として加える少量の砂糖をはるかに超える甘味が生まれます。焼き上がったパンはフランスパンよりほんの少し軟らかく、皮もフランスパンほど硬くありません。さらに軟らかくしたければ、オリーブオイルの量を2倍にしてください。

★パンの特徴
エンリッチタイプでスタンダードな生地。ビガ種法。インスタントドライイースト使用。

★作業日数：2日
1日目：ビガ種　3〜4時間
2日目：ビガ種を常温に戻す　1時間
ミキシング　12〜15分
一次発酵、成形、二次発酵　3時間30分〜4時間
焼成　20〜25分

できあがりの分量　約210gのローフ2個分、またはトルピード・ロール4個分

	原書オリジナル		日本仕様
	%	g	g
ビガ種 (P131)	160	510	208
強力粉	100	319	130
インスタントドライイースト	1	3	1.3
活性モルトパウダー (好みで)	1	4	1.3

塩	3.7	11.5	4.8
グラニュー糖	4.4	14	6
オリーブオイル、植物性油脂	4.4	14	6
水 (軟らかいトルピード・ロールを作る場合は牛乳。32〜38℃)	62	198	81
準強力粉か強力粉、セモリナ粉 またはコーンミール（ピールまたは天板用）		適量	適量
合計	336.5		

			原書オリジナル	日本仕様
		%	g	g
全体の配合	強力粉	100	624	254
	インスタントドライイースト	0.72	4.5	1.9
	活性モルトパウダー	0.5	3	1.3
	塩	1.8	11.5	4.8
	砂糖	2.2	14	6
	オリーブオイルまたは植物性油脂	2.2	14	6
	水	64.7	404	164
合計		172.12		

1. 生地作りの1時間前に冷蔵庫からビガ種を取り出し、すぐにスケッパーか波刃ナイフで小さく分割する。布巾かラップをかけて1時間置き、常温に戻す。

2. 大きめのボウルに、粉、塩、砂糖、インスタントドライイースト、（好みで）活性モルトパウダーを入れてかき混ぜる。そこに分割したビガ種、油脂、水を加え、必要に応じて水か粉で調整しながら、ひとまとまりになるまでかき混ぜる。少しべたついて柔らかいが、べたつきすぎたりはしない状態にする。生地が硬すぎるようなら、水を加えて柔らかくする（この時点では、生地は硬すぎるよりも柔らかすぎるほうがよい）。

3. 作業台に手粉を振り（またはP77のオイルスリックの準備をして）、そこに生地を移し、捏ね始める。必要なら粉を足しながら4〜6分、または生地に滑らかさとしなやかさが出て、粘りはあるがべたつかない状態になるまで捏ねる。グルテンチェック（P76〜）でグルテン膜の延びが確認でき、生地温度が25〜27℃になっていればよい。薄くオイルを塗った大きいボウルに生地を移し、転がして全体にオイルをつける。ボウルにラップをかける。

4 室温で2時間ほど、または生地が2倍の大きさになるまで一次発酵させる。

5 生地をやさしく扱いながらバタールなら約210gずつ2等分、トルピード・ロールなら約100gずつ4等分する。できるだけガスが抜けないように注意しながら、分割した大きな生地ならP95で示したバタール形に、小さな生地ならP104で示したロール形に成形する。生地に軽く手粉を振り、布巾かラップで覆って5分休ませる。その後、最終成形をする。バタールは長さ25cmほどに伸ばし、トルピード・ロールならP102に示したように成形する。天板にベーキングシートを敷き、小麦粉かセモリナ粉、またはコーンミールを振る。成形した生地を天板にのせてスプレーオイルを軽くかけ、ラップをふわりとかける。

6 室温で1時間ほど、またはバタールかロールが元の大きさの1.5倍くらいに膨らむまで二次発酵させる。

7 P114〜に示した炉床での焼成の準備をし、忘れずに空のスチーム用天板を入れておく。オーブンを260℃に温めておく。生地に2本の平行な斜線のクープ、または縦に1本の長いクープを入れる（P113〜"クープ入れ"の項参照）。

8 ロールは天板にのせたまま焼成してよい。バタールはピールか天板の裏に小麦粉かセモリナ粉、またはコーンミールをたっぷり振り、そこにそっと移す。次にそれをベーキングストーンに移す（あるいは生地ののった天板をそのままオーブンに入れる）。スチーム用天板に50mlの熱湯を注ぎ、オーブンの扉を閉める。30秒後にオーブンの壁に霧吹きで水をかけ、また扉を閉める。30秒してからもう一度同じことを繰り返す。最後に霧を吹きかけた後、オーブンの設定温度を230℃に下げて火が通るまで焼く。むらなく焼くために、必要なら天板を前後に180度回転させる。焼き時間の目安はバタールなら約20分、ロールなら15分。パンがキツネ色になれば焼き上がっている（ローフの皮を硬めにするための温度設定については【解説】参照）。

9 焼き上がったパンを金網に移し、少なくとも45分冷ましてから、切り分けるかテーブルに出す。

【解説】
● ローフの皮をパリッとさせたければ、スチームのあとオーブンの温度を200℃に下げ、焼成時間を長くしてください。これでクラストが厚くなり、カリカリの食感が生まれます。
● 活性モルトパウダーを使うと酵素のはたらきが活発になり、デンプンがどんどん分解されて糖になるため、焼き色がきれいにつきます。一方、不活性モルトシロップは色よりも風味をよくする効果があります。たいていの強力粉にはすでに麦芽が含まれていますから＊（また、ビガ種にも酵素が含まれていますから）、モルトパウダーやモルトシロップを使わずに作ってもかまいません。

＊訳注：日本では一部の例外（フランスパン用粉等）を除いて、一般的には含まれていない。

応用レシピ

グリッシーニなどのブレッドスティック

ブレッドスティックは相変わらず人気があるようです。グリッシーニの製造専用に開発された精密な機械まであり、1日に何十万本ものグリッシーニを生み出しています。細長いもの、太くて短いもの、軟らかいもの、カリッと歯ごたえのあるものなど、グリッシーニにはさまざまな種類があります。

グリッシーニはイタリアのピエモンテ州トリノで生まれたパンです。ちょうどチャバッタがリュスティックタイプのパンの代名詞になったように、グリッシーニは細くてクリスピーなイタリアのブレッドスティックの総称になりました（ブレッドスティックにはフランチェジーナという、太くて軟らかいタイプもあります）。けれどブレッドスティックはイタリアだけでなく世界中で作られていますし、どんな生地からでも作ることができると言っていいでしょう。問題は、あなたの好みがどんなタイプなのか——軟らかいものかクリスピーなものか、長いものか短いものか、ということです。

軟らかいブレッドスティックは、ホワイト・ブレッド（P318）ならどのパンの配合でも、さらにカイザーロール（P207）やイングリッシュ・マフィン（P185）の配合でも作ることができます。また、フランスパン（P197）、ヴィエナ・ブレッド（P313）、イタリアンブレッド（P202）の配合を使い、高温で短時間に焼き上げるとおいしいブレッドスティックができます。水分を飛ばしてクリスピーなスティックにするには、ベーグル（P140）、ラバッシュ（P211）、またはイタリアンブレッドの生地を使い、160〜180℃の低温で時間をかけて、カリッとするまで焼きます。軟らかいスティックを作るには、焼成温度を200〜220℃に上げて、キツネ色になったらすぐにオーブンから取り出します。冷ましているうちに軟らかくなってきます。

ブレッドスティックの成形法には2種類あります。ひとつは、生地を1本ずつ転がして、好みの長さに伸ばしていく方法です。成形後に天板に並べて発酵させ、焼成します。この方法は1本、1本を微妙に違う個性的な形にしたいときには最適ですが、たくさん作ると時間がかかります。大量に作るときには、私はP206に示す方法で作ってうまくいっています。

ブレッドスティックの成形

❶ 生地をめん棒で延ばして、適当な厚みにしてから、ピザカッター（回転式カッター）でスティック状に切り分ける。ブレッドスティックにシード類を散らすときは、濡れ布巾の上で生地を転がしてからシードの中で転がすと、シードがたっぷりつく。あるいは焼く直前に、生地にハケで水を塗るか霧吹きで水をかけてから、表面にシード類を散らしてもいい。

❷ ゴマかケシの実が最もよく使われるが、私はその2つをブレンドして、さらに少量の海塩、パプリカ、顆粒ガーリック（またはガーリックソルト）や粗挽きの黒コショウ少々を加えたものが気に入っている。フェンネル、キャラウェイ、クミン、アニスシードを加えてもいいが、いずれも香りが強いため、ほんの数粒で十分な効果がある。こうした"盛りだくさん"のトッピングの人気は高まる一方で、ベーグル、クラッカーブレッドだけでなく、今や世界中でブームになっているブレッドスティックも例外ではない。トッピングした生地はそのままベーキングシートを敷いた天板に並べてもいいし、生地ごとにねじりパン形や楕円形にしたり、曲げて個性的な形にしてから天板にのせてもいい。

カイザーロール Kaiser Rolls

★パンの特徴
エンリッチタイプでスタンダードな生地。パート・フェルメンテ法。インスタントドライイースト使用。

★作業日数：2日
1日目：パート・フェルメンテ　1時間15分
2日目：パート・フェルメンテを常温に戻す　1時間
ミキシング　10〜15分
一次発酵、成形、二次発酵　3時間30分〜4時間
焼成　13〜18分

このパンにはニューヨーク・ハードロール、バルキーなどの別名があり、中にはヴィエナ・ロールと呼ぶ人もいます。呼び名が何であれ、カイザーロールの特徴は表面の星形模様と、薄くて少しパリッとしたクラストです。ひと口かじるとクラストは砕け、中に入れた具のまわりでほろほろと崩れて、何とも言えないおいしさが口の中に広がります。ほとんどの製パン会社ではストレート法を使用し、膨大な量のカイザーロールを生産しています。このレシピでは、発酵と酵素のはたらきに関して新しく学んだ知識を、最大限に活かしましょう。パート・フェルメンテを利用して風味、食感、焼き色の質を高め、市販のカイザーロールとは比べものにならない仕上がりにするのです。どこかで誰かが「なつかしいニューヨーク・ハードロールが見つからない」と嘆いているあいだに、あなたはこのロールで友人や家族にぜいたくな思いをさせてあげましょう。

できあがりの分量　大きいロールパン4個分、または小さいロールパン6個分

	原書オリジナル		日本仕様
	%	g	g
パート・フェルメンテ (P129)	80	227	128
強力粉	100	284	160
インスタントドライイースト	1.1	3	1.8
活性モルトパウダー (またはモルトシロップ)	1.7 (3.3)	5 (9.5)	2.7 (5.3)
塩	2	5.5	3.2
植物性油脂	7.5	21	12
溶き卵	16.5	47	26
水 (32〜38℃のぬるま湯)	60	170	96
卵白 (1個分に水大さじ1を加えてよく溶けほぐし、泡が消えたもの。仕上げ用)		適量	適量
ケシの実またはゴマ (仕上げ用) (好みで)		適量	適量
セモリナ粉またはコーンミール (天板用)		適量	適量
合計		268.8 (270.4)	

		原書オリジナル		日本仕様
		%	g	g
全体の配合	強力粉	100	419	236
	インスタントドライイースト	1	4	2.2
	活性モルトパウダー（またはモルトシロップ）	1.2 (2.2)	5	2.7 (5.3)
	塩	2	8.5	4.6
	植物性油脂	5	21	12
	卵	11.2	47	26
	水	62.5	262	146
合計		182.9 (183.9)		

1. 生地作りの1時間前に冷蔵庫からパート・フェルメンテを取り出し、すぐにスケッパーか波刃ナイフで小さく分割する。布巾かラップをかけて1時間置き、常温に戻す。

2. 大きめのボウルに、粉、塩、モルトパウダー、インスタントドライイーストを入れてかき混ぜる。そこにパート・フェルメンテ、卵、オイル、少なめの水を加え、2分、または材料がひとまとまりになるまでかき混ぜる。まだ粉気が残っていたら、残りの水を加える。

3. 作業台に軽く手粉を振り（またはP77のオイルスリックの準備をして）、そこに生地を移して捏ね始める。生地に滑らかさとしなやかさが出て、粘りはあるがべたつかない状態になるまで、必要なら粉を足しながら4～6分捏ねる。グルテンチェック（P76～）でグルテン膜の延びが確認でき、生地温度が25～27℃になっていればよい。薄くオイルを塗った大きいボウルに生地を移し、転がして全体にオイルをつける。ボウルにラップをかける。

4. 室温で2時間、または生地が2倍の大きさになるまで一次発酵させる。2時間経つ前に生地が2倍に膨らんだら、ボウルから取り出して軽く捏ねてガスを抜き、ボウルに戻してラップをかけ、元の大きさの2倍になるか、2時間経つまで一次発酵を続ける。

5. ボウルから生地を取り出し、4～6等分する（大きいロールは約100gずつ、小さいロールは約70gずつ）。分割した生地をP104で示したロール形に成形する。生地にスプレーオイルを軽くかけ、布巾かラップで覆って、10分休ませる。そのあいだに天板にベーキングシートを敷き、スプレーオイルを軽くかけてから、セモリナ粉かコーンミールを振る。

【解説】
●カイザーロールの伝統的な成形法は、ペーパーフラワーを作るように重ね折りしていく方法で、時間はかかるし、教えるのも大変です。今はほとんどの人が、市販の金属製もしくはプラスチック製のカイザーロールカッターを使っています。このカッターは料理用品店か通販で入手できます。同じように効率よく、しかも楽しく簡単にできるのが結びパンの手法で、完成したロールは難しい重ね折りのテクニックで作ったのと同じように見えます。

6　生地一つ一つにカイザーロールカッター（下の写真参照）で切れ目を入れるか、またはP105で示したように結び目を作って準備する。ベーキングシートの上に生地の切れ目を下にして置き、スプレーオイルを軽くかけて、ラップか食品用のビニール袋をふわりとかける。

7　室温で45分生地を二次発酵させてから、切れ目または結び目の面が上になるように引っくり返す。スプレーオイルをもう一度かけ、天板にラップをかけてさらに30〜45分、または元の大きさの2倍になるまで二次発酵を続ける。

8　オーブンを220℃に温めておく。ラップをはずして焼く準備をする。シード類をかけるなら、生地の表面にハケで卵白の液を塗り（または霧吹きで水をかけ）、ケシの実を散らす。シード類をかけないなら、霧吹きで水をかけるか卵白の液を塗るだけにする。

9　天板をオーブンに入れる。オーブンの壁に霧吹きで水をかけ、扉を閉める。むらなく焼くために、10分過ぎたら天板を前後に180度回転させ、設定温度を200℃に下げる。パンがほどよいキツネ色になるまでさらに焼く。大きいロールなら15〜18分、小さいロールならそれより短い時間（13〜15分）で焼き上がる。

10　焼き上がったパンを天板から取り、金網に移す。少なくとも30分置いてから、テーブルに出す。

カイザーロールカッターを使って（真ん中の列）、あるいは結びパンのテクニックを使えば（左と右の列）、カイザーロール独特の模様ができる。

ラバッシュ・クラッカー Lavash Crackers

★パンの特徴
エンリッチタイプでスティッフな生地。フラット。ストレート法。インスタントドライイースト使用。

★作業日数：1日
ミキシング　10〜15分
一次発酵、成形および型入れ　2時間
焼成　15〜20分

アルメニア風のしゃれたクラッカー「ラバッシュ」の簡単なレシピを紹介します。このクラッカーはパンかごに入れると見映えがよく、お客様にも子どもたちにも喜ばれます。ラバッシュは通常「アルメニアン・フラットブレッド」と呼ばれますが、イランにもルーツがあり、今では中東全域と世界各国で食べられています。中東と北アフリカにはラバッシュのようなフラットブレッドがたくさんあり、さまざまな名で呼ばれています。マンクーシュまたはマニーシュ（レバノン）、バルバリ（イラン）、ホブズ（アラビア）、エイシ（エジプト）、ケスレットとメラ（チュニジア）、ピデまたはピタ（トルコ）、ピデ（アルメニア）などがあります。こういったパンの主な違いは、生地の厚さと、どんなオーブンを使うか、または何にのせて焼くかということです（ラバッシュにはベーキングストーンか、凹凸のある天板にのせて焼くタイプもたくさんあります）。フラットブレッドにはピタパンのように袋状になるものもあれば、エチオピアやエリトリアで食べられるインジェラのようにぶ厚くて、スパイシーなソースに浸して食べるものもあります。

　カリッとしたラバッシュは、数あるフラットブレッドの中でも特に人気を集めています。ラバッシュをうまく作るコツは、生地を紙のように薄く延ばすことです。延ばした生地を前もってクラッカーの形に切っておいてもいいし、焼成が終わってから割って、不揃いな形のかけらを作ってもいいでしょう。このかけらをパンかごに入れてアレンジすると、とてもおしゃれに見えます。

【解説】
●この生地はベーグルとほぼ同じくらい水分が少ないため、ミキサーで混ぜるよりも手で捏ねるほうが簡単です。
●ロールサンドイッチ用の軟らかいラバッシュを作ることもできます。その場合はレシピよりもやや厚めに生地を延ばし、切らずにそのままオーブンに入れ、カリッとする前にオーブンから出します。そうすると、水分は少ないけれど、クリスピーとまではいかないクラッカーができます。ロールサンドイッチを作る準備ができたら、クラッカーに霧吹きで水をかけてください。3〜5分待つと、魔法のように軟らかくなり、小麦粉のトルティーヤのように扱いやすくなります。
●同じ生地を使っておいしいピタパンを作りましょう。生地170gを直径20cmの円形に延ばし（厚さ6mm程度）、ベーキングストーンか天板にのせて260℃のオーブンで2〜4分焼きます。生地が膨らんで袋状になったら10まで数えて、ピールかヘラでオーブンから取り出します。必ずカリッとしてキツネ色に変わる前に取り出してください。冷めてゆっくりしぼんできたら、半分に切ってポケットの中に具材を詰めます。

できあがりの分量　天板1枚分

	原書オリジナル		日本仕様
	%	g	g
強力粉または準強力粉	100	191	150
インスタントドライイースト	0.8	1.5	1.2
塩	1.9	3.5	2.9
ハチミツまたはグラニュー糖	11.1	21	17
植物性油脂	7.4	14	11
水（常温）	59.25	113	89
卵白（1個分に水大さじ1を加えてよく溶きほぐし、泡が消えたもの）（仕上げ用、好みで）		適量	適量
ケシの実、ゴマ、パプリカ、クミンシード、キャラウェイシード、またはコーシャーソルト（仕上げ用）		適量	適量
合計		180.45	

1　ボウルに粉、塩、インスタントドライイースト、ハチミツ、油脂を入れ、必要なだけの水を足しながらかき混ぜ、一まとまりにまとめる。水は分量すべては必要ないかもしれないが、念のために用意しておく。

2　作業台に軽く手粉を振り（またはP77のオイルスリックの準備をして）、そこに生地を移す。6分ほど、または材料がむらなく混ざり合うまで捏ねる。グルテンチェック（P76～）でグルテン膜の延びが確認でき、生地温度が25～27℃になっていればよい。フランスパンの生地より硬く、ベーグル生地ほどは硬くなく（私はこれを「中くらいの硬さ」と呼んでいる）、触ると滑らかで、べたつかず、引っ張るとのびるくらいしなやかな状態になっていること。薄くオイルを塗ったボウルに生地を移し、転がして全体にオイルをつける。ボウルにラップをかける。

3　室温で90～120分、または生地が2倍の大きさになるまで一次発酵させる（あるいは、捏ねたあとすぐに冷蔵庫に入れて、一晩置いてもよい）。

4　スプレーオイルを軽くかけた（または薄めのオイルスリックを準備した）作業台に生地を移す。手で生地を押さえて四角形にして、生地の表面に軽く粉を振るかスプレーオイルをかける。めん棒で生地を延ばして天板いっぱいの、紙のように薄いシート状にする。グルテンがゆるむように、ときどき中断する必要があるかもしれない。そういう場合は、作業台から生地を持ち上げ、少し振ってから台に戻す。グルテンをゆるませているあいだは、布巾かラップで覆っておく。思っていた薄さになったら、生地を5分休ませる。天板にベーキングシートを敷く。シート状の生地を慎重に持ち上げ、ベーキングシートの上にのせる。もし生地が天板

の縁からはみ出したら、はみ出た部分をハサミで切り取る。

5　オーブンを180℃に温めておく。生地の表面に霧吹きで水をかけるか卵白の液をハケで塗り、❶シード類かスパイス類をたっぷり散らす（たとえば、ケシの実、ゴマ、パプリカ、クミンシード、キャラウェイシード、コーシャーソルトまたはプレッツェルソルトなどを交互に列状に並べる）。スパイス類は少量でも風味が強いため、使いすぎないよう注意する。前もってクラッカーを切りたければ、❷ピザカッター（回転式カッター）を使って、生地をひし形か長方形に切る。焼いたあとにパリンと割れるので、生地は切り離さなくてもよい。かけら状のラバッシュにする場合は、切れ目を入れずにシート状のまま焼く。

6　オーブンで15〜20分、またはクラッカーの表面がむらなく褐色になるまで焼く（かかる時間は、生地をどれだけ薄く、むらなく伸ばしたかによる）。

7　クラッカーが焼けたら、オーブンから天板を取り出し、10分ほど天板の上で冷ます。冷めたら切れ目にそって割るか、かけら状に割ってからテーブルに出す。

小麦全粒粉入りの軽いパン Light Wheat Bread

★パンの特徴
エンリッチタイプでスタンダードな生地。ストレート法。インスタントドライイースト使用。

★作業日数：1日
ミキシング　10〜15分
延ばし&折りたたみ、一次発酵、成形および二次発酵　4時間30分
焼成　35〜40分

このレシピでは、粉の総重量に対する小麦全粒粉の比率を37.5％にしました。全粒粉入りの軽いパンを作るときにはこの程度の割合で配合することが多く、仕上がりは市販の軟らかい食パンと似たような感じになります。もちろん、全粒粉にこだわる人から見れば、ちょっと情けない比率でしょう。ですから、小麦全粒粉の比率100％のパンのレシピも載せました（P322）。色んな意見があるでしょうが、おいしくて、軟らかくて、でも真っ白ではない食パンが食べたいときもありますよね。この用途の広いパンは、そんな要求を満たしてくれます。

できあがりの分量　食パン1斤型1個分（約460g）

	原書オリジナル %	原書オリジナル g	日本仕様 g
超強力粉または強力粉	62.5	319	156
全粒粉	37.5	191	94
インスタントドライイースト	0.94	5	2.4
塩	2.1	11	5.3
グラニュー糖またはハチミツ	4.2	21	11
全脂粉乳またはスキムミルク（脱脂粉乳）	5.6	28	14
植物性油脂または無塩バター（常温に戻したもの）	5.6	28	14
水（常温）	67	340	168
合計	185.4		

1　大きめのボウルに、粉類、砂糖（使う場合）、塩、全脂粉乳、インスタントドライイーストを入れてかき混ぜる。そこに植物性油脂、ハチミツ（使う場合）、水を加えて、1分間、または材料がざっとまとまって一まとまりになるまでかき混ぜる。ボウルの底にまだ粉気が残っていたら、さらに水を垂らし入れて、柔らかく、しなやかな生地にする。硬すぎるよりは、少し柔らかめのほうがよい。

【解説】
●このパンに発酵種の手法を使っても、大した効果はありません。ストレート法で作りますから、ホームベーカリーで作るととてもおいしくできます。

2　超強力粉か強力粉を振った作業台に生地を移し、捏ね始める。必要なら粉を足して、硬いがしなやかさもあり、粘り気はあ

ってもべたつきのない生地にする。捏ねるのに6分ほどかかる。グルテンチェック（P76〜）でグルテン膜の延びが確認でき、生地温度が25〜27℃になっていればよい。薄くオイルを塗った大きいボウルに生地を移し、転がして全体にオイルをつける。ボウルにラップをかける。30分経ったら延ばし＆折りたたみ（P77、P168参照）を行う。さらに30分おいてから、もう一度延ばし＆折りたたみを行う（計2回の延ばし＆折りたたみ作業）。

3　室温で1時間30分から2時間、または生地が2倍の大きさになるまで一次発酵させる。

4　作業台に薄めのオイルスリックを準備する（P77参照）。ボウルから生地を取り出してオイルスリックの上に置き、手で押さえて、厚さ約1cm、幅15cm×長さ20〜25cmの長方形にする。次に、P103に示したようなローフ形に成形する。薄くオイルを塗った1斤型に生地を入れる。表面にスプレーオイルをかけ、ラップをふわりとかける。

5　室温で約90分、または生地が型の縁を超えるくらいに膨らむまで二次発酵させる。

6　オーブンを180℃に温めておく。

7　オーブンに入れた天板の上に1斤型をのせ、20分焼く。むらなく焼くために、天板を前後に180度回転させ、オーブンの種類によって15〜20分、さらに焼く。パンの上面も側面もキツネ色になり、底を叩いて乾いた音がすれば焼き上がっている。

8　焼き上がったらすぐに型から取り出し、金網の上で少なくとも1時間、できれば2時間冷ましてから、切るかテーブルに出す。

マーブル模様のライ麦パン Marbled Rye Bread

★パンの特徴
エンリッチタイプでスタンダードな生地。ストレート法。インスタントドライイースト使用。

★作業日数：1日
ミキシング　10〜15分
一次発酵、成形および二次発酵　3時間
焼成　30分

　濃い色と淡い色の、2種類のライ麦パンを用意しました。どちらも単独で食べてもおいしいパンですが、組み合わせると美しいマーブル模様のパンになり、子ども時代の思い出が甦ります。このパンがたびたび登場する人気ドラマもありました。同じライ麦パンでもサワードウの手法が向いているオニオン・ライブレッドやデリ・ライブレッドと違い、このパンはストレート法で作ります。作りやすさ、軟らかな食感、編み込みもブレンドもしやすい柔軟さなどで、私の生徒のあいだで人気のパンです。

できあがりの分量　マーブル模様のライ麦パン1個分（1斤型を使用　約440g）

		原書オリジナル		日本仕様
		%	g	g
薄い色の生地	強力粉またはクリアー粉（＝二等粉）	69.2	383	90
	ホワイトライ（白いライ麦粉）	30.8	170	40
	インスタントドライイースト	0.97	5.5	1.3
	糖蜜（モラセス）	3.8	21	5
	塩	1.9	11	2.5
	植物性油脂	5.1	28	7
	水（常温）	56.4	312	73
	キャラウェイシード（好みで）	0.87	5	1.1
濃い色の生地	強力粉またはクリアー粉（＝二等粉）	69.2	382	90
	ホワイトライ（白いライ麦粉）	30.8	170	40
	インスタントドライイースト	0.97	5.5	1.3
	糖蜜（モラセス）	3.8	21	5
	塩	1.9	11	2.5
	植物性油脂	5.1	28	7
	水（常温）	56.4	312	73
	キャラウェイシード（好みで）	0.87	5	1.1
	カラメル色素（液体）	2.6	14	3
	（あるいはココア、キャロブ、またはインスタントコーヒー［それぞれ粉末を水7gに溶かす］	5.1	28	7）
	全卵または卵白（1個分に水大さじ1を加えてよくときほぐし、泡が消えたもの）		適量	適量
合計	薄い色の生地		169	
	濃い色の生地（カラメル色素を使う場合）		171.6	
	（ココア、キャロブ、インスタントコーヒーを使う場合）		174.1	

1　まず薄い色の生地を作る。大きめのボウルに粉類、塩、インスタントドライイースト、キャラウェイシード（使う場合）を入れてかき混ぜる。そこに糖蜜（モラセス）、植物性油脂、水60gを加える。残りの水から必要な分だけ足しながら、粉気がなくなり、一つにまとまるまで混ぜる。作業台に軽く手粉を振り（またはP77のオイルスリックの準備をして）、そこに生地を移し、捏ね始める。必要なら粉を足しながら4〜6分、生地にしなやかさが出て、やや粘りはあるがべたつかない状態になるまで捏ねる。薄くオイルを塗った大きいボウルに生地を移し、転がして全体にオイルをつける。ボウルにラップをかける。

2　次に濃い色の生地を作る。大きめのボウルに粉類、塩、インスタントドライイースト、キャラウェイシード（使う場合）、ココアかキャロブかインスタントコーヒー（使う場合）を入れてかき混ぜる。そこに糖蜜、植物性油脂、水60g、液体のカラメル色素（使う場合）を加える。残りの水から必要な分だけ足しながら、粉気がなくなり、一つにまとまるまで混ぜる。作業台に軽く手粉を振り（またはP77のオイルスリックの準備をして）、そこに生地を移し、捏ね始める。必要なら粉を足しながら、4〜6分、生地にしなやかさが出て、やや粘りはあるがべたつかない状態になるまで捏ねる。薄くオイルを塗った大きいボウルに生地を移し、転がして全体にオイルをつける。ボウルにラップをかける。

3　両方の生地を室温で約90分、または2倍の大きさになるまで一次発酵させる。

4　作業台に軽く手粉を振るかオイルを薄く塗り、そこに両方の生地を移して、P220に示した成形方法のいずれかを使って分割と成形を行う。

5　生地にスプレーオイルをかけ、ラップをふわりとかける。室温で60〜90分、または生地がほぼ2倍の大きさになるまで二次発酵させる（たいていのオーブンは一度に2枚の天板を入れられないため、2倍量作るなら、あと1個分はすぐに生地の二次発酵を行わず、冷蔵庫に入れる。2日後までなら、冷蔵庫から出した生地を二次発酵させて焼くことができる）。

6　オーブンを180℃に温めておく。卵液をハケで生地にむらなく、丁寧に塗る。

7　オーブンで30分ほど焼く。焼き時間はオーブンにもよるし、生地をそのまま天板にのせて焼くか、型に入れて焼くか（このほうが時間がかかる）、あるいはパンの大きさによっても変わってくる。むらなく焼くために必要なら20分後、天板を前後に180度回転させる。パンの底を叩いて乾いた音がすれば焼き上がっている。

8　パンが焼き上がったらすぐに取り出し（型に入れているなら型から出し）、網の上で少なくとも1時間、できれば2時間冷ましてから、切るかテーブルに出す。

【解説】
● 2つ以上の生地を組み合わせて一つの生地にする場合、最も重要なのは、テクスチャーも発酵時間もほぼ同じ生地を使うことです。そうすれば色は違っても食感は変わらず、焼き上がるまでに必要な時間も同じになります。
● 一般的にベーカリーではライ麦パンを作るときクリアー粉（二等粉）を使用します（P45参照）。このレシピはふつうの強力粉もしくは超強力粉で問題なく作れますが、もし手に入るならぜひクリアー粉（二等粉）を使ってください。
● ホワイトライは、ふすまと胚芽を取り除くために2度ふるいにかけたライ麦粉です。しかし、ライ麦粉はふるいにかけられても真っ白にはならず、黄色がかった色合いが残ります。小麦粒から製粉した小麦粉とはそこが違います。ライ麦粉には他にも、ライ麦全粒粉（小麦全粒粉と同じように、ライ麦の粒をそのままひいた粉）や、ダークライ（ライ麦の胚乳の外側を含めて製粉したもので、粒子が粗く、色素が大量に含まれている）、プンパニッケル用ライ麦（ライ麦の粒を粗くひいたもの）、ライミール（プンパニッケル用よりさらに粗びきのもの。ただし粗さはメーカーによって異なる）などがあります。ダークライはドイツ風ライ麦パンのようなパンを作るのにはぴったりですが、ずっしりと重いローフになる傾向があるので、このレシピのマーブルパンには向いていません。
● 昔からライ麦パンを作るときには、多くのベーカリーでオイルよりも植物性ショートニングがよく使われていました（本書の旧版でも、このレシピではショートニングを使用しています）。けれどこのパンは植物性油脂でも十分においしくできますし、植物性油脂は、健康に悪いという理由で料理やパン作りに使われなくなっている硬化油脂ではありませんから、その面でも安心です。
● カラメル色素は簡単に言うと砂糖を焦がしたもので、液体のものがベーキング用品店などで購入できます。カラメル色素を使って濃い色のライ麦パンを作るときは、カラメル色素と同量の水を材料から減らしたほうがいいでしょう。そうすれば、薄い色と濃い色の生地の最終的なテクスチャーが同じになるように調整できます。カラメル色素のかわりにココア、インスタントコーヒー、あるいはコーヒーやココアの代用品のキャロブパウダーを使うこともできますが、生地に苦みがつき、それを好まない人もいます（私はおいしいと思いますが）。いずれもパウダーで乾いた材料ですから、液体材料ではなく粉類などに混ぜることをおすすめしますが、薄い色の生地のテクスチャーに合わせるために、必要に応じて大さじ1杯程度の水を追加してください。
● ライ麦パンは小麦粉のパンよりも短時間でミキシングしなければなりません。ミキシングしすぎるとライ麦に含まれるペントザンの働きで粘りが出るからです（ライ麦のタンパク質は小麦粉のタンパク質とはタイプが違い、グルテニンではなくグルテリンを含有しています）。いったん生地にネバつきが出ると、どんなに小麦粉を加えてもネバネバを消し去ることはできません。
● ネバついてきたと思ったらミキシングを終了し、生地がくっつかないように手に粉をつけて、先の工程に進みましょう。

マーブル模様のライ麦パンの成形〔写真は原書のもの。日本仕様のレシピの2倍量〕

❶ 2色の生地をそれぞれ6等分する。分割した生地を2つの山に分ける。その際、1つの山に濃い色の生地と薄い色の生地を3個ずつ入れる。

❷ 2つの山をそれぞれ、しっかりとひとかたまりにしてから、

❸ バタール形（P95）に成形する。成形した生地は型に入れないで焼いてもよい（お薦め）。

❹ オイルを塗った1斤型に入れて焼いてもよい。型に入れない場合は、天板にベーキングシートを敷く。成形したローフを天板の長辺に合わせて横向きにのせる。

牛の目ローフまたは渦巻きローフの成形〔写真は原書のもの。日本仕様のレシピの2倍量〕

❶ 2色の生地をそれぞれ2等分する。分割した生地をめん棒で13cm×20cmの楕円形に延ばす。渦巻きローフの成形：まず薄い色の生地を置き、その上に濃い色をのせ、さらに薄い色、濃い色と重ねる。

❷ これを転がしてバタール形にして、底面を閉じる。ベーキングシートを敷いた2枚の天板の短辺に合わせて横向きに生地をのせるか、1斤型に入れる。牛の目ローフの成形：まず濃い色の生地を長さ約20cmのバタール形にする。

❸ バタール形の生地を薄い色の生地で包んで、底面を閉じる。残りの生地も同じように成形して2個の小さいローフを作る。ベーキングシートを敷いた天板に成形したローフをのせる。

マーブル模様のライ麦編みパンの成形：まず2色の生地をそれぞれ2等分する。分割した生地を転がし、長さ25〜30cmほどで、中央が太く、先がやや細めの紐状に伸ばす。次に、P108に示した4本編みの方法で淡色2本と濃色2本を編む。天板にベーキングシートを敷き、天板の長辺に合わせて横向きに編みパンをのせるか、オイルを塗った1斤型に入れる。

とびきりおいしいマルチグレイン・ブレッド
Multigrain Bread Extraordinaire

★パンの特徴
エンリッチタイプでスタンダードな生地。中種法。インスタントドライイースト使用。

★作業日数：2日
1日目：前処理　5分
2日目：ミキシング　10〜15分
延ばし&折りたたみ、一次発酵、成形および二次発酵　3時間半〜4時間
焼成　15〜40分

栄養豊富で、しかもおいしいマルチグレインのパンを生み出すために、もっといい方法はないものか。もっと、もっと……私はいつもそんな思いで、果てしない追求の旅を続けています。ですから、たとえば前処理の手法（P69〜参照）など、これまで説明してきた先進の知識を使って酵素を活性化し、糖類の分解を促進するといったことは、ごく自然な進歩に思えます。このレシピは、私のパンの中ではおそらく最もよく知られている「ストゥルアン・ブレッド」のバリエーションのひとつです。私はずっと、オリジナルバージョンの持つ風味を超えるストゥルアン・ブレッドを作るのは、不可能だと思っていました。しかしこのバージョンは、オリジナルの風味を留めている上に、ストレート法で作るオリジナルバージョンでは使えなかった穀類の使用を可能にしました（オリジナルバージョンのレシピは私の著書 *"Brother Juniper's Bread Book"* と *"Bread Upon the Waters"* に載っています）。アワ、キヌア、アマランサス、ソバの実などに前もって火を通さなくても、トウモロコシやオーツ麦の代わりに使う（またはいっしょに入れる）ことが、前処理の手法で可能になったのです。また、発芽穀物を混ぜることもできます。

数えきれないほどのお客様から寄せられた賞賛の声を根拠として、私は自信をもって言えます。このパンと、その応用形のパンで作ったトーストは、世界一おいしいトーストだと。ハチミツとブラウンシュガーで糖分を加えていますから、焼成中もそうですが、トーストしているときは特にカラメル化が速く進みます。たっぷり入れた穀類が水分を保ちますから、トーストしてカリッと焼けても、しっとりした甘味は失われません。このパンのもつ風味は、卵サラダ、ツナサラダ、チキンサラダ、BLT（ベーコン、レタス、トマト）など、マヨネーズを使ったサンドイッチの具との相性が絶妙です。私はほぼいつも、ケシの実でトッピングします。パンの見栄えがよくなるし、味も見た目も、たとえばゴマよりも魅力的だからですが、もちろんゴマのほうを好む人もいます。また、シード類をまったく使わなくても問題ありません。この生地はロールパンにしたり、型を使わず好きな形に焼いたりしてもかまいませんが、私が最高の食べ方だと思うのはサンドイッチかトーストです（トーストサンドなら言うことなしです）。

【解説】
●小麦ふすまが手元になければ、小麦全粒粉を目の細かいふるいにかけて、ふすま粉を分けましょう。ふるい落とされた小麦粉はライ麦パンやパン・ド・カンパーニュに使うことができます（あるいは小麦全粒粉に戻して混ぜこんでもいいでしょう）。
●このレシピで使う玄米はごく少量ですから、そのためだけに玄米を煮るのは面倒です（このレシピよりもよほど多めにパンを焼くのでないかぎり）。食事のときに玄米を調理したら、このパンを作るときのように特別な用途のために、少し取り置きしておくといいでしょう。冷蔵庫で4日までなら保存できます（それ以上置くと、酵素の性質が変化し、生地の形成がうまく進まなくなります）。冷凍庫なら小さな袋に入れて保存すれば、6か月間使用可能です。白米を使ってもかまいませんが、このパンには玄米がよくなじみます。
●牛乳もバターミルクも使わず、代わりに同量の水を使う方法もあります。ミルクを使ったときほど柔らかくなく、焼き色も薄めの仕上がりになるでしょう。ミルクは生地を柔らかく、風味豊かにするだけでなく、少量含まれている乳糖がクラストのカラメル化を促進するからです。ヘンプミルク〔麻の実のミルク〕、豆乳、ライスミルク、アーモンドミルクなど、乳成分を含まないミルクも使えます。

できあがりの分量　食パン1斤型1個分（約460g）

		原書オリジナル		日本仕様
		%	g	g
前処理	粗びきコーンミール（またはポレンタと表示してあるもの）、アワ、キヌア、またはアマランサス	50	28	15
	オーツ麦または小麦、ソバの実、またはライ小麦のフレーク	37.5	21	11
	小麦ふすま	12.5	7	4
	水（常温）	100	57	30
生地	前処理	29.5	113	59
	超強力粉または強力粉	100	382	200
	軟らかく煮た玄米	7.4	28	15
	インスタントドライイースト	2.4	9.5	4.8
	塩	2.8	11	5.6
	ブラウンシュガー	11.1	42.5	22
	ハチミツ	7.4	28	15
	バターミルクまたは牛乳か乳成分を含まないミルク（どんな種類でもよい）	29.6	113	59
	水（常温）	44.4	170	89
	卵白（1個分に水大さじ1を加えてよくときほぐし、泡が消えたもの）		適量	適量
	ケシの実（仕上げ用）		約小さじ1（好みで）	約小さじ1/2（好みで）
合計			234.6	

		原書オリジナル		日本仕様
		%	g	g
全体の配合	超強力粉または強力粉	100	382	200
	コーンミール	7.3	28	15
	オーツ麦（または他の穀類）	5.5	21	11
	小麦ふすま	1.8	7	4
	煮た玄米	7.3	28	15
	インスタントドライイースト	2.5	9.5	4.8
	塩	2.9	11	5.6
	ブラウンシュガー	11.1	42.5	22

ハチミツ		7.3	28	15
バターミルク		29.6	113	59
水		59.4	227	119
合計		234.7		

1. パン作りの前日に、前処理をする。まず、小さいボウルにコーンミール、オーツ麦、ふすま（あるいは他の穀物）と水を入れる。穀類が水分を吸収しすぎないように、水は穀類が隠れる程度の量にする。ボウルにラップをかけて、室温で一晩置いて酵素を活性化させる（気温が高ければ冷蔵庫に入れて一晩置く）。

2. 当日、生地作りをする。大きめのボウルに小麦粉、ブラウンシュガー、塩、インスタントドライイーストを入れてかき混ぜる。そこに前処理、玄米、ハチミツ、バターミルク、少なめの水を加え、材料が一つにまとまるまでかき混ぜる。もし粉気が残っていたら、さらに水を足す。

3. 作業台に手粉を振り（またはP77のオイルスリックの準備をして）、そこに生地を移し、捏ね始める。柔らかくしなやかで、粘り気はあるがべたつかない生地になるよう、必要に応じて粉を足しながら8分ほど捏ねる。すると個々の材料が目立たなくなってひとつにまとまり、滑らかになって少し艶も出てくる。グルテンチェック（P76〜）でグルテン膜の延びが確認でき、生地温度が25〜27℃になっていればよい。薄くオイルを塗ったボウルに生地を移し、転がして全体にオイルをつける。ボウルにラップをかける。30分経ったら延ばし＆折りたたみ（P77、P168参照）を行い、オイルを塗ったボウルに生地を戻す。生地の水分が多すぎてべたつくようなら、延ばし＆折りたたみの作業時に粉を足す。

4. 室温で1時間半〜2時間、または生地が2倍の大きさになるまで一次発酵させる。

5. ボウルから生地を取り出し、手で押さえて、厚さ約1cm、幅15cm×長さ20〜25cmの長方形にする。P103に示したようなローフ形か、好みで別の形に成形する。薄くオイルを塗った1斤型に生地を入れるか、ロールパンや型に入れないローフを作るならベーキングシートを敷いた天板にのせる。生地の表面にハケで卵白の液を塗り（あるいは霧吹きで水をかけ）、ケシの実を散らす。次にスプレーオイルをかけ、生地にラップか布巾をふわりとかける。

6. 室温で90分ほど、または生地がほぼ2倍の大きさになるまで二次発酵させる。1斤型を使っているなら、生地が型の縁の上まで膨らみ、真ん中がドーム状に盛り上がって型の上に1cmほど出るまで発酵させる。

7   オーブンを180℃に温めておく。

8   オーブンの中段で13〜15分ほど焼く。おそらくこの時点で小さいロールパンは焼き上がる。それ以外のものは、天板を前後に180度回転させ、型に入れないローフはさらに15分、1斤型に入れたローフははじめに20分、前後を回転させて15〜20分焼く。パンの表面がキツネ色になり、底を叩いて乾いた音がすれば焼き上がっている。

9   パンが焼き上がったらすぐに取り出し、金網の上で少なくとも1時間、できれば2時間冷ましてから、切るかテーブルに出す（ロールパンは20分以内に冷める）。

パン・ア・ランシエンヌ Pain à l'Ancienne

★パンの特徴
リーンでリュスティックタイプの生地。ストレート法。インスタントドライイースト使用。

★作業日数：2日
1日目：ミキシング、延ばし＆折りたたみ　30分
2日目：一次発酵、成形および型入れ　2〜3時間
焼成　20〜25分

【解説】
●この生地はピザやフォカッチャ用のノンオイルの生地としても最高です。"応用レシピ" やナポリタンピザ（P246）とフォカッチャ（P187）のレシピを参照してください。
●この生地はチャバッタの生地のようにとてもべたつくので、電動ミキサーかフードプロセッサー（P74参照）で作るのがいちばんです。もし手で捏ねるなら、P75の方法に従ってください。
●レシピを試作したリリー・マイヤーズは、このパンにクープを入れるときはナイフやクープナイフではなく、よく切れるハサミを使ったほうがいいと提案してくれました。たしかに、このようにウェットな生地に通常の方法で切りこみを入れるのは難しいものです。ハサミを使うなら、先端で生地をつまんで短い切れ目を入れるのではなく、ハサミを大きく開いて、刃で長い切れこみを入れましょう。
●この生地を使って、「フィセル」と呼ばれるフランスのパンに近い、細くて軽いミニバゲットを3本作ることもできます。また、さらに小さいブレッドスティックのようなパンなら4〜5本でき、10〜15分ほどで焼き上がります。

本書の旧版で、私は次のような見解を記しました。「このパンに使う手法は、製パン業界にとって、そしてプロでもアマチュアでもパンを焼く人にとって、非常に重要なものになるでしょう」。それから15年のあいだに、この考えが正しかったことがさまざまな形で証明されてきました。発酵を遅らせるこのユニークな手法は冷水の使用が大きなポイントで、12の工程を使う伝統的な手法とは異なる方法で、小麦粉に閉じこめられた風味を引き出します。完成したパンには自然な甘味とナッツのような香ばしさがあります。まったく同じ材料を使っても、標準的な発酵法で作ったパンは、たとえ発酵種の比率が高くてもそんなふうにはなりません。また、生地はチャバッタ風の生地と同じくらいウェットですから、幅広い用途があります。パリのフィリップ・ゴスランのようにバゲットを作ることもできれば、チャバッタ、プリエーゼ、スティラート、パン・リュスティック、さらにはピザやフォカッチャまで作ることができます。長時間発酵の生地で作るパンは今や大ブームですが、そのきっかけは（少なくとも出版物という形では）ここで紹介した手法でした。私の予測は現実となって、この手法は大きく花開いたのです。

このパンには、温度の操作によってパン作りにかかる時間をコントロールし、さらにパンの仕上がりも思い通りにする新しい方法が使われています。低温でのミキシングと発酵サイクルによって、アミラーゼという酵素がデンプンを糖類に分解する作業を始めるまで、パン酵母の活性化が抑えられます。そして生地を室温に戻すと、パン酵母が目覚めて餌を食べ始めます。餌になるのは、前日には存在しなかった糖です。この時点では、分解された糖のうち、パン酵母によってアルコールと二酸化炭素に変換されているのは少量であるため、あとの糖はすべて、発酵した生地の中に留まって風味の元となり、焼成の工程ではクラストのカラメル化を起こします。以前の私は、長時間発酵の手法はどんな生地にも使えるわけではない（特に砂糖など、生地に風味をつける材料が入っている場合）と思っていましたが、その後、ほぼどんな種類の生地にも使えることがわかりました（旧版のあとに出た"Artisan Breads Everyday"にもそのようなレシピを載せています）。この手法は適切に使えば、私の知るどの発酵法よりも小麦の風味を引き出してくれます。おまけに、何やら難

しげな科学がかかわってはいますが、本書の中でも最も作りやすい部類に入るパンなのです。なお、ここで紹介するパン・ア・ランシエンヌはゴスランの手法をもとにしてはいますが、同じではありません（旧版のレシピとも少し違っています）。

　ジョンソン＆ウェールズ大学で、さらには私がアメリカ中で開いている趣味のパン作りワークショップでも、生徒たちの関心を最も集めつづけているのは、間違いなくこの生地です。彼らをとりこにするのはこのパンの風味だけでありません。もちろん、おいしくなければ、面白い発想の手法だけれど現実的に意味がない、ということになってしまいますから、風味は大事です。しかし生徒にとって魅力的なのは、自分がパン作りの未知の領域に足を踏み入れているという感覚であり、まだプロの世界でも地図に記されていない、これから探検すべき領域があるのだという気づきなのです。パン作りのプロセスに対する理解が深まるとともに、わかってくることがあります。それは、私たちはまだ、パン作りの可能性を発見する旅の初期段階にいるのだということです。人生のどんな局面においてもそうであるように、自分がそのような場所に立っていると思うと、血が騒ぎます。私たちは今、世界の果てに立ち、古代の地図によく記されている「不明の領域ここにあり」という言葉に対峙しているのです。

できあがりの分量　小さいバゲット（約210g）2本分、またはフォカッチャ1枚分

	原書オリジナル %	原書オリジナル g	日本仕様 g
強力粉	100	765.5	240
インスタントドライイースト	0.7	5.25	1.7
塩	2	16	4.8
水（13℃の冷水）	79.6	609.5	191
強力粉、またはセモリナ粉かコーンミール（天板用）		適量	適量
合計	182.3		

1　大きめのボウルに粉、塩、インスタントドライイースト、水を入れ、大きなスプーンを使って手で混ぜる。その後、さらに捏ねて生地がボウルの底にはくっつくが、側面にはくっつかない状態にする。そうならなければ、その状態になるまで少しずつ粉を足していく（逆に生地が硬すぎて、ボウルの側面だけでなく底からも離れているなら、水を垂らし入れる）。
　作業台にオイルスリックの準備をする（P77参照）。手にオイルか水をつけ、オイルを塗ったドレッジで生地を作業台に移し、延ばし＆折りたたみ（P77、P168参照）を行って生地をひとまとまりにする。大きいボウルに薄くオイルを塗り、そのボウルを生地にかぶせる。5分経ったらもう一度延ばし＆折りたたみを行い、

またボウルをかぶせる。5分の間隔をあけて延ばし&折りたたみをさらに2回行う。延ばし&折りたたみの作業をするたびに、少しずつ硬さが増してべたつきが減ってくるが、チャバッタの生地のようにある程度べたつきの残る生地になる。最後の延ばし&折りたたみが終わったらオイルを塗ったボウルに生地を入れ、生地の表面にスプレーオイルをかけて、ボウルにラップをかける。

2 すぐにボウルを冷蔵庫に入れて、一晩置く。

3 翌日、生地が冷蔵庫の中で膨らんでいるか確認する。おそらくある程度は膨らんでいるが、2倍にまではなっていない（膨らみ方は冷蔵庫の冷え具合とドアを開閉する頻度による）。ボウルに入った生地を冷蔵庫から出し、室温で2～3時間（必要ならそれ以上）置き、生地を目覚めさせて常温に戻し、一次発酵を続ける。生地が冷蔵庫に入れる前の大きさの2倍になればよい。

4 生地の準備ができたら、作業台に強力粉（約0.2カップ）をたっぷり振る。生地がくっつかないように両手にオイルを塗り、冷水につけるかオイルをすりこんだドレッジで生地を作業台に移す。生地を移すときにガスをできるだけ抜かないようにする。生地がウェットすぎるようなら、手粉を生地の下だけでなく上にも振る。生地をやさしく転がして全体に粉をつけながら、長さ20cm×幅15cmほどの楕円形に延ばす。もし生地がべたつきすぎて扱いにくければ、さらに手粉を振る。スケッパーを水につけては生地を押し切りすることを繰り返して、生地の端から端

水分の多い生地の例にもれず、この生地を扱うには、手にも作業台にもかなり多めの粉が必要になる。

まで横半分に切る。(スケッパーをのこぎりのようにひかず、一気に押し切ること)。その後、生地を5分間休ませる。

5 P114で示した炉床での焼成の準備をし、忘れずに空のスチーム用天板を入れておく。オーブンを260℃（高温設定ができるなら290℃）に温めておく。天板の裏にベーキングシートをのせ、軽くスプレーオイルをかけて、強力粉かセモリナ粉、またはコーンミールを振る。P230に示した手順で成形を行う。

6 バゲットのクープ（P113～）の要領で、細長い生地の表面に斜めに3本の切れ目を入れる（ハサミを使う方法については【解説】を参照）。生地がべたべたしているので、必要なら切れ目を入れるたびにクープナイフや波刃ナイフを水につける。もし生地がうまく切れそうにないなら、切れ目は入れなくてもよい。

7 天板を予熱したオーブンまで運び、生地をベーキングシートごとベーキングストーンの上に滑らせる（ベーキングストーンの向きによって、天板の長辺ではなく短辺のほうから生地を滑らせてもよい）。あるいは生地ののった天板をそのままオーブンラックにかける。このとき、生地どうしがくっつかないように気をつける（必要なら手を伸ばしてオーブンの中に入れ、ベーキングシート、または生地の位置を直す）。スチーム用天板に熱湯を50ml注ぎ、扉を閉める。30秒後、オーブンの壁に霧吹きで水をかけ、扉を閉める。30秒ごとに同じ作業を2回繰り返す。最後の霧吹きの後、オーブンの設定温度を250℃に下げて、さらに焼く。焦げそうなら途中で温度を下げる。もし、一度にこの倍量を仕込んでいたら、このあいだにもう1枚別の天板にのせた生地に手粉を振り、スプレーオイルをかけて、食品用のビニール袋に入れるか、布巾またはラップをかけておく。この生地を1時間以内に焼く予定がなければ、天板を冷蔵庫に入れて、あとで、または翌日、冷蔵庫から出してすぐに焼く。この生地で水分の多いチャバッタ風のパンを焼きたいなら、室温で1～2時間置いてから焼く。発酵が進むにつれ、チャバッタの生地に似た性質の生地になる。

8 パンは8～9分以内に色づき始める。この時点でパンがむらなく焼けていなければ、天板を前後に180度回転させる。さらに10～15分、またはパンが濃いキツネ色になるまで焼く。

9 熱々のパンを金網に移す。パンはほとんど重さを感じさせないくらい軽く、20分ほどで冷める。冷ましているあいだに、残りの生地を焼く。オーブンから1回目のベーキングシートを取り出すのを忘れずに、設定温度を260℃以上まで上げてから2回目の焼成を行う。

パン・ア・ランシエンヌ・バゲットの成形〔写真は原書のもの。日本仕様のレシピの3倍量〕

❶ 生地の1つを取り、同じ長さに3等分する。残りの半分の生地も同じようにする。これで紐状の生地が6本できる。

❷ 手粉をつけた手で生地を1本そっと持ち上げ、ベーキングシートを敷いた天板に移し、やさしく引っ張って天板（またはベーキングストーン）と同じ長さまで伸ばす。もし生地が縮んだら、5分休ませてからもう一度やさしく伸ばす。このやり方で天板に3本の生地をのせたら、もう1枚の天板を用意し、残りの3本も同じようにする（【備考】紐状に切った生地を伸ばさず、そのまま使ったほうがパンの形が揃うため、そちらのやり方を好む人もいます）。

応用レシピ

パン・ア・ランシエンヌを使ったピザ

作業台にたっぷり手粉を振ります。生地がくっつかないように両手を冷水につけ、冷水につけておいたドレッジを使って、発酵を終えた生地をボウルから作業台へ静かに移します。スケッパーを繰り返し冷水につけながら、生地を2〜3等分します。次に切り分けた生地をやさしく丸めます。このとき、必要以上にガスを抜かないように注意しましょう。天板にベーキングシートを敷き、軽くスプレーオイルをかけます。丸めた生地に粉をまぶし、ベーキングシートの上に置いてスプレーオイルをかけます。天板を食品用のビニール袋に入れるかラップでふんわりと覆って、すぐにピザを作る場合を除き、冷蔵庫で保存します。冷蔵保存で3日までもつでしょう（冷凍保存する場合は、1個ずつジッパーつきの保存袋に入れて冷凍庫に入れれば、最長3か月もちます）。成形を始める2時間前に、使いたい数だけ生地を冷蔵庫から取り出し、P250の手順4からの指示に従って成形・焼成と進めてください。

【備考】冷凍した生地を使う場合は、パンを焼く前日に生地を冷蔵庫に移しておき、当日、冷蔵保存しておいた生地を扱うのと同じ要領で作業してください。

パン・ア・ランシエンヌを使ったフォカッチャ

天板にベーキングシートを敷きます。手粉を振った手で、発酵を終えた生地をボウルから取り出し、P191の説明に従って成形します。室温で2〜3時間、または生地が天板いっぱいに膨らみ、厚さ2.5cmになるまで発酵させます。あとはフォカッチャの焼成の指示に従って進めてください。

パン・ド・カンパーニュ（田舎風フランスパン）
Pain de Campagne (Country French Bread)

★パンの特徴
リーンでスタンダードな生地。パート・フェルメンテ法。インスタントドライイースト使用。

★作業日数：2日
1日目：パート・フェルメンテ　1時間15分
2日目：パート・フェルメンテを常温に戻す　1時間
ミキシング　12〜15分
一次発酵、成形および二次発酵　3時間30分
焼成　25〜30分

　パン・ド・カンパーニュは創意工夫をこらした成形を楽しめる生地で、フランス各地でこの生地を使ったパンが数多く作られ、地域ごとに違う呼び名で売られています。生地は基本のバゲットに似ていますが、小麦全粒粉、粗びきライ麦粉またはホワイトライ、コーンミールなどの全粒粉が少量含まれています。このような材料を足すことで穀物の風味を持つ個性的なパンになるとともに、一般的な小麦粉を使ったフランスパンとは違う、田舎パン風の褐色のクラストが生まれます。何より重要なのは、私がレイモン・カルヴェル教授に学び、発酵種を大量に使うという手法に目覚めたのが、この生地だということです。

　P97〜99、P101に、この生地を使ってできるさまざまな成形法を載せています。よく知られているのは、フォンデュ、エピ、クーロンヌ、オーヴェルニャです。他にもたくさんあって、あなたもどこかで目にしているかもしれません。しかし何度も言うように、いちばん大事なのは生地のクオリティです。パンを愛する者にとって、成形技術に時間と手間をかけながら、生地そのものに一流の風味とテクスチャーがないパンほどがっかりするものはありません。このパン・ド・カンパーニュは、私たちを決して落胆させない生地です。

【解説】
●この生地に使う全粒粉の量は地域によってさまざまですが、一般的には粉の総重量に対して10〜20％です。この配合率をもとにして、小麦粉と全粒粉の割合を自由に調整してください。
●フランスパン（P197）と同じようにこのレシピも、パート・フェルメンテの全量を発酵種として生地に加え、効率的に生地の量を2倍にします。ベーカーズパーセントは、粉の総重量に対する各材料（この場合はパート・フェルメンテ）の割合で計算します。つまり、強力粉と小麦全粒粉またはライ麦全粒粉の合計量に対する発酵種の比率は、168％になります。このように発酵種の割合が非常に大きいおかげで、このパンは家庭でもうまく作れるのです。

できあがりの分量　さまざまな形のローフ1個分、またはロールパン5〜6個分

	原書オリジナル		日本仕様
	%	g	g
パート・フェルメンテ（P129）	168.4	454	168
強力粉	84.2	227	84
小麦全粒粉またはホワイトライ（白いライ麦粉）か粗びきライ麦全粒粉	15.8	42.5	16
インスタントドライイースト	1.2	3	1.2
塩	2	5.5	2.0
水（32〜38℃のぬるま湯）	73.7	198	74
準強力粉か強力粉、またはセモリナ粉かコーンミール（ピールまたは天板用）		適量	適量
合計		345.3	

		原書オリジナル		日本仕様
		%	g	g
全体の配合	強力粉	92.3	497	184
	小麦全粒粉またはライ麦全粒粉	7.7	42.5	16
	インスタントドライイースト	0.9	5	1.8
	塩	2	11.5	3.9
	水	72.2	368	139
合計			175.1	

1　生地作りの1時間前に冷蔵庫からパート・フェルメンテを取り出し、すぐにスケッパーか波刃ナイフで小さく分割する。布巾かラップをかけて1時間置き、常温に戻す。

2　大きめのボウルに、粉、塩、インスタントドライイースト、パート・フェルメンテを入れてかき混ぜる。そこにぬるま湯を加え、すべての材料がざっとまとまるまでかき混ぜる。粉気が残らないように、必要なら水を数滴足して混ぜ、柔らかく、しなやかな生地にする。

3　作業台に手粉を振り（またはP77のオイルスリックの準備をして）、そこに生地を移し、捏ね始める。柔らかく、しなやかな生地になるように、必要なら強力粉を振りながら6分ほど捏ね、粘り気があって少しべたつくくらいの生地にする。グルテンチェック（P76〜）でグルテン膜の延びが確認でき、生地温度が25〜27℃になっていればよい。薄くオイルを塗った大きいボウルに生地を移し、転がして

伝統的なアルチザン・ブレッドのパン・ド・カンパーニュは、さまざまな形に成形できる。上段中央から時計回りに、トレッセ（編みパン）、エピのピースをばらしたもの、エピ、タバチェール、キャスケット（オーヴェルニュのバリエーション）。中央は焼成後、ちぎってロールパンにする前のクーロンヌ・ボルドレーズの1例。

全体にオイルをつける。ボウルにラップをかける。

4　30分経ったら延ばし&折りたたみ（P77、P168参照）を行い、オイルを塗ったボウルに戻してラップをかける。30分後にもう一度、延ばし&折りたたみの作業を行う。作業をするたびに、少しずつ硬さが増してくる。またボウルに戻してラップをかけ、室温で1時間半ほど、または生地が2倍の大きさになるまで一次発酵させる。もし時間より早く生地が2倍になったら、軽く折りたたんでガスを抜き、ラップをかけて元の大きさの2倍になるまでもう一度膨らませる。

5　作業台に少量の手粉を振り（またはP77のオイルスリックの準備をして）、できるだけガスが抜けないように注意しながら、ボウルから生地をそっと取り出して作業台に置く。成形したい形（ロールパン、バゲット、バタール、クーロンヌ、エピ、フォンデュ、オーヴェルニャ）により、生地をP94からP109に示した方法で成形する。天板にベーキングシートを敷き、セモリナ粉か小麦粉、またはコーンミールを振って、そこに生地を移す（またはP50～で説明したように麻布を使う）。生地にスプレーオイルをかけ、ラップか食品用のビニール袋、または布巾をふわりとかける。

6　1時間ほど、または生地が元の大きさの1.5倍くらいになるまで二次発酵させる。

7　P114～に示した炉床での焼成の準備をし、忘れずに空のスチーム用天板を入れておく。オーブンを260℃に温めておく。エピを作るなら、P98に示したようにハサミで切りこみを入れる。

8　エピは天板に直接のせて焼いてもよい。他の形に成形したものは、ピールか天板の裏にセモリナ粉か小麦粉、またはコーンミールをたっぷり振り、そこに生地をそっと移す。次にその生地をベーキングストーンに移す（あるいは生地ののった天板をそのままオーブンラックにかける）。スチーム用天板に50mlの熱湯を注ぎ、オーブンの扉を閉める。30秒後にオーブンの壁に霧吹きで水をかけ、また扉を閉める。30秒間隔でさらに2回霧を吹きかける。最後に霧を吹きかけたあと、オーブンの設定温度を230℃に下げてさらに10分焼く。生地の焼け具合を確認し、むらなく焼くために必要なら天板を前後に180度回転させる。バゲットとフォンデュなら10～15分、ロールパンならそれより短めの時間でさらに焼く。パンが全体的に濃いキツネ色になり、底を叩いて乾いた音がすれば焼き上がっている。

9　焼き上がったパンを（天板で焼いた場合は天板から取り出して）金網の上に移す。少なくとも40分冷ましてから、切るかテーブルに出す（ロールパンは15～20分で冷める）。

パーネ・シチリアーノ　Pane Siciliano

★パンの特徴
エンリッチタイプでスタンダードな生地。パート・フェルメンテ法。インスタントドライイースト使用。

★作業日数：3日
1日目：パート・フェルメンテ　1時間15分
2日目：パート・フェルメンテを常温に戻す　1時間
ミキシング　12〜15分
一次発酵、成形および型入れ　3時間
3日目：二次発酵　0〜2時間
焼成　30〜35分

発酵種を大量に使う手法と、一晩低温発酵させる手法を組み合わせる効果の素晴らしさを私に教えてくれた、画期的なパンのひとつがパーネ・シチリアーノです。このパンに使うセモリナ粉は、デュラム小麦を製粉してできる、ザラザラしたテクスチャーの小麦粉です（デュラムはパスタの原料になる小麦粉としてよく知られています）。セモリナ粉にはβ-カロテンをはじめとする色素が豊富に含まれています。パーネ・シチリアーノ独特の褐色の焼き色は主にこういった色素のはたらきによるもので、さらに香りと風味もよくしてくれます。細びきタイプのファンシー・デュラム（「エキストラ・ファンシー・デュラム」と表示されていることもある）でも代用できます。ラベルに「ファンシー・デュラム」とあれば、強力粉と同程度の細かさまで製粉されています。パスタの原料になるのはこのタイプで、デュラム100パーセントのパン「プリエーゼ」（P263）にも使われています。

　このパーネ・シチリアーノはセモリナ粉40％、超強力粉または強力粉60％の割合で構成されています。クラストには加熱によって細かい水泡のようなブツブツができますが、ひび割れるほどではなく、美しく見えます。そしてクラムには、よくできたフランスパンやイタリアンブレッドと同じような、大きくて不規則な気泡ができています。セモリナ粉がもつ甘味とナッツのような風味が、トッピングに使う黒ゴマの風味でいっそう引き立つこのパンは、私の大のお気に入りです。

【解説】
●この生地は伝統的なS字形のパン以外にも、さまざまな用途があります。ピザ生地としても使えるほか、小型のロールパンならどんな形のものにも向いていますし、ブレッドスティックの生地としても最高です。
●このパンは、理屈の上では成形したその日に焼いてもいいのですが、レシピどおりに冷蔵庫で一晩置いて熟成を取ったものと比べると、風味とテクスチャーに（そして「鳥の目」と呼ばれるぶつぶつにも）劇的な差があります。一晩置くというステップが入ることで、作業日数は3日になります。通常、3日目の作業はただ焼くだけとはいえ、時間のかかる方法です。しかしこのレシピを試作した人たちは、待っただけの甲斐は十分にある出来上がりだと言っています。

できあがりの分量　ローフ1個分

	原書オリジナル		日本仕様
	%	g	g
パート・フェルメンテ (P129)	100	454	150
超強力粉または強力粉	50	227	75
セモリナ粉	50	227	75
インスタントドライイースト	0.9	4	1.4
塩	1.9	9	2.9
ハチミツ	4.7	21	7
オリーブオイル	6.3	28	9
水 (32〜38℃のぬるま湯)	75	340	113
卵白 (1個分に水大さじ1を加えてよくときほぐし、泡が消えたもの。好みで)		適量	適量
白ゴマか黒ゴマ (仕上げ用)		適量	適量
合計	288.8		

		原書オリジナル		日本仕様
		%	g	g
全体の配合	強力粉	69.2	511	165
	セモリナ粉	30.8	227	75
	インスタントドライイースト	0.7	5.5	1.9
	塩	1.9	14	4.6
	ハチミツ	2.8	21	7
	オリーブオイル	3.8	28	9
	水	69.1	510	171
合計		178.3		

1 生地作りの1時間前に冷蔵庫からパート・フェルメンテを取り出し、すぐにスケッパーか波刃ナイフで3〜4個くらいに小さく分割する。生地に布巾かラップをかけて1時間置いて、常温に戻す。

2 大きめのボウルに、粉類、塩、インスタントドライイーストを入れてかき混ぜる。そこに分割したパート・フェルメンテ、オイル、ハチミツ、約100gの湯を加え、大きいスプーンで生地が一まとまりになるまでかき混ぜる。生地が硬すぎるようなら、粉類が一つにまとまり、柔らかくてしなやか生地になるまで、一度に小さじ1ずつぬるま湯を垂らし入れていく。逆に生地がべたついている場合は、捏ね

ながら粉で調整できるので心配いらない。

3 作業台に手粉を振り（またはP77のオイルスリックの準備をして）、そこに生地を移し、捏ねる。粘り気があるがべたつかず（ほんの少しならべたつきがあってもよい）、しかもフランスパンの生地のようにしなやかさもある滑らかな生地になるように、必要に応じて一度に少量ずつ粉を足しながら、6分ほど捏ねる。グルテンチェック（P76～）でグルテン膜の延びが確認でき、生地温度が25～27℃になっていればよい。一まとまりに丸めた生地を、薄くオイルを塗った大きいボウルに移し、転がして全体にオイルをつける。ボウルにラップをかける。

4 30分経ったら延ばし＆折りたたみ（P77、P168参照）を行い、オイルを塗ったボウルに戻してラップをかける。30分後にもう一度、延ばし＆折りたたみの作業を行う。またボウルに戻してラップをかけ、室温で2時間ほど、または生地が2倍の大きさになるまで一次発酵させる。

5 薄くオイルを塗った作業台でできるだけガスが抜けないように注意しながら、生地を60cmほどの長さに伸ばしてバゲット（P96）を成形する。そして生地の両端から中心に向って同時に巻きはじめ、S形を作る（下の写真を参照）。天板にベーキングシートを敷き、その上にセモリナ粉を振る。成形した生地を天板にのせる。生地の表面に霧吹きで水をかけ（あるいは卵白の液をハケで塗り）、そこにゴマを散らす。その後スプレーオイルをかけ、天板を食品用のビニール袋の中に入れるか、ふわりとラップをかけておく。

6 天板を冷蔵庫に入れて一晩置く。

7 翌日、天板を冷蔵庫から取り出し、焼成の工程に移れるくらい生地が膨らんでいるか、あるいははもう少し発酵時間が必要か見極める。そっと指でおさえてみて、生地がすぐ元どおりになるなら、天板を覆ったまま数時間、または生地が活性化してもっと膨らむまで、そのまま置いておく。初めに成形したときのほぼ2倍の大きさになり、生地に指で触って弾力がほとんど感じられなければ発酵が完了している。

8 P114〜に示した炉床での焼成の準備をし、忘れずに空のスチーム用天板を入れておく。ベーキングストーンは使用しない。オーブンを260℃に温めておく。

9 覆いをはずした天板をオーブンに入れる。スチーム用天板に50mlの熱湯を注ぎ、オーブンの扉を閉める。30秒後にオーブンの壁に霧吹きで水をかけ、また扉を閉める。30秒間隔でさらに2回霧を吹きかける。最後に霧を吹きかけたあと、オーブンの設定温度を230℃に下げて15分ほど焼く。むらなく焼くために、天板を前後に180度回転させ、さらに10〜15分、またはパンが全体的に濃いキツネ色になるまで焼く。もしまだ色の薄い部分や白いままの部分が残っていたら、焼成時間をさらに数分延ばし、色と風味を最大限に引き出す。

10 オーブンから天板を取り出し、焼き上がったパンを金網に移す。少なくとも45分冷ましてから、テーブルに出す。
スライスの方法の一例：まず真ん中から縦長に切り、切った面を下にしてまな板にのせ、パンを安定させてから、2cmほどの厚さでまっすぐか少し斜めにスライスする。

パネトーネ Panettone

パネトーネは昔からクリスマスに食べられているリッチなパンで、発祥の地はミラノと言われています。起源については諸説ありますが、数百年前に、トニーという名のつつましいパン職人が作ったという説が一般的になっています。トニーには裕福な商人を父にもつ恋人がいて、彼女との結婚を考えていました。しかし彼女の父親がパン職人との結婚を簡単に認めるとは思えず、トニーは知恵を絞ります。そして東方の三賢者がイエスに贈り物をしたように、バター、ブランデーに浸けこんで乾燥したあと砂糖漬けにしたフルーツやナッツ、そして砂糖を、パン職人からの贈り物としてパンの中に詰めこみました。恋人の父親はこれにいたく感心し、娘との結婚を許したうえに、ミラノにトニーのベーカリーまで開いてやりました。これからも「パーネ・トニー（トニーのパン）」を作り続けるという条件をつけて。

もうずいぶん前から、ベーカリーや料理本で見かけるパネトーネのほとんどが市販のパン酵母を使用しています。この方法で作るパネトーネは悪くはないのですが、素晴らしいとは言えません。最も伝統的で、かつ最高の仕上がりにつながるのは、野生酵母で発酵させ、市販のパン酵母で膨らませる方法です。最近、イタリアのある大手パネトーネ・ベーカリーが、市販のパン酵母使用から野生酵母使用にレシピを変更し、すっかり忘れ去られていた伝統的手法に戻ることにしました。すると、酸の量が増えたことで賞味期限が長くなっただけでなく、市販のパン酵母使用のバージョンより売上げが伸びました。レシピの変更によって、利益が大幅に上昇したうえに、何よりも大事な顧客の満足度も上昇したのです。

このレシピで作ると日持ちするパンができ、クリスマスシーズンの人気者として、毎年テーブルを飾ることになるでしょう。作るのに時間はかかりますが、それは一流のクオリティを手に入れるために払うべき代償です。シュトレンのレシピ（P301）を使い、丸いパネトーネ形に成形しても申しぶんないパネトーネができます。

★パンの特徴
リッチでスタンダードな生地。液種法。混合法。

★作業日数：2日
1日目：ミキシング　5分
発酵　4〜6時間
2日目：ミキシング　12〜15分
一次発酵、成形および二次発酵　4〜6時間
焼成　20〜40分

【解説】
● このレシピでは砂糖漬けのフルーツを使いますが、ドライクランベリー、ドライアプリコット、ドライアップルなど、ドライフルーツのほうを好む人も大勢います。好みに合わせて自由に替えてください。
● SAF社は金ラベルの高糖用インスタントドライイーストを製造しています（P80参照）。これは酸性で甘味が非常に強い生地向けのパン酵母で、今はプロでなくても購入できますが、特に必要ありません。ふつうのインスタントドライイーストを使って作ることもできますが、生地の中の糖と酸がじゃまをして、インスタントドライイーストが目覚めて働き始めるまで長い時間がかかることがあります。
● パネトーネに使うお酒は自由に試してみてください。オレンジリキュール、ブランデー、フレーバーブランデー（チェリーシュナップスなど）、ウィスキー、ラム酒など、好みに合わせて使いましょう。
● プロ用のパネトーネ型（P244の写真）はキッチン用品店か通販で購入できます。マフィンのペーパーカップと同じように、生地を入れて焼く機能と、焼き上がったあともそのまま見映えがするおしゃれさを兼ね備えています。サイズは色々あり、オイルを塗る必要はありませんが、私ははがれやすくするためにいつもスプレーオイルをかけています。丸いケーキ型や金属製のマフィン型を使うなら、P244の写真を参考にして焼成の準備をしましょう。

できあがりの分量 大きいローフ2個分、または小さいローフ8〜9個分

		原書オリジナル		日本仕様
		%	g	g
野生酵母の液種	準強力粉	100	128	70
	初種（P273）	156	198	109
	牛乳またはアーモンドミルクなどのミルク（32〜38℃に温めたもの）	178	227	125
合計			434	

		原書オリジナル		日本仕様
		%	g	g
フルーツブレンド	ゴールデンレーズン	35.2	170	93
	ミックスフルーツの砂糖漬け（【解説】参照）	35.3	170	93
	ブランデー、ラム酒、またはウィスキー	23.5	113	66
	オレンジまたはレモンのエッセンス		少々	少々
	バニラエッセンス		少々	少々
合計			94.0	

		原書オリジナル		日本仕様
		%	g	g
生地	野生酵母の液種	144.3	553	289
	準強力粉または強力粉	100	383	200
	インスタントドライイースト（【解説】参照）	2.4	9.5	4.8
	塩	1.4	5.5	2.8
	グラニュー糖	11.1	42.5	22
	無塩バター（常温に戻したもの）	29.6	113	59
	溶き卵（常温に戻したもの）	12.2	47	24
	卵黄	4.8	19	10
	水（32〜38℃のぬるま湯）	22.2	85	44
	酒に浸けこんだフルーツブレンド	126	482	252
	湯通しして皮をむいたアーモンド（細切りにしたもの、または刻んだもの）	37	142	74
合計			491	

		原書オリジナル		日本仕様
		%	g	g
全体の配合	強力粉または準強力粉	100	610	319
	インスタントドライイースト	1.55	9.5	4.8
	塩	0.9	5.5	2.8
	グラニュー糖	7	42.5	22
	無塩バター	18.5	113	59
	卵	7.7	47	24
	卵黄	3.1	19	10
	牛乳	37.2	227	119
	水	30.2	184	95
	ドライフルーツ	9.8	170	93
	砂糖漬けのフルーツ	9.8	170	93
	細切りまたは刻んだアーモンド	23.3	142	74
	ブランデー、ラム酒など	18.5	113	66
	エッセンス			少々
合計		267.55		

1 生地作りの前日に、野生酵母の液種を作る。ボウルに初種、牛乳または他のミルク、粉を入れ、水分が粉に行き渡って液種ができるまでかき混ぜる。ボウルにラップをかけ、室温で4時間ほど、または液種に気泡が出始めるまで発酵させてから、冷蔵庫で一晩寝かせる。

2 液種が発酵するのを待つあいだにフルーツブレンドを作る。まずボウルにレーズンとミックスフルーツの砂糖漬けを入れ、かき混ぜる。そこに酒とエッセンス類を加え、ボウルを揺すってフルーツと液体をなじませる。ラップをかけて一晩置き、フルーツに酒をしっかりしみこませる。

3 当日、生地作りの1時間前に冷蔵庫から野生酵母の液種を取り出し、常温に戻しておく。

4 生地を作る。大きめのボウルに粉、砂糖、塩を入れてかき混ぜ、そこに液種、卵、卵黄を加える。次にインスタントドライイーストをぬるま湯で溶き、ボウルに加える。1〜2分、または材料がざっとまとまり、柔らかくてしなやかなだんご状になるまで混ぜ合わせる。混ぜ終わったら生地を20分休ませて、グルテンを延ばす。柔らかくしたバターとフルーツブレンドを生地に加え、材料がまんべんなく

混ざり合うまでさらに混ぜる。

5 作業台に手粉を振り（またはP77のオイルスリックの準備をして）、そこに生地を移し、捏ね始める。柔らかくてしなやかだが、べたつきすぎない（粘りはかなりある）生地になるまで、2～4分やさしく捏ねる。生地が手にくっつかないように、必要なら粉を足す。捏ねているあいだは、手が生地でべたつかないように少しずつ手粉を振りつづけないといけないだろう。手にオイルを塗ってもよい。生地を捏ねながら、まんべんなく散らばるようにアーモンドを少しずつ加えていく。20分休ませたあとの全工程にかかる時間は約6分。柔らかくしなやかで、粘り気はあるがべたつかない生地に仕上げる。グルテンチェック（P76～）でグルテン膜の延びが確認でき、生地温度が25～27℃になっていればよい。薄くオイルを塗ったボウルに生地を移し、転がして全体にオイルをつける。ボウルにラップをかける。

6 室温で2～4時間、生地を一次発酵させる。生地は非常にゆっくり膨らむので、元の大きさの1.5倍くらいにしかならない。

7 専用のパネトーネ型を使わないなら、P244に示したようなケーキ型を用意する。

8 生地を作りたい大きさに分割する。約490gのローフを2つ作るなら、生地を半分に分けて、P94に示したようなブール形2個に丸める。パネトーネ型かベーキングシートを敷いた直径15cmほどのケーキ型に入れる。生地を少し押さえて型全体に広げ、型の高さの半ばあたりでおさまるようにする。生地にスプレーオイルをかけ、型にラップをふわりとかける。もしミニパネトーネを作るなら、一人用のパネトーネ型を使うか、マフィン型にオイルを塗って型の半分まで生地を入れる（マフィン型には底や側面にベーキングシートを敷かなくてよい）。大きなパネトーネもミニパネトーネも室温で2時間ほど、またはほぼ2倍に膨らんで型の縁に届くまで二次発酵させる。

9 オーブンを180℃に温めておく。

10 焼き時間はオーブンにより異なるが、大きいパネトーネなら35～40分、ミニパネトーネなら20～25分焼く。中まで十分に火が通る前に上面に濃い焼き色がついてしまったら、上にアルミホイルかベーキングシートをかぶせる。底を叩くと乾いた音がして、全体的にキツネ色になれば焼き上がっている。パネトーネ型を使った場合は、冷ますあいだ型に入れたままにしてよいが、ケーキ型のほうはベーキングシートごと型から取り出しておく。いずれの場合も焼き上がったパンを金網に移し、少なくとも2時間かけて完全に冷ましてからテーブルに出す。

11 パネトーネが完全に冷めたら、アルミホイルに包んで保存すると長持ちする。2

週間までなら常温で保存できる（それより長く置いておく人もいるが、私は2週間を超えると味が落ちると思う）。特別な行事のためにとっておくなら、3か月までは冷凍保存もできる。

パネトーネ用の型の準備

❶ 円い型の底を使ってベーキングシートに円を描いて円形に切る。

❷ 型の底に敷く。

❸ 焼成後に型から取り出しやすくするために、側面用のベーキングシートも作る。（【備考】マフィン型を使う場合は、ベーキングシートはいらない）。

応用レシピ

クリスマスのブレッド・ブリュレ

　このレシピを使えば、クリスマス用のパンを、シンプルでありながら印象に残るデザートに生まれ変わらせることができます。簡単に言えば、表面の砂糖を焦がしたおしゃれなブレッドプディングです。

　私が初めてこのデザートを作ったのは2000年3月、フィラデルフィアで開催された「ブック・アンド・クック・フェスティバル」で、フィリップ・チンのレストランと組んだときでした。独創的な仕上げを担当してくれたのは、パティシェのマイケル・ヴァンダーギースト。チョコレートソースをいく筋か垂らしかけ、フレッシュラズベリーとラズベリー・シャーベットを添えて、エレガントな演出をしてくれました。シャーベットの爽やかさが、リッチなブレッドプディング・ブリュレとのみごとなコントラストを生み出しています。では、レシピをご紹介しましょう。

　パネトーネかシュトレン（P301）の一焼き分の生地を適当に小さく分けて丸め、焼成します（私はフィリップ・チンのレストランでマフィン型を使い、型1個につき85gの生地を入れました）。焼き上がったらパンの上部を切り取り、中身をくり抜きます。くり抜いたクラムはプディング用に取っておきます。空洞になったパンと、切り取った蓋の部分にはラップをかけてください。

　カスタードソースを作ります。牛乳または生クリーム360ml、グラニュー糖0.8カップ、塩小さじ1、卵（Lサイズ）3個、バニラエッセンス少々、オレンジかレモンまたはアーモンドのエッセンス少々、好みでラム酒かブランデー60mlを合わせ、滑らかになるまでかき混ぜます。取っておいたクラムの上からこれを注ぎ、混ぜればフィリングの完成です。

　これを容量約1Lのキャセロール（または15cm×15cmの四角い焼き型）に入れ、それよりも大きな耐熱性の深皿（または焼き型）の中に置きます。160℃に予熱しておいたオーブンにこの二重の皿を入れ、内側のキャセロールのフィリングの高さまで届くよう、外側の皿に熱湯を注ぎます。1時間ほど焼きます。焼き上がったらオーブンから静かに皿を取り出し、次に内側のキャセロールを取り出して、室温で30分冷まします。キャセロールにラップをかけて冷蔵庫に入れ、さらに1時間（あるいは一晩）冷やします。これでブレッドプディングの出来上がりです。

　空洞になったパンにこのブレッドプディングを詰め、表面にグラニュー糖を振りかけ（ざらめ糖かデコレーションシュガーがあればそれを使ってください）、霧吹きで軽く水を吹きかけます。オーブントースターまたはグリルに入れて3分、または砂糖が融けてカラメル化を起こすまで加熱します（小型のガスバーナーがあれば、1個ずつ表面の砂糖をカラメル化させることができます）。切り取っておいた蓋をブレッドプディングの側面にもたれかけさせるように置くか、見映えよくアレンジします。

　そのまま、またはシャーベットとベリー類を添えてテーブルに出しましょう。

ナポリタンピザ Pizza Napoletana

【備考】私は旧版でこのレシピの説明文（次のパラグラフから始まる）を書いた 3 年後に、"American Pie : My Search for the Perfect Pizza" という本を執筆しました。そして同書の企画で世界中を旅して、多くの優れたピザ職人からピザ作りの秘訣を聞き出しました。そんなリサーチの旅で何がわかったかというと、旧版のレシピは正しかったということです。配合率もそのまま使えますし、手順でいくつか手直しはしたものの、この生地は当時も改良の余地がなかったし、今もそうだと思っています。ですから、説明文は旧版のまま載せることにしました。

★パンの特徴
リーンまたはエンリッチタイプでリュスティックなタイプの生地。フラット。ストレート法。インスタントドライイースト使用。

★作業日数：2 日
1 日目：ミキシング　8〜12 分
分割と丸め　5〜10 分
2 日目：ベンチタイム　2 時間
成形　1 枚ごとに 10〜25 分
焼成　5〜8 分

　ピザは理想的な食べ物です。少なくとも、そういう声はたくさん聞こえてきます。ロードアイランド州プロヴィデンス郡に越す前、「あそこにはすごくおいしいピザがある」と聞いていたので、引っ越してからは会う人ごとにお薦めの店を尋ねました。ところが、バーベキューやチリ料理の好みがばらばらなのと同じくらい、誰もかれも好みが違っているのです。シチリア風の厚いクラストのピザもあれば、ニューヨーク風の薄いクラストのピザ（チーズが流れ落ちないように、スライスしたピザの先を中央に向けて折り返さなければならないタイプ）もあります。私の家から半径 1.5km 以内に、フランチャイズのピザ店が少なくとも 24 軒あり、できあいの焼成済みクラストを使う店もあれば、店内でクラストを作る店もあります。2 段重ねのピザ、チーズインクラストのピザ。そして人気の高い 2 度焼きクラストのピザは、地域によっては最近「アルゼンチンピザ」と呼ばれるようになりましたが、プロヴィデンスではどういうわけか、「ナポリタンピザ」という間違った名がつけられています。

　この何年かでいちばん最もおいしかったピザは、アリゾナ州フェニックスの「ピッツェリア・ビアンコ」で食べたピザです。ピッツェリア・ビアンコはクリス・ビアンコが友人や家族とともに経営する小さなレストランです。クリスは店の裏でバジルやレタスを栽培し、モッツァレラチーズも自分で作り、大量のピザ生地も手で捏ねています（作業台で、ほんとうに手だけで捏ねているのです）。生地はチャバッタのようにウェットで、長い時間をかけてゆっくり発酵させます。私が今まで食べたピザの中で、クリスのピザがいちばんナポリ風の作り方に近いと思います。シンプルで、クラストは薄く、手早くクリスピーに焼き上げるのがナポリ式です。ピッツェリア・ビアンコのピザは 6 種類ほどしかなく、他には自家製サラダと自家製パン（ピザ生地を使っています）、それにクリスの母親が作る 3 種類くらいのデザートのみ。店が流行りすぎているため、予約を取るのは宝

くじを当てるのと同じくらいの難しさです。

　いま私たちがピザと呼んでいるものは、ナポリで生まれました。ジェノバにはフォカッチャがあり、トスカーナにはスキャッチャータが、シチリアにはスフィンチョーネがありますが、ナポリのピザこそが、理想的な方法で作られた理想的な食べ物です。クラストとトッピングでできているのは他のどのピザも同じとはいえ、「ピザ」を名乗れるのがこの麗しいナポリタンピザだけになれば、人生はもっと豊かになることでしょう。ナポリ風ピザの何よりの美点は、家庭でもクオリティの高いピザを作れるということです。超一流のピッツェリアでは、堅材や瀝青炭（軟炭）といった本格的な燃料を使い、窯の温度は 430 〜 650℃にも達します。でも、あなたのオーブンがそこまで高温にならなくても大丈夫。おいしいピザが作れます。

　ジェフリー・スタインガーテンは 2000 年 8 月号の『ヴォーグ』誌に素晴らしい記事を寄稿し、その中で、高温のピザ窯を自宅で再現しようと、何十種類もの方法を試したエピソードを語っています。実験を重ねる過程で、あやうく家が全焼するところだったそうです。残念なことに、家庭用オーブンのほとんどは 290℃以上になりません。ピッツェリアの窯にはほど遠い温度ですが、この生地ならその温度でも驚くほどおいしいピザができるのです。

　私はつねづね、人の記憶に残るピザになるかどうかは、トッピングではなく、クラストで決まると言っています。高価で素晴らしい具材がひどいクラストにのせられて台無しになるのも見ましたし、よくできた生地が十分に高温でないオーブンで焼かれて台無しになるのはもっと見てきました。料理本のレシピは 10 年 1 日のごとく「180 〜 220℃のあいだくらいで焼く」ように指示しています。オーブンの最高設定温度まで熱くして焼きましょうと書いてあるレシピは、まず見かけません。それこそが、家庭でおいしいピザを焼くために必要なことだというのに。

　たいていのピザ生地のレシピには、大きな欠点がひとつあります。それは、「生地を冷蔵庫で一晩（一晩は無理でも長時間）寝かせる」という指示を抜かしていることです。このステップを入れることで、酵素が仕事をして、デンプンの中の繊細な風味を引き出す時間ができるのです。また、生地を長時間休ませるとグルテンがゆるんで成形しやすくなる効果もありますから、生地に弾力がありすぎて、ガスを追い出すために力仕事をしないといけないといったこと

【解説】
● このレシピはパン・ア・ランシエンヌの長時間発酵法（P225参照）を利用しますが、生地を柔らかくするために少量のオリーブオイルを加えています。好みによってオイルは省略してもよく、その場合は本格的なナポリのピザの条件を完全に満たすことになります。私自身は超強力粉で作る生地には全量、強力粉には半量のオイルを加え、準強力粉の生地にはまったくオイルを使いませんが、これはあくまで個人の好みです。どのタイプの生地も、私がこれまで食べた中でも、作った中でも、最高のピザができます。ポーリッシュ種やビガ種の使用目的は生地の風味を最大限に引き出すことですが、長時間発酵法はその目的達成に大きな役割を果たします。また、パン酵母は少量ですから、発酵中に糖を食べ尽くしてしまうことなく、生地を膨らませてくれます。こうしてできた黄金色の薄いクラストは自然の甘味をもち、底面と縁はクリスピーで、しかも滑らかな食感を生むのに十分な水分は保たれています。お気づきの方もいるでしょうが、このレシピ（と P225 のパン・ア・ランシエンヌ）で使う水の温度は、旧版よりもやや高めに設定されています。そうすることで、一晩置いて発酵させるあいだに風味が増し、ガスの発生も盛んになります。旧版の方法でうまくいったという方は、そちらをお使いください。あるいは、水温が上がっただけでなく水分量もほんの少し増えた新しいレシピを試してみて、気に入るかどうか判断するのもいいでしょう。
● 低温でピザを焼くと、焼き色がつくまで時間がかかりすぎて水分がすべて蒸発し、段ボールのようにパサパサのクラストになります。おいしいピザ作りの秘訣は、オーブンも、その中でピザを置く台も、限界まで熱くすることです。クラストに焼き色がつくスピードと、チーズが溶けるスピードの競争はドキドキするようなドラマですが、この 2 つが同時にピークを迎えたとき、思い出に残るピザができるでしょう。生地を裂かないように注意しながらできるだけ薄く、均一に延ばすほど、同時にピークを迎える確率は高くなります。
● この生地を使って、フォカッチャなど、水分の多いパンを作ることができます。
● 少量（約 10％）の小麦全粒粉かライ麦全粒粉を加え、同じ分量の小麦粉を減らしてもかまいません。こうすると田舎パン風の味わいをもつクラストになります。全粒粉を使う場合は、大さじ 1 杯程度の水を追加するといいでしょう。
● 旧版では冷蔵庫で 4℃まで冷やした水を使っていました（4℃は平均的な冷蔵庫の温度）。しかし今は、ビーカーに水道水を入れて角氷を何個か浮かべ、少なくとも 13℃まで冷えてから必要な分量をはかっています。

ピザ生地を成形する際のコツは、両手に手粉をつけることと、ハンドトスのときに（指先ではなく）こぶしを使うこと。ジェニファーはそのコツをつかみかけている。

もなくなります。

　最近、ピザにはどんなタイプの小麦粉を使うべきかという議論がにぎやかになっています。無漂白であることは当然です。味も香りも明らかに漂白粉より優れています。ここ数年は、窯伸びがよく、まとまりやすくて扱いやすいという理由から、超強力粉または強力粉がいいとされていました。現在のトレンドは準強力粉の使用で、超強力粉や強力粉ほど引きが強くないというのがその理由です（パンの引きは小麦粉のタンパク質含有量によって決まります）。タンパク質の少ない小麦粉ほどパンの歯ごたえも軟らかくなりますから、これは理にかなっています。ただしこのタイプの小麦粉は、成形の際に空中に投げたり延ばしたりすると、生地が破れたり裂けたりしやすいのも事実です。

　ここでご紹介するレシピはどんなタイプの小麦粉でも使えますが、超強力粉にオリーブオイルを加えて柔らかくするのが私のお薦めです（本格的なナポリ式生地はオイルを使いません。それが正式なナポリの生地の条件です。けれどイタリアの小麦粉はもともと、柔らかくしっとりしているのに伸展性があって、オイルなしでも成形しやすいのです）。超強力粉はたしかに弾力性が強いのですが、十分休ませさえすれば扱いやすくなります。準強力粉を使う場合はオイルは入れません。何を作るにしても、方法が複数あるときはこうアドバイスするしかありません——全部試してみて、自分に合った方法を選んでください。ピザ全般に関してそうであるように、この生地についても、作る人が10人いれば11の意見が出てくるに違いないのですから。

できあがりの分量　約180gのピザ生地2枚分

	原書オリジナル		日本仕様
	%	g	g
超強力粉、強力粉、または準強力粉	100	574	200
インスタントドライイースト	0.54	3	1.1
塩	2.2	12.5	4.4
オリーブオイルまたは植物性油脂（好みで。おもに超強力粉を使用する場合。【解説】参照）	9.9（またはそれ以下）	57	20
水（13℃前後の冷水）＊	71.6	411	143
準強力粉か強力粉、またはセモリナ粉かコーンミール（ピールまたは天板用）		適量	適量
合計		184.2	

＊訳注：SAF社のインスタントドライイーストは15℃以下の水で溶かすと活性にばらつきが出るため好ましくないとされている。水温が低い場合はまず水と粉を合わせた後に、インスタントドライイーストと合わせるのがよい。

1　大きめのボウルに粉、塩、インスタントドライイーストを入れ、混ぜ合わせる。そこにオイル（使う場合）と冷水を加え、金属製の大きなスプーンで粉気がなくなるまで混ぜる。片手

または金属製のスプーンを冷水に何度もつけて、ドウフックのように使い、もう片方の手でボウルを回しながら（P75 参照）、勢いよく捏ねて滑らかなかたまりにする。何回かはボウルを逆方向に回して、グルテンの形成を促す。この作業を1〜2分、または材料がむらなく混ざり合い、ざっとまとまるまで行う。その後、水分を吸収させるために生地を5分休ませ、再び手で捏ねる。生地がボウルの底にはくっつくが、側面にはくっつかない状態にする。もし生地がウェットすぎてボウルの側面から離れないなら、離れるようになるまで粉をさらに振る。逆に生地がボウルの底からも離れてしまう場合は、小さじ1か2の冷水を垂らし入れる。粘りがあるだけの生地ではなく、弾力があって延びやすく、しかもべたつきのある16〜18℃くらいの生地に仕上げる。

2 作業台に手粉を振り（またはP77のオイルスリックの準備をして）、そこに生地を移す。延ばし＆折りたたみ（P77、P168参照）を行ったあと、生地を丸める。ベーキングシート（またはシリコン加工のベーキングマット）を敷いた天板に軽くスプレーオイルをかける（または薄くオイルを塗る）。金属製のスケッパーで生地を2等分する（大きなピザが好みなら分割しないでそのまま使用する）。スケッパーに生地がくっつくようなら、切る合間にスケッパーを水につける（あるいはスケッパーにオイルを塗る）。生地に手粉を振り、手を乾かしてから手にも手粉をつける。分割した生地を持ち上げ、やさしくだんご状に丸める。生地が手にくっつくようなら、手を手粉につけながら作業を進める。丸めた生地を天板に移し、生地にスプレーオイルをたっぷりかけ、天板を食品用のビニール袋に入れる（【備考】オイルを塗ったボウルに一かたまりの生地を入れてラップをかけ、冷蔵庫で一晩寝かせ、ピザ作りの2時間前に冷蔵庫から出して分割する方法もある）。

3 天板を冷蔵庫に入れて一晩寝かせる。あるいは、3日までなら保存できる（【備考】あとで焼く分として生地を多く作っていくつかとっておきたいなら、丸めた生地をジッパー付きのフリーザーバッグに入れて保存する。その場合、大さじ数杯のオイルを入れたボウルに生地を入れ、転がしてオイルをつけてから1個ずつフリーザーバッグに入れる。冷凍庫なら3か月まで保存できる。ピザを作るときは、その前日に冷蔵庫に移しておく）。

4 ピザ作りの当日、作業を始める2時間前に、冷蔵庫から作りたい数だけ生地を取り出す。作業台に手粉を振ってからスプレーオイルをかける。作業台の上に生地をのせ、生地の表面と手にも手粉を振る。やさしく生地を押しながら厚さ13mm、直径13cmほどの円盤形にする。もう一度生地に手粉を振り、スプレーオイルをかけて、ラップか食品用のビニール袋をふわりとかぶせて2時間置く。

5 焼成の少なくとも45分前には、オーブンの炉床（ガスオーブンの場合）、または下段にかけたラックにベーキングストーンをのせる（ストーンをどこに置くかは

個々のオーブンによる）。オーブンをできるだけ高温に、可能であれば430℃くらいまで予熱しておく。たいていの家庭用オーブンは260〜290℃くらいまでしか上がらないが、それ以上に設定できるものもある。コンベクションオーブンを使っている場合は、パンを焼くときに自動的に温度を下げる機能はオフにしておく。ベーキングストーンがなければ、天板の裏を使う。

6　ピールか天板の裏にセモリナ粉かコーンミールをたっぷり振ったら、1枚ずつピザを成形する。手のひらだけでなく、甲と指の関節にも手粉をつけ、スケッパーを生地の下に入れて生地の1つを持ち上げる。両手のこぶしの上に生地をそっとのせ、弾みをつけて生地を回しながら延ばす。弾みで生地が飛び上がるたびに、親指で生地の端の部分だけを少しずつ延ばしていく。もし生地が手にくっつき始めたら、手粉を振った作業台に生地を置き、もう一度両手に手粉を振って成形を続ける。生地が外向きに広がったら、P248の写真のように空中に投げ上げる「ハンドトス」に挑戦してもよい。投げにくかったり、生地が縮んだりした場合は、グルテンがゆるむように5分から20分生地を休ませ、もう一度行う。手の甲での成形やハンドトスをしたときほどは焼成時に縁が膨らまないが、めん棒を使って成形してもよい。

7　生地が希望の大きさ（約180gの生地なら直径約23cm）まで延びたら、生地が滑りやすくなるように、ピールか天板にセモリナ粉か小麦粉、またはコーンミールを十分に振りかけてから生地をのせる。生地の表面にソースを薄く塗り、他のトッピングをのせる。トッピングが少ないほど美味しいピザになるという鉄則を忘れないこと。アメリカ流に"何でもかんでも"のせると、生地が焼けにくいため湿ったクラストになり、おいしいピザができない。ソースとチーズを含めて3、4種類で充分（トッピングの例はP252の"応用レシピ"参照）。

8　トッピングしたピザを予熱したベーキングストーンの上に滑らせ（または天板のままオーブンに入れ）、扉を閉める。2分待ってから覗いてみて、むらなく焼くために必要なら前後に180度回転させる。焼き上がるまで5〜8分ほどかかる。もし、上、中、下段のラックがあるオーブンならば、上面が底面より先に焼けた場合は、次の焼成のときにはベーキングストーンのラックを下段に移す。もしチーズに焼き色がつく前にピザの底がカリカリに焼けた場合は、次の焼成では中段に移す。

9　焼き上がったピザをオーブンから取り出し、まな板の上に移す。チーズが少し固まるまで、2〜3分待ってから切るかテーブルに出す。

応用レシピ

ワンランク上のピザを作るためのアイデア

　ソースは熱したオーブンの中で濃縮しますから、作るときは濃度をつけすぎないようにしましょう。大量のソースは必要ないし、トマトソースを使う必要もありません。ペスト〔バジルペースト〕、ホワイトソース、ブラウンソース、あるいはソース抜きでチーズのみ。これが成功につながるチョイスです。生のアサリにガーリックオイルとスパイスをまぶし（コネチカット州ニューヘイブンにある「フランク・ペペズ・ピッツェリア」は、このトッピングで有名です）、あとはロマーノやパルミジャーノなどの熟成ハードチーズをかけるだけで素晴らしいピザの出来上がりです。具材は少なければ少ないほどよい――とはいえ、上質の具材を使ってこそ、「少ないほどよい」と言えることを忘れないように。

　私が好きなのは、3種類のチーズをブレンドしたものです。1つめはフレッシュなハードチーズ（おろして売られているのではないもの）で、ロマーノ、アジアーゴ、パルミジャーノ、ソノマ・ドライジャックなど。2つめは"とろける"チーズ。モッツァレラ、モントレージャック、フォンティーナ、プロボローネ、グリュイエールなどがいいでしょう。3つめは、各種ブルーチーズやチェダーなど、好みのものを。私はハードチーズ1、とろけるチーズ2、その他のチーズ1の割合で、おろすか細切りにします。そこに、乾燥もしくは生の色々なハーブとスパイスを小さじ数杯混ぜこみます。私が使うのはバジル、オレガノ、タイム、エルブ・ド・プロヴァンス（ハーブミックス）、黒コショウ、顆粒か生のニンニクなどです。このブレンドはピザの見た目を個性的にするだけでなく、ハーブの風味がソースを生きいきと引き立てます。

　ピザ生地の縁の部分はたいてい中央よりも厚く、ソースがのっていなくて押さえつけるものもないため、焼くと盛り上がってきます。焼く前に生地の縁にひだを寄せて、高くしようとしないでください。生地が自然に膨らんで、軽くて薄いクラムになるのを待ちましょう。

ポーリッシュ種を使ったバゲット Poolish Baguettes

★パンの特徴
リーンでスタンダードな生地。ポーリッシュ種法。インスタントドライイースト使用。

★作業日数：2日
1日目：ポーリッシュ種　3〜4時間
2日目：ポーリッシュ種を常温に戻す　1時間
ミキシング　12〜15分
延ばし&折りたたみ、一次発酵、成形および二次発酵　4時間
焼成　15〜25分

1960年代の初め、ベルナール・ガナショー氏はポーリッシュ製法でバゲットを作りました。当時のパリでは60-2-2のバゲットが定番でしたが、それ以外のバゲットで初めて広く認められたのが、ガナショー氏の作ったポーリッシュ製法のバゲットでした。その30年後にガナショー氏が引退したとき、彼の考案した細いバゲット「ラ・フルート・ガナ」の製造は承認制になっていました。そのパンを作るために承認料を払った職人は、国が決めたパンの価格に1フラン上乗せすることが許されたそうです。パリに滞在していくつかのブーランジュリーを訪問していたとき、ガナショー本店で作られたバゲットを食べましたが、私の人生で2番目においしいバゲットでした。1番はフィリップ・ゴスランのパン・ア・ランシエンヌです（これを書いたのは2002年のことで、その後、数多くの上質なバゲットに出合っています）。ガナショーでは「ミディアム・エクストラクション・フラワー」というバゲット専用の小麦粉を販売しています（パッケージに氏の名前が華々しく書かれているのは当然のことでしょう）。アメリカには、このようなタイプの小麦粉はありません。ガナショーのバゲット専用粉は、通常の強力粉よりも灰分量とふすまの量がやや多く、どちらかというとクリアー粉（二等粉）に近い小麦粉です（P44〜参照）。このレシピでは、私がガナショーの粉の再現を試みて最も近かった配合を使っています。ガナショー氏承認の専用粉が手に入るパリはうらやましいかぎりですが、それ以外の地域で作られたバゲットとしてはこれが最高レベルでしょう。ゴスランのバゲットよりもこちらを好きな人もいます。あなたはどうでしょうか。

できあがりの分量　小さいバゲット（約200g）2本分

	原書オリジナル		日本仕様
	%	g	g
ポーリッシュ種 (P130)	41.2	198	82
強力粉	94	218	188
小麦全粒粉（ふるったもの） （またはクリアー粉かフランス産小麦粉タイプ65）	6	28	12
インスタントドライイースト	0.47	2.25	0.9
塩	2.2	5.4	4.4

			原書オリジナル	日本仕様
		%	g	g
	水（32〜38℃のぬるま湯）	58.8	284	118
	準強力粉か強力粉、またはセモリナ粉かコーンミール（ピールまたは天板用）		適量	適量
合計		202.7		

			原書オリジナル	日本仕様
		%	g	g
全体の配合	強力粉	95.1	550	228
	小麦全粒粉	4.9	28	12
	インスタントドライイースト	0.5	3	1.0
	塩	1.8	10.5	4.4
	水	67	386	160
合計		169.3		

1 生地作りの1時間前に冷蔵庫からポーリッシュ種を取り出し、常温に戻しておく。

2 大きめのボウルに粉、塩、インスタントドライイーストを入れ、混ぜ合わせる。そこにポーリッシュ種と水（少しだけ残しておく）を加え、材料が一まとまりになるまで1〜2分、大きいスプーンで混ぜる。必要に応じて残りの水、または粉を足して、柔らかいがべたつかない生地を作る。

3 作業台に手粉（全粒粉ではなく強力粉）を振り（またはP77のオイルスリックの準備をして）、そこに生地を移し、捏ね始める。必要ならさらに手粉を振りながら、6分ほど捏ねる。柔らかくしなやかで、粘り気はあるがべたつかない生地に仕上げる。グルテンチェック（P76〜）でグルテン膜の延びが確認でき、生地温度が25〜27℃になっていればよい。薄くオイルを塗った大きいボウルに生地を移し、転がして全体にオイルをつける。ボウルにラップをかける。30分経ったら延ばし＆折りたたみ（P77、P168参照）を行い、オイルを塗ったボウルに戻してラップをかける。30分後にもう一度、延ばし＆折りたたみを行う。またボウルに戻してラップをかける。

4 室温で2時間ほど、または生地がほぼ2倍の大きさになるまで一次発酵させる。生地を取り出し、再び延ばし＆折りたたみを行ってからボウルに戻し、ラップをかける。

5 室温でさらに2時間、一次発酵させ、2倍の大きさに膨らませる。

【解説】
● 旧版のレシピでは、ふるいにかけた小麦全粒粉を227g（今回は28g）使用しました（ふるいにかけるのは、クリアー粉という種類の小麦粉に近づけるためです）。しかし、ふすまを分離できるほど目の細かいふるいを持っている人は多くないでしょう。そこで新版では、旧版のバージョンよりも手軽に作れて、しかもおいしさは変わらないようにレシピを改良しました。
● ポーリッシュ種は前日に（または最長で3日前から）作っておき、使う1時間前に冷蔵庫から取り出すのがいちばん楽な方法です。しかし、当日に生地として作ることもできます。その場合は、パン作りに取りかかる8時間ほど前に作り、発酵と膨張の時間を十分に与えましょう。
● 前に作ったパート・フェルメンテの残りを保存してあるのなら、ポーリッシュ種に加えて使ってもまったく問題ありません（パート・フェルメンテはそれ自体が完全な配合ですから、他に何も調整する必要はありません）。私はパート・フェルメンテを50％使ってみたところ、発酵時間を約20％短縮でき、風味もそこなわれないことがわかりました。ポーリッシュ種だけで作るよりもおいしいと言う人もいるくらいです。

6 作業台に手粉を振り（またはP77のオイルスリックの準備をして）、そこに生地をそっと移す。できるだけガスを抜かないように注意しながら、スケッパーか波刃ナイフで生地を2等分する。分割した生地をP96に示した要領でバゲット形に成形し、P50〜に示したように麻布を使うか、セモリナ粉か小麦粉、またはコーンミールを振ったベーキングシートを使って発酵の準備をする。

7 室温で50〜60分、または生地が元の大きさのほぼ1.5倍に膨らみ、触るとまだ少し弾力があるくらいまで二次発酵させる。

8 P114〜に示した炉床での焼成の準備をし、忘れずに空のスチーム用天板を入れておく。オーブンを260℃に温めておく。P113〜に示した要領で生地にクープを入れる。

9 ピールか天板の裏にセモリナ粉か小麦粉、またはコーンミールをたっぷり振り、そこにバゲット形の生地を静かに移す。次にその生地をベーキングストーンに移す（あるいは生地ののった天板をそのままオーブンに入れる）。スチーム用天板に50mlの熱湯を注ぎ、オーブンの扉を閉める。30秒後にオーブンの壁に霧吹きで水をかけ、また扉を閉める。30秒の間隔でさらに2回霧を吹きかける。最後に霧を吹きかけたあと、オーブンの設定温度を230℃に下げて10分焼く。このとき、焼け具合を確認し、むらなく焼くために必要ならパンを前後に180度回転させる。8〜12分、またはパンが濃いキツネ色になるまでさらに焼く。焼き色が濃くなりすぎている場合は、オーブンの設定温度を180℃に下げて、さらに5〜10分焼く。

10 焼き上がったバゲットをオーブンから取り出し、金網の上で少なくとも40分冷ましてから、切るかテーブルに出す。

ポルトガル・スイートブレッド Portuguese Sweet Bread

　私は1999年にカリフォルニアから東海岸に戻り、ロードアイランド州プロヴィデンス郡に住み始めたのですが、そこはポルトガル・スイートブレッドの聖地とでも言うべき場所でした。カリフォルニアでは、同じパンが「ハワイアン・スイートブレッド」と呼ばれていました。でもラベルをよく読むと、この丸くて大きなふわふわのパンはポルトガルが本家だと、ハワイの人たちも認めているようでした。

　ロサンゼルスに住むある友人は、毎年マサチューセッツ州のナンタケット島で夏を過ごします。島の小さな店ではこのパンで作ったサンドイッチを売っていて、彼はそのサンドイッチに夢中だと言っていました。アルチザンブームの中、多くの人がリュスティックや野生酵母のパンに情熱を寄せるように、私はこのパンに情熱を感じています。そして彼は私が初めて会った、スイートブレッドへの愛を語り合える人でした。その後、ジョンソン＆ウェールズ大学で教え始めると、友人と同じようにスイートブレッドを愛する生徒が各クラスに1人はいることが判明したのです。その生徒たちは全員、一般的なレシピよりグレードの高いレシピを考案すると誓ってくれました。本物のスイートブレッドを食べて育った生徒たちが、子ども時代の記憶の味を甦らせようと、一般的なレシピに微調整を重ね続けて、たどり着いたのがこのレシピです。

　軟らかさと形以外にこのパンが持つ特徴は、全脂粉乳から生まれる風味です。牛乳やバターミルクでも作ってみましたが、全脂粉乳入りスイートブレッドの味を覚えてしまうと、もう他の味では満足できません。

★パンの特徴
エンリッチタイプでスタンダードな生地。液種法。インスタントドライイースト使用。

★作業日数：1日
液種　60〜90分
ミキシング　15分
一次発酵、成形および二次発酵　5〜7時間
焼成　50〜60分

【解説】
●ポルトガル・スイートブレッドの活用法はサンドイッチや菓子パン以外にもあります。特においしいのがフレンチトーストで、クセになる味です。また、ブレッドプディング用のパンとしても理想的です。
●SAF社の金ラベル（P80参照）などの高糖用インスタントドライイーストは、ポルトガル・スイートブレッドのような甘い生地用に作られたインスタントドライイーストです。このパンはふつうのインスタントドライイーストでも問題なく作れますが、もし手に入るなら高糖用インスタントドライイーストを使ったほうが生地は速く発酵するでしょう。

できあがりの分量　約440gのローフ1個分

			原書オリジナル		日本仕様
			%	g	g
液種	強力粉		14.3	64	30
	インスタントドライイースト （または高糖用インスタントドライイースト。【解説】参照）		1.6	7	3.4
	グラニュー糖		3.2	14	7
	水（常温）		25.4	113	53
本捏	液種		44.5	198	93
	強力粉		85.7	382	180
	塩		1.6	7	3.4
	グラニュー糖		19	85	40
	全脂粉乳〔スキムミルクで代用可〕		7.9	35	17
	無塩バター（常温に戻したもの）		6.3	28	13
	植物性油脂		6.3	28	13
	卵		21	93.5	44
	レモンエッセンス			少々	少々
	オレンジエッセンス			少々	少々
	バニラエッセンス			少々	少々
	水（常温）		19	85	40
卵液	卵（1個分に水小さじ1を加えてよくときほぐし、泡が消えたもの）			適量	適量
合計			211.3		

1　まず液種を作る。小さいボウルに粉と砂糖を入れ、混ぜ合わせる。別のボウルに水を入れ、インスタントドライイーストを加えてかき混ぜて溶かし、そこに先ほどの粉と砂糖を加える。粉気がなくなり、むらのない種になるまでかき混ぜる。ボウルにラップをかけて室温で60〜90分、または種に気泡ができて、それが消えそうになる寸前まで発酵させる。

2　次に本捏ねに入る。大きめのボウルに砂糖、塩、全脂粉乳、バター、植物性油脂を入れ、混ぜ合わせる。頑丈なスプーンで滑らかなクリーム状にしてから、卵とエッセンス類を入れ、混ぜる。手で捏ね、液種と粉を入れてさらに混ぜる。必要なら水を加えて、非常に柔らかい生地にする。しなやかで柔らかくて捏ねやすく、粘り気はあるがべたつかない状態に仕上げる。この状態になるまで、手作業で10

〜 12 分かかる（油脂や砂糖の量が多い生地はグルテンの形成に時間がかかるので、たいてい捏ね時間が長くなる）。捏ね上がった生地は、グルテンチェック（P76〜）でグルテン膜の延びが確認でき、生地温度が 25 〜 27℃になっていればよい。薄くオイルを塗った大きいボウルに生地を移し、転がして全体にオイルをつける。ボウルにラップをかける。

3 室温で 2 〜 3 時間、または生地が 2 倍の大きさになるまで一次発酵させる。

4 ボウルから生地を取り、P94 に示したようなブール形に成形する。直径 23cm くらいのパイ型に薄くオイルを塗り、ブール形の生地を、閉じ目を下にしてのせる。生地にスプレーオイルをかけ、パイ型にふわりとラップをかける。

5 室温で 2 〜 3 時間、または生地が 2 倍の大きさになってパイ型いっぱいに膨らみ、型の縁に少しかぶさるくらいまで二次発酵させる。（パン 2 個分を仕込んで今は 1 個だけ焼きたい場合は、2 個目は冷蔵庫に入れて発酵を 1 日遅らせることもできるが、冷蔵庫から出したあとの発酵に 4 〜 5 時間かかる）

6 生地の表面に卵液をハケでやさしく塗る。オーブンを 180℃に温めておく。

7 オーブンで、生地を 50 〜 60 分焼く。オーブンに入れて 30 分過ぎた頃に焼け具合を確認し、むらなく焼くために必要ならパンを前後に 180 度回転させる。砂糖の量が多いため、生地はすぐにキツネ色になるが、焼けたと勘違いしてはいけない。表面に続いて中心も徐々に色がついてくると、さらに焼き色は濃くなるが、焦げることはない。焼き上がりは深みのある赤褐色になる。

8 パイ型からパンを取り出し、金網にのせて冷ます。冷めるにつれて軟らかさが増し、しっとりしてふわふわのパンになる。少なくとも 90 分冷ましてから、切るかテーブルに出す。

ポテトとローズマリーのパン Potato Rosemary Bread

★パンの特徴
エンリッチタイプでスタンダードな生地。ビガ種法。インスタントドライイースト使用。

★作業日数：2日
1日目：ビガ種　2時間30分～4時間
2日目：ビガ種を常温に戻す　1時間
ミキシング　12分
延ばし&折りたたみ、一次発酵、成形、二次発酵　4～5時間
焼成　20～45分

ローズマリーは今ではすっかり一般的なハーブになりました。食材として関心が高まったことと、キッチンや裏庭で簡単に栽培できると多くの人が知ったことが大きいのでしょう。ただ、使いすぎる人もいるので、私はいつも「ローズマリーは控えめに」とアドバイスしています。ほんの少しでも効果は大きいのです。

このパンはイタリアでは「パンマリーノ」と呼ばれています。このような魅力的なパンを考え出してくれたイタリア人に感謝しましょう。「残り物のマッシュポテトは、どうしたらいいですか？」と質問されたら、このパンの出番です。ジャガイモのデンプンが生地をしっとり柔らかくし、ビガ種とローズマリーが生地に複雑な風味を添えます。

できあがりの分量　約340gのローフ1個分、またはディナーロール5個分

	原書オリジナル		日本仕様
	%	g	g
ビガ種（P131を参照）	50	198	65
超強力粉または強力粉	100	397	130
インスタントドライイースト	1	4	1.3
塩	2.7	11	3.5
オリーブオイル	3.6	14	5
水（常温。ポテトが冷たいならぬるま湯）	53.6	198	70
マッシュポテト	42.9	170	56
ブラックペッパー（粗挽き、好みで）	0.21	0.85	0.3
ローズマリー（生。粗く刻んだもの）	1.8	7	2
ニンニク（粗く刻んでローストしたもの。好みで）	7.1	28	9
セモリナ粉かコーンミール（天板用）			
オリーブオイル（生地表面に塗る）			
合計		262.9	

		原書オリジナル		日本仕様
		%	g	g
全体の配合	超強力粉または強力粉	100	517	169
	インスタントドライイースト	0.8	4	1.5
	塩	2.1	11	3.5
	オリーブオイル	5.4	28	5
	水	56.3	291	96
	マッシュポテト	33	170	56
	ブラックペッパー	0.2	1	0.3
	ローズマリー	1.4	7	2
	ローストガーリック	5.4	28	9
合計		204.6		

1 パン作りの1時間前に冷蔵庫からビガ種を取り出し、すぐにスケッパーか波刃ナイフで生地を小さく分ける。生地に布巾かラップをかけて1時間置いて、常温に戻す。

2 大きめのボウルに粉、塩、ブラックペッパー、インスタントドライイーストを入れ、混ぜ合わせる。そこにビガ種、マッシュポテト、オイル、ローズマリー、定量より少なめの水を加える。1分、または材料が一まとまりになるまで、大きいスプーンで混ぜる。必要なら水を足すか、逆に生地がべたつきすぎている場合は粉を足す。

3 手粉を振った作業台に生地を移し、捏ね始める。必要ならさらに手粉を振りながら、6分ほど、または生地が柔らかくしなやかで、粘り気はあるがべたつかない状態になるまで捏ねる。グルテンチェック（P76〜）でグルテン膜の延びが確認でき、生地温度が25〜27℃になっていればよい。生地を平らにし、上にローストガーリックを散らす。その生地をひとつにまとめ、1分手捏ねする（おそらくこのとき、ニンニクから出た水分を吸収させるために手粉を振らなければならない）。薄くオイルを塗った大きいボウルに生地を移し、転がして全体にオイルをつける。ボウルにラップをかける。20分経ったら延ばし＆折りたたみ（P77、P168参照）を行い、ボウルに戻してラップをかける。20分の間隔をあけて延ばし＆折りたたみをさらに2回行い、そのつどボウルに戻してラップをかける。

4 室温で2時間ほど、または生地がほぼ2倍の大きさになるまで一次発酵させる。

【解説】
●ローズマリーの小枝をパンの表面中央に飾って、このパンを魅力的に演出しましょう。最終成形の直後に霧吹きで生地に水をかけ、小枝を1本、生地にぴったりつくように平らにして置きます。葉が1枚でも生地から離れて立っていると、焼成中に焦げてしまいますから気をつけましょう。
●ニンニクは生ではなく、オーブンかフライパンで焼いたものを使いましょう。生のニンニクに含まれる酵素は、生地のグルテンの延びを妨げることがあります。生地に生のニンニクを加える場合は、成形の最終段階になってからにしてください。

5 ボウルから生地を取り出し、ローフ用にはそのまま、ディナーロール用には1個60g弱に5等分する。大きい生地はP94に示したようなブール形に、小さい生地はP104に示したようなロール形に成形する。天板にベーキングシートを敷き、セモリナ粉かコーンミールを軽く振る。その上に、膨らんだときにくっつかないように間隔をあけて、成形した生地をのせる。生地にスプレーオイルをかけ、ラップをふわりとかける。

6 室温で（生地の大きさにより）1〜2時間、または生地が2倍の大きさになるまで二次発酵させる。

7 オーブンを200℃に温めておく。生地からラップをはずし、オリーブオイルを薄くハケで塗る。このパンにはクープを入れる必要はないが、好みで入れてもよい（P113からの説明参照）。

8 天板をオーブンに入れる。ローフは15分焼いてから、まんべんなく焼くために天板を前後に180度回転させる。焼き上がるまで15〜20分かかる。ディナーロールは10分焼いてから天板を回転させ、さらに5〜6分焼く。どちらのパンも全体が濃いキツネ色になり、ローフの底を叩いて乾いた音がすれば焼き上がっている。しっかり焼き色がついているのに柔らかすぎるようなら、オーブンを止めて余熱で5〜10分火を通す。

9 焼き上がったパンをオーブンから取り出し、金網の上でローフなら少なくとも1時間、ロールなら20分冷ましてからテーブルに出す。

プリエーゼ Pugliese

★パンの特徴
リーンでリュスティックタイプの生地。ビガ種法。インスタントドライイースト使用。

★作業日数：2日
1日目：ビガ種　2時間30分〜4時間
2日目：ビガ種を常温に戻す　1時間
ミキシング　9〜10分
延ばし&折りたたみ、一次発酵、成形、二次発酵　5時間〜5時間半
焼成　20〜30分

【解説】
●ファンシー・デュラム小麦粉がなければ、セモリナ粉に替えてもかまいません。ただし、レシピで指定された量の1/3だけをセモリナ粉に置き替え、残り2/3は超強力粉または強力粉を使ってください。あるいは、デュラムもセモリナ粉も使わず、超強力粉か強力粉だけを使ってもいいでしょう。
●この生地はパン酵母を使用し、さらにビガ種で膨らませていますが、ビガ種を同量の硬いサワー種（P277）に替え、野生酵母を使った混合法バージョンを作ることもできます。
●この生地は非常にウェットなため、フードプロセッサーを使ったミキシングに向いています。フードプロセッサーの使い方はP74を参考にしてください。
●プリエーゼの中には、マッシュポテトを使ったバージョンもいくつかあります。マッシュポテトを少量加えると風味が引き立つ上に、ジャガイモのデンプンで生地が滑らかになります。このレシピでは、好みによって使っても使わなくてもいい材料にしてあります。もし使うなら、水分が増えるぶん、粉を足す必要があるかもしれません。マッシュポテトは塩で味つけしてあるものを使うことが大事です。夕食で残ったものなどを使うといいでしょう。
●生地作りに使う水の量は、小麦粉のタイプと銘柄に大きく影響されます。細びき・粗びきを問わずデュラム小麦粉は強力粉より水分を吸収しやすいので、レシピの分量は一応の目安として使ってください。生地のようすを見ながら、臨機応変に調整しましょう。
●この生地を使って、とびきりおいしいフォカッチャやピザが作れます。成形とトッピングの方法はP191とP251〜を参照してください。

プリエーゼ（Pugliese）という名はイタリア南東部のプーリア州（Puglia）に由来していますが、この名前をつけたパンの種類は星の数ほどあります。アメリカで見かける種類の多くは、チャバッタに似ています。似ているどころか、チャバッタなのに、ライバルとの差別化だけを目的に「プリエーゼ」の名で売られているものもあります。この2つのパンの共通点は、他にも多くのパンが属しているリュスティックタイプのカテゴリーに入ること。リュスティックタイプの定義は、水分比率が65％以上、通常は80％近くあることです。アメリカで使う弾力性に富む北米産小麦粉と違い、イタリアの小麦粉はもともと伸展性に優れていますから、過剰に水分を加える必要がありません。しかしアメリカでは、プリエーゼ独特の大きな気泡のあいた生地と、ナッツのような風味をもつパンにするために、生地に水分を足してグルテンの構造を広げていかなければならないのです。

イタリア北部ロンバルディア州のコモ地区で生まれたチャバッタと、プーリア州生まれのプリエーゼとの違いは、チャバッタのスリッパ形に対して、プリエーゼは丸形に焼かれるという点です。フランス版リュスティックブレッドのパン・リュスティックも、やや長めですが、スリッパ形というよりバタール形、もしくは長方形です。プリエーゼ、チャバッタ、パン・ア・ランシエンヌのバゲット（P225）、とても細長いスティラートと太短いパン・リュスティック（P163の写真参照。いずれもチャバッタの生地で作ったもの）――すべてリュスティックブレッドですが、形も材料もそれぞれに違います。本物のプリエーゼの特徴は（アメリカ版プリエーゼではめったに見かけませんが）、ゴールデンデュラムという細びきの小麦粉を使用していることです。この小麦粉はパッケージにファンシー・デュラム小麦粉、またはエキストラ・ファンシー・デュラム小麦粉と表示されています。ファンシー・デュラムは、セモリナ粉の原料と同じ種類の小麦をひいて作りますが、セモリナ粉より細びきです。セモリナ粉は炉床で直焼きするとき生地の下に敷いたり、パーネ・シチリアーノ（P235）の材料として使っ

たりします。

　プーリア州には、ファンシー・デュラム小麦粉100％でプリエーゼを作るベーカリーがあります。また、デュラムとふつうの強力粉をブレンドして使うベーカリーもあります。本書のレシピではブレンドを採用していますが、粉の割合は自由に遊んでいただいてけっこうです。冒険したい気分のときは、デュラム100％バージョンに挑戦するのもいいでしょう。プリエーゼ作りに挑戦する人は誰でも、ウェットな生地の扱いに悪戦苦闘することになります。けれどいったん慣れてしまうと、ずっとリュスティックタイプのパンを作っていたいと、うずうずするようになります。その欲求に抵抗するのは難しいでしょう。しなやかで柔軟な生地の触感は、何とも言えず気持ちがいいのです。このレシピで作るプリエーゼは、長時間発酵で引き出された風味がきいて目を見張るほどおいしく、おまけに作るのも楽しくてしかたがありません。このパンを知った瞬間から、あなたの中で「素晴らしいパン」の基準が永遠に変わるでしょう。

できあがりの分量　約300gのローフ1個分

		原書オリジナル		日本仕様
		%	g	g
	ビガ種 (P131)	105	306	105
	細びきまたは極細びきのデュラム小麦粉と強力粉のブレンド（割合は自由に。たとえば50％ずつ）	100	284	100
	インスタントドライイースト	1.1	3	1.1
	塩	3.8	11	3.8
	水（32〜38℃のぬるま湯）	80〜90	227〜255	80〜90
	マッシュポテト（好みで）	20	57	20
	セモリナ粉かコーンミール（ピールまたは天板用）		適量	適量
合計			309.9〜319.9	

		原書オリジナル		日本仕様
		%	g	g
全体の配合	強力粉	40	187	63
	デュラム小麦粉と強力粉のブレンド（50％ずつ、または好みの割合で）	60	284	100
	インスタントドライイースト	0.85	4	1.4
	塩	2.5	11	3.8
	水	76.4	360	122〜132
	マッシュポテト	12	57	20

合計	191.75

1. 生地作りの1時間前に冷蔵庫からビガ種を取り出し、すぐにスケッパーか波刃ナイフで生地を小さく分ける。生地に布巾かラップをかけて1時間置いて、常温に戻す。

2. 大きめのボウルに粉、塩、インスタントドライイーストを入れ、混ぜ合わせる。そこにビガ種、マッシュポテト、少なめの水を加える。（デュラム小麦粉を使わず強力粉だけを使うなら、水の量はより少なめにする）。金属製の大きなスプーンで、材料がウェットでべたつく一まとまりになるまで混ぜる。粉気が残っている場合は、必要なだけ水を足して、さらに混ぜる。

3. 手捏ねをする場合は、片手または金属製のスプーンを冷水で何度も濡らし、ドウフックのように使って、もう片方の手でボウルを回しながら（P75参照）、勢いよく捏ねて滑らかなかたまりにする。何回かはボウルを逆方向に回して、グルテンをさらにのばす。この作業を5分、または生地が滑らかになり、材料がむらなく混ざり合うまで行う。生地はボウルの側面からは離れるが、底にはくっついている状態であること。もし生地がボウルの側面にくっついたままなら、側面から離れるまで手粉をさらに少し振る（手粉はどちらの種類でもよい）。生地がかなりべたついているように思えても心配はいらない。生地がウェットであればあるほど、できあがったパンはおいしくなる。

4. 作業台に約15cm四方にたっぷりと強力粉を引く。（またはP77のオイルスリックの準備をする）。水に濡らしたスケッパーかへらを使って、手粉をひいた台（またはオイルスリック）の上に生地を移し、延ばし＆折りたたみ（P77、P168参照）を行う。生地の表面にスプレーオイルをかけ、もう一度粉を振り、ラップか食品用のビニール袋をふわりとかける。

5. 30分生地を休ませる。その後、もう一度延ばし＆折りたたみを行い、スプレーオイルをかけ、ラップをかける（この作業を繰り返すたびに、生地にコシと弾力が出て、べたつきは少なくなる。）

6. 大きいボウルに薄くオイルを塗る。3回目の延ばし＆折りたたみを行ったあと、水で濡らしたへらを使って生地をボウルに移す。ボウルにラップをかけて、室温で2時間、静かに一次発酵させる。

7. 作業台にたっぷり手粉を振る。ラップをはずし、手粉をつけた手かスケッパーで、できるだけガスを抜かないように気をつけながら、生地を作業台に移す。手に手粉をつけ、生地をP94に示したブール形に成形する。成形した生地の閉じ目を下

にして作業台の上で数分休ませ、そのあいだに二次発酵用のボウルを準備する。

8 二次発酵用のボウル（P51参照）を準備する。布巾の表面全体にスプレーオイルをかけ、手粉をたっぷり振っておくこと。生地の閉じ目を上にして各ボウルにそっと移す。もし閉じ目が開いたら、つまんで閉じる。生地の表面にスプレーオイルをかけ、布巾の4隅を折り返してボウルの上にかぶせる。

9 室温で60〜90分、または生地が元の大きさの約1.5倍に膨らむまで二次発酵させる。

10 P114〜に示した炉床での焼成の準備をし、必ず空のスチーム用天板を入れておく。オーブンを260℃に温めておく。

11 ピールか天板の裏にセモリナ粉かコーンミールをたっぷり振る。その上にボウルをそっと逆さに置き、ボウルを持ち上げ、布巾を生地から静かにはがす。生地はピール（または天板）の上でゆるんで広がる。刃の鋭いナイフかクープナイフで斜め格子のクープを入れる（P113〜参照）。次にその生地をベーキングストーンに移す（あるいは生地ののった天板をそのままオーブンラックにかける）。スチーム用天板に50mlの熱湯を注ぎ、オーブンの扉を閉める。30秒後にオーブンの壁に霧吹きで水をかけ、また扉を閉める。30秒の間隔でさらに2回霧を吹きかける。最後に霧を吹きかけたあと、オーブンの設定温度を230℃に下げて15分焼く。焼け具合を確認し、むらなく焼くために必要ならパンを前後に180度回転させる。さらに10〜15分、またはパンが濃いキツネ色になるまで焼く。

12 オーブンからローフを取り出し、金網に移す。冷めるにつれて、クラストは少し軟らかくなる。少なくとも40分冷ましてから切るかテーブルに出す。

応用レシピ

ブルスケッタ

　ブルスケッタはスライスしたパンをトーストし、トッピングをのせたもので、グリッシーニ（ブレッドスティック）とともに世界中でブームになっています。トッピングをのせたクラストという意味で、ブルスケッタもまた、イタリアが生んだピザの一種です。いわゆる本格的なブルスケッタの作り方については山ほどの情報が出回っていますから、ここでは追加情報をいくつか書くにとどめます。

　ほぼどんな種類のパンでもブルスケッタに使えますが、最適なのはチャバッタやプリエーゼなど、水分が多く、気泡が大きくて、トーストするとカリッと焼けるパンです。まずパンをやや薄めにスライスし、オリーブオイル（好みによってガーリックオイル、あるいはガーリックバター）を塗ります。それをオーブントースターまたはグリルで焼くか、ソテーパンを中火にかけてカリッとするまで焼き、好みのトッピングをのせましょう。人気のあるトッピングは、小さくカットした生のトマトを、みじん切りにした生のバジル、エキストラバージン・オリーブオイル、粗塩、コショウでマリネしたものです。スライスしたパンにニンニクをこすりつけ、トーストするだけのシンプルな方法もあります。

　トッピングしたあとのスライスをもう一度オーブントースター（グリル）に入れ、チーズを溶かしたりトッピングを熱くしたりするのもいいでしょう。

　トッピングに関するルールはひとつだけ。昔から料理全般について言われていることと同じで、「味がすべて」です。

　私の家では、焼きナスのピューレが人気のトッピングです。作り方を説明します。まず大きめのナスを3個か4個用意し、炭のグリルに火をおこします（この調理には高温になった炭の熱が必要なため、ガスのグリルでは同じようにうまくいきません）。熱せられた炭の色が白くなったら、ナスをまるごとグリルの上に置きます。炭の8〜12cm上にナスがくるように置いてください。10分ごとに引っくり返しながら、皮が焦げ、中は軟らかく崩れるまで焼きます。この状態になるまで40〜60分かかるでしょう。大事なのは、ナスの身がとろけるまで加熱することです。ナスが焼けたらまとめて紙袋に入れて口を閉め、蒸気を出させます。20〜30分たってさわれる程度に冷めたら、1つずつナイフで切り開き、軟らかくなった果肉をスプーンですくってボウルに移します。焦げた皮、へたの固い部分、大きな種は捨ててください。好みにより、レモン果汁（ナス1個あたり大さじ2杯程度）、エキストラバージン・オリーブオイル（ナス1個あたり大さじ1杯程度）、粗塩（ナス1個あたり小さじ半分から始め、必要なら増やしていく）で味つけをします。これをフードプロセッサーに入れ、必要に応じて塩とレモン果汁で味を調整しながら、ピューレ状にします。最後に黒コショウか粉末レッドペッパー、あるいはオーブンかフライパンで調理したローストガーリックで味をととのえてもいいでしょう。これで、香ばしくて刺激的な風味のディップが完成です。冷たくても温かくても、ブルスケッタに塗れば最高のトッピングになります。

【備考】ガスコンロを使っている人の中には、五徳の上にナスを置いて火をつけ、3分ごとに引っくり返しながら焦がしていく人がいます。コンロは汚れますが、白熱した炭で焼く代わりの方法としてはいいでしょう。

サワードウ・ブレッドとそのバリエーション
Sourdough Bread and Variations

　一般に「サワードウ・ブレッド」と呼ばれているパンは、正確には「野生酵母パン」と呼ぶべきでしょう。生地を膨らませるのは野生酵母だし、野生酵母のパンがすべて酸っぱい（サワー）わけではないのですから。そもそも、一次発酵のセクションで説明したように（P85）、酸味を生み出すのは野生酵母ではなく、生地の中にいる乳酸菌です。乳酸菌が生み出した酸は生地のpHを下げ、その過程でさまざまな風味を創り出していきます。中でも目立つ風味が、私たちがサワードウ・ブレッドと聞いて思い浮かべる、独特の酸味です。これは私たちの肉眼では見えない微生物の世界で起こっていることで、乳酸菌は自分たちが棲んでいる生地を絶え間なく変化させているのです。

　野生酵母パンの製法は何十種類もあり、ベーカリーごとに独自のシステムで作っています。そのうちのひとつ「6ビルドシステム（6段階法）」は、正確な温度、正確なタイミングを計算して立てた特別なスケジュールでスターターに餌を与え、生地の嵩をどんどん大きくしていき（この工程を「ビルド（増量）」といいます）、最後の種を生地のスターターとして使用します。ビルドの種類によって、生地の風味と構造に及ぼす影響は異なります。ベーカリーによってはシンプルな「2ビルドシステム（2段階法）」を使います。これは前に作った生地からかなりの量（25～30%）を取って、次の生地のスターターとして使う方法です。他にもポーリッシュ種に似たウェットな液種を使うシステム、ビガ種に似た硬いスターターを使うシステム、さらにそれを組み合わせたシステムもあります。多くのシステムで、野生酵母と市販のパン酵母を組み合わせて、風味豊かで、しかも速く膨らみ、酸味が強すぎない混合タイプの生地が作られています。中には、パンの種類によってシステムを変えるベーカリーもあり（あるパンには硬いスターター、別のパンには液種のスターター、また別のパンには混合タイプのスターター）、かと思えば　ひとつのシステムですべてのパンを作るベーカリーもあります。言いかえれば、野生酵母パンの製法に唯一の正解なんてないのです。ですから私は生徒たちに、まずひとつのシステムを習得し、そのあとは好きなだけ他のシステムを学んで、最終的に自分に合ったシステムを見つけるように教えています。

　最近は多くの地域にアルチザンスタイルのしゃれたベーカリーができて、見た目が美しく味もいい野生酵母パンを作っています。たとえばマルチグレイン・ブレッド。あるいはローストガーリック、タマネギ、ジャガイモ、そして

【解説】
●野生酵母の冒険に乗り出す前に、P85、P87の説明をもう一度読んで頭に入れましょう。
●（本書でライ麦パンのほとんどに使用している小麦のサワー種ではなく）ライ麦粉100%のパン用にライ麦粉だけのサワー種を作りたければ、材料欄の超強力粉または強力粉をライ麦全粒粉またはホワイトライ（白いライ麦粉）に替えてください。
●小麦粉だけでこの起こし種を作ることもできます。1日目のライ麦粉を強力粉か超強力粉に替えてください。私の見たところ、ライ麦粉のほうが味に深みが出るし発酵の開始も早くなりますが、どちらにしても全粒粉であれば最終的には発酵が始まります。

ローズマリーをはじめとするハーブなどの風味豊かな材料を使ったパン。さらに、ウェットな生地から作られたリュスティックタイプの野生酵母パン（P263【解説】野生酵母のプリエーゼの説明参照）。このようなパンの背景にある技と科学に目を向けると、それぞれのパン職人が自分の選んだシステムを使い、自分の選んだ創造性あふれる材料で作ったパンだということがわかります。つまり、どんなシステムを使おうと、選択することが必要なのです。使用するスターターの割合、スターターの製法、発酵の時間と温度、追加の材料とデザイン、そしてさまざまな粉のブレンド法を選ばなければなりません。

　ここで紹介するシステムは、私の前著"Crust & Crumb"に載せたものと同じく、「3ビルドシステム（3段階法）」を採用しています。ただし本書のシステムでは野生酵母のスターターの量を減らし、より多くのパンに使えるようにしています。私は今でも、自分でパンを作るときも教えるときも、両方のシステムを使います。"Crust & Crumb"版サワードウのもちもちしたテクスチャーと複雑な風味も大好きですが（何と言っても、全米製パン競技大会で優勝したパンですから）、この新しいシステムの応用範囲の広さも気に入っているのです。

　大切なことを言い忘れるところでした。もしもあなたが、独学で身につけたにせよ、他にもたくさんある素晴らしいパンの本で学んだにせよ、どれかひとつのシステムを使っているのなら、本書のシステムの原則をそのシステムにも応用することができます。つまりパン作りの可能性が広がるのです。あるビルドのシステムは別のシステムとは違う微妙な風味やテクスチャーを生み出します。しかし、正しいパン作りの科学に基づくシステムであるかぎり、どちらのシステムでも素晴らしいパンを作ることができます。ほとんどの場合、私のスターターを他の人のシステムで使ったとしても、その人のスターターを使ったときと変わらずうまくいきますし、逆の場合も同様です。知識と情報というパン作りの武器を身につければ、目の前に広がる無限の選択肢を自由に操れるようになります。それこそが、本書で伝えたいテーマです。これからご紹介する製法の概略を押さえておけば、それに沿って数えきれないほどのバリエーションのパンを作ることができます。これらのバリエーションの細かい点についてはあとで述べます。

　最後に、心に留めておいてほしいことがあ

私の好きなサワードウ・ブレッドは、クルミとブルーチーズ入りバージョン（P280参照）。

ります。このシステムは家庭でパンを作る人のために考えられたもので、そういう立場の人は餌を与える仕事をバトンタッチする同僚がいないという点を考慮しています。温度と湿度の調整機能付き発酵容器があればいつでも同じ結果を出すことができますが、一般の人でこの器具を持っている人はほとんどいません。つまりセーフティーネットなしで空中を舞うようなことをするわけですが（プロのパン職人にも、好んでそうする人が大勢います）、それでも、私たちには時間と温度をコントロールしてみごとなパンを作り出すための、「冷蔵」という武器があります。冷蔵技術は近代の発明で、昔の偉大なパン職人は使うことができませんでした。ですから餌を与えるサイクルを慎重に見極めることで、コントロールしていたのです。現代に生きる私たちは低温発酵のおかげで、つきっきりで見張る必要がなくなり、誤差の許容範囲も広がり、12の工程を進む中で、いつ次の段階に移るかを前もって自分で決められるようになったのです。

このレシピは有機小麦粉でもそうでない小麦粉でも使え、初種が5～10日で作れます。かかる日数は、気候と住んでいる地域によって異なります。

【備考】小麦が育つ土壌、あるいは小麦そのものにも種起こしに際して有害な作用をする「グラム陰性菌」が存在しています。種起こしの過程において、グラム陰性菌はスターターのpHが下がる（酸性になる）につれて減少し、やがて消滅しますが、その間に雑菌を発生させるなどの問題があります。対策として、ここでは最新版の種起こしの方法を掲載しています。これは最初の1日、または2日にパイナップルジュースを使うことで早くpHを下げ、グラム陰性菌を退治するやり方です。グラム陰性菌が早くいなくなれば、カビや腐敗の心配をすることなく乳酸菌と酵母を増やすことができます。もちろん、大昔からのやり方にしたがい、パイナップルジュースを使わずにこのスターターを作ってもかまいません。酸性のジュースの役割は、単にpHを下げる工程を速く進めるだけのことです。

小麦の起こし種 * Seed Culture

		原書オリジナル		日本仕様
		%	g	g
第1段階 (1日目)	粗びき小麦全粒粉または粗びきライ麦全粒粉	100	120.5	120
	無糖パイナップルジュース（缶入り）またはオレンジジュース（常温）	94	113	113
第2段階 (2日目)	1日目の種　全量			233
	超強力粉または強力粉	100	64	64
	水または無糖パイナップルジュース（常温）	89	57	57

第3段階 (3日目以降)	2日目の種　1/2量				177
	超強力粉または強力粉	100	128	128	
	水（常温）	94	113	120	

第1段階（1日目）：ボウルに粉とジュースを入れ、ウェットでべたつきのある生地になるまで混ぜる。生地が硬くても柔らかくても気にしなくてよいが、粉気がなくなったかどうかは確かめる。1Lの計量カップに生地を入れて上から押さえ、生地の最上部の高さにテープを貼って印をつける。ラップでカップに蓋をして室温で24時間寝かせる。

第2段階（2日目）：この時点では、仮に生地が膨らんだとしてもわずかである。ボウルに1日目の種と2日目の材料を入れ、手かスプーンで材料をまんべんなく混ぜて、新しい種を作る。小麦粉を使用するため、この種は1日目の種より柔らかくてウェットになる（好みによって、小麦全粒粉かライ麦全粒粉を使って全粒粉100％のスターターを作ってもよい）。生地を計量カップに戻して押さえつけ、最上部に新しいテープを貼って印をつける。ラップをかぶせ、室温で24時間発酵させる。生地は強烈な匂いを発するが、いずれ消えるので気にしないこと。この段階で発酵が進んだとしても、野性酵母のはたらきとはかぎらない。乳酸菌による発酵が酵母の活動のように見えている可能性が高く、第3段階に入ると起こし種が数日間、休眠状態になることがある。

第3段階（3日目以降）：生地が膨らんだかどうか、あるいは何か他の変化が起きていないか確認する。発酵が進んでいたとしても、おそらく気泡が出ているか、せいぜい1.5倍に膨らんでいる程度の変化だろう。いずれにせよ、2日目の種の半分を捨て（または種起こしをする友人に譲り）、残りの半分と3日目の材料を混ぜて、べたつきのある種を作る。その後また、生地を計量カップに戻し、上から押さえつける。生地の最上部にテープで印をつけ、蓋をして、24～48時間発酵させる。最初の24時間が過ぎても目立つほど膨らまない場合は、清潔なボウルに種を移して数秒間混ぜ、計量カップに戻して蓋をし、さらに24時間置く。それでもまだ、気泡も膨らみもほとんど、あるいはまったく見られなければ、12時間ごとに混ぜる作業を最長で4日間（8日目まで）、または発酵の兆候（気泡）が表れ、生地の大きさが元の1.5倍か2倍になるまで行う。たいていは8日目までいかないうちにこの状態になるが、気温の低いときなどはとくに日数がかかる。完成した起こし種は、初種作りに使うことができる（【備考】12時間ごとに混ぜる作業には、生地の中で野生酵母と乳酸菌が成長するあいだに、生地の表面にカビ菌が定着するのを防ぐ効果がある）。

＊訳注：日本では通常ライ麦での起こし種が一般的だが、ここでは初回以外は小麦を使用しているため、「小麦の起こし種」とした。

【解説】
●パイナップルジュースがない場合、あるいは水だけを使いたい場合は、ろ過水か天然水を使いましょう。オレンジジュースか薄めたレモンジュースを使ってもかまいません。あらかじめ立てた計画どおりにスターターが餌を食べるかどうかは、粉の中のグラム陰性菌の状態によって変わってきます。その年の小麦畑やライ麦畑の状態により、種にグラム陰性菌の問題が起こる割合は異なります。いずれにせよ、毎日何回か混ぜて空気に触れさせれば、やがて種は、パイナップルジュースを入れなくてもグラム陰性菌の影響を受けなくなるでしょう。
●第1段階以降もパイナップルジュースを使うのが本当に必要かどうか、意見は分かれています。どうしても必要かと言われればそうではないのでしょうが、第2段階で使っても損はないし、場合によってはグラム陰性菌出現に備えての対策にはなります。

初種 Barm (Mother Starter)

できあがりの分量　初種　約700g

	原書オリジナル		日本仕様
	%	g	g
超強力粉または強力粉	100	255	255
水（常温）	100	255	255
小麦の起こし種（P271）	78	199	199
合計		278	

　ボウルに粉、水、小麦の起こし種を入れ、混ぜ合わせる（残った起こし種は捨てるか、初種を作っている友人に譲る。あるいは、必要なときのために5日間までなら冷蔵庫で保存してもよい）。材料がむらなく混ざり合い、粉気のない状態にする。できあがったものはポーリッシュ種（P130）のように、ウェットでべたつきのある液種になる。【備考】硬めの初種のほうがよければ、水の量を113〜142gに減らして、手で捏ねる。

　この液種を、種の2倍の大きさの清潔なプラスチック製かガラス製、またはセラミック製の保存容器に移す。初種を容器に移す際には、手、へら、またはスケッパーを何度も水につけ、初種がくっつかないようにする。容器に蓋かラップをして、室温で約6〜8時間、または初種に気泡ができるまで発酵させる。ラップは（プラスチック製の蓋も）風船のように膨らむ。この状態になったら、ラップ（蓋）を持ち上げてガスを逃がす（エタノールと混ざった二酸化炭素ガスが部屋の中に広がるため、ガスを吸いこまないように注意する）。ラップを取り替え、一晩冷蔵庫で保存する。冷蔵庫の中で初種は休眠状態に入り、ゆっくりと発酵を続けて膨らむ。初種は翌日には使えるようになり、3〜5日間は活性化している。それ以降も保存する場合、あるいは半分以上の量を使う場合は、次に述べるように種継ぎする必要がある。

【解説】
●初種の風味を完全に引き出すには、2週間の間に2、3回の種継ぎが必要です。そのあいだに、あなたの住む土地に特有の微生物が徐々に増えて仕事に取りかかります（そのため、エジプトやロシアから輸入された起こし種で作った初種も、時間とともに自分の住む場所で一から作った初種のような味になります）。初種の風味がピークを迎えたら、周期的に種継ぎをすることでその風味を保つことができます。もちろん、初種が十分に発酵したらすぐに使ってもかまいません。野生酵母は乳酸菌が風味豊かな酸を生み出すよりも速いペースで初種を発酵させますから、最初から勢いよく膨らむでしょう。
●初種を保存したいけれどしばらくパンを作る予定がない場合は、密閉容器に入れて冷蔵保存すれば最低でも2か月はもちます。使うときは1カップ分（1/2カップでもよい）を残してあとは処分し、そこから培養（増量）していきます。冷凍なら最長6か月保存がききます。使う日の3日前に冷蔵庫に移し、解凍を始めます。翌日、初種が十分に解凍されていることを確認し、1/2カップを残してあとは処分し、"初種の種継ぎ"の指示に従って種継ぎをしてください。その翌日、再び種継ぎをして、必要な量に応じて4〜6カップに嵩を増やしてください。パン作りの当日には、丈夫でいつでも使える初種ができているでしょう。その後も1日、または2日かけて培養（増量）の工程を行ってください。

初種の種継ぎ Refreshing the Barm

- 初種の種継ぎは、初種の量を少なくとも2倍に増やすのが標準的なやり方です。初種中の微生物はたくさんの餌を食べ、それをスターターに変換できるので、最大で5倍の量にすることも可能です。私は酸味の強いパンが欲しいときは初種を2倍にしますが、酸味を抑えたいときは3倍か4倍、ときには5倍にします。【解説】に書いたように、乳酸菌は酵母よりも仕事に時間がかかります。つまり、たくさん餌を与えると、乳酸菌の集団、野生酵母の集団ともに密度は低くなりますが、酵母は乳酸菌よりも早く勢いを取り戻すため、力強いけれど酸味の少ない、発酵力の強い小麦サワー種が出来上がります。2、3日目までには乳酸菌の発酵が追いつき、小麦サワー種はかなり酸味が強くなります（pH約3.5）。

- 初種の種継ぎをすると、どんなことが起こるのかを理解しておきましょう。初種を作って種継ぎをしないまま4〜7日が過ぎると、初種中の酸とプロテアーゼ（タンパク質分解酵素）がグルテンを分解し、当初の力強くて弾力のある種を、グルテンの少ない、ポテトスープのような物質に変えてしまいます。パンの発酵と風味づけを担う酵母はまだたくさん生き残っていますが、ふにゃふにゃの生地を作ることしかできません。そういうわけで初種に餌を与えるのは、使う日の3日前から前日までの間（理想は前日）が望ましいのです。たくさん初種があるけれどしばらく餌を与えていない場合は、199g残してすべて捨て、粉454gと水454gを継ぎ足し、粉気がなくなるまでかき混ぜてください。

- 初種を定期的に使い、餌を与えているなら、捨てる必要はありません。しかし、パンを作るために1カップ分の初種を使い、残った初種に1カップの粉と少量の水しか継ぎ足さないというようなことはやめましょう。残った初種は必ず、2倍以上にしなければいけません。継ぎ足す前にある程度の量を捨てたり、人に譲ったり、あるいはできるだけ多く使うなどして、その状態を作ってください（次に餌を与えるまで3〜5日間の猶予がありますから、あわてることはありません）。

- しばらく初種を使う予定がなくても捨てないで、次に種継ぎするときまで取っておきましょう。密閉容器に入れて冷蔵庫か冷凍庫で保存します（【解説】参照）。ガラス製やセラミック製の容器は冷凍に適していませんから、スプレーオイルをかけたジッパー付きのフリーザーバッグに移してください（生地が膨張してガスが発生したときに備え、バッグはゆとりをもたせて封をしましょう）。

- 種継ぎには、できれば超強力粉を使いましょう（ライ麦の初種の場合を除く）。超強力粉には強力粉よりもグルテンを形成する成分が多く含まれているため、酸や酵素による分解に対して抵抗力があります。ただ、超強力粉はプロでなければ入手しにくいものですから、手に入らなければ強力粉を使っても問題ありません。

- 種継ぎには2つの方法があります。一つ目は種継ぎする初種を計量する方法で、二つ目は目測する方法です。私はどちらの方法も使いますが、2倍から4倍の法則を守るかぎり、丈夫で活性力があり、クリーンな風味の初種に保つことができます。"クリーンな"風味というのは、かび臭やチーズ臭のような、食品が傷んだときに発する風味がないということです。このような不快臭は、温度の高い場所で過発酵させたり、長いあいだ外に出しっぱなしにしたりすると発生します。そうなると好ましくない菌が集団に加わり、酵母はアルコールを過剰に生成して、いわゆるイースト臭を発することになります。この臭いは、アルコール、グルタチオン、そして酵母が死滅するときに放出される不快な風味のアミノ酸が混ざり合ったものです。

初種（奥）はポーリッシュ種に似たウェットな液種。硬いスターター（手前）はビガ種やフランスパン生地に似たテクスチャーを持つ。

- 計量法は簡単です。まず初種を計量し、その重さを2倍、3倍、4倍にするのに必要な粉と水の量を計算します（最も簡単なのは、水と粉を同量にして計算する方法）。たとえば、400gの初種の種継ぎをする場合、粉200gと水200gを加えれば2倍の800gにできます。あるいは粉600gと水600gを加えて4倍の1600gにもできます。種継ぎの量が多ければ多いほど、発酵時間は長くなります。種継ぎの量や開始時の温度によって、4〜8時間のあいだでしょう。冷蔵庫から出したばかりの冷たい初種を使う場合は、32℃くらいまで温めたお湯を使って初種の冷気を取り、発酵のスタートを早めます。ただし、くれぐれも種が温かくなりすぎるような状態にはしないように。私たちが培養したい微生物、つまり乳酸や酢酸を生成する乳酸菌にとって最適の環境は、種が18〜24℃程度の室温でゆっくり発酵している状態なのです。

- 初種ができたら、冷蔵庫で一晩寝かせてから

使います。すぐに使っても問題はありませんが、私は寝かせたほうがパンの味わいが深くなると考えているので、一晩待つことにしています。どちらを選ぶにせよ、熟成して準備の整った初種を使って、いつでも次の工程に進むことができます。

基本のサワードウ・ブレッド（サンフランシスコ・サワードウ・ブレッド）
Basic Sourdough Bread (aka San Francisco Sourdough)

できあがりの分量　約320gのローフ1個分

		原書オリジナル		日本仕様
		%	g	g
小麦サワー種 （1日目）	初種（P273）	88.3	113	88
	強力粉	100	128	100
	水	22～44	28～57	22～44（中央値33）
合計			210.3～232.3	

		原書オリジナル		日本仕様
		%	g	g
生地 （2日目）	小麦サワー種	47	269	71
	強力粉、または他の粉とのブレンド （P279～"応用レシピ"参照）	100	574	150
	塩	2.44	14	3.6
	水（32～38℃のぬるま湯）	69	397	104
	準強力粉か強力粉、またはセモリナ粉か コーンミール（ピールまたは天板用）			
合計			218.4	(328.6)

		原書オリジナル		日本仕様
		%	g	g
全体の配合	強力粉	100	709	196
	塩	1.9	12.5	3.6
	（インスタントドライイースト。P279～"応用レシピ"参照）			
	水	68.25	532	129
合計			170.15	(328.6)

★パンの特徴
リーンでスタンダードな生地。小麦サワー種法。野生酵母使用。

★作業日数：2日または3日
1日目：小麦サワー種　5時間
2日目：小麦サワー種を常温に戻す　1時間
ミキシング　15～17分
延ばし&折りたたみ、一次発酵、成形、二次発酵　5～8時間
焼成　25～35分（2日目～3日目）

1　1日目：小麦サワー種を作る1時間前に冷蔵庫から初種を取り出して、計量する。計量法は、計量カップを水の入ったボウルにつけてから（カップを濡らすと初種が滑り出やすい）分量の初種をすくうか、初種をボウルに入れて重量をはかる。その後、初種を小さいボウルに移して布巾かラップをかけ、1時間ほど置いて常温に戻す。

2 そのボウルに粉を加え、初種と粉を混ぜ合わせる。必要最小限の水を足しながらこの生地を捏ねて、フランスパン生地のようなテクスチャーの小さなだんご状にし、小麦サワー種を作る（必要な水の量は初種が硬いか軟らかいかによって異なる）。長く捏ねる必要はなく、初種と粉がむらなく混ざって粉気がなくなればよい。小さいボウルに薄くオイルを塗るか、ビニール袋の内側にスプレーオイルをかけ、その中に小麦サワー種を入れ、転がして全体にオイルをつける。ボウルに蓋をする（袋を閉じる）。

【備考】
このスターターに使用する水の量は、初種の硬さ（柔らかさ）によって変わってきます。レシピ手順の指示にしたがって水の量を調整してください。

3 室温で4～6時間、または小麦サワー種が少なくとも2倍の大きさになるまで発酵させる。必要なら時間をのばし、約1時間ごとに発酵具合を確認する。2倍になったら小麦サワー種を冷蔵庫で一晩寝かせる。

4 2日目：生地作りの1時間前に冷蔵庫から小麦サワー種を取り出す。スケッパーか波刃ナイフで生地を小さく分ける。生地にスプレーオイルをかけ、布巾かラップをかけて1時間置き、常温に戻す。

5 大きめのボウルに粉と塩を入れ、混ぜ合わせる。そこに小麦サワー種と水を加え、金属製の大きなスプーンでかき混ぜてひとつのかたまりにする。

6 作業台に手粉を振り（またはP77のオイルスリックの準備をして）、そこに生地を移し、手で8～10分捏ねる。必要なら水か粉で調節しながら、硬いフランスパンの生地のように、硬いがしなやかで粘り気のある生地にする。グルテンチェック（P76～）でグルテン膜の延びが確認でき、生地温度が25～27℃になっていればよい。薄くオイルを塗った大きいボウルに生地を移し、転がして全体にオイルをつける。ボウルにラップをかける。20分経ったら延ばし＆折りたたみ（P77、P168参照）を行い、ボウルに戻してラップをかける。20分の間隔をあけて延ばし＆折りたたみをさらに2回行い、そのつどボウルに戻してラップをかける。

7 室温で3～4時間、または生地がほぼ2倍の大きさになるまで一次発酵させる。

8 ボウルから生地をそっと取り出し、P94からP109に示したブール形かバタール形、またはバゲット形にやさしく成形する。

【解説】
●この生地は初種から始めて小麦サワー種、そして生地を作る「3ビルドシステム（3段階法）」で作られています。すでに述べたように、4、5、または6段階のシステムもありますが、低温発酵の手法を使えば、培養（増量）の段階を少なくしても完全に風味を引き出すことができます。
●このレシピの技法や材料を変えて、自分の気に入るレシピを作ってみましょう。"応用レシピ"でいくつか提案していますが、あなた自身の想像力をはたらかせて可能性をとことん追求してください。

9 バヌトンか発酵用ボウルの中に、またはベーキングシートを敷いてセモリナ粉かコーンミールを振った天板に（P51参照）生地を置く。どの道具を使うにせよ、生地が空気に触れている部分にはスプレーオイルをかけ、布巾かラップで覆う

か、天板ごと食品用のビニール袋に入れる。この段階で生地を 2 〜 4 時間、または元の大きさの約 1.5 倍に膨らむまで二次発酵させてもいいし、冷蔵庫に入れて一晩寝かせてもいい。冷蔵庫に入れた場合は、生地を焼く約 4 時間前に取り出して二次発酵させる。

10 P114 〜に示した炉床での焼成（直焼き）の準備をし、忘れずに空のスチーム用天板を入れておく。オーブンを 260℃に温めておく。焼く 10 分前に生地からそっと布巾かラップをはずす（またはビニール袋から天板を出す）。

11 ピールか天板の裏に小麦粉かセモリナ粉、またはコーンミールをたっぷり振り、ボウルで発酵させていた生地から布巾をそっとはずして、生地をピール（または天板）に静かに移す（天板の上で生地を発酵させていた場合は、そのまま焼いてもよい）。P113 〜に示した要領で生地にクープを入れ、その生地をベーキングストーンの上に滑らせる（または生地ののった天板をそのままオーブンラックにかける）。スチーム用天板に 50ml の熱湯を注ぎ、オーブンの扉を閉める。30 秒後にオーブンの壁に霧吹きで水をかけ、また扉を閉める。30 秒の間隔でさらに 2 回霧吹きをかける。最後に霧吹きをかけたあと、オーブンの設定温度を 230℃に下げて 13 分焼く。むらなく焼くために必要ならパンを前後に 180 度回転させ、さらに 12 〜 22 分、またはパンに火が通るまで焼き続ける。全体が濃いキツネ色になって、底を叩いて乾いた音がすれば焼き上がっている。

12 パンを金網に移し、少なくとも 45 分冷ましてから切るか、テーブルに出す。

---- 応用レシピ ----

サワードウの材料と作り方のバリエーション

　パンを焼く人の中には、小麦サワー種にこだわり、初種まで硬くする人がいます。プロのパン職人はこの方法を好みますが、それは硬い生地なら種継ぎのときでも増量のときでも、簡単にミキサーに放りこめるからです。それに大量のウェットな液種ほど周りを汚すことがありません。私のパン仲間で、ソノマ郡ペタルマの「セントラル・ミリング」で働くキース・ジュストは初種をベーグル生地のような硬さにしています。このような生地は移動させやすく、扱いやすい（そんな硬い生地を混ぜられるミキサーを持っているなら）だけではなく、ものすごく酸っぱいパンが好きな人たち向けに、非常に酸味の強いパンを作ることができます。酢酸は、硬い初種の密度が濃く空気の少ない環境で生成しやすく、乳酸はウェットな液種から多く生成されます。家庭でパンを焼く人は、ウェットな液種のほうを好むようです。種継ぎがしやすく、少量で管理がしやすいからでしょう。小麦サワー種を使ってパンを作りたい人は、初種の種継ぎをするとき、粉の総重量に対する水の比率を 50 〜 60％に減らして増量を進めましょう。

　初種から直接、生地を作るのもまったく問題ありません（過去 3 日以内に種継ぎした初種であれば）。初種がウェットなぶん、生地では水分を減らす必要がありますが、初種の量は小麦サワー種のときと同じで大丈夫です。

生地に市販のパン酵母を加えると、一次発酵が90〜100分、最終発酵が60〜90分で確実にでき、酸味も少なくなります。生地に小さじ2/3杯のインスタントドライイーストを入れましょう。

強力粉の一部、あるいは全量を、小麦全粒粉など、他のタイプの粉に替えてもかまいません。フランスのパン・オ・ルヴァンは、小麦全粒粉かライ麦粉を10％使用します（あるいは2つを組み合わせて、合計約10％にします）。

ライ麦粉（ホワイトライ。もしくはホワイトライとライ麦全粒粉のブレンド）の量を調整して、パン・ド・メテイユ（ライ麦粉50％）やパン・ド・セーグル（ライ麦粉51％以上）などのライ麦パンを作ることもできます。この調整は生地の段階でも、サワー種の段階でも行えます。また、ライ麦の初種を使う方法もあります（P285 "ライ麦100％のサワードウ・ブレッド" 参照）。

ローストガーリックや、軽く炒ったクルミ、ヒマワリの種、ピーカンナッツなど好みのナッツ、レーズンなどのドライフルーツ、あるいはチーズを加えるのもいいでしょう。標準的な量は、粉の総重量に対して40％です。このような材料は砕けて小さくなりすぎないように、ミキシングの最後の2分のあいだに加えるのがいちばんいいタイミングです。私のこれまでで最高のお気に入りは、ブルーチーズとクルミのパンです。これはクルミが25％、ほぐしたブルーチーズ（クリーミーなタイプではなく、硬いもの）が15〜20％で、捏ねの最後の2分になったらクルミを加えます。ブルーチーズは延ばし＆折りたたみの最後の段階に丁寧に手で折りこんでいきます。まずクルミ入りの生地を平らにし、表面にブルーチーズの3分の1の量を散らしたら、生地をくるくると巻き、また生地を平らにしてあと2回これを繰り返し、チーズを折りこみます。ブルーチーズ、フェタチーズ、パルミジャーノなど、塩気の強いチーズを使う場合は、レシピの塩の分量を25％減らしてください。この生地はクルミの油脂で美しい赤紫色に染まり、焼くとクルミの香ばしい風味がパン全体に広がります。

火を通したジャガイモを入れると、生地がしっとりして風味もつきます。最後のビルドの粉の総重量に対して25％のジャガイモを使いましょう。

好みに合わせて生のハーブも使えます。ブルーチーズと同じように、生地を手で巻いて折りこんでいきます。エルブ・ド・プロヴァンスやクミン、オレガノといった乾燥ハーブやスパイスも使えますが、風味が強いので量は控えめにしましょう。

市販のパン酵母とパン酵母の発酵種を使って、あるいは混合法でウェットな生地のパンを作るように、野生酵母のスターターでウェットなパンを作ることもできます。その場合はポーリッシュ種に替えて同量の初種を使います（これは初種から直接生地を作る最高のチャンスです）。生地作りの最後の段階で市販のパン酵母を加えてもかまいません（加えなくてもかまいません）。加える場合は、パン酵母を使用するレシピの手順でパンを作ることができます。

（市販のパン酵母をまったく使わない）野生酵母100％のパンを作るなら、一次発酵に3〜4時間、最終発酵に90分見ておいたほうがいいでしょう。この生地を使えばチャバッタからプリエーゼやフォカッチャまで、どんなリュスティックタイプのパンでも作れます。

サワードゥ・ブレッドのバリエーション ニューヨーク・デリのライ麦パン
Sourdough Breads New York Deli Rye

★パンの特徴
エンリッチタイプでスタンダードな生地。ライ麦サワー種法。混合法。

★作業日数：2日
1日目：ライ麦サワー種のスターター　3〜4時間
2日目：ライ麦サワー種を常温に戻す　1時間
ミキシング　6分
パンチ、一次発酵、成形、二次発酵　約5時間
焼成　35〜50分

私は子どもの頃、2種類のデリ・サンドを食べて育ちました。ひとつはローストビーフ、シュマルツ（鶏の脂肪）、オニオンのサンドイッチ。もうひとつはコーンビーフ、コールスロー、ロシアンドレッシング〔マヨネーズベースのドレッシング〕のサンドイッチです。どちらもオニオン・ライブレッドにはさんで、完璧なサンドイッチの出来上がりです。月に2回は家族で「マレイズ・デリ」か「ハイミーズ・デリ」、あるいは「チャックワゴン・オン・シティライン・アベニュー」に行き（チャックワゴンはずいぶん前になくなってしまいましたが、あとの2軒は今も健在です）、そこで私は大きな決断を迫られます。2種類のうち、どちらを注文すべきか？　どちらのサンドイッチも食べ飽きることはなく、大人になってから、長いベジタリアン生活に終止符を打ったあと、最初の食事として私が選んだのはコー

ニューヨーク・デリのライ麦パン（手前中央と右奥）とプンパニッケル・ブレッド（左奥）のスライス。

ンビーフ、コールスロー、ロシアンドレッシングとオニオン・ライブレッドのサンドイッチでした。最近はコーンビーフはあまり食べないようにし、シュマルツはさらに控えていますが、つねにあのデリ・サンドが食べたくてしかたがありません。でもオニオン・ライブレッドは手に入ればいつでも食べるし、自分でもよく作ります。

できあがりの分量 約450gのサンドイッチ・ローフ（1斤型）1個分

		原書オリジナル %	原書オリジナル g	日本仕様 g
ライ麦サワー種	初種（P273）	154.7	198	51
	ホワイトライ（白いライ麦粉）	100	128	33
	植物性油脂	22	28	7
	水（32〜38℃のぬるま湯）	88.3	113	29
	黄タマネギまたは白タマネギ（さいの目切り）	266	340	89
合計			631	

		原書オリジナル %	原書オリジナル g	日本仕様 g
生地	ライ麦サワー種	138.7	807	209
	超強力粉か強力粉、またはクリアー粉	78	454	117
	ライ麦粉	22	128	33
	インスタントドライイースト	1	6	1.5
	塩	2.7	16	4.1
	ブラウンシュガー	4.9	28	7
	植物性油脂	4.9	28	7
	バターミルクまたは牛乳（32〜38℃に温めたもの）	39	227	59
	水（必要に応じて。常温）	19.5	113	29
	キャラウェイシード（好みで）	1	6	1.5
	準強力粉か強力粉、またはセモリナ粉かコーンミール（天板用）		適量	適量
	卵白（1個分に水小さじ1を加えてよく溶きほぐし、泡が消えたもの。卵液用）（好みで）		適量	適量
合計		311.7		

		原書オリジナル		日本仕様
		%	g	g
全体の配合	超強力粉またはクリアー粉	68.5	553	143
	ライ麦粉	31.5	255	66
	インスタントドライイースト	0.7	6	1.5
	塩	2	16	4.1
	ブラウンシュガー	3.5	28	7
	植物性油脂	7	56	14
	バターミルク	28	227	59
	水	26	212	84
	タマネギ	42	340	89
	キャラウェイシード（好みで）	(0.7)	6	1.5
合計		209.2 (209.9)		

1　1日目：パン作りの前日にライ麦サワー種を作る。小さいボウルに初種、ライ麦粉、水を入れて混ぜ合わせ、ラップをかけて置いておく。スキレットに油を敷いて中火にかけ、少し水分が出る程度にタマネギを軽く炒める。炒めたタマネギを鍋からボウルに移し、温かい程度の状態になるまで冷ます（熱いまま使わないように注意すること）。これをライ麦サワー種に加えてかき混ぜ、もう一度ラップをかけて、気泡が出るまで3〜6時間、室温で発酵させる。その後、冷蔵庫で一晩寝かせる。

2　2日目：当日、生地作りの1時間前に冷蔵庫からライ麦サワー種を取り出し、常温に戻す。

3　生地作りをする。大きめのボウルに粉、ブラウンシュガー、塩、インスタントドライイースト、キャラウェイシード（使う場合）を入れ、混ぜ合わせる。そこにタマネギ入りのライ麦サワー種、オイル、バターミルクを加える。材料がひとつにまとまって、柔らかいがべたつきのない状態になるまで、必要最小限の水を加えながら金属製の大きなスプーンで混ぜる。この生地を5分置き、グルテンの延びを促す。

4　超強力粉か強力粉を振った作業台に生地を移し、捏ね始める。硬くて少し粘りのある生地にするために、必要なら粉を足す。粘つきが強くなりすぎないよう、6分以内で捏ね終わるようにする。グルテンチェック（P76〜）でグルテン膜の延びが

【解説】
●最高のライ麦パンは、野生酵母のライ麦サワー種と市販のパン酵母を混ぜて作ります。ライ麦サワー種を使うことで風味が豊かになるだけでなく、生地の構造も改善されます。これはライ麦サワー種の酸が酵素の過剰な活動を抑え、ねっとりしたライ麦パンになるのを防ぐからです。タマネギを入れるかどうかは好みしだいですが、どちらも素晴らしいおいしさです。私自身は、タマネギなくして思い出のデリ・サンドの味にはならないと思っています。ほとんどのベーカリーは乾燥タマネギを使っていますが、私は生のタマネギを軽く炒めたものを使います。
●キャラウェイシード入りのライ麦パンしか食べたことがない人もいて、そういう人はライ麦パンはキャラウェイの味だと思いこんでいます。このレシピではキャラウェイシードの使用は好みにまかせていますが、入れるバージョン、入れないバージョンの両方を作ってみて、どちらが好みか判断なさることをお勧めします。このパンには牛乳よりもバターミルクの風味が合いますが、手元になければ牛乳か低脂肪乳、または水で代用してください。
●この生地を使って「デリ・コーン・ライ」というパンも作れます。レシピの指示どおりに進め、成形した生地の表面（または全体）に中びきか粗びきのコーンミールをたっぷりまぶしましょう。これでコーンのカリッとした歯ごたえが楽しめるパンができます。

確認でき、生地温度が 25 〜 27℃になっていればよい。薄くオイルを塗った大きいボウルに生地を移し、転がして全体にオイルをつける。ボウルにラップをかける。20 分経ったら延ばし＆折りたたみ（P77、P168 参照）を行い、ボウルに戻してラップをかける。20 分の間隔をあけて延ばし＆折りたたみをさらに 3 回行い、そのつどボウルに戻してラップをかける。

5　室温で 1 時間 30 分〜 2 時間、または生地が 2 倍の大きさになるまで一次発酵させる。

6　ボウルから生地を取り出し、1 斤型で焼くならサンドイッチ・ローフ形（P103）に、型に入れずに焼くなら生地を 2 分割してバタール形（P95）に成形する。1 斤型で焼く場合は型に薄くオイルを塗っておく。型に入れないで焼く場合は、天板にベーキングシートを敷き、小麦粉かセモリナ粉、またはコーンミールを振っておく。成形した生地を 1 斤型または天板に移し、生地の表面にスプレーオイルをかける。

7　室温で 90 分ほど、または生地がほぼ 1.5 倍の大きさになるまで二次発酵させる。1 斤型に入れた生地は、ドーム状に盛り上がって型の縁より 2.5cm ほど高くなればよい。

8　1 斤型に入れた生地用には 180℃に、バタール形の生地用には 200℃にオーブンを温めておく。バタール形の生地には卵液をハケで塗り、好みにより、P113 〜に示した要領でクープを入れる。1 斤型の生地に卵液を塗るかどうかは好みで決める。

9　1 斤型、またはバタール形の生地をのせた天板をオーブンに入れ、20 分焼く。むらなく焼くために天板を前後に 180 度回転させ、生地の大きさや形により、さらに 15 〜 30 分焼く。全体がキツネ色になって、底を叩いて乾いた音がすれば焼き上がっている。

10　焼き上がったパンを天板から取り（または型から取り出し）、少なくとも 1 時間冷ましてから、切るかテーブルに出す。

サワードウ・ブレッドのバリエーション ライ麦100%のサワードウ・ブレッド
Sourdough Breads 100% Sourdough Rye Bread

★パンの特徴
リーンでスタンダードな生地。ライ麦サワー種法。野生酵母使用。

★作業日数：2日（生地を一晩寝かせる場合は3日）
1日目：ライ麦サワー種と前処理　4〜6時間
2日目：ライ麦サワー種を常温に戻す　1時間
ミキシング　6分
パンチ、一次発酵、成形、二次発酵　7時間
焼成　25〜35分

ライ麦パンの作り方はたくさんありますが、ライ麦粉100％のものはめったにありません。ライ麦に含まれるグルテン形成成分の含有量が非常に少ない（6〜8％）ので、グルテンを発達させて生地の構造を作ったり、膨らませたりするのが難しいのです。そのため、出来のいいクラムを作るには、かなりの量の超強力粉かグルテン粉を足さなければなりません。しかし、きめが詰まってどっしりしたライ麦パンのファンは大勢いますし、小麦粉のグルテンだとアレルギーが出るけれど、ライ麦パンは大丈夫だからという理由で食べる人もいます。

ライ麦のサワードウ・ブレッドの内側では、さまざまなドラマが進行しています。ライ麦粉にはデキストリンが多く含まれ、粘性多糖類のペントザンも含有しています。ライ麦粉のパンを小麦粉のパンのように時間をかけて混ぜるとネバネバした生地になりますが、これはペントザンの働きです。また、野生酵母のスターターは酸性の環境を作り出します。酸性の環境下では、焼成の工程においては酵素による糖の分解が抑制されますが、発酵中には穀物粒から糖が出やすくなります。ミキシングと発酵を正しい方法で行えば、他のどんなパンにも似ていない、甘味があって滑らかで、それでいてもちもちしたテクスチャーのパンができるでしょう。

できあがりの分量　約420gのローフ1個分

			原書オリジナル		日本仕様
			%	g	g
ライ麦サワー種（1日目）	初種（P273）またはライ麦の初種（【解説】参照）		77.8	99	42
	ホワイトライ（白いライ麦粉）		100	128	53
	水（常温）		44.5	57	24
合計			222.3		
前処理（1日目）	粗びきライ麦全粒粉またはライチョップ		100	57	24
	水（常温）		200	113	47
合計			300		
生地（2日目）	ライ麦サワー種		74.3	284	119
	前処理		44.5	170	71

白いライ麦粉		100	382	160
塩		2.9	11	4.6
水（32〜38℃のぬるま湯）		44.5	170	71
キャラウェイシードまたは他のシード類（好みで）		3.7	14	5.9
ホワイトライ（白いライ麦粉）か粗びきライ麦全粒粉、またはセモリナ粉かコーンミール（作業台、天板用）			適量	適量
合計		269.9		

		原書オリジナル		日本仕様
		%	g	g
全体の配合	超強力粉または強力粉	8	50	21
	ホワイトライ（白いライ麦粉）	83	510	213
	ホワイトライ（白いライ麦粉）	9	57	24
	塩	1.8	11	4.6
	水	63.2	390	163
	キャラウェイシード（好みで）	(2.3)	(14)	(5.9)
合計		165 (167.3)		

1　1日目：生地作りの前日にライ麦サワー種と前処理を作る。まずライ麦サワー種を作る。ボウルに初種とライ麦粉を入れ、必要最小限の水を加えながらだんご状になるまで混ぜ合わせる。硬くて少し粘り気があるが、べたついていない生地にする。作業は手早く行うこと。グルテンを形成させる必要はなく、滑らかではなくても、粉気がなくなって硬い生地になっていればよい。薄くオイルを塗ったボウルにライ麦サワー種を移し、転がして全体に薄くオイルをつける。ボウルにラップをかける。

2　室温で4〜6時間かそれ以上、または生地が2倍の大きさになるまで発酵させる（生地は膨らむにつれて柔らかくなり、べたついてくる）。冷蔵庫で一晩寝かせる。

3　同じ日に前処理もする。ボウルに白いライ麦粉と水を入れ、混ぜ合わせる。ボウルにラップをかけ、室温で一晩寝かせる。

4　2日目：当日、生地を作る1時間前に冷蔵庫からライ麦サワー種を取り出し、スケッパーか波刃ナイフで小さく切り分ける。スプレーオイルをかけ、布巾かラップをかけて1時間置いて、常温に戻す。

5　生地を作る。大きめのボウルに白いライ麦粉、塩、シード類を入れ、混ぜ合わせる。

そこに前処理と切り分けたライ麦サワー種を加える。材料がまとまって一つのかたまりになるよう、ぬるま湯を加えながら金属製の大きなスプーンでかき混ぜる。ぬるま湯の量は必要に応じて増やす。

6 ホワイトライかライ麦全粒粉を振った作業台に生地を移す。生地にもライ麦粉を振り、切り分けた種すべてが一つの生地にまとまり、粘り気の強いだんご状になるまでやさしく捏ねる。この作業に手捏ねなら5〜6分かかる。必要に応じて粉を足す（生地が硬い場合は少量の水を足す）。生地を作業台の上で5分休ませてから、数回折りたたんで、捏ね作業を終わらせる。生地温度が25〜27℃になっていればよい。この生地はグルテン含有量が少ないため、生地を延ばしてグルテンチェックをすることはできない。薄くオイルを塗った大きいボウルに生地を移し、転がして全体にオイルをつける。ボウルにラップをかける。20分経ったら延ばし＆折りたたみ（P77、P168参照）を行い、ボウルに戻してラップをかける。20分の間隔をあけて延ばし＆折りたたみをさらに2回行い、そのつどボウルに戻してラップをかける。

【解説】
●ホワイトライ（白いライ麦粉）から粗びきライ麦全粒粉、プンパニッケル用ライ麦粉、さらにはライチョップ（ライ麦の粒を砕いたもの）まで、色々なひき方のライ麦をブレンドすると、とてもおいしく仕上がります。本書のレシピではライ麦のブレンドを使用するとともに、穀粒の状態を調整し、酵素の活動を促進するため*に前処理の手法を使っています。

*訳注：粒度の粗い穀粉は吸水に時間がかかり、前処理無しでは軟らかくならないことも考えられる。

●ライ麦パンをよく作るなら、通常の初種に加えてライ麦の初種も保存するのがいいでしょう。あるいは、通常の初種のスターターを使ってライ麦のスターターを作ることもできますが、その場合には一部、小麦粉が含まれることになります。ライ麦だけのスターターを作る方法は、P269の【解説】を参照してください。
●このパンを作るのにかかる日数は3日見ておきましょう（あるいは2日目に早く作業に取りかかり、夕食に間に合うように焼いてもいいでしょう）。このパンはグルテンの量が少ないため、標準的なハースブレッド（直焼きパン）のように不規則で大きな気泡のあいたクラムではなく、きめの詰まったクラムになります。チャバッタなどのリュスティックタイプのパンほどウェットではないけれど、フランスパンよりはやや柔らかい生地です。水分が多めなので、（スターターの野生酵母による）生物学的膨張に加え、（蒸気による）物理的膨張も起こります。しかし、比較的きめの詰まった、日持ちのよいパンができます。
●このレシピを使ってスペルト小麦のパンを作ることもできます。スペルト小麦は他の小麦よりもグルテン含有量の少ない小麦です（少ないのはおもに、グルテンアレルギーの原因になるグリアジン）。ライ麦粉の一部または全量をスペルト小麦粉に替えるだけで、レシピ通りに作ってください。
●私のライ麦パンのレシピはいつもそうですが、このレシピもキャラウェイシード、アニスなどのシード類を使うかどうかは好みで決めていただくようにしています。入れても入れなくても、おいしいパンができます。

7 3時間から4時間、または生地がほぼ2倍の大きさになるまで発酵させる。

8 できるだけガスを抜かないように気をつけながら、ホワイトライかライ麦全粒粉を振った作業台（またはP77のオイルスリックの準備をした台）に生地を移す。P95に示したようなバタール形に丁寧に成形する。天板にベーキングシートを敷き、ホワイトライか粗びきライ麦全粒粉、またはセモリナ粉かコーンミールを振る。成形した生地を、少なくとも10cmの間隔をあけて天板にのせる。生地にスプレーオイルをかけ、ラップをふわりとかける。

9 室温で2時間、生地を二次発酵させるか、天板ごと食品用のビニール袋に入れ、すぐ冷蔵庫に入れて一晩寝かせる。生地を一晩寝かせた場合は、冷蔵庫から天板を取り出して4時間、または生地がほぼ1.5倍の大きさになるまで二次発酵させる。生地は上にも横にも膨らむ。

10 P114〜に示した炉床での焼成の準備をし、忘れずに空のスチーム用天板を入れておく。オーブンを260℃に温めておく。ビニール袋から天板を取り出すか、ラップをはずし、生地を5分空気に触れさせてから、P113〜に示した要領でクープを入れる。

11 生地をベーキングシートごと天板の裏かピールにのせてからベーキングストーンに移す（あるいは生地を発酵させていた天板のままオーブンに入れる）。スチーム用天板に50mlの熱湯を注ぎ、オーブンの扉を閉める。30秒後にオーブンの壁に霧吹きで水をかけ、また扉を閉める。30秒の間隔でさらに2回霧を吹きかける。最後に霧を吹きかけたあと、オーブンの設定温度を220℃に下げて15分焼く。むらなく焼くために必要ならパンを前後に180度回転させ、さらに15〜25分焼く。表面が硬くなって少しざらついてくれば焼き上がっている（パンが冷めると軟らかくなる）。

12 焼き上がったパンを金網に移し、少なくとも1時間冷ましてから切るか、テーブルに出す。

サワードゥ・ブレッドのバリエーション ポワラーヌ・スタイルのミッシュ
Sourdough Breads Poilâne-Style Miche

★パンの特徴
リーンでスタンダードな生地。小麦サワー種法。野生酵母使用。

★作業日数：2日
1日目：小麦サワー種　4～6時間
2日目：小麦サワー種を常温に戻す　1時間
ミキシング　15分
パンチ、一次発酵、成形、二次発酵　6～8時間
焼成　55～65分

【解説】
●中びきの小麦全粒粉をふるいにかけて、ポワラーヌのミッシュに使われている「ハイ・エクストラクション・ホールウィートフラワー」に近づけることができます。まず粉を選びます。できれば硬質の春小麦か冬小麦、あるいはタンパク質含有量が11.5～13％の強力粉がいいでしょう。これをふるいにかけます。細びきの小麦全粒粉は、ふすまのほとんどがふるいの目を通り抜けてしまいますから、使わないでおきましょう。中びきの粉は、ふすまと胚芽の小さな粒子はふるい落とされるでしょうが、大きな粒子は残ります。ふるい落とされたふすまはマルチグレイン・ブレッドに使ったり、小麦粉の田舎パンに足したりできます。また、レシピに「ふるいにかけた小麦全粒粉」とある場合は、小麦全粒粉と強力粉を半々でブレンドした「50-50ブレンド」が使えます（好みによって小麦全粒粉1/3、強力粉2/3にしてもいいでしょう）。
●ポワラーヌ氏はブルターニュ地方ゲランド産のグレーの海塩を使うことにこだわっていました。この塩を使うと、パンの出来がまったく違うのだそうです。もし手に入るなら試してみてください。手に入らなければ、どんな塩を使ってもかまいません。ただし、塩の計量で大事なことを忘れないでください。粒子が粗いほど、小さじ1杯分の重量は軽くなります。食卓塩小さじ1杯は、粗塩かコーシャーソルトの小さじ2杯近くに相当します。
●このレシピを試作した人の多くから、フルサイズのミッシュは重すぎて扱いにくいとのコメントが寄せられました。もし扱いにくければ、生地を2つか3つに分割して作ってもまったく問題ありません。その場合、焼成温度はそのままで、時間だけを短くしてください。
●ポワラーヌ氏によれば、このパンの味がピークを迎えるのは作ってから2日目か3日目だそうです。私はオーブンから出して3時間後くらいのほうがおいしいと思うのですが。好みはそれぞれですね。

2002年にヘリコプターの事故で亡くなるまで、リオネル・ポワラーヌ氏は世界一有名なパン職人でした。パリで彼が経営していた（現在は娘のアポロニアが経営）ラテンクオーター地区のブーランジュリーでは、ほんの数種類のパンしか作っていません。その中で最も有名なのが、自然発酵させた（野生酵母使用）2kgの丸い田舎パンで、ポワラーヌ氏はこれを「ミッシュ」と呼んでいましたが、彼以外の人はみな「パン・ポワラーヌ」と呼びます。1996年に見せてもらった彼のパン作りのシステム（P32～の説明参照）は、とてもシンプルでした。パン職人はポワラーヌ氏のもとで修業を積んだ弟子たちで、各自が担当するパンを最初から最後まで責任をもって作っていました（今もそれは変わりません）。ミキシングや焼成はもちろん、自分が使う薪を積み上げ、火をおこすといった作業も含まれています。職人たちは理論や公式だけに頼らず、手を使い、勘を使ってパンを焼くように訓練されているため、窯に温度計はついていません。窯の中に手を差し入れて判断したり、紙切れを窯に投げ入れ、色が変わって燃え出すまでにどれだけの時間がかかるかを見て判断したりします。当時、パリ郊外のビエーブルにある工房には20人近くの職人がいて、ポワラーヌ氏は彼らの仕事ぶりをつねに把握するために毎日、各仕込みにつき1個のパンを批評して回っていました。

ポワラーヌ式パン作りの秘訣は、発酵のプロセスに関する知識、最高の材料に対する徹底的なこだわりといった、手作業のクラフトマンシップを理解することです。ポワラーヌで使う小麦粉は、有機栽培小麦をふるいにかけた、歩留まり90～95％の一部全粒粉です（つまり、すべてではないが、それだけ多くのふすまが小麦粉の中に残っているということ）。焼き上がったパンは、きめが詰まっていて噛みごたえがあり、噛むたびに口の中に違う風味が広がります。保存期間は室温で1週間ほどです。

ポワラーヌのパンを買おうと、パンの巡礼者が世界中から店を訪れてきます（リオネルの兄、マックスもパリのあちこちでベーカリーを経営していて、同じようなパンを作っています。彼の店も巡礼者たちの目的地です）。

パリのシェルシュミディ通りにあるポワラーヌ本店を訪ねたとき、カッティングボードとナイフ付きの、とても魅力的なギフトボックスを見つけました。多くの客がこれを購入し、家族や友人に発送しているようです。この事実は、一人の人間が妥協なく自分の作品に打ちこめば、伝説的な存在になれるのだということを雄弁に語っています。もちろん、パンという作品だからこそフランスで評価されるのでしょう。

　このレシピは、長時間発酵と3ビルドシステム（3段階法。初種は最初のビルドとして扱う）を採用しています。ポワラーヌの店で使用しているようなバヌトン（最終発酵用バスケット）は入手が難しくても、どの家のキッチンにもあるボウルを使って同じようなものが作れます。パン作りにおいてはつねに、必要は発明の母です。家庭のキッチンも工夫しだいで、規模は小さくてもベーカリーのような環境を作り出せるのです。

できあがりの分量　約450gの田舎風ミッシュ1個分

		原書オリジナル		日本仕様
		%	g	g
小麦サワー種	初種 (P273)	77.7	198	44
	小麦全粒粉（中びき、ふるったもの）、または50-50ブレンド（"応用レシピ"参照）かハイ・エクストラクション・フラワー	100	255	56
	水（常温）	44.3	113	24
合計		222		
生地	小麦サワー種	62.4	566	124
	小麦全粒粉（中びき、ふるったもの）、または50-50ブレンド（"応用レシピ"参照）かハイ・エクストラクション・フラワー	100	907	200
	塩（または粗い海塩かコーシャーソルト）	2.5	23	5.0
	水（32〜38℃のぬるま湯）	56〜69	510〜624	112〜138
	強力粉、またはセモリナ粉かコーンミール（ピールまたは天板用）		適量	適量
合計		220.9〜233.9		
全体の配合	ふるった小麦全粒粉かハイ・エクストラクション・フラワー、または小麦粉のブレンド	100	1006	278
	塩	2.3	23	5.0
	水	77.5	780	171＊
合計		179.8		

＊訳注：水量は中央値から計算

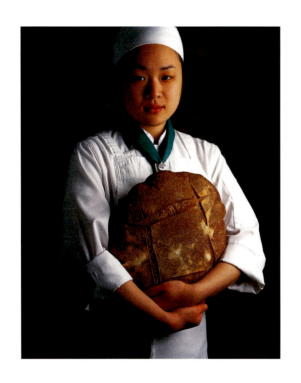

1 パン作りの前日に小麦サワー種を作る。大きめのボウルに初種と粉を入れ、必要なだけの水を加えながら金属製の大きなスプーンで混ぜ合わせ、硬いだんご状の生地を作る。手粉を振った作業台に生地を移して約3分、または粉気がなくなり、材料がむらなく混ざり合うまで捏ねる。薄くオイルを塗ったボウルに生地を入れ、転がして全体にオイルをつける。ボウルにラップをかける。

2 室温で4〜8時間、または生地が2倍の大きさになるまで発酵させる。冷蔵庫で生地を一晩寝かせる。

3 当日、生地を作る1時間前に冷蔵庫から小麦サワー種を取り出す。波刃ナイフかスケッパーでスターターを小さく切り分ける。布巾かラップをかけて、1時間置いて常温に戻す。

4 生地を作る。大きいボウルに小麦粉、塩、分割した小麦サワー種を入れ、混ぜ合わせる。そこに少なめの水、または材料が柔らかいだんご状になるのに必要なだけの水を加え、金属製の大きなスプーンでかき混ぜる。粉と水の量は、混ぜながらようすを見て調整する。

5 手粉を振った作業台に生地を移す。粉と水の量を調整しながら12〜15分捏ね、しなやかで粘り気はあるが、べたつかない生地を作る。すべての材料がむらなく混ざり合っている状態にすること。グルテンチェック（P76〜）でグルテン膜の延びが確認でき、生地温度が25〜27℃になっていればよい。薄くオイルを塗っ

た大きいボウルに生地を移し、転がして全体にオイルをつける。ボウルにラップをかける。20分経ったら延ばし＆折りたたみ（P77、P168参照）を行い、ボウルに戻してラップをかける。20分の間隔をあけて延ばし＆折りたたみをさらに2回行い、そのつどボウルに戻してラップをかける。

6　室温で約3〜4時間、または生地がほぼ2倍の大きさになるまで一次発酵させる。

7　作業台に生地を移し、P94に示したような大きいブール形にやさしく成形する。バヌトンを用意する。または、生地がほぼ2倍に膨らんでもおさまる大きさの発酵用ボウル（P51参照）を用意する。バヌトンかボウルに生地の閉じ目を上にして入れ、空気に触れる部分にスプレーオイルをかける。布巾かラップをかけておく。

8　室温で2〜3時間、または生地が1.5倍の大きさになるまで二次発酵させるか、冷蔵庫で一晩寝かせる。冷蔵庫で寝かせた場合は、焼成の4時間前に冷蔵庫から生地を取り出しておく。

9　P114〜に示した炉床での焼成の準備をし、忘れずに空のスチーム用天板を入れておく。オーブンを260℃に温めておく。焼成の10分前に、生地の上にかぶせた布巾（ラップ）をそっとはずす。

10　ピールか天板の裏に小麦粉かセモリナ粉、またはコーンミールをたっぷり振る。その上に生地を静かに引っくり返して置き、布を敷いていた場合はその布をそっとはがす。下の写真のような正方形か、斜め格子のクープを入れる。その生地をベーキングストーンの上に滑らせる（あるいは生地ののった天板をそのままオーブンラックにかける）。スチーム用天板に50mlの熱湯を注ぎ、オーブンの扉を閉める。すぐにオーブンの設定温度を230℃に下げる。20分後、パンを前後に180度回転させ、オーブンの設定温度を220℃に下げる。さらに20〜25分、クラストが濃い褐色になるまで焼く。パンが目標温度に達する前に底面に焼き色がつきすぎた場合は、裏返した天板の上にパンを置き、底が焦げないようにする。上面に焼き色がつきすぎた場合も、焦げないようにアルミホイルをかぶせて焼く。

11　焼き上がったパンを金網に移し、少なくとも2時間冷ましてから切るか、テーブルに出す。茶色の紙袋に入れて保存してもよい。5〜7日は保存できる。

パン・ポワラーヌのクープ入れ。

サワードゥ・ブレッドのバリエーション プンパニッケル・ブレッド
Sourdough Breads Pumpernickel Bread

★パンの特徴
エンリッチタイプでスタンダードな生地。ライ麦サワー種法。混合法。

★作業日数：2日
1日目：ライ麦サワー種　4〜5時間
2日目：ライ麦サワー種を常温に戻す　1時間
ミキシング　6分
パンチ、一次発酵、成形、二次発酵　4時間30分
焼成　30〜70分

　この20年というもの、私はさまざまなタイプのライ麦パンに魅せられ、自分で作ってもみましたが、これぞライ麦パンと言えるのは、プンパニッケルをおいて他にありません（もしかしたら名前の響きがいちばんいいだけかもしれませんが）。プンパニッケルには、数えきれないほどのバージョンがあります。アメリカ人の多くは「プンパニッケル」と聞くと、カラメル色素で褐色にしたダークライ・ブレッドのことだと思います。しかし、この名前がほんとうに意味するのは「粗びきのライ麦全粒粉で作られたパン」ということで、それこそがプンパニッケルの独特な個性です。本書のレシピは違いますが、あまりに生地のきめが詰まってずっしりしているために、とても薄くスライスしなければいけないタイプもあります（私はこれを「カクテル・ライ」または「バイエルン・ライ」と呼んでいます）。そういうタイプの重量感を愛してやまない人もいるのですが、アメリカでは（増えつつあるとはいえ）あまり多くないようです。東欧の村では昔から、前に焼いたパンのクラムを新しい生地に加えてプンパニッケルを作っています。その手法で作ると、素晴らしいテクスチャーのパンができます。本書のレシピにライ麦パンのクラムを加えるかどうかは自由ですが、残ってパサパサになったパンの使い道としてはとてもいいですね。

【解説】
●このバージョンでは野生酵母のサワー種と市販のパン酵母の混合法を使います。サワー種は発酵種と前処理としての役割を果たし、飛躍的に風味をよくします。一方、市販のパン酵母は確実に最終発酵を進めるとともに、酸味を抑えるはたらきもあります。特に酸味の強いパンが好みなら、インスタントドライイーストは使わず、サワードウ・ブレッド（P277〜280参照）と同じように作ってください。その場合は発酵時間の長さを計算に入れるのを忘れないように。
●ライ麦粉を初種にするのは、ライ麦粉を酸性にするためです。それによって酵素のはたらきが活発になって風味がよくなるだけでなく、ライ麦粉が消化されやすくなります。ライ麦パンがすべてこの手法で作られるわけではありませんが、最終発酵に市販のパン酵母の力を借りるときでも、酸性のサワー種を使うといいパンができるというのが、ライ麦パン全般に通じる原則です。
●昔から着色料としてこのパンに使われているのはココアですが、他の材料を使ってもいいし、どれも使わなくてもかまいません。

できあがりの分量　約430gのローフ1個分

		原書オリジナル		日本仕様
		%	g	g
ライ麦サワー種（1日目）	初種（P273）	165	198	86
	粗びきライ麦全粒粉またはプンパニッケル用ライ麦粉	100	120	52
	水（常温）	141.7	170	74
合計			406.7	

		原書オリジナル		日本仕様
		%	g	g
生地（2日目）	ライ麦サワー種	191.4	488	212
	超強力粉かクリアー粉、または強力粉	100	255	110
	インスタントドライイースト	1.6	4	1.8
	塩	4.3	11	4.7
	ブラウンシュガー	11	28	12
	植物性油脂	11	28	12
	水（常温）	22.3	57	25
	ココアパウダー、キャロブパウダー、インスタントコーヒー	5.5	14	6
	またはカラメル色素（液体）	2.3	7	3
	クラム（新しいもの、または古くて乾燥したもの。できればライ麦パンのクラム）（好みで）	44.3	113	49
	セモリナ粉かコーンミール、または粗びきライ麦全粒粉（型に入れずに焼く場合。ピールまたは天板用）		適量	適量
合計			393.7	

		原書オリジナル		日本仕様
		%	g	g
全体の配合	超強力粉かクリアー粉、または強力粉	75	354	153
	粗びきライ麦全粒粉	25	120	52
	ココアパウダーかキャロブパウダー、インスタントコーヒー（またはカラメル色素）	1 (0.5)	14 (7)	6 (3)
	インスタントドライイースト	0.8	4	1.8
	塩	2.3	11	4.7
	ブラウンシュガー	5.9	28	12
	植物性油脂	5.9	28	12

水		68.8	326	142
クラム		23.6	112	49
合計		208.3 (207.8)		

1. 1日目：パン作りの前日にライ麦サワー種を作る。ボウルに初種、ライ麦粉、水を入れて混ぜ合わせ、ウェットなペースト状の種を作る。ボウルにラップをかけ、室温で4〜8時間、またはライ麦サワー種に気泡が出るまで発酵させたらすぐに冷蔵庫に入れ、一晩寝かせる。

2. 2日目：生地を作る約1時間前に冷蔵庫からライ麦サワー種を取り出し、常温に戻しておく。

3. 生地を作る。大きめのボウルに粉、砂糖、ココア（または他のパウダーか液体材料）、塩、インスタントドライイーストを入れ、混ぜ合わせる。そこにライ麦サワー種、クラム、油脂を加え、材料がだんご状になるまでかき混ぜる。粉気が残っている場合は水を加え、生地に水分が多すぎる場合は強力粉を足す。

4. 手粉を振った作業台に生地を移す。6分ほど生地を捏ねる。必要なら粉を足し、滑らかでしなやかな生地を作る。粘り気はあるが、べたつかない状態にすること（注：ライ麦の生地は長く混ぜすぎるとネバつきが出てくるので、ミキシングの工程では粉と水の調整を手早く行い、ミキサーを回したり手で捏ねたりする時間をできるだけ短くする）。グルテンチェック（P76〜）でグルテン膜の延びが確認でき、生地温度が25〜27℃になっていればよい。薄くオイルを塗った大きいボウルに生地を移し、転がして全体にオイルをつける。ボウルにラップをかける。20分経ったら延ばし＆折りたたみ（P77、P168参照）を行い、ボウルに戻してラップをかける。20分の間隔をあけて延ばし＆折りたたみをさらに2回行い、そのつどボウルに戻してラップをかける。

5. 室温で2時間、または生地が2倍の大きさになるまで一次発酵させる。

6. できるだけガスを抜かないように気をつけながら、少量の手粉を振った作業台に生地を移す。型に入れない場合はブール形かバタール形（P94〜95）、またはサンドイッチ・ローフ形（P103）に成形する。大きい天板にベーキングシートを敷き、コーンミールかセモリナ粉、またはライ麦粉を振るか、1斤型に薄くオイルを塗る。成形した生地を天板または1斤型に移し、スプレーオイルをかけて、ラップか布巾をふわりとかける。

7. 室温で約90分、または生地の中央が型の縁を1〜2cm超えるくらいに膨らむまで、

型に入れないローフなら元の大きさの1.5倍に膨らむまで二次発酵させる。

8 ［型に入れないで焼く場合］P114〜に示した炉床での焼成（直焼き）の準備をし、忘れずに空のスチーム用天板を入れておく。オーブンを230℃に温めておく。P113〜に示した要領でクープを入れる。
［1斤型で焼く場合］オーブンを180℃に温めておく。天板の上に1斤型をのせる。

9 ［型に入れないで焼く場合］生地をピザストーンに移す（あるいは生地ののった天板をそのままオーブンに入れる）。スチーム用天板に50mlの熱湯を注ぎ、オーブンの扉を閉める。30秒後にオーブンの扉を開け、オーブンの壁に霧吹きで水をかけ、また扉を閉める。30秒の間隔でさらに2回霧を吹きかける。最後に霧を吹きかけたあと、オーブンの設定温度を200℃に下げてさらに30〜35分焼く。焼け具合を確認し、むらなく焼くために必要ならパンを前後に180度回転させる。パンの底を叩いて乾いた音がすれば焼き上がっている。
［1斤型で焼く場合］1斤型をのせた天板をオーブンに入れる。20分ほど焼いてから、むらなく焼くために天板を前後に180度回転させる。さらに20〜25分、またはパンの底を叩くと乾いた音がするまで焼く。

10 焼き上がったパンを天板か型から取り出し、金網の上で少なくとも1時間冷ましてから切るか、テーブルに出す。

サワードゥ・ブレッドのバリエーション ヒマワリの種入りライ麦パン
Sourdough Breads Sunflower Seed Rye

★パンの特徴
リーンでスタンダードな生地。小麦サワー種法。混合法。

★作業日数：2日
1日目：前処理と小麦サワー種　4〜5時間
2日目：小麦サワー種を常温に戻す　1時間
ミキシング　6分
パンチ、一次発酵、成形、二次発酵　3時間半〜4時間
焼成　25〜35分

【解説】
●小麦サワー種の代わりに初種を使ってもかまいませんが、その場合は生地の水分量を減らしましょう。

私はヒマワリの種が入ったものなら何でも大好きですが、嬉しいことにこのパンにはたっぷり入っています。ヒマワリの種は栄養豊富でおいしく、食べたあとも香ばしいあと味が長いあいだ口の中に残って、余韻を楽しめます。このレシピは、クレイグ・ポンスフォードとクープ・デュ・モンドのチームが1995年に考案したレシピを私がアレンジしたもので、パート・フェルメンテではなく野生酵母の小麦サワー種を使用しています。小麦サワー種、市販のパン酵母、前処理を使って生地を作りますから手間はかかりますが、それだけの価値は十分にあるパンが出来上がります。

できあがりの分量　約410gのローフ1個分

		原書オリジナル		日本仕様
		%	g	g
前処理 （1日目）	粗びきライ麦全粒粉またはライミール	100	160	70
	水（常温）	106.25	170	74
合計			206.25	

		原書オリジナル		日本仕様
		%	g	g
生地 （2日目）	小麦サワー種 （P277 "基本のサワードゥ・ブレッド" 参照）	61	156	67
	前処理	129.4	330	144
	超強力粉または強力粉	100	255	110
	インスタントドライイースト	1.6	4	1.8
	塩	4.3	11	4.7
	水（32〜38℃のぬるま湯）	44〜66.7	113〜170	61 *
	ヒマワリの種（キツネ色に炒ったもの）	22.2	57	24
	超強力粉か強力粉、またはセモリナ粉かコーンミール（ピールまたは天板用）		適量	適量
合計			362.5〜385.2	

＊訳注：原書では水量66.7％（最高値）で合計値が計算されているが、日本仕様の分量では中央値をとった。

		原書オリジナル		日本仕様
		%	g	g
全体の配合	超強力粉または強力粉	68.5	347	144
	粗びきライ麦全粒粉	31.5	160	70
	インスタントドライイースト	0.8	4	1.8
	塩	2.2	11	4.7
	水	80	404	169
	ヒマワリの種	11.2	57	24
合計		194.2		

1 1日目：パン作りの前日に、小さいボウルに粗びきライ麦全粒粉と水を入れて混ぜ、前処理をする。ライ麦はすぐに吸水し、粉気がなくなる。ボウルにラップをかけて、室温で一晩置いておく。

2 同じ日に（またはパン作りの3日前から前日のあいだに）、小麦サワー種も作っておく。作り方は"基本のサワードウ・ブレッド"の手順にしたがうが、量は半分に減らす。

3 2日目：当日、生地作りをする1時間前に冷蔵庫から小麦サワー種を取り出す。軽く手粉を振った作業台に小麦サワー種を移し、スケッパーか波刃ナイフで小さく切り分ける。スプレーオイルをかけ、布巾かラップをかぶせて、1時間置いて常温に戻す。

4 生地を作る。大きめのボウルに超強力粉か強力粉、塩、インスタントドライイーストを入れ、混ぜ合わせる。そこに前処理と切り分けた小麦サワー種を加え、ゆっくり水を加えながら、材料が柔らかいだんご状になるまで金属製の大きなスプーンでかき混ぜる。

5 手粉を振った作業台に生地を移し、生地を捏ねる。必要に応じて（ライ麦粉ではなく）強力粉を振りながら、柔らかくしなやかで、粘り気はあるがべたつかない生地に仕上げる。オーバーミキシングを避けるために（ライ麦粉は長く捏ねすぎるとネバつく）、手捏ねでもミキサーでも4分以内に作業を終わらせる。次の2分でひまわりの種を少しずつ生地に入れこむ。ミキシング時間は合わせて6～7分を超えないようにする。グルテンチェック（P76～）でグルテン膜の延びが確認でき、生地温度が25～27℃になっていればよい。25℃に達していない場合は、発酵にかかる時間は長くなるが、それ以上ミキシングしないこと。薄くオイルを塗った大きいボウルに生地を移し、転がして全体にオイルをつける。ボウルにラップをかける。30分経ったら延ばし＆折りたたみ（P77、P168参照）を行い、ボ

ウルに戻してラップをかける。30分の間隔をおいてもう一度延ばし＆折りたたみを行い、またボウルに戻してラップをかける。

6　室温で90分、または生地が2倍の大きさになるまで一次発酵させる。

7　できるだけガスを抜かないように気をつけながら、粉を振った作業台に生地をそっと移す。生地を2等分し、P94に示したブール形に成形する。成形した生地を作業台の上で5分休ませてから、P97に示したクーロンヌ形に成形する。ベーキングシートを敷き、スプレーオイルをかけた天板に成形した生地を移すか、P50〜で示したクーシュの手法を使う。生地にスプレーオイルをかけて、ラップか布巾をふわりとかける。

8　室温で60〜90分、または生地が元の大きさの約1.5倍に膨らむまで生地を二次発酵させる。

9　P114〜に示した炉床での焼成（直焼き）の準備をし、忘れずに空のスチーム用天板を入れておく。オーブンを260℃に温めておく。

10　ピールか天板の裏にセモリナ粉かコーンミールをたっぷり振り、生地をピール（または天板）に静かに移す。次にその生地をベーキングストーンの上に滑らせる（あるいは生地ののった天板をそのままオーブンラックにかける）。スチーム用天板に50mlの熱湯を注ぎ、オーブンの扉を閉める。30秒後にオーブンの扉を開け、オーブンの壁に霧吹きで水をかけ、また扉を閉める。30秒の間隔でさらに2回霧を吹きかけてから、オーブンの設定温度を230℃に下げて10分焼く。焼け具合を確認し、むらなく焼くために必要ならパンを前後に180度回転させる。さらにオーブンの設定温度を220℃に下げ、パンがキツネ色になるまで焼き続ける。目安時間は20〜30分程度。

11　焼き上がったパンをオーブンから取り出し、金網の上で少なくとも1時間冷ましてから切るか、テーブルに出す。

シュトレン Stollen

★パンの特徴
リッチでスタンダードな生地。液種法。インスタントドライイースト使用。

★作業日数：2日
1日目：フルーツを漬けこむ
2日目：液種　1時間
ミキシング　20分
一次発酵、成形および二次発酵　2時間
焼成　40〜50分

【解説】
●本格的なシュトレンのレシピは数え切れないほどありますが、このレシピで作るシュトレンは味がよいだけでなく、開始から完成まで約4時間で手軽にできる、優れたレシピです（フルーツを漬けこむ工程の一晩は除く）。短時間でできるのは、力強い液種が、重い生地を活発なペースで膨らませてくれるからです。もちろん、正式な製法にこだわるなら、数日前からフルーツをアルコールに漬けこむこともできます。その場合は酒の量をレシピの分量よりも増やしましょう。そうすることで風味もよくなり、何週間も保存がきくようになります。数日かけて漬けこむ場合は、次の方法に従ってください。シュトレンを作る2日前に、ブランデー、ラム酒、シュナップスのいずれかにオレンジエッセンスまたはレモンエッセンスを加え、その中にレーズンと砂糖漬けフルーツを漬けこみます。その後、フルーツが液体を吸収するまで、日に何回か容器を振って中身を動かしましょう。アルコールを使いたくないなら、フルーツとエッセンスを直接、本捏時に加えてください。
●ドイツ人の友人でシェフのハインツ・ラウアーは、数日間、ときには数週間も乾燥させてからシュトレンを食べるそうです。すっかり硬くなったシュトレンを薄く切って、ビスコッティのようにワインかコーヒーに浸して食べるのだとか。私はどちらかといえば焼きたてのほうが好きです。
●ハインツは、真ん中にマジパンを入れたシュトレンが好きだとも言っていました。これも、よく作られるタイプのシュトレンです。マジパンは砂糖とアーモンドでできた、とても甘い半固形状のお菓子です。もしマジパンが好きなら（私は好きです）、細切りアーモンドの代わりに幅広のマジパンを生地の中央に巻きこみましょう。
●好みにより、砂糖漬けフルーツの代わりにドライクランベリーやアプリコットなどのドライフルーツを使うのもいいでしょう。

パネトーネ、シュトレン、ツレキ、クリストプソモなど、ヨーロッパにはクリスマスをはじめとする祝祭のためのパンがたくさんあります。こういったパンのレシピを見ていると、材料も、油脂と砂糖の割合も似かよっていて、すべて関連性があるように思えます。大きな違いといえば、成形法と歴史、そしてそのパンが象徴するものです。しかし、この中のどれかを食べて育った人に、うっかりそんなことを言わないほうがよさそうです。以前、あるシェフのグループのために、祝祭用万能パンのレシピを使ってシュトレン、パネトーネ、クリーチ（ロシアのイースターブレッド）を作ったことがあります。そして彼らに、こういったパンの類似性に関する持論を伝えたところ、ひとりのアメリカ人シェフから、ドイツ人のシェフたちが気分を害していると言われました。シュトレンを食べて育ったドイツ人シェフたちは、シュトレンとパネトーネは似ても似つかないと言って譲らないというのです。そんなことがあったので、このレシピを「祝祭用万能パン」と名づけたい気持ちは抑えて（このレシピで祝祭用のパンを何種類も作ったのは事実ですが）、このレシピで作れるのは「ドレスデン・シュトレン」だけということにします。

ドイツ東部に位置するドレスデンは、伝統的なクリスマスのパンであるシュトレンのふるさととされる都市です。パンは生まれたばかりのイエスをくるむ毛布を、色とりどりのフルーツは東方の三賢者が携えてきた贈り物を象徴しています。祝祭用のパンのほとんどがそうであるように、シュトレンが持つこのような物語性は、親から子へ伝統が受け継がれていくひとつの形として、文化的に重要な意味があります。歴史的な物語は特定の食べ物の味の記憶と結びついたとき、授業で習うよりもずっと鮮やかに人の心に刻まれるものです。シュトレンはパネトーネのようなものだと聞いてドイツ人が気を悪くした理由は、そこにあるのでしょう。味と材料はたしかに似ていても、まったく違うものなのです。

粉砂糖をたっぷりまぶしたシュトレン（手前）と、同じ生地から作ったパネトーネのバリエーション（奥）。

できあがりの分量　シュトレン1個分

		原書オリジナル		日本仕様
		%	g	g
1日目：フルーツブレンド	ゴールデンレーズン	−	170	64
	ミックスフルーツの砂糖漬け	−	170	64
	ブランデー、ラム酒、またはシュナップス	−	113	42
	オレンジまたはレモンのエッセンス	−	少々	少々
合計				

		原書オリジナル		日本仕様
		%	g	g
2日目：液種	準強力粉	18.4	64	24
	インスタントドライイースト	3.6	12.5	4.7
	牛乳	32.5	113	42
本捏	準強力粉	81.6	284	106
	塩	1.6	5.5	2.1
	グラニュー糖	4	14	5
	無塩バター（常温に戻したもの）	20.4	71	27
	卵	13.5	47	18
	水（常温）	16.4	57	21
	シナモンパウダー	2	7	2.6
	すりおろしたオレンジの皮（好みで）	0.85	3	1
	すりおろしたレモンの皮（好みで）	0.85	3	1
	フルーツブレンド	130.2	453	169
	湯通しした細切りアーモンド（またはマジパン。【解説】参照）	−	57	22
	植物性油脂または溶かしバター（仕上げ用）		適量	適量
	粉砂糖（仕上げ用）		適量	適量
合計		325.9		

		原書オリジナル		日本仕様
		%	g	g
全体の配合	準強力粉	100	348	130
	インスタントドライイースト	3.6	12.5	4.7
	塩	1.6	5.5	2.1
	グラニュー糖	4	14	5
	バター	20.4	71	27
	卵	13.5	47	18
	牛乳	32.5	113	42
	水	16.4	57	21
	ブランデーなどの酒	32.5	113	42
	シナモンパウダー	2	7	2.6
	すりおろしたオレンジとレモンの皮	1.7	6	2
	レーズン	49	170	64
	フルーツの砂糖漬け	49	170	64
	オレンジエッセンスまたはレモンエッセンス		少々	少々
合計		326.2		

1 1日目：レーズン、ミックスフルーツの砂糖漬け、ブランデー、オレンジエッセンスをボウルに入れて混ぜ、蓋をして室温で一晩置いておく。

2 2日目：牛乳を38℃くらいに温めて火からおろし、そこに粉とインスタントドライイーストを入れてかき混ぜ、ペースト状の液種を作る。ラップをかけて1時間、または液種に気泡がたくさん出て、ボウルを叩くと気泡がはじけそうになるまで発酵させる。

3 本捏ねに入る。大きめのボウルに粉、砂糖、塩、オレンジとレモンの皮、シナモンを入れて混ぜ合わせる。そこに液種、卵、バター、必要なだけの水を加えてかき混ぜ、柔らかいがべたつかないだんご状の生地を作る。この作業に約2分かかる。生地が一つにまとまったらボウルに蓋をして、生地を10分休ませる。

4 ボウルにフルーツ類を加え、手で混ぜて生地になじませる。

5 作業台に手粉を振り（またはP77のオイルスリックの準備をして）、そこに生地を移して捏ね始め、必要なら粉を足しながら、フルーツ類をむらなく行き渡らせる。柔らかくて滑らかで、粘り気はあるがべたつかない生地に仕上げる。この作業に

シュトレンの成形法2〔写真は原書のもの。日本仕様のレシピの約3倍量〕

❶ この成形法を用いると、乳呑児のイエスが眠る"飼い葉桶の中の毛布"のようなシュトレンができる。まず両手を使って生地を20cm×10cm（小さいシュトレン2個なら13cm×8cm）の厚みのある長方形にして、粉を振る。生地の表面全体に細切りアーモンドとフルーツを散らす。

❷ 長方形の生地を横長に置き、中央に細いめん棒を押しあてる。生地の上下の端約2.5cmは元の厚みのまま残し、中央だけめん棒を転がして伸ばす。このようにして、サイズは30.5cm×15cm（2個の場合は20cm×13cm）、上下の端が厚く、中央部分の厚みが13mmほどの長方形を作る。次にスケッパーを使って生地を作業台から離し、上端を持ち上げて、下端をちょうど越える位置におさまるようにかぶせる。生地の薄い部分が下端を越えないように注意する。

❸ 折り目が上になるように生地を引っくり返し、折り目を開いて細切りアーモンドとフルーツをはさみこむ。

❹ 再び上端を持ち上げ、反対側の端に重ねて、新しくできた折り目のあいだにさらにアーモンドとフルーツをはさみこむ。こうすると、折りたたんで層になった生地のあいだからフルーツとアーモンドがのぞいている状態になる。最後にやさしく生地を押さえて、なじませる。

4〜6分かかる。薄くオイルを塗った大きいボウルに生地を移し、転がして全体にオイルをつける。ボウルにラップをかける。

6　室温で45分ほど、一次発酵させる。生地はある程度まで膨らむが、2倍にはならない。

7　作業台に軽く手粉を振り（またはP77のオイルスリックの準備をして）、そこに生地を移す。（大量に作る場合はここで生地を分ける。）成形は次の方法のうち、どちらかに従う。成形法1：生地をめん棒で伸ばして18cm×13cmの長方形にし、上に細切りアーモンドとフルーツ（好みで）を散らす。生地を巻き上げ、P95に示したようなバタール形にして、指先で生地をつまんで合わせ目を閉じる。成形法2：P305の写真と説明を参照。

8　天板にベーキングシートを敷いてそこに生地を移す。天板にのせるときに生地を少し曲げて三日月形にする。生地にスプレーオイルをかけ、ラップをふわりとかける。室温で約1〜2時間、または生地が元の大きさの1.5倍になるまで二次発酵させる。

9　オーブンを180℃に温めておく。

10　オーブンで20分焼く。むらなく焼くために天板を前後に180度回転させて、パンの大きさにより、さらに20〜30分焼く。クラストに濃い褐色の焼き色がつき、パンの底を叩いて乾いた音がすれば焼き上がっている。

11　焼き上がったパンを金網に移し、熱いうちに表面に植物性油脂か溶かしバターをハケで塗る。その後すぐ、ふるいか茶こしを使って粉砂糖をたっぷり振りかける。1分置いてからもう一度粉砂糖を振りかけ、全体が粉砂糖で覆われた状態にする。少なくとも1時間冷ましてからテーブルに出す。あるいはドイツ風に、蓋をしないで一晩置いて、少し乾燥させてもよい。保存する場合は完全に冷めてからビニール袋に入れる。

スウェーデンのライ麦パン（リンパ） Swedish Rye (Limpa)

★パンの特徴
エンリッチタイプでスタンダードな生地。液種法。インスタントドライイースト使用。

★作業日数：2日
1日目：液種　4時間
2日目：液種を常温に戻す　1時間
ミキシング　6分
一次発酵、成形、二次発酵　3時間30分
焼成　35〜40分

ライ麦パンといえば、黒っぽいドイツ風ライ麦パンや色の薄いデリのライ麦パンがよく知られていますが、このバージョンはひと味違って、アニスシードとフェンネルシード、オレンジピールを使い、さらにカルダモンの風味を添えています。アニスシードやフェンネルシードのようにリコリス〔ハーブの1種。別名：甘草（かんぞう）〕に似た香りのスパイス、オレンジピール、ビターズ〔薬草などを漬けこんだ苦みの強い酒〕などは、さまざまな地域で何世紀にもわたって健康維持や治療に使われてきました。最近では栄養学者が、治療に効果のある量を定めています。

このレシピは野生酵母と市販のパン酵母を組み合わせることで、市販のパン酵母だけを使って発酵させる一般的なタイプよりも、さらに味の深みが増しています。乳酸はライ麦粉を消化しやすい状態にするだけでなく、日持ちも風味もよくします。このライ麦パンは、アニゼット〔アニスシード、薬草、レモンピールなどで風味づけした蒸留酒〕をパンにしたようなものだと思えばいいでしょう。

【解説】
●たいていのパンは焼成の直前にクープを入れますが、このパンのように最終発酵の前にクープを入れると、独特の見た目に焼き上がります。生地に入れた切りこみは、発酵中に生地に埋もれて見えなくなります。焼成するとまるで傷が治ったように見え、切りこみを入れた部分はクラストの他の部分と違う色合いになります。

できあがりの分量　1斤型1個分（約450g）

		原書オリジナル		日本仕様
		%	g	g
液種 （1日目）	初種 (P273)	139.4	198	88
	ホワイトライ（白いライ麦粉）	100	142	63
	糖蜜（モラセス）	34.9	49.5	22
	水（常温）	139.4	198	88
	アニスシード（粉末）	6.7	9.5	4.2
	フェンネルシード（粉末）	2.1	3	1.3
	カルダモン（粉末）	2.1	3	1.3
	ドライオレンジピール（またはオレンジオイル）	6.7 (3.5)	9.5 (5)	4 (2)
合計			431.3 (428.1)	

		原書オリジナル		日本仕様
		%	g	g
生地 （2日目）	1日目に作った液種	192	612	272
	超強力粉、クリアー粉、または強力粉	100	319	140
	インスタントドライイースト	1.9	6	2.7
	塩	3.4	11	4.8
	ブラウンシュガー（ときどきスプーンでしっかり押さえながら計量スプーンに入れる）	—	64	28
	植物性油脂	8.8	28	12
	超強力粉、またはセモリナ粉かコーンミール		適量	適量
	卵白（1個分に水小さじ1を加えてよく溶きほぐし、泡が消えたもの。卵液用）（好みで）		適量	適量
合計		306.1		

		原書オリジナル		日本仕様
		%	g	g
全体の配合	超強力粉または強力粉	75	418	184
	白いライ麦粉	25	142	63
	インスタントドライイースト	1	6	2.7
	塩	2	11	4.8
	ブラウンシュガー	11.4	64	28
	糖蜜（モラセス）	8.8	49.5	22
	植物性油脂	5	28	12
	水	53	297	132
	アニスシード（粉末）	1.8	9.5	4.2
	フェンネルシード（粉末）	0.5	3	1.3
	カルダモン（粉末）	0.5	3	1.3
	ドライオレンジピール（またはオレンジオイル）	1.8（0.9）	9.5（5）	4（2）
合計		185.8（184.9）		

1　1日目：パン作りの前日に液種を作る。ソースパンに水、糖蜜、オレンジピール、アニスシード、フェンネルシード、カルダモンを入れて混ぜ合わせ、沸騰させてから火を止め、人肌まで冷ます。そこに初種とライ麦粉を入れて、粉気が完全になくなり、むらなく混ざり合うまでかき混ぜる。これでとろみの強い液種ができる。ラップをかけて室温で4〜6時間、または液種に気泡が出るまで発酵させ、冷蔵

庫で一晩寝かせる。

2 当日、生地作りの1時間前に冷蔵庫から液種を取り出し、常温に戻す。

3 生地作りに入る。大きめのボウルに粉、インスタントドライイースト、塩、ブラウンシュガーを入れて混ぜ合わせる。そこに液種と植物性油脂を加え、生地が一まとまりになるまで金属製の大きなスプーンでかき混ぜる。手粉を振った作業台に生地を移し、4分ほど捏ねる。必要なら（ライ麦粉ではなく）超強力粉か強力粉を足して調節しながら、ほんの少し粘り気があるが、べたつかない生地にする。ライ麦粉はネバつきやすいので、捏ねすぎないこと。手捏ねでもミキサーでも6分以内に作業を終わらせるようにする。グルテンチェック（P76〜）でグルテン膜の延びが確認でき、生地温度が25〜27℃になっていればよい。薄くオイルを塗った大きいボウルに生地を移し、転がして全体にオイルをつける。ボウルにラップをかける。

4 室温で約2時間、または生地が2倍の大きさになるまで一次発酵させる。

5 ボウルから生地を取り出し、1分捏ねてガス抜きをする。生地をサンドイッチ・ローフ形（P103）に、または型に入れないローフ用にはバタール形（P95）に成形する。型に薄くオイルを塗る。型に入れないローフの場合は、天板にベーキングシートを敷き、超強力粉かコーンミール、またはセモリナ粉を振る。成形した生地を型か天板に移し、P113〜に示した要領で生地の表面に3本の平行なクープを入れる。生地にスプレーオイルをかけ、ラップか食品用のビニール袋をふわりとかける。

6 室温で約90分、または生地の中央が型の縁を2.5cm超えるくらい膨らむまで、型に入れないローフなら元の大きさの1.5倍に膨らむまで二次発酵させる。

7 オーブンを180℃に温めておく。型に入れないローフの場合は、焼く直前に生地の表面に卵液をハケで塗る。型に入れる場合、卵液の使用は好みで決める。

8 その後、オーブンで20分焼いてから、むらなく焼くために型か天板を前後に180度回転させる。パンの大きさにより、さらに15〜20分焼く。クラストが淡い褐色になって、底を叩いて乾いた音がすればよい。側面がまだ白かったり柔らかかったりする場合は、オーブンに戻して焼き上げる。

9 パンが焼き上がったらすぐに天板から（または型から）取り出し、金網の上で少なくとも1時間冷ましてから切るかテーブルに出す。

トスカーナ・ブレッド Tuscan Bread

　トスカーナ・ブレッドについて特筆すべき点は、塩分がゼロだということです。塩分制限の食事をしている人にとっては理想的なパンでしょう。しかし、塩分を含まないせいで、気の抜けたような味になるという欠点も生まれます。そこで、風味たっぷりの料理にこだわるトスカーナの人々はパンの味気なさを補うために、こってりしたスプレッドやディップ、ソースをたっぷり添えて食べます。あるいは、ガーリックとオリーブオイルを入れた白インゲン豆のスープなど、しっかり味のついた料理といっしょに食べたりもします。

　前日に加熱した小麦粉のペースト（湯種）を使う製法も、このパンの大きな特徴です。このペーストはパン酵母を添加していないし、発酵もしませんから、発酵種ではありません。けれど糊化したデンプンから風味が出て、それが他のどんなパンにもない独特の個性になっています。湯種を使う製法はあまり活用されていませんが、使ってみるとパン作りの可能性が大きく広がります。このレシピで使い方をマスターしたら、ヴィエナ・ブレッドやイタリアンブレッドなど、他の生地にも応用してみましょう。湯種の使用もまた、時間と温度と材料をコントロールすることによって風味を調整する方法のひとつです。

★パンの特徴
エンリッチでスタンダードな生地。湯種法。インスタントドライイースト使用。

★作業日数：2日
1日目：湯種　15分
2日目：ミキシング　10分〜12分
一次発酵、成形、二次発酵　3時間30分
焼成　20〜50分

【解説】
●このレシピで湯種の代わりにビガ種を使ってパンを作ると、塩分ゼロのおいしいイタリアンブレッドやフランスパンができます。ただし、湯種が生み出す独特の風味はありませんから、本物のトスカーナ・ブレッドとは言えません。
●ほとんどのハースブレッドはスチーム用のバットに50mlの水を入れますが、このパンは4倍量の水を入れ、オーブンを予熱しながら熱していきます。多めの熱湯を使うことによってオーブン内の湿度が上がり、クラストの艶がよくなります。

できあがりの分量　約450gのローフ1個分

		原書オリジナル		日本仕様
		%	g	g
湯種 （1日目）	強力粉	100	255	98
	熱湯	156	397	153
合計			256	

		原書オリジナル		日本仕様
		%	g	g
生地 （2日目）	湯種	191.7	652	251
	強力粉	100	340	130
	インスタントドライイースト	2.3	8	3.0
	オリーブオイル	8.3	28	11
	水（常温）	33.3	113	43
	強力粉、またはセモリナ粉かコーンミール（天板用）		適量	適量
合計		335.6		

		原書オリジナル		日本仕様
		%	g	g
全体の配合	強力粉	100	595	228
	インスタントドライイースト	1.3	8	3.0
	オリーブオイル	4.7	28	11
	水	85.7	510	196
合計		191.7		

1 パン作りの1日か2日前に湯種を作る。ボウルに粉を入れて熱湯を注ぎ、粉が溶けるまで勢いよくかき混ぜて、滑らかでとろみの強い、ルーのようなペーストを作る。冷ましてから蓋をして、室温で一晩寝かせる。翌日使わない場合は冷蔵庫で保存する。

2 当日、生地を作る。大きめのボウルに粉とインスタントドライイーストを入れ、金属製の大きなスプーンで混ぜ合わせる。そこに湯種とオリーブオイルを加え、必要なだけの水を足しながらかき混ぜて、柔らかく、しなやかなだんご状にする。次の工程で捏ねながら粉を足せるので、生地が多少べたついていてもかまわない。

3 作業台に手粉を振り（またはP77のオイルスリックの準備をして）、そこに生地を移して6〜8分、捏ねる。手の負担を減らすため、4分ほど捏ねたら作業を止めて生地を休ませ、5分後に再開してもよい。粘り気はあるがべたついていない生地になるよう、必要に応じて粉を足す。グルテンチェック（P76〜）でグルテン膜の延びが確認でき、生地の温度が25〜27℃になっていればよい。薄くオイルを塗った大きいボウルに生地を移し、転がして全体にオイルをつける。ボウルにラップをかける。

4 室温で約2時間、一次発酵させる。2時間経つ前に生地が2倍の大きさになった

場合は、軽く捏ねてガス抜き（パンチ）をしてボウルに戻し、再び2倍の大きさになるか、ガス抜き前と合わせて2時間経過するまで発酵を続ける。

5　天板にベーキングシートを敷き、強力粉、またはコーンミールかセモリナ粉を軽く振る。生地内のガスを逃さないようにやさしいタッチで、P94に示したようなブール形に成形する。丸いパンを焼くなら、用意した天板に生地をそのまま移す。楕円形がよければ、15分のベンチタイム後に丸い生地をバタール形（P95）に成形し、用意した天板にのせる。生地に薄くスプレーオイルをかけ、ラップをふわりとかける。

6　室温で60〜90分、または生地がほぼ2倍の大きさになるまで二次発酵させる（または成形後すぐに、ラップをかけた天板を冷蔵庫に入れて一晩寝かせ、ゆっくり発酵させることもできる。冷蔵庫から生地を取り出したときには、ほとんどすぐに焼ける状態になっている。その状態になっていなければ、室温で2〜3時間置いておく）。

7　P114〜に示した炉床での焼成の準備をし、忘れずに空のスチーム用天板を入れておく。スチーム用天板に200ml（1カップ）の水を注ぎ、オーブンを260℃に温めておく。焼成の直前に生地に霧吹きで水をかけ、強力粉を入れたふるいを生地の上で叩きながら散らすか、あるいは手で強力粉を散らして、生地の表面がうっすら粉で覆われた状態にする。P113〜に示した要領でクープを入れる。

8　生地をベーキングシートごとベーキングストーンの上に滑らせるか、生地ののった天板をそのままオーブンに入れる。30秒後にオーブンの扉を開け、オーブンの壁に霧吹きで水をかけ、また扉を閉める。30秒の間隔でさらに2回霧を吹きかけてから、オーブンの設定温度を230℃に下げて10分焼く。オーブンに生地を入れて10分後にスチーム用天板を取り出し（まだ熱湯が残っている場合は、自分に跳ねかからないように注意する）、むらなく焼くためにパンを前後に180度回転させて、さらに20〜30分、またはパンが濃いキツネ色になるまで焼き続ける。パンの表面が焦げ色になっているのに底を叩いて乾いた音がしなければ、パンの上にアルミホイルをかぶせて、目標温度に達するまで焼き続ける。

9　焼き上がったパンを金網に移し、少なくとも1時間冷ましてから切るか、テーブルに出す。

ヴィエナ・ブレッド（ウィーンのパン）Vienna Bread

★パンの特徴
エンリッチタイプでスタンダードな生地。パート・フェルメンテ法。インスタントドライイースト使用。

★作業日数：2日
1日目：パート・フェルメンテ　1時間15分
2日目：パート・フェルメンテを常温に戻す　1時間
ミキシング　10分～12分
延ばし&折りたたみ、一次発酵、成形、二次発酵　4時間～4時間半
焼成　20～35分

【解説】
●このレシピのヴィエナ・ブレッドは、本書でくどいほど推奨している発酵種の手法を使ってクオリティの高い生地に仕上げています。ヴィエナ・ブレッドはたいていストレート法で作られますから、この手法で作ったヴィエナ・ブレッドは他ではまず見つからないでしょう。しかし、粉に対する比率100％以上の発酵種を使ってできる個性豊かなパンの味を、私は知ってしまいました。もう後戻りはできません。この生地で作るヴィエナ・ロールはジョンソン＆ウェールズ大学で大ヒットとなり、サンドイッチ作りの最後の授業で作ると、ヴィエナ・ロールのサンドイッチを求めて学生たちの長い行列ができます。

　近頃はフランスパンやイタリアンブレッドなど、リュスティックタイプのパンにばかり注目が集まっています。そのせいで見逃されがちなのが、過去数百年にわたってパンとペストリーの中心地だったのはウィーンだという事実です。バゲット、クロワッサン、さらにはパフペストリーまで、今や大人気のフランスのパンも、200年ほど前にオーストリア・ハンガリー帝国を経由してフランスに到達しました。そしてオーストリアとポーランドの職人たちが作るパンは、食欲旺盛なフランス国民に大歓迎されたのです。最近のアメリカの（そしてヨーロッパの）ベーカリーでは、フランスパンやイタリアンブレッドとヴィエナ・ブレッドの主な違いは、ヴィエナ・ブレッドにはエンリッチタイプ向けの材料が入っている点だとされています。ヴィエナ・ブレッドに入っている少量の砂糖とモルトは、クラストの褐色化を速めます。また、バターなどの油脂を少量加えることにより、グルテンが油分でコーティングされて、生地が柔らかくなります。文化的背景をもつ他のパン同様、パンの形は目的に応じて職人が決めますが、一般にヴィエナ・ブレッドと聞いて思い浮かべるのは、長さ約30cm、重さ約450gのパンです。このパンのクープは、焼成したときに切りこみの端が見栄えよく立ち上がるよう、生地の中央に縦に切りこみを入れる方法がよく使われますが、フランスパンほどクラストが硬くなく、気泡もそれほど開きません。この生地を使うと、イタリアンブレッド（P202）の生地で作るホーギー・ロールに似た「ピストレ（トルピード・ロール）」がとてもうまく作れます。また、ローフ型で焼くととびきりおいしいサンドイッチ・ローフができます。さらに"応用レシピ"（P317）では、この生地を最高に生かすパンのひとつ「ダッチクランチ・ブレッド」を紹介しています。

【備考】生地作りの1日か2日前、あるいは当日早めにパート・フェルメンテを作らなければなりませんから、そのつもりで予定を立ててください（パート・フェルメンテの生地かフランスパンの生地を冷凍保存しておき、使用する前日に冷蔵庫に移してゆっくり解凍すれば、パート・フェルメンテとして利用することもできます）。

できあがりの分量 約410gのローフ1個分、またはピストレ4〜5個分

	原書オリジナル %	原書オリジナル g	日本仕様 g
強力粉	100	340	140
パート・フェルメンテ (P129)	108.5	369	152
インスタントドライイースト	0.9	3	1.3
活性モルトパウダー（またはモルトシロップ）	2 (6.1)	7 (21)	2.8 (8.5)
塩	2	7	2.8
グラニュー糖	4.1	14	6
無塩バター（常温または溶かしたもの）、または植物性油脂	4.1	14	6
溶き卵	13.8	47	19
水（32〜38℃のぬるま湯）	58.3	198	82
強力粉、またはセモリナ粉かコーンミール（天板用）		適量	適量
合計		293.7 (297.8)	

		原書オリジナル %	原書オリジナル g	日本仕様 g
全体の配合	強力粉	100	560	231
	インスタントドライイースト	0.7	4	1.8
	活性モルトパウダー（またはモルトシロップ）	1.25 (3.75)	7 (21)	2.8 (8.5)
	塩	2	11	4.5
	グラニュー糖	2.5	14	6
	バター	2.5	14	6
	卵	8.4	47	19
	水	62	347	141
合計			179.35 (181.85)	

1 生地作りの1時間前に冷蔵庫からパート・フェルメンテを取り出し、スケッパーか波刃ナイフで小さく分割する。布巾かラップをかけ、1時間置いて常温に戻す。

2 大きめのボウルに粉、砂糖、モルトパウダー（使う場合）、塩、インスタントドライイーストを入れ、混ぜ合わせる。そこに分割したパート・フェルメンテ、卵、バター、モルトシロップ（使う場合）、定量より少なめの水を加え、材料が一つにまとまるまで、金属製の大きなスプーンでかき混ぜる。粉気がなくならない場合は、

残りの水を加えるか、必要なだけ水を足して硬さをなくし、柔らかくてしなやかな生地にする。

3 手粉を振った作業台に生地を移す。必要なら粉を足しながら6分間、手で捏ね、硬いけれどしなやかで、粘り気はあるがべたつかない生地に仕上げる。グルテンチェック（P76〜）でグルテン膜の延びが確認でき、生地温度が25〜27℃になっていればよい。薄くオイルを塗ったボウルに生地を移し、転がして全体にオイルをつける。ボウルにラップをかける。20分経ったら延ばし&折りたたみ（P77、P168参照）を行い、ボウルに戻してラップをかける。20分の間隔をあけて延ばし&折りたたみをさらに2回行い、そのつどボウルに戻してラップをかける。

4 室温で約2時間、一次発酵させる。2時間経つ前に生地が2倍の大きさになった場合は、軽く捏ねてガス抜き（パンチ）をしてボウルに戻し、ガス抜き前と合わせて2時間経過するか、再び2倍の大きさになるまで発酵を続ける。

ヴィエナ・ブレッドを使ったダッチクランチは最高の美味しさ。

5　ボウルから生地を取り出し、ピストレにするなら4〜5個（それぞれ80〜100g）に分ける。大きい生地のままローフ形にするならブール形（P94）に、ピストレ用の小さい生地はロール形（P104）に成形する。生地に薄くスプレーオイルをかけ、布巾かラップをかけて、生地を20分休ませる。

6　大きい生地はバタール形（P95）に、小さい生地はピストレ形（P102）に成形する。天板にベーキングシートを敷き、強力粉、またはセモリナ粉かコーンミールを振って、生地を天板に移す。生地に薄くスプレーオイルをかけ、天板にふわりとラップをかける。

7　室温で60〜90分、または生地が元の大きさの約1.75倍になるまで二次発酵させる。

8　P114〜に示した炉床での焼成の準備をし、忘れずに空のスチーム用天板を入れておく。オーブンを230℃に温めておく。焼成の直前に生地に霧吹きで水をかけ、強力粉を入れたふるいを生地の上で叩きながら散らすか、あるいは手で強力粉を散らして、生地の表面がうっすら粉で覆われた状態にする。P113〜に示した要領でパンの中央にクープを入れてもいいし、入れなくてもいい。

9　生地をベーキングシートごとベーキングストーンの上に滑らせるか、生地ののった天板をそのままオーブンに入れる。50mlの熱湯をスチーム用天板に注ぎ、オーブンの扉を閉める。30秒後にオーブンの扉を開け、オーブンの壁に霧吹きで水をかけ、また扉を閉める。30秒の間隔でさらに2回霧を吹きかける。最後に霧を吹きかけたあと、オーブンの設定温度を200℃に下げてさらに10分焼く。むらなく焼くために必要ならパンを前後に180度回転させ、表面がほどよいキツネ色になるまで焼き続ける。この状態になるまでに、ロールパンなら5分、ローフなら20分かかる。

10　焼き上がったパンをオーブンから取り出し、金網に移す。少なくとも45分冷ましてから切るか、テーブルに出す。

応用レシピ

ダッチクランチ・ブレッド（まだら模様のパン）

　生地の表面にペーストを塗って焼き、まだら模様でカリカリになるように作られたパンは、さまざまな名で呼ばれています。「ダッチクランチ・ブレッド」は、その呼び名のひとつです。このカリッと仕上がるトッピング（ダッチクランチ）は、ほぼどんなタイプのパンにも使うことができるため、ダッチクランチ・ブレッド用の生地の配合があるわけではありません。ただ、子どもの頃から特定の銘柄のダッチクランチ・ブレッドを食べている人なら、その銘柄のパンの種類を思い浮かべるでしょう。たとえばもちもちしたホワイト・ブレッド、小麦粉の軽いパンなどです。このタイプのパンを世に広めたのはヨーロッパ北部のパン職人で、オランダ人〔ダッチ〕のパン職人もその中に入っていました。そしてこのパンがアメリカに伝わると、あっというまに各地で大流行になりました。少量の油脂や砂糖が入っていて、もちもちした食感のオーストリア風のパンは、米粉、砂糖、パン酵母、オイル、塩、水で作るとろみのあるペーストと、特に相性がいいと思います。とはいえ、サンドイッチ用パンの生地でも、卵や牛乳が入ったエンリッチタイプの生地でも、どんなパンでも大丈夫です（ただし、クラストが硬い、リーンなフランスパンの生地には向いていません）。

　ペーストは、最終発酵の直前か、焼成の直前にハケで生地に塗ります（最終発酵の前に塗ると、表面がひび割れてまだら模様がさらに大きく見栄えのする焼き上がりになり、焼成の前に塗るとむらのない表面に仕上がります）。ペーストはパン酵母によって発酵し、生地が膨らむにつれていっしょに膨らみます。しかし米粉に含まれるグルテン向きのタンパク質は非常に少ないため、焼成するとペーストはひび割れて、そこに糊化とカラメル化が起こります。そして出来上がるのが、ほのかな甘味があってカリカリした食感の、まだら模様の表面をもつ、子どもにとっては夢のようなパンです。このペーストはローフ型に入れるパンにも、型に入れないパンにも使えます。

　米粉はほとんどの自然食品店で手に入ります。使用する米粉は白米粉でも玄米粉でも、ライスシリアル〔米をすりつぶした微細な粉末で水分に溶けやすい〕でもかまいません。細びきコーンミール、コーンスターチ、ジャガイモのデンプン、セモリナ粉、薄力粉（タンパク質含有量が少ない）で代用することもできますが、それぞれ違う風味と食感になります。このペーストに最適なのは米粉かライスシリアルで、最もよく使われています。

ダッチクランチ（トッピング用ペースト）

強力粉	大さじ1
米粉	3/4カップ
インスタントドライイースト	小さじ3/4
塩	小さじ1/4
グラニュー糖	小さじ2
植物油性油脂	小さじ2
水	大さじ6〜8

［ペーストの作り方］材料をすべてボウルに入れ、かき混ぜます。薄すぎて生地の表面に塗ると流れ落ちてしまいそうなら、米粉を加えて調整します。ハケで延ばすのに十分なとろみは必要ですが、かたまりになって広げられないほど濃度をつけないよう注意しましょう。この分量で約450gのパン2〜4個分のペーストができます。

ホワイト・ブレッド：3種類のバリエーション
White Bread: Three Multipurpose Variations

　この白いパンは、プルマン・ブレッド、ミルク・ドウ、パン・ド・ミー、そしてストレートに「ホワイト・ブレッド」など、さまざまな名前で呼ばれています。その用途は数多く、ディナーロール、結びパン、サンドイッチ用パン、ハンバーガーバンズ、ホットドッグバンズなどに使われています。このタイプの生地は「ミルク・ドウ」と呼ばれることが多いのですが、それはほとんどのレシピで牛乳（または全脂粉乳と水）が主な水分として使われるからです。ホワイト・ブレッドは油脂（バターまたは液状油脂）、砂糖、牛乳などの材料を使うことが多いため、エンリッチタイプに分類されています。こういった材料はクラストのカラメル化を速めるとともに、発酵がきちんとできている生地なら、ふわふわでとても軽い食感のパンに焼き上がります。卵や油脂が入っていますから、焼成温度はフルサイズのローフなら180℃、小さなロールパンなら200℃が目安です。リーンなハースブレッドを焼くときのように230℃まで上げてはいけません。

　ここでご紹介する3つのバリエーションは、材料については柔軟に対処できるようになっています。牛乳の代わりに全脂粉乳を使ってもいいし、逆のパターンも問題ありません。また、牛乳を使わず、同量の低脂肪牛乳、バターミルク、スキムミルクを使うこともできます（豆乳、ライスミルク、アーモンドミルクなど、乳成分を含まないミルクもいいでしょう）。このような代用材料を使うと、焼き上がったパンの味も食感も多少変わりますから、どれが気に入るか色々試してみるといいでしょう（私はどちらかというとバターミルク派です）。バターの代わりにマーガリンやショートニング、さらにオイルを使ってもかまいません。乳製品同様、油脂のタイプもパンの出来上がりに影響しますが、パンを軟らかくするはたらきはどの油脂にも共通しています。トランス脂肪酸が含まれるという理由でショートニングの使用をやめる（あるいはトランス脂肪酸を含有しないショートニングに替える）ベーカリーが増えていますが、パンを軟らかくする効果はショートニングが最もすぐれています。風味をよくするという点では、バターが一番です。

★パンの特徴
エンリッチタイプでスタンダードな生地。ストレート法または液種法。インスタントドライイースト使用。

★作業日数：1日
液種（バリエーション3のみ）　1時間
ミキシング　8〜10分
一次発酵、成形、二次発酵　3時間30分〜4時間
焼成　15〜45分

【解説】
●このタイプのパンは、生地そのものよりも追加の材料から生まれる風味が大きいので、発酵種や液種を使ってもあまり効果がありません。バリエーション3のように液種を使って作ることもできますが、発酵時間の短さ、パン酵母の量、油脂などの量から明らかなように、発酵ではなく材料が風味を生み出すタイプの、短時間で作るパンです。そのため、ストレート法でも液種法でも、最も簡単に作れるパンのひとつになっています。どの手法で作っても十分においしく、さまざまに応用できる用途の広いパンです。この3種のバリエーションのレシピはいずれも、風味豊かな軟らかいディナーロールやバンズが作れます。

ホワイト・ブレッド：バリエーション1　White Bread: Variation 1

できあがりの分量　約 460g のローフ（1斤型）1個分、またはディナーロール8個分か、ハンバーガーまたはホットドッグ用のバンズ6個分

	原書オリジナル %	原書オリジナル g	日本仕様 g
強力粉	100	610	240
インスタントドライイースト	1	6	2.4
塩	1.8	11	4.3
グラニュー糖	7.7	47	18
全脂粉乳 ［スキムミルクで代用可］	6.2	38	15
無塩バターかマーガリン（溶かすか常温に戻したもの）、または植物性油脂	7.7	47	18
溶き卵（常温に戻したもの）	7.7	47	18
水（常温）	60.5	369	145
卵（1個分に水小さじ1を加えてよく溶きほぐし、泡が消えたもの。卵液用）（好みで）		適量	適量
ゴマまたはケシの実（飾り用）（好みで）		適量	適量
合計	192.6		

1. 大きめのボウルに粉、塩、全脂粉乳、砂糖、インスタントドライイーストを入れ、混ぜ合わせる。そこに卵、バター、少なめの水を加え、粉気がなくなって生地がひとつにまとまるまで、金属製の大きなスプーンで混ぜ合わせる。水分が足りなくて生地が硬すぎるようなら、水を少しずつ足しながら、柔らかくてしなやかな生地にする。

2. 手粉を振った作業台に生地を移し、必要なら粉を足しながら捏ねて、柔らかくしなやかで、粘り気はあるがべたつかない生地に仕上げる。5〜7分、捏ね続ける。グルテンチェック（P76〜）でグルテン膜の延びが確認できればよい。薄くオイルを塗った大きいボウルに生地を移し、転がして全体にオイルをつける。ボウルにラップをかける。

3. 室温で1時間30分から2時間、または生地が2倍の大きさになるまで一次発酵させる。

4. 発酵した生地をボウルから取り出し、ローフ用ならそのまま、ロール用には約60gずつ8個に、バンズ用には約80gずつ6個に分ける。ローフ用はブール形（P94）

に、ロールまたはバンズは表面がピンと張ったロール形（P104）に成形する。生地に薄くスプレーオイルをかけ、布巾かラップをかぶせて20分ほど休ませる。

5 ローフをP103に示したサンドイッチ・ローフ形に成形する。1斤型に薄くオイルを塗り、そこにローフを入れる。ロールとバンズ用には天板にベーキングシートを敷く。ロールはこれ以上の成形はしない。ハンバーガーバンズは生地をやさしく押さえながら形を整える。ホットドッグバンズはP102に示したピストレ形に成形するが、先は細くしない。ロールとバンズの成形が終わったら、生地を天板に移す。

6 生地の表面に薄くスプレーオイルをかけ、上にラップか布巾をふわりとかける。室温で60～90分、またはほぼ2倍の大きさになるまで二次発酵させる。

7 ローフ用には180℃、ロールとバンズ用には200℃にオーブンを温めておく。ロールとバンズには卵液をハケで塗り、ケシの実かゴマをあしらう。サンドイッチ・ローフも同様に卵液を塗ってゴマなどをあしらうか、生地の中央にクープを入れて、その切れ目に植物性油脂を少し塗る。

8 オーブンで、ロールとバンズは約13～15分、またはキツネ色になるまで焼く。ローフは30～35分焼く。むらなく焼くために必要なら、途中で型を前後に180度回転させる。上面がキツネ色になり、型から取り出したときに側面もキツネ色になっていればよい。底を叩いて乾いた音がすれば焼き上がっている。

9 ローフが焼き上がったら、すぐに型から取り出し、金網の上で少なくとも1時間冷ましてから切るか、テーブルに出す。ロールは金網の上で少なくとも15分冷ましてからテーブルに出す。

ホワイト・ブレッド：バリエーション2　White Bread: Variation 2

できあがりの分量　約460gのローフ（1斤型）1個分、またはディナーロール8個分か、ハンバーガーまたはホットドッグバンズ6個分

	原書オリジナル %	原書オリジナル g	日本仕様 g
強力粉	100	539	240
インスタントドライイースト	1.1	6	2.6
塩	2	11	4.8
砂糖	7.9	42.5	19

		原書オリジナル		日本仕様
		%	g	g
	無塩バター、マーガリン、または植物性油脂（常温に戻したもの）	10.6	57	25
	溶き卵（常温に戻したもの）	8.7	47	21
	バターミルクまたは牛乳（常温に戻したもの）	63	340	151
合計			193.3	

水をバターミルクか牛乳に替えて、バリエーション1の手順で進む。捏ねながら、必要に応じてバターミルク（または牛乳）か粉を足す。

ホワイト・ブレッド：バリエーション3　White Bread: Variation 3

できあがりの分量　約460gのローフ（1斤型）1個分、またはディナーロール8個分か、ハンバーガーまたはホットドッグバンズ6個分

		原書オリジナル		日本仕様
		%	g	g
液種	強力粉	60	319	147
	インスタントドライイースト	1.1	6	2.7
	牛乳（32〜38℃に温めたもの）	64	340	157
本捏	強力粉	40	213	98
	塩	2	11	4.9
	砂糖	8	42.5	20
	無塩バター、マーガリン、または植物性油脂（常温に戻したもの）	10.7	57	26
	卵黄（常温に戻して溶いたもの）	3.6	19	9
合計			189.4	

1　液種を作る。大きめのボウルに強力粉とインスタントドライイーストを入れ、混ぜ合わせる。そこに牛乳を入れ、粉気がなくなるまでかき混ぜる。ボウルにラップをかけ、室温で45〜60分、または液種が十分に泡立ち、見てわかるくらい膨らむまで発酵させる。

2　本捏ねに入る。液種に強力粉、塩、砂糖を加え、卵黄、バターまたは他の油脂を加える。このあとはバリエーション1の手順1から始める。ただし一次発酵と二次発酵の時間は、どちらもストレート法のバリエーション1より5〜10分短くなる。

小麦全粒粉のパン Whole Wheat Bread

　全粒粉100％のパンをテーマにした素晴らしい書籍も出ていますし、このタイプのパンの崇拝者と言っても過言ではない人たちは増え続けています。私がパンの世界に足を踏み入れたのは40年以上前のことです。そのときの私は、主に人生観と健康上の理由から、有機全粒粉のパンに傾倒していました。その後、無限の可能性を持つパンの世界全体に視野を広げ、探検するようになりましたが、あの当時"純粋なパン"（あるいは"本物のパン"）と呼んでいた全粒粉のパンには、今でも特別な思いがあるのです。実は最近になって再び、原則的に全粒粉のパンしか食べないようにしています（生徒の作ったバゲットとチャバッタを採点するときを除いて）。また、全粒粉100％のパンだけのレシピ本も2冊書きました（そのうちの1冊 *Peter Reinhart's Whole Grain Breads* は本書の旧版刊行の約5年後に出した本で、同書で使用した手法をこの新版のレシピでも使用しています）。

　全粒粉のパンを作るにあたって職人が直面する課題は、ふすまと胚芽の青臭さや苦みを消しつつ、穀物の風味のいちばんいい部分を引き出すことです。そしてもうひとつの課題は、クオリティの高い風味と食感をもつクラムに仕上げることです。

　ここまで多くのレシピで示してきたように、風味を引き出す最善の方法は、デンプンに閉じこめられた糖類を分解するのに十分な時間を、酵素に与えることです。全粒粉のパンを作るときには、ポーリッシュ種や前処理などの発酵種を多めに使用すると、それが可能になります。このレシピではどちらも使用します。前処理は材料に粗びきの粉が含まれている場合に特に効果的で、小麦の代わりにトウモロコシやオーツ麦など他の穀物を使って、完成したパンの食感に変化を持たせることもできます。一方、ポーリッシュ種を使って発酵時間を延ばすと、酸が生まれることで風味が増していき、その過程でふすまと胚芽の青臭さが緩和されます。

★パンの特徴
エンリッチタイプでスタンダードな生地。前処理とポーリッシュ種法。インスタントドライイースト使用。

★作業日数：2日
1日目：前処理とポーリッシュ種　2〜4時間
2日目：ポーリッシュ種を常温に戻す　1時間
ミキシング　15分
一次発酵、成形、二次発酵　3時間30分
焼成　35〜40分

【解説】
●粗びきの小麦全粒粉がなければ、同じ重量の細びきまたは中びきの小麦全粒粉を使ってください。
●たくさん気泡の開いたクラムにしたければ、タンパク質含有量の多い粉を使いましょう。最もタンパク質の量が多いのは硬質の春小麦を原料とする小麦粉で、多種類の小麦粉を扱う自然食品店に置かれています。手に入らなければ、スーパーで売られているふつうの小麦全粒粉を使ってもかまいません。
●このレシピでは、オプションとして油脂と卵を材料に入れています。このような材料の役割は、生地を膨らみやすくすることと、きめを整えること、そしてパンを軟らかくすることです。油脂と卵のどちらか、あるいは両方を使うなら、最終ミキシングのあいだに粉を追加する必要があります。捏ねながら生地の手触りを確かめて追加する粉の分量を決め、硬くてやや粘り気のある生地に仕上げましょう。軟らかいパンにするもうひとつの方法は、ポーリッシュ種を作るとき、水の代わりに牛乳かバターミルクを使うことです。

できあがりの分量　約460gのローフ（1斤型）1個分

		原書オリジナル		日本仕様
		%	g	g
前処理 （1日目）	粗びき小麦全粒粉または他の粗びき全粒粉 （オーツ麦、トウモロコシ、大麦、ライ麦）	100	120.5	67
	水（常温）	141.2	170	95
合計			241.2	

		原書オリジナル		日本仕様
		%	g	g
小麦全粒粉の ポーリッシュ種 （1日目）	全粒超強力粉	100	191	79
	インスタントドライイースト	0.4	0.8	0.3
	水（常温）	89	170	70
合計			189.4	

		原書オリジナル		日本仕様
		%	g	g
生地 （2日目）	前処理	153	390.5	162
	ポーリッシュ種	142	362	149
	全粒超強力粉	100	255	105
	インスタントドライイースト	1.2	3	1.3
	塩	3.7	9.5	3.9
	ハチミツ	16.7	42.5	18
	植物性油脂（好みで）	5.5	14	6
	溶き卵（好みで）	18.4	47	19
	ゴマ、ケシの実、ロールドクイックオーツ〔細かくカットした押しオーツ麦〕、または小麦ふすま(飾り用)（好みで）		適量	適量
	卵白（1個分に水大さじ1を加えてよく溶きほぐし、泡が消えたもの。卵液用）（好みで）		適量	適量
合計			440.5	

		原書オリジナル		日本仕様
		%	g	g
全体の配合	小麦全粒粉	100	567	251
	インスタントドライイースト	0.7	4	1.6
	塩	1.7	9.5	3.9
	ハチミツ	7.5	42.5	18
	植物性油脂	2.5	14	6
	卵	8.3	47	19

		水		60	340	165
	合計			180.7		

1. パン作りの前日に、前処理とポーリッシュ種を作る。前処理は、ボウルに粗びき小麦全粒粉と水を入れて混ぜ、ラップをかけて、室温で当日まで置いておく。ポーリッシュ種は、まず小麦全粒粉とインスタントドライイーストを混ぜてから、水を加え、とろみの強いペーストを作る。粉気がなくなるまでかき混ぜてから、ボウルにラップをかけ、室温で2〜4時間、または気泡が出始めるまで発酵させる。その後、冷蔵庫で一晩寝かせる。

2. 当日、生地作りの1時間前に冷蔵庫からポーリッシュ種を取り出し常温に戻す。ボウルに小麦全粒粉、塩、インスタントドライイーストを入れてかき混ぜる。そこにポーリッシュ種、前処理、ハチミツ、油脂と卵（使う場合）を加える。必要に応じて水か粉を足しながら、金属製の大スプーンで一まとまりになるまでかき混ぜる。

3. 小麦全粒粉を振った作業台に生地を移し、捏ね始める。必要なら粉を足して硬くてしなやかな生地になるまで捏ねる。捏ね時間は手捏ねで10〜12分、粘り気はあるがべたつかない生地に仕上げる。グルテンチェック（P76〜）でグルテン膜の延びが確認でき、生地温度が25〜27℃になっていればよい。薄くオイルを塗った大きいボウルに生地を移し、転がして全体にオイルをつける。ボウルにラップをする。

4. 室温で約2時間、または生地が2倍の大きさになるまで一次発酵させる。

5. P103に示したようなサンドイッチ・ローフ形に成形する。薄くオイルを塗った1斤型に生地を入れる。生地の上面にスプレーオイルをかけ、ラップをふわりとかける。

6. 室温で90分ほど、または生地がほぼ2倍の大きさになり、型の縁の上に膨らむまで二次発酵させる。

7. オーブンを180℃に温めておく。ゴマやケシの実などの材料を使うなら、焼く直前に生地の上面に卵白の液をハケで塗り、その上に散らす。

8. オーブンで20分ほど焼いてから、むらなく焼くために必要なら前後に180度回転させ、さらに15〜20分焼く。パンの底を叩いて乾いた音がすれば焼き上がっている。パン全体がキツネ色になり、上面と底だけでなく、側面も硬くなっていることを確認する。側面がまだ軟らかい場合は型に戻し、硬くなるまでさらに焼く。

9. 焼き上がったらすぐに型から取り出し、金網の上で少なくとも1時間、できれば2時間冷ましてから、切るかテーブルに出す。

ボーナスレシピ

本書の旧版の刊行からこの15周年記念版が出るまでのあいだ、私はパンに関する新しいことを学びつづけてきました。その知識の多くは、旧版以降に書いた5冊の著書に収められています。また本書でも、パンチ（延ばし＆折りたたみ）の多用や発酵時間の延長など、旧版にはなかった新しい技術や手順を取り入れています。そこで、この新版を読んでくださっている皆さま（旧版をお持ちの方も新版だけの方も）への感謝の気持ちとして、私が学んだ最新の知識を活用した、今までどこにも発表していないレシピを3つ追加しました。このレシピが気に入った方は、旧版以降の私の著書をお読みください。同じタイプのレシピと、レシピの詳しい周辺情報が載っています。

発芽小麦と玄米のパン
Sprouted Wheat and Brown Rice Bread

★パンの特徴
リーンな生地。ストレート法。インスタントドライイースト使用。

★作業日数：1日
ミキシング　8分
パンチ、一次発酵、成形および二次発酵　4時間
焼成　30〜60分

【解説】
●このパンよりも背が高く気泡の大きなパンを作りたければ、2つの方法があります。まず、粉の重量に対して3%（このレシピでは6g）のグルテン粉を生地に加える方法。もうひとつは、発芽玄米の半量（100g）を同量の強力粉に替える方法です。こうすると、ふすまを多く含むボワラーヌ・スタイルのミッシュ（P289）と同じようなタイプのパンができます。

パンの世界の画期的なできごとのひとつに、発芽小麦全粒粉を使った素晴らしいパンの登場があります。私は2014年出版の著書 *"Bread Revolution"* で、発芽小麦粉をはじめ、さまざまな発芽全粒粉で焼くパンについての詳しい情報、長所と魅力を読者に伝え、数多くのレシピを紹介しました。それ以来、発芽穀物に興味を持つ人は増えつづけています。同時に、全粒穀物やマルチグレインを使った色々なタイプのパンにも関心が集まっています。軟らかく調理した穀物を生地の主材料にする、いわゆるポリッジブレッドもそのひとつです。私は1991年の著書 *"Brother Juniper's Bread Book"* で、さまざまな穀物を使った「ストゥルアン」というパンを初めて紹介しました（このパンは私の店「ブラザー・ジュニパーズ・ベーカリー」の主力商品でした）。以来、玄米や他の穀物──ワイルドライス、スチールカットオーツ〔全粒オーツ麦を粗く切ったもの〕、ブルグア〔高温で蒸して乾燥させたひき割り小麦〕、グリッツなど──を煮たものを使ってパンを作っています。この手法のパンで最新のブームになっているのが、サンフランシスコでチャド・ロバートソンが営む「タルティーン・ベーカリー」で（そして今では他のベーカリーでも）作られているようなポリッジブレッドです。チャド・ロバートソンのやり方にしたがい、軟らかく調理した穀物を50%（重量で）使用した生地を作ってみたところ、目をみはるような出来ばえのパンになりました。そこで私はそ

の手法と発芽小麦全粒粉を組み合わせ、究極のポリッジブレッドと自負するパンを生み出しました（今や全粒粉のパンを作るなら、味も栄養も発芽小麦全粒粉に勝るものなし。また、とても手に入りやすくなっています）。

このレシピでは玄米を煮て使用します。私は発芽玄米を使うのが好きですが、ふつうの玄米（または他の穀物）でも十分うまくできます。発芽小麦全粒粉を使う最大の利点は、穀物の粒に閉じこめられた風味（と栄養分）が発芽と製粉の過程で最大限に引き出されるため、長時間発酵や発酵種の必要がなく、とても手軽に作れるということです。

できあがりの分量　サンドイッチ用パン（1斤）、または直焼きパン約450g1個分

	原書オリジナル %	原書オリジナル g	日本仕様 g
発芽小麦全粒粉	100	454	200
軟らかく煮た玄米、または他の全粒穀物（グリッツ、ソバ粉、大麦、スチールカットオーツ、キビ、ブルグア）	50	227	100
インスタントドライイースト	1.4	6	2.8
塩	2.2	10	4.4
ぬるま湯（32〜38℃）	75	340	150
準強力粉か強力粉、またはセモリナ粉かコーンミール（天板用）		適量	適量
合計	228.6		

1　パン作りの1日か2日前に玄米（または他の穀物）を煮る（あるいは食事の残り物の玄米を使用してもよい）。玄米を冷まして蓋をし、使うまで冷蔵庫に入れておく。

2　大きめのボウルに発芽小麦全粒粉、塩、インスタントドライイーストを入れて混ぜる。そこに調理済みの玄米とぬるま湯を加え、粉が十分に水分を吸ってざっとまとまり、ウェットな生地になるまでかき混ぜる。生地は休ませているあいだに硬くなるので、それ以上粉を加えないこと。生地をボウルに入れたまま、蓋はせずに5分間休ませる。次に、金属製の大きなスプーンで1、2分かき混ぜる。生地がくっつくようならスプーンを水に浸しながら混ぜ、少し硬さはあるが、まだとても柔らかくてべたつく生地にする（チャバッタの生地のように）。そのような状態にするために必要なときだけ、水か粉を足す。次のステップで生地に硬さが出てくる。

3　作業台にオイルスリック（P77参照）の準備をする。水かオイルにくぐらせたドレッジを使って、オイルを塗った作業台の上に生地を移す。手を水かオイルで塗

らして延ばし＆折りたたみを行い、生地を丸くまとめる。薄くオイルを塗ったボウルに生地を入れ、ボウルの中で転がして全体にオイルをつけたら、ボウルをラップで覆う。20分後、水かオイルで塗らした手で生地を作業台に戻し、延ばし＆折りたたみを行う（P77、P168参照）。生地は少し硬さが増すが、まだ柔らかくて、多少べたつく感じがある。生地をボウルに戻してラップで覆う（または生地の上からボウルをかぶせる）。延ばし＆折りたたみの作業を、20分の間をあけてさらに2回行う。作業を行うたびに生地のべたつきは少なくなり、突つくと弾力が感じられるようになる。オイルを塗ったボウルに生地を戻し、表面にスプレーオイルをかけ、ボウルをラップで覆う。

4 室温で約1時間半、または生地が2倍近くの大きさになるまで一次発酵させる。

5 オイルを塗ったドレッジを使って、手粉を振った（またはオイルを塗った）作業台にそっと生地を移す。大きなパン1個にするなら、粉かオイルをつけた手で生地をブール形かバタール形（P94、95参照）に成形する。あるいは好みの型のサイズに合わせて分割したり、小さめに分割して型に入れずに炉床で焼いたりしてもよい。型を使わないなら、サンドイッチ・ローフ形（P103参照）、ブール形、あるいはバタール形に成形する。1斤型で焼く場合、型には薄くオイルを塗る。型を使わないなら、天板にベーキングシートを敷き、小麦粉かセモリナ粉、またはコーンミールを振る。成形した生地を天板に移し、生地の上面にスプレーオイルをかけ、ラップをふわりとかける。【備考】炉床で焼くパンには、前もってバヌトンを準備しておき、使ってもよい（P49〜参照）。

6 室温で45〜90分、または生地がほぼ1.5倍の大きさになるまで二次発酵させる。

7 P114〜に示した炉床での焼成の準備をし、忘れずに空のスチーム用天板を入れておく。オーブンを230℃に温めておく。1斤型で焼く場合は190℃に温める（型で焼くときは、スチーム用天板は不要）。

8 ローフを型に入れないなら、好みのクープを入れる（P113〜参照）。ピールか天板の裏に小麦粉かセモリナ粉、またはコーンミールをたっぷり振り、そこに生地をそっと移す。次にその生地をベーキングストーンの上に移す（あるいは生地ののった天板をそのままオーブンのラックにかける）。スチーム用天板に50mlの熱湯を注ぎ、オーブンの扉を閉める。30秒後にオーブンの扉を開け、オーブンの壁に霧吹きで水をかけ、また扉を閉める。30秒間隔でさらに2回霧を吹きかけてから、オーブンの設定温度を220℃に下げて20分焼く。焼け具合を確認し、むらなく焼くために必要ならパンを前後に180度回転させる。その後、さらに15〜20分、サイズによってはそれより長く焼く。型で焼く場合はオーブンに天板を入れて35〜40分焼く。焼き始めて20分経ったら、むらなく焼くためにパンを回転させ

る。上面も側面もキツネ色になり、底を叩いて乾いた音がすれば焼き上がっている。

9 オーブンからパンを出し、型を使っている場合はパンを型から取り出す。金網の上で少なくとも45分間冷ましてから、切るかテーブルに出す。パンが冷めてくるとクラストは軟らかくなるが、高温（230℃）のオーブンに5分ほど入れるとパリッとした食感が戻る。

オニオンとケシの実のフィリング入り　発芽小麦全粒粉のビアリー
Sprouted Whole Wheat Onion and Poppy Seed Bialys

★パンの特徴
（ハチミツ使用のため）ややエンリッチタイプの生地。ストレート法。インスタントドライイースト使用。

★作業日数：1日
ミキシング　8分
パンチ、一次発酵、成形および二次発酵　4時間
焼成　10〜18分

ビアリー（正式名はビアリストーカー・クーヘン）はベーグルのごく近い親戚ですが、残念なことに影の薄い存在です。しかしこのパンを知る人は誰もが、賞賛の声を惜しみません。そして、ビアリーにもベーグルに負けない輝かしい歴史があります。それについては"The Bialy Eaters"（ミミ・シェラトン著）、"Inside the Jewish Bakery"（スタンリー・ギンズバーグ、ノーマン・バーグ著）、さらにジョージ・グリーンスタインの名著"Secrets of a Jewish Baker"などの書籍をお読みください。さて、私にとってのビアリーといえば、なつかしい子ども時代の思い出を甦らせるもの。そしてビアリーの魅力は何といっても、口いっぱいに広がるパンとフィリングのうっとりするような風味です。フィリングはオニオン、ケシの実（このレシピのように"オニオンもケシの実も"なら、さらに良し）、チーズはもちろん、自己流で作ったものでもかまいません。ベーグルには穴があいていますがビアリーにはくぼみがあり、そこにフィリングをのせるようになっています。もうひとつベーグルと違う点は、ビアリーは焼くもので、茹でるバージョンはないということです。ベーグルの生地の配合率（P144）を使って作ることもできますが、私の好みは発芽小麦全粒粉を使った、全粒粉100％の少し軟らかめのビアリーです。次にご紹介するのがそのレシピです。

できあがりの分量　ビアリー3〜4個分

	原書オリジナル %	原書オリジナル g	日本仕様 g
発芽小麦全粒粉	100	510	180
インスタントドライイースト	0.8	4	1.4
塩	1.85	9.5	3.3
ハチミツ	5.6	28	10
水	83.3	425	150
合計	191.55		

		原書オリジナル g	日本仕様 g
オニオンと ケシの実の フィリング	植物性油脂	28	10
	黄タマネギ（みじん切り）	454（中2個）	160（小1個）
	塩	3.5	1.2
	ケシの実	14	5
	ブラックペッパー（好みで）	1	少々

1. まず生地を作る。大きめのボウルに発芽小麦全粒粉、塩、インスタントドライイーストを入れて混ぜる。そこにハチミツと水を加え、粉類が十分に水分を吸ってざっとまとまり、ウェットな生地になるまでかき混ぜる。生地は休ませているあいだに硬くなるので、それ以上粉を加えないこと。生地をボウルに入れたまま、蓋はせずに5分間休ませる。次に、金属製の大きなスプーンで1、2分かき混ぜる。生地がくっつくようならスプーンを水に浸しながら混ぜ、少し硬さはあるが、まだ柔らかくてべたつく生地にする（バゲットの生地のように）。そのような状態にするために必要なときだけ、水か粉を足す。次のステップで生地に硬さが出てくる。

2. 作業台にオイルスリック（P77参照）の準備をする。水かオイルにくぐらせたドレッジを使って、オイルを塗った作業台の上に生地を移す。手を水かオイルで塗らして延ばし＆折りたたみを行い、生地を丸くまとめる。薄くオイル塗ったボウルに生地を入れ、ボウルの中で転がして全体にオイルをつけたら、ボウルをラップで覆う。20分後、水かオイルで塗らした手で生地を作業台に戻し、延ばし＆折りたたみを行う（P77、P168参照）。生地は少し硬くなるが、まだ柔らかくてべたつく感じがある。生地をボウルに戻してラップで覆う（または生地の上からボウルをかぶせる）。延ばし＆折りたたみの作業を、20分の間をあけてさらに2回行う。作業を行うたびに生地のべたつきは少なくなり、突つくと弾力が感じられるようになる。オイルを塗ったボウルに生地を戻し、表面にスプレーオイルをかけ、ボウルをラップで覆う。

3. 室温で1時間から1時間半、または生地が2倍近くの大きさになるまで一次発酵させる。

4. 天板にベーキングシートかシリコン製のベーキングマットを敷き、軽くスプレーオイルをかける。オイルを塗ったドレッジを使って、オイルを塗った作業台にそっと生地を移し、3～4個に分割する（小さめのビアリーなら1個約85g、大きめなら約115g）。分割した生地を、ディナーロール（P104参照）または小さなブール（P94参照）を作る要領で表面がピンと張った丸形に成形し、準備した天

【解説】
● "Secrets of a Jewish Baker" の著者、ジョージ・グリーンスタインは、フィリングの上からライ麦粉を振りかける方法を提案しています。こうするとフィリングが安定してずれません。いいアイデアですが、やらなくても支障はありません。

板に均等な間隔をあけて並べていく。生地の上面にスプレーオイルをかけ、天板の上からラップをふわりとかける。

5　室温で1〜1時間半、または生地が2倍の大きさになるまで二次発酵させる。

6　二次発酵のあいだにフィリングの準備をする。スキレットにオイルを入れて中火にかける。そこにタマネギと塩を入れて1分間炒めたら火を少し弱め、タマネギがしんなりして淡いキツネ色になるまで、1分ごとにそっとかき混ぜる。仕上がりまでの目安時間は5〜10分。スキレットを火からおろしてケシの実とブラックペッパーを散らし、タマネギを天板に広げて完全に冷ます。生地は引き続き発酵させる。【備考】このフィリングは前もって作り、蓋つき容器に入れて冷蔵庫で保存しておいてもよい。最長で1週間保存できる。

7　オーブンを260℃に温めておく。

8　分割した生地が2倍の大きさまで膨らんだら、水を入れたボウルに指先を浸し、生地に指先を押しつけながら直径10cmほどの平らな円盤状に広げていく。ただし縁から13mmほどは厚みを残したままにする（ピザの耳のような感じに）。中心部は思いきり薄くしてよい。準備しておいた天板に生地を並べる。生地の個数に合わせてフィリングを均等に分け、各生地の平らになった中心部にスプーンでフィリングを入れて塗り広げる。天板をオーブンに入れて5分焼いたら、むらなく焼くために天板を前後に180度回転させて、さらに5〜10分、またはこんがりとキツネ色になるまで焼く。

9　オーブンから天板を出し、少なくとも5分間冷ましてからビアリーをテーブルに出す。【備考】艶のあるビアリーにしたければ、オーブンから出してすぐ、焼き上がったビアリーの表面に少量の植物性油脂か溶かしバターをハケで塗る。

メガリッチなシナモンバンズ&スティッキーバンズ
Beyond Ultimate Cinnamon and Sticky Buns

　私の著書 "Peter Reinhart's Artisan Breads Every Day"（略して "ABE"）の中で人気のレシピのひとつに「チョコレートシナモン・ババカ」があります〔ババカは東欧などユダヤ系文化圏を起源とする甘いパン〕。これは濃厚な甘さのリッチな生地にセミスイートチョコ、バター、シナモンシュガーのフィリングを巻きこんで焼き上げたパンです。この生地があまりにも美味しくて、私は何か他のパンも作れないかと考えはじめました。材料はブリオッシュととても似ていますから（バター、卵黄、牛乳、砂糖）、クーゲルホフ、ババ・オ・ラム、クリーチと同じく、ブリオッシュの仲間と言えるでしょう。"ABE" に載っているさまざまな生地の作り方を教えて回ったとき、私は伝統的な白くて甘い生地を使って、シナモンバンズとスティッキーバンズをよく作りました。同時に、さらにリッチでみごとな黄金色のババカの生地で、ババカも作っていました。するとあるとき、ひとりの生徒から「ババカの生地でシナモンバンズとスティッキーバンズを作ったらどうなりますか」と質問を受けました。じゃあ実際にやってみよう、となったのは言うまでもありません。作ってみてどうだったか？　前に「食べた分だけお尻（バンズ）にくっつく（スティッキー）からスティッキーバンズ」だと書きましたね。あれは大げさだったかもしれませんが、このバージョンは正真正銘、たっぷりお尻にくっつくでしょう。でも、それくらいの代償は払う価値のある美味しさなのです。

　作業日数が2日なのは、生地が柔らかすぎて、室温では延ばしたりフィリングを巻きこんだりできないからです。冷蔵庫に一晩入れて生地を硬くすれば、薄くオイルを塗ったカウンターの上で延ばしたり、シナモンシュガーをまぶして巻きこんだりする作業がやりやすくなります。この作業のあと天板にのせて焼き、オーブンから出してグレイズをかければシナモンバンズになります。一方、カラメルグレイズを敷いたケーキ型で焼けば、カロリーたっぷりでたまらなく美味しい、究極のスティッキーバンズの出来上がりです。グレイズの作り方はP171からの「シナモンバンズとスティッキーバンズ」に載せていますが、本書では4種類の新しいグレイズを追加しました。他のバンズにも使えます。ただしどのグレイズもカロリーに怯えている人向きではありませんし、もし食べるならジム通いと毎日の運動を覚悟してください。でもまあ、ときには羽目をはずすのも楽しいではありませんか。

★パンの特徴
エンリッチタイプでスタンダードな生地。ストレート法。インスタントドライイースト使用。

★作業日数：2日
1日目：ミキシング　5～8分
低温発酵　一晩
2日目：成形、型入れ、二次発酵　2時間
焼成　15～20分

【解説】
●この生地は本書のほとんどの生地とは違う方法で作られています。どこが違うかというと、インスタントドライイーストを温かい牛乳に加えることと、柔らかい生地を一晩の低温発酵によって硬くすることです。最終発酵の段階では生地はあまり膨らみませんが、窯伸びはよく、焼成中に2倍近くの大きさになります。焼き上がったら温かいうちに食べるのが一番ですが、冷めてもオーブンで温めなおせば焼きたての柔らかさが戻ってきます。

できあがりの分量　バンズ 5～6 個分

	原書オリジナル		日本仕様
	%	g	g
準強力粉	100	425	150
インスタントドライイースト	4.5	19	6.8
塩（コーシャーソルト）	1.4	6	2.1
グラニュー糖	20	85	30
無塩バター（常温に戻したもの）	20	85	30
植物性油脂（溶かしたもの）	6.7	28	10
卵黄	20	85	30
牛乳または低脂肪乳（32～38℃に温めたもの）	40	170	60
バニラエッセンス		少々	少々
溶かした無塩バター（生地に塗る）		28	10
シナモンシュガー（グラニュー糖大さじ 6 1/2 と粉末シナモン大さじ 1 1/2 を混ぜたもの）		113	40 *1
合計		212.6	

- シナモンバンズ用グレイズ：白いフォンダン（P175）、またはクリームチーズのグレイズ（P336）
- スティッキーバンズ用グレイズ：カラメルグレイズ（P175）、ハチミツとアーモンドのグレイズ（P336）、またはオールドファッション・カラメルグレイズ（P336）
- クルミまたはピーカンナッツ（スティッキーバンズ用。好みで）0.2～0.3 カップ
- レーズン、ドライフルーツ（クランベリー、チェリーなど）（スティッキーバンズ用。好みで）0.2～0.3 カップ

1　小さいボウルに温めた牛乳を入れ、そこにインスタントドライイーストを振り入れて、スプーンか泡立て器でかき混ぜて溶かす*2。生地に混ぜるまで 5 分ほど置いておく。

2　ボウルにバター、植物性油脂、砂糖を入れ、金属製の大きなスプーンを使って滑らかなクリーム状になるまでかき混ぜる。別の小さいボウルにバニラエッセンスと卵黄を入れ、卵黄が崩れる程度に軽くかき混ぜたら、4 回に分けてバターと砂糖のボウルに加えていく。1 回加えるごとに勢いよくかき混ぜて、よくなじませること。卵黄がバターと完全に混ざったら、さらに勢いよくかき混ぜて、ふんわり柔らかい状態にする。次に、準強力粉、塩、インスタントドライイーストを溶かした牛乳を加える。丈夫なスプーンか手を使い、柔らかくて

＊訳注 1：グラニュー糖大さじ 2 強と粉末シナモン小さじ 1 強を混ぜたもの。
＊訳注 2：インスタントドライイーストを使う場合、日本では一般的に、ミキシングした生地の粉気がなくなったところで振り入れるほうが活性が安定すると指導されている。

ほんの少しべたつく生地ができるまでミキシングを行う。

3　作業台に手粉を振る（または P77 のオイルスリックの準備をする）。ドレッジを使って作業台の上に生地を移し、2 分間手で捏ねる。扱いやすいように粉を足してもいいが、生地の粘り気を残すため、粉の追加は必要なときだけにすること。美しい黄金色で、"赤ちゃんのお尻のように"すべすべしてみずみずしい生地に仕上げる。次に生地を丸くまとめ、薄くオイルを塗ったボウルに入れ、ボウルの中で転がして全体にオイルをつける。ボウルをラップで覆い、冷蔵庫に入れて一晩（あるいは最長 3 日間）置く。生地はある程度は膨らむが、2 倍の大きさまでは膨らまない（短時間で大きく膨らむようなら、ガス抜きをしてから冷蔵庫に戻す）。生地を冷蔵庫で休ませているあいだに、シナモンシュガーと好みのグレイズを作って置いておく（必要なら冷蔵庫で保存する）。

4　パンを焼く当日、焼成の予定時間の約 1 時間前に冷蔵庫から生地を取り出す。出したらすぐ、生地が冷たくて硬いうちに延ばしと成形に取りかかる。まず、生地に塗るためのバターを溶かしておく。次に作業台にスプレーオイルを吹きかけるか、薄めのオイルスリックの準備をし、その上に冷たいままの生地を移す。めん棒で生地をやさしく延ばしていき、1 辺が約 25 〜 30cm 四方の正方形にする。生地の表面にハケで溶かしバターを塗り、シナモンシュガーを均一にまぶすが、4 辺とも縁から 6mm にはかけないでおく。ロールケーキの要領で（あるいはカーペットを巻くように）生地を巻き上げて丸太状にしたら、閉じ目を下にして作業台に置く。両手のひらをしっかり、しかし力を入れすぎないように押しつけながら生地の長さを 30 〜 35cm まで延ばす。延ばし終わった丸太状の生地を、厚さ 5cm ほどの渦巻き模様のバンズ 5 〜 6 個に切り分ける。

5　［シナモンバンズを作る場合］天板にベーキングシートかシリコン製のベーキングマットを敷き、渦巻き模様が見えるようにバンズを並べる。バンズの間隔は 5cm くらいあける。オーブンを 160℃に温める。オーブンが温まるまでのあいだ、バンズを室温で二次発酵させる。生地が冷たいのでこの段階では膨らまないが、オーブンに入れると勢いよく膨らむ。オーブンが温まったら天板をオーブンラックにかけ、10 分間焼いたあとに天板を前後に 180 度回転させて、さらに 5 〜 10 分、あるいはバンズがこんがりキツネ色になるまで焼く。バンズが焼き上がったら天板を取り出し、そのまま 5 〜 10 分置いて冷ます。フォンダンのグレイズを使うなら温かいバンズの上から流しかける。クリームチーズのグレイズは、デコレーションやアイシング用のへらを使ってバンズに塗る。グレイズし終わったらすぐに食べてもいいし、天板か金網の上で冷ましてグレイズが固まるまで待ってもいい。

6　［スティッキーバンズを作る場合］直径 23cm の丸いケーキ型にスプレーオイルをかけ、型の底に 6mm の厚さでカラメルグレイズかハチミツとアーモンドのグレ

イズを、または 8.5mm の厚さでオールドファッション・カラメルグレイズを敷く（グレイズが余ったら蓋つき容器に入れて冷蔵庫で約 2 週間保存できる）。グレイズの上からナッツかドライフルーツを散らす（これは省略してもいいが、散らしたほうが断然おいしくなる）。1 個のケーキ型に 5〜6 個（全量）、渦巻き模様がきれいに出ている面を下にしてバンズを置く。バンズは焼成中にケーキ型いっぱいに膨らむため、2.5cm ほど間隔をあける。オーブンを 160℃に温める。オーブンが温まったらすぐ、ケーキ型をのせたラック（網目）を入れ（グレイズが下からの熱を十分に受けられるよう）、むらなく焼けるように 10 分ごとにケーキ型を回転させる。25〜35 分焼くとグレイズが溶けて泡立ち、カラメル化が起こり、生地は濃い褐色になる。バンズの焼け具合を見るには、金属製のへらかトングでバンズを持ち上げる。下側が白っぽくなく、淡い褐色になっていればよい。グレイズが濃い琥珀色かキツネ色になり、砂糖が完全に溶けてカラメルになれば出来上がっている。グレイズが十分にカラメル化しておらず砂糖の粒が残っているなら、バンズの上にアルミホイルをかぶせて、滑らかなカラメルになるまで焼きつづける。

7 バンズが焼けたらオーブンから天板を出し、カラメルが固まりはじめるまで 3〜5 分間冷ます。ケーキ型の上に裏返した皿をのせ、型と皿をくっつけたまま引っくり返し、皿を下にして作業台の上に置き、ケーキ型を持ち上げてはずす。グレイズはまだとても熱いので気をつけること。こぼれたり型の底に残ったりしているグレイズは、ゴムべらで丁寧にすくってバンズにかける。出来上がりから少なくとも 15 分待ってテーブルに出す。

スティッキーバンズ用とろとろグレイズ Sticky Bun Slurry

できあがりの分量 バンズ 5〜6 個分

- グラニュー糖　0.4 カップ
- ライトブラウンシュガー　0.4 カップ
- 無塩バター（室温で柔らかくしたもの、または溶かしたもの）　91g
- ライトコーンシロップ　0.1 カップ
- 塩またはコーシャーソルト　少々
- レモンエッセンスまたはオレンジエッセンス（好みで）　少々

　電動ミキサー用のボウルに砂糖とバターを入れ、大きいスプーンを使ってバターが滑らかなクリーム状になるまで混ぜ合わせる。残りの材料を加えて混ぜる（フードプロセッサーを使ってもよい）。その後、速めの中速にして、どろどろの状態からふんわり柔らかい状態になるまで、さらに 1、2 分混ぜる。冷蔵庫で少なくとも 2 週間は保存できる。

クリームチーズのグレイズ Cream Cheese Glaze

- クリームチーズ（常温に戻したもの）　45g
- 無塩バター（溶かしたもの）　大さじ1と1/3、粉砂糖（ふるったもの）　0.4カップ
- バニラエッセンス　少々、レモンエッセンスまたはオレンジエッセンス　少々（またはレモン果汁かオレンジリキュール　小さじ1/3）
- 塩　ひとつまみ

　ボウルにクリームチーズ、バター、粉砂糖を入れ、大きいスプーンを使ってよく混ぜる。そこにエッセンス類と塩を加えて勢いよくかき混ぜ、滑らかなペースト状から、ふんわり柔らかい状態に仕上げる。レシピの指示に従って使用する。

ハチミツとアーモンドのグレイズ Honey Almond Graze

- ハチミツ　0.4カップ
- 無塩バター（室温で軟らかくしたもの、または溶かしたもの）　0.4カップ
- 塩　少々（またはコーシャーソルト　少々）

　ボウルにハチミツ、バター、塩を入れ、大きいスプーンを使って滑らかになるまで混ぜる。レシピの指示に従って使用するが、クルミ、ピーカンナッツ、ドライフルーツの代わりに、細切りか粗く砕いたアーモンドをのせる。

オールドファッション・カラメルグレイズ Old-Fashioned Caramel Glaze

- グラニュー糖　0.3カップ弱
- ライトブラウンシュガー　0.3カップ弱（しっかり押さえながらカップに入れる）
- 生クリーム（高脂肪）　0.3カップ弱
- 無塩バター（室温で軟らかくしたもの、または溶かしたもの）　小さじ1
- ライトコーンシロップ　小さじ1

　ボウルに砂糖類、クリーム、バター、コーンシロップを入れ、大きいスプーンを使って滑らかになるまで混ぜる。レシピの指示に従って使用する。

熱されたデッキから出した焼きたてのエピ。琥珀色がかった深い褐色のクラストが美しい。アメリカ風の淡い色のクラストと区別するため、この色合いは「ヨーロピアン・ベイク」と呼ばれる。

最後の応用レシピ
薪窯で焼く天才職人が贈る2つのレシピ
Wood-Fired Baking in Bennett Valley

　私が次のセクションを書いたのは2000年で、2つのレシピはティム・デッカーが当時使用していたものです。ティムはその数年後、妻のクリスタルとともにテネシー州ローンマウンテンに越してベーカリーを開きました。店の名前は「スモーキーマウンテン・ベーカリー」といい、私は訪れたことがありませんが、噂では素晴らしいパンとペストリーにくわえて極上のピザも作っているそうです。

　マギー・グレーゼルは私の友人で、私は彼女とパンの話をするのが大好きです。マギーは自身の名著 *"Artisan Baking Across America"* の中で、アメリカの一流ベーカリーと、その店を代表する数多くのパンを紹介しています。残念なのは、彼女がこの本を書いたのは、2000年の春に「ベネットヴァレー・ブレッド・アンド・ペストリー」が開店する前だったため、この店を掲載できなかったことです。このアルチザン・ベーカリーは、ティム・デッカーとクリスタル・デッカーが経営するクリエイティブなベーカリーです。クリスタルは数々の賞を獲ったペストリーを作り、パンを考案して焼くのはすべてティムの仕事です。ティムは以前、サンタローザ〔カリフォルニア州ソノマ郡の都市〕にある私の店「ブラザー・ジュニパーズ・ベーカリー」でヘッド・ベーカーを務めていました。彼が自分の店を持ってから作ったパンは、権威あるコンクール「ソノマ郡ハーベスト・フェア」で15個のダブルゴールドメダル〔金賞受賞作品の中でも特に優れた作品に授与される賞〕を受賞しました。その中には「大会ベストブレッド賞」も含まれています。しかも、それは店を開いてわずか数か月後のことでした。そんな新人が、「アルチザン・ベイカーズ」のクレイグ・ポンスフォードと肩を並べるような快挙を成し遂げるとは、誰も予想できませんでした。クレイグはその後、1996年にパンの世界選手権「クープ・デュ・モンド」で優勝した実力の持ち主なのです。

　ティムほどパン作りに打ちこみ、妥協を許さない人はいません。彼が愛情を注ぎこみながら最初から最後まで生地を育むようすを見ていると、まるで我が子を育てているように感じます（彼のほんとうの子どもたちはパパにとってパンがどんなに大事かわかっていて、ときどき店を手伝いに来ます）。ティムはエレキギターを弾くように薪窯を扱います（知り合った当時、彼はヘビーメタルとブルースのバンドを組んでいました）。つまり、情熱と集中力をもって薪窯に向き合い、その可能性を極限まで引き出すのです。毎日夜中になると、地元産のオークの薪で窯のデッキに火をおこし、燃え尽きて灰になるまで待ちます。そして灰を外に掻き出します。その時点で窯の温度は340℃に達していて、最初の生地の受け入

炉床での焼成は窯で硬材（この場合はオーク）を燃やすことから始まる。

れ準備が整っています。その後、8〜12時間かけて窯の温度が徐々に下がっていく中、綿密に考えられた順序で各種パンの焼成が進みます。最初に窯に入るのは、ピザ、フォカッチャ、ハードクラストのパン。エンリッチタイプの軟らかいパンはもっと温度が下がってからの焼成になります。ティムは現在、1度の火おこしで行える連続焼成回数の全国記録を保持しています（追記：旧版刊行当時）。なんと、16回です。そんな変わった記録をいったい誰が管理しているのか尋ねると、「炎と窯」マニアのネットワークがあって、そういうことに真剣に取り組んでいるのだと教えてくれました。ティムが一度の火おこしでそれだけの熱を維持できるのは、独特の断熱システムがあるからです。このシステムは、オーブン・クラフターズ社の創設者で石窯のマスター、アラン・スコットが設計したオリジナルのシステムを補うために、ティムみずから考案したものです。この断熱システムのおかげで、デッキに新しい火をおこさなくても、1日中（夜も）焼成を続けることができるのです。今では、薪窯を使っている他のパン職人が、いちばん新人のティムを訪ねてきて、熱の保持率を高めるためにどのように窯を断熱すればいいか、アドバイスを求めるのだそうです。

　ティムとクリスタルの話は、パン革命が職人の情熱を燃え上がらせたいい例で、その意味で大きな意義があると言えるでしょう。パン職人とは、苦労が多く、特

薪を燃やしたデッキは、その後8時間にもわたってパンの焼成に必要な熱を放射する。

殊なケースを除いてあまり儲からない職業です。それでもこの仕事をするのは、お金以外の満足感と見返りがあり、人を幸せにできるからです。

　ティムがパン職人として成長するのを見、丹念に作られたパンに対する愛情をふくらませていくようすを傍で見られたのは、私にとって幸運なことでした。彼が最初にパン作りを学んだのは、サンタローザの有機全粒粉ベーカリー「ロータス・ベーカリー」でした。オーナーのリン・ドウ、ジム・ドウ夫妻も私の友人です（これはぜひ皆さんにお伝えしたいのですが、ソノマ郡のパン職人は、友好的な競合関係から生まれた対等な仲間意識をもって交流しています。皆が知り合いで、材料が足りないとき、あるいは器具を貸してほしいときには助け合い、アイデアを分かち合い、互いのパン作りのスタイルと成果物に対して敬意を払う、開かれた雰囲気があるのです。その結果、地元のパン職人の多くはライバルでもあり、友人でもあるという関係を築いています。そしてこういった友好関係は、ソノマのパン職人の多くが会員であるブレッド・ベイカーズ・ギルド・オブ・アメリカによって、より大きな規模で促進されています）。

　ティムがブラザー・ジュニパーズ・ベーカリーに来たのは、パン職人として次の段階へ進もうとしているときでした。それから7年間、私の店で文句のつけようのないパンを作りながら、芽生えかけた自身のビジョンを育んでいったの

です。私が店を売却したあと、ティムはサンタローザ郊外のセバストポルにある「ビレッジ・ベーカリー」で働き始めました。このベーカリーもコンクールで賞を獲っている店でした。ティムはその店では、野生酵母のパンに集中することができ、スターターや発酵種の研究に没頭する一方で、研修セミナーに参加したり、他の職人たちとのつながりを持ったりすることで、自分の技術を高めていきました。妻のクリスタルもビレッジ・ベーカリーでパティシェを務めることになり、2人はやっと同じ店で働くことができたのでした。彼らはこの店で働きながら、自分たちの本当の夢に気づきました。それは、自分たちのビジョンに基づいた理想のパンとペストリーを作るために、現場のシステムも製法もすべてコントロールできる、自分たちのベーカリーを持つことでした。

そこで2人は、長い修行期間を終え、パン作りの何たるかを十分に知った上で、サンタローザのベネットヴァレー地区で閉店したベーカリーを見つけて改装しました。店には古ぼけた回転式オーブンがありましたが、それに加えて新たに薪窯を設置し、営業を開始しました。すると開店からほとんど間を置かず、彼らのベーカリーはソノマ郡の食通の知るところとなりました。今では需要に供給が追いつかず、かつてパリのリオネル・ポワラーヌ氏が直面した（そして解決した）のと同じ問題にぶつかっています。それは、アルチザンのビジョンを守ったまま、どうビジネスを成長させるかということです。どうすれば仕事のクオリティを落とすことなく、まともな暮らしができるだけの利益を出せるのか——これは昔から変わることのないジレンマです。ティムもクリスタルも誠実を絵に描いたような人間で、自分たちの仕事を心から愛しています。私はそのことをよく知っていますから、彼らは何かとても斬新な解決法を考えつくに違いないと思っています。本書の執筆時点で、ティムは2台目の薪窯の設置について話し合いを進めていました。設置場所は最初に修行したロータス・ベーカリーで、増え続ける需要に応えるために生産設備の拡張を決めたティムとクリスタルに、オーナーのジムとリンも協力を惜しみません（追記：以上は旧版執筆時の状況です。すでに述べたようにティムとクリスタルはその後、理想を追求する場をテネシー州に移し、そこでも多く

薪窯の前で柄の長いピールを持つティム。

の支持者を獲得しています)。

　これはとても感動的なことです。私が現役時代に達成したことを、弟子が乗り越えていくのを見ると誇らしい気持ちになります。言うなればティムはバトンを受け取ったわけですが、そのバトンは私ひとりから受け取ったものではなく、大昔から脈々と受け継がれてきたバトンなのです。ティムとクリスタルは、職人の伝統を究極の形で体現しています。それは、知識を人から人へ伝えること。そして、それによって知識を積み重ねていくことです。私が本書で成し遂げようとしていること──知識を伝えていくことの大切さを、彼らの物語は如実に示しています。本書の読者である皆さんがひとり残らず、このビジョンのバトンを受け取り、走ってくださることを願ってやみません。先人の知恵をすべて受け継ぎ、あなた自身の考えを見つけ、あなた自身の方法でパンを生み出してください。

　本書にふさわしいエピローグとして、そして皆さんへのお別れのプレゼントとして、ベネットヴァレー・ブレッド・アンド・ペストリーで最も人気のあるパン2種類のレシピを紹介します。ティム・デッカーが考案し、次の世代であるあなたに手渡したバトンをしっかり受け取ってください。

ジャガイモ、チェダーチーズ、チャイブ入りのトルピード
Potato, Cheddar, and Chive Torpedoes

★パンの特徴
エンリッチタイプでスタンダードな生地。小麦サワー種法。混合法。

★作業日数：1日（初種を使用）
ジャガイモを茹で、初種を常温に戻す　1時間
ミキシング　45分
パンチ、一次発酵、成形、二次発酵　4時間
焼成　25〜35分

できあがりの分量　約360gのローフ1個分

		原書オリジナル		日本仕様
		%	g	g
	初種（P273）	58.4	298	82
	強力粉	100	510	140
	インスタントドライイースト	1.2	6	1.7
	塩	2.9	14	4.1
	ジャガイモの茹で汁（32〜38℃のぬるま湯）	22〜44.4	113〜227	31〜62
	皮付きのジャガイモ（粗く刻み、720mlの湯で軟らかくなるまで茹でて冷ましたもの）	44.5	227	62
	チャイブ（生。刻んだもの）	5.5	28	8
	シャープチェダーチーズ　スライス6枚	22.2	113	31
	強力粉、またはセモリナ粉かコーンミール（天板用）		適量	適量
合計			256.7〜279.1	

		原書オリジナル		日本仕様
		%	g	g
全体の配合	強力粉	100	659	181
	インスタントドライイースト	0.9	6	1.7
	塩	2.1	14	4.1
	水（初種に使用）	22.6	149	41
	ジャガイモの茹で汁	17〜34	113〜227	31〜62
	ジャガイモ	34.5	227	62
	チャイブ	4.2	28	8

チェダーチーズ	17	113	31
合計		198.3〜215.3	

1. まずジャガイモを茹でる（茹でたジャガイモと茹で汁を冷ますのに時間がかかるため、早めにこの作業を行う）。準備ができたら使うときまで置いておく。パン作りの1時間前に冷蔵庫から必要な分量の初種を取り出し、常温に戻す。

2. 大きめボウルに初種、強力粉の半量、インスタントドライイースト、茹でたジャガイモ、その茹で汁31gを入れる。金属製の大きなスプーンを使い、粉気がなくなってウェットな生地になるまで混ぜ合わせる。生地をボウルに入れたまま、蓋はせずに30分間置いておく。

3. ボウルに残りの強力粉と塩を加え、残った水を必要なだけ足しながら1〜2分、または材料がだんご状になるまでかき混ぜる。

4. 手粉を振った作業台に生地を移し、必要に応じて粉か水を足しながら、粘り気は強いがべたつかない生地になるまで4〜6分、捏ねる。チャイブを加え、まんべんなく生地に散らばるまでさらに2分ほど捏ねる。グルテンチェック（P76〜）でグルテン膜の延びが確認でき、粘り気が強くべたつきのない状態を保ったまま、生地温度が25〜27℃になっていればよい。薄くオイルを塗った大きいボウルに生地を移し、転がして全体にオイルをつける。ボウルにラップをかける。20分経ったら延ばし＆折りたたみ（P77、P168参照）を行い、ボウルに戻してラップをかける。20分の間隔をあけて延ばし＆折りたたみをさらに2回行い、そのつどボウルに戻してラップをかける。

5. 室温で約1時間半、または生地が2倍の大きさになるまで一次発酵させる。

6. 作業台に生地を移し、手で押さえて、約10cm×15cmの長方形を作る。生地の上に、4辺の端から13mmほど残す形で、スライスしたチーズをのせる。生地を下から上へロールケーキ風にしっかりと巻き上げ、チーズ入りの渦巻きを作る。丸太状の生地の巻き終わりを閉じて、両手で力を加えて転がしながら先を細くする。これで真ん中が太く、両端が細いトルピード形の生地ができる。空気が入っていると巻いた生地の層が離れてしまうので、端の部分を転がしながらしっかり空気を抜く。P103に示した要領で、手の小指側の側面を使って合わせ目を閉じる。

7. 天板にベーキングシートを敷き、その上に薄くスプレーオイルをかけてから、強力粉、またはコーンミールかセモリナ粉

【解説】
●これは混合法（野生酵母と市販のパン酵母を使う方法）で作るバタールです。焼成するとクープを入れた部分が開いて、すぼめた唇のように見え、中からこんがり焼けたチェダーチーズが覗きます。次の層には軟らかいチーズが美しい渦巻き模様を描き、緑のチャイブが彩りを添えます。このパンはウェットな液種をスターターとして作りますが、小麦サワー種でも作れます。その場合、水もしくはジャガイモの茹で汁が31gほど余分に必要です。ちなみに、ジャガイモの茹で汁には、ミネラルと、溶解したジャガイモのデンプンと糖が含まれていて、パンの風味を格段に高めるとともに生地を柔らかくするはたらきもあります。

を振る。天板の長辺と平行になるようにローフを置き、上に薄くスプレーオイルをかけて、ラップか布巾をふわりとかけておく。

8 室温で約1時間、または生地がほぼ2倍の大きさになるまで生地を二次発酵させる。

9 P114に示した炉床での焼成の準備をし、忘れずに空のスチーム用天板を入れておく。オーブンを260℃に温めておく。それぞれの生地の表面にP115の写真のような斜めのクープを2本入れる。必ず最初のチーズの層まで切りこみが届くようにすること。

10 ピールか天板の裏に強力粉、またはセモリナ粉かコーンミールをたっぷり振り、そこに生地をそっと移す。ベーキングシートは敷いても敷かなくてもよい。次にその生地をベーキングストーンの上に滑らせるか、生地ののった天板をそのままオーブンに入れる。スチーム用天板に50mlの熱湯を注ぎ、オーブンの扉を閉める。30秒後にオーブンの壁に霧吹きで水をかけ、また扉を閉める。30秒の間隔でさらに2回霧を吹きかける。最後に霧を吹きかけたあと、オーブンの設定温度を230℃に下げてさらに20〜35分焼く。焼き始めてから15分経った頃、むらなく焼くために必要ならパンを前後に180度回転させる。全体がこんがり茶色になって、底を叩いて乾いた音がすれば焼き上がっている。チーズは切れ目から流れ出してカリカリになり、褐色になる。

11 焼き上がったパンを金網に移し、少なくとも45分冷ましてから切るか、テーブルに出す。

ローストオニオンとアジアーゴチーズのミッシュ
Roasted Onion and Asiago Miche

★パンの特徴
エンリッチタイプでリュスティックに近い生地。小麦サワー種法。混合法。

★作業日数：3日
1日目：小麦サワー種　8時間
2日目：小麦サワー種を常温に戻し、タマネギを調理する　1時間
ミキシング　15分
パンチ、一次発酵、成形　3〜4時間
3日目：二次発酵と最終成形　2時間30分
焼成　25〜30分

できあがりの分量　約360gの丸パン1個分

		原書オリジナル		日本仕様
		%	g	g
小麦サワー種 （1日目）	初種（P273）	17.9	57	6
	強力粉	100	319	35
	水（常温）	71.2	227	26
合計		189.1		
ロースト オニオン （2日目）	黄タマネギまたは白タマネギ		241	30
	オリーブオイル		14	2
	粗びきブラックペッパー（適量）		ひとつまみ （または適量）	少々
	塩		1.75	少々
生地 （2日目、3日目）	小麦サワー種	56.2	全量	全量
	強力粉	100	907	120
	インスタントドライイースト	0.8	7	1.0
	塩	3	28	3.6
	オリーブオイル	4.7	42.5	6
	水（32〜38℃のぬるま湯）	56.2	510	67
	アジアーゴチーズ（細切りまたはおろしたもの。または パルミジャーノ、ロマーノ、モントレージャックをおろしたもの）	50	454	60
	チャイブ（粗く刻んだもの）	6.3	57	8
	長ネギ（粗く刻んだもの）	6.3	57	8
	ローストオニオン	26.7	242	32

	強力粉、またはセモリナ粉かコーンミール（天板用）		適量	適量
合計		310.2		

		原書オリジナル		日本仕様
		%	g	g
全体の配合	強力粉	100	1254	158
	インスタントドライイースト	0.55	7	1.0
	塩	2.2	28	3.6
	オリーブオイル	4.5	57	6
	水	61	765	96
	アジアーゴチーズ	36	454	60
	チャイブ	4.5	57	8
	長ネギ	4.5	57	8
	ローストオニオン	18.1	227	32
合計		231.35		

1 1日目：生地作りの1日前（パンを焼く2日前）に小麦サワー種を作る。ボウルに初種、水、強力粉を入れ、完全に粉気がなくなるまで混ぜ合わせる。ボウルにラップをかけ、室温で8時間、または小麦サワー種にたくさんの気泡が出るまで発酵させる。気温が低くて小麦サワー種の発酵が緩やかな場合は、そのまま室温で一晩置いておく。そうでなければ、気泡が出てきたら冷蔵庫に入れる。

2 2日目：ローストオニオンを作る。オーブンを260℃に温め、天板にベーキングシートを敷いておく。粗く刻んだタマネギをボウルに入れ、オリーブオイルと混ぜ合わせる。天板の上にタマネギを広げて、塩、コショウを振りかける。天板をオーブンに入れ、3〜5分ごとにかき混ぜながら、タマネギがキツネ色になるまで、あるいは少し焦げ始めるくらいまで焼く。その状態になるまで15〜20分かかる（熱したスキレットで炒めてもよい。かかる時間はほぼ同じ）。天板からタマネギを取り出し、冷ましてから、使うまで冷蔵庫に入れておく。

3 2日目：生地作りの約1時間前に冷蔵庫から小麦サワー種を取り出し、常温に戻す。

4 生地を作る。大きいボウルに強力粉とインスタントドライイーストを入れ、金属製の大きなスプーンで混ぜ合わせる。

【解説】
●このパンは作業開始から完成まで3日かかりますが、生地作りにかかる時間はそれほど長くありません。このレシピでもやはり、下準備は非常に大事です。タマネギやチーズの処理を済ませ、準備万端の状態で臨めば不必要なストレスを感じなくてすみます。取りかかる前にいったん指示を最後まで読み、それにしたがって作業の段取りを組みましょう。
●この生地はウェットな小麦サワー種から作られますが、そのウェットな種のもとになっているのは少量の初種です。焼き上がった丸くて大きなパンは、表面にくぼみがあり、クラムには大きな気泡が開いています。高温のオーブンで作るローストオニオンは、1日か2日前に作っておいてもかまいません（炒めたタマネギでも代用可能）。

【備考】
この生地はほとんどの家庭用電動ミキサー（マジック・ミルを除く）には大きすぎるため、手で捏ねるのに適しています。

そこに水と小麦サワー種を加え、すべての材料がまんべんなく混ざり合い、ざっとまとまるまでかき混ぜる。そのまま5分置いてから、塩とオリーブオイルを加え、よくなじむまでかき混ぜる。おろしたチーズの半量、チャイブと長ネギの全量を加え、数秒間かき混ぜて全体に行き渡らせる。

5 手粉を振った作業台に生地を移す。2〜4分、またはすべての材料がむらなく混ざり合うまで、必要なら粉を足しながら捏ねて、柔らかくて粘り気があるが、べたつきのない生地にする。グルテンチェック（P76〜）でグルテン膜の延びが確認でき、生地の中心温度が23℃になればよい。生地には十分な柔軟さがあること。薄くオイルを塗った大きいボウルに生地を移し、転がして全体にオイルをつける。ボウルにラップをかける。20分経ったら延ばし＆折りたたみ（P77、P168参照）を行い、ボウルに戻してラップをかける。20分の間隔をあけて延ばし＆折りたたみをさらに2回行い、そのつどボウルに戻してラップをかける。

6 室温で2〜3時間、または生地がほぼ2倍の大きさになるまで一次発酵させる。

7 天板にベーキングシートを敷き、スプレーオイルをかけて、強力粉、またはセモリナ粉かコーンミールを振る。できるだけガスを抜かないように注意しながら生地をボウルから取り出し、手粉を振った作業台に生地を移す。P94に示したような大きいブール形に成形して、天板にのせる。生地の表面にスプレーオイルをかけ、天板ごと大きい食品用のビニール袋に入れるか、ラップをふわりとかける。

8 生地をのせた天板を冷蔵庫に入れて一晩寝かせる。

9 3日目：焼く2時間前に冷蔵庫から天板を取り出しておく（生地は3日までなら冷蔵庫で保存できる）。室温で約2時間、生地を二次発酵させる。

10 炉床に忘れずに空のスチーム用天板を入れておく。オーブンを260℃に温めておく。生地の上面にオリーブオイルをハケで塗り、指先で底に届くくらいまで生地を押さえてくぼみを作り、表面全体に凹凸を作る。残りのチーズ、次にローストオニオンをまんべんなく散らす。そのまま15〜30分、生地を休ませる。

11 ピールか天板の裏に強力粉、またはセモリナ粉かコーンミールをたっぷり振り、そこに生地をそっと移す。ベーキングシートは敷いても敷かなくてもよい。次にその生地をベーキングストーンの上に滑らせるか、生地ののった天板をそのままオーブンに入れる。スチーム用天板に50mlの熱湯を注ぎ、オーブンの扉を閉める。30秒後に扉を開け、オーブンの壁に霧吹きで水をかけ、また扉を閉める。30秒の間隔でさらに2回霧を吹きかける。最後に霧を吹きかけたあと、オーブンの設定温度を230℃に下げて20分焼く。むらなく焼くために必要ならパンを前後に180

度回転させ、パンがキツネ色になり、チーズが溶けて茶色になるまで、さらに5〜10分焼く。パンの底を叩いて乾いた音がすれば焼き上がっている。チーズが焦げそうなのにもう少しパンを焼かなければならない場合は、生地の上にアルミホイルかベーキングシートをかぶせ、表面が焦げないようにして焼成時間を延ばす。あるいはオーブンを止めて、余熱でさらに10分焼いてもよい（その場合もチーズが焦げないように、アルミホイルなどを上にかぶせる）。

12 焼き上がったパンを金網に移し、少なくとも1時間冷ましてから切るか、テーブルに出す。

パンに関する情報源

　本書の旧版が出版されて以降、パンについての情報源は劇的に増大し、今も進化しつづけています。出版当時、インターネット時代はまだ始まったばかりで、ネットという高速道路に乗っても情報にたどり着くにはずいぶん時間がかかったものです。それが今では、どんなものもクリックひとつで手に入るといっても過言ではありません。パンに関する情報も刻々と変化しています。「ブレッド・ベイカーズ・ギルド・オブ・アメリカ」（The Bread Baker's Guild of America）などのサイトや、パンに関するさまざまなブログで最新の情報に目を通し、書店で新しいパンの本をチェックしてください。

お薦めの書籍

　パンに関する書籍は数多くありますが、最近のおもしろい傾向は、文学（創作的ノンフィクション）のジャンルの本が注目を集めていることでしょう。そういったタイプの本は何かを追求する旅をテーマにしていて、追求するものはパン作りの技術や格式ある伝統だったり、持続可能性などの社会問題だったりします。入れ替わりの激しい私の「お気に入りリスト」から、本書執筆時点でのお薦めを何冊かご紹介します。

Bread, Wine, and Chocolate: The Slow Loss of Foods We Love, by Simran Sethi (New York: HarperOne, 2015)

Cooked: A Natural History of Transformation, by Michael Pollan (New York: Penguin Books, 2014)　邦訳：マイケル・ポーラン『人間は料理をする　上・下』（エヌティティ出版）

From the Wood-Fired Oven: New and Traditional Techniques for Cooking and Baking with Fire, by Richard Miscovich (White River Junction: Vermont: Chelsea Green, 2013)

Grain of Truth: The Real Case For and Against Wheat and Gluten, by Stephen Yafa (New York: Hudson Street Press, 2015)

In Search of the Perfect Loaf: A Home Baker's Odyssey, by Samuel Fromartz (New York: Penguin Books, 2014)

The New Bread Basket: How the New Crop of Grain Growers, Plant Breeders, Millers, Maltsters, Bakers, Brewers, and Local Food Activists Are Redefining Our Daily Loaf, by Amy Halloran (White River Junction, Vermont: Chelsea Green, 2015)

White Bread: A Social History of the Store-Bought Loaf, by Aaron Bobrow-Strain (Boston: Beacon Press, 2012)

Wood-Fired Cooking: Techniques and Recipes for the Grill, Backyard Oven, Fireplace, and Campfire, by Mary Karlin (Berkeley: Ten Speed Press, 2009)

　他にも多くの人が、パンについての優れた著書を世に出し、知識を広めてくれています。なかでも、チャド・ロバートソン、ジェフリー・ハメルマン、マイケル・カランティ、シリル・ヒッツ、ケン・フォーキッシュ、ミッシェル・スーアの著書はぜひお読みになることをお勧めします。

索引

英数字

240 ファクター　240 factor, 71
"*Artisan Baking Across America*"（マギー・グレーゼル著）　Artisan Baking Across America (Glezer), 338
"*The Art of Eating*" 誌　The Art of Eating, 39
"*Secrets of a Jewish Baker*"（ジョージ・グリーンスタイン著）　Secrets of a Jewish Baker (Greenstein), 329
"*The Book of Bread*"（ジュディス＆エヴァン・ジョーンズ著）　The Book of Bread (Jones and Jones), 132
"*The Italian Baker*"（キャロル・フィールド著）　The Italian baker (Field), 157

ア

アーモンド　Almonds
　シュトレン　stollen, 301-306
　ハチミツと—のグレイズ　glaze, honey, 336
　パネトーネ　panettone, 240-245
　ランブロプソモ　lambropsomo, 136, 139
アトウッド、トム　Atwood, Tom, 141
アナダマ・ブレッド　Anadama bread, 132-135
　作業日数　time estimates, 132
　特徴　profile, 132
　歴史　history of; 132
　レシピ　forrmula, 134
編みパン　Braided loaves, 106-109
アミラーゼ　Amylase, 83-84, 118
アミロース　Amylose starches, 118-119
あめ色タマネギとハーブのチャバッタ　Caramelized onion and herb ciabatta, 170
アメリカン・インスティチュート・オブ・ベーキング　American Institute of Baking, 24
アルチザン・ベイカーズ　Artisan Bakers, 27, 49, 338
アルトス　Artos, 136-139
　ギリシャの祝祭パン　Greek celebration bread, 137
　クリストプソモ　christopsomos, 138-139
　ランブロプソモ　lambropsomo, 139
アルメニアン・フラットブレッド
　→「ラバッシュ・クラッカー」参照　Armenian flatbread. See Lavash crackers

イ

イタリアンブレッド　Italian bread, 202-204
　カリッとした—の作り方　crustier, 204
　作業日数　time estimates, 202
　特徴　profile, 202
　レシピ　formula, 202-203
一次発酵
　→「発酵種」「二次発酵」の項も参照　Fermentation (primary), See also Pre-ferments; Proofing, 78-87
　—に必要な条件　requirements for, 78-80
　—の温度　temperatures, 55-56, 79-80
　—の時間　length of; 79, 82, 90
　—の重要性　importance of, 28, 78
　—を遅らせる　delayed, 36, 39, 79, 225
　酵素と—　enzymes and, 82-84
　サワードウ・ブレッドにおける—　in sourdough breads, 85-87
　市販のパン酵母による—　commercial yeast and, 80-81
　乳酸菌による—　bacterial, 85-87
色　Color, 84, 118-119, 218-219
イングリッシュ・マフィン　English muffins, 185-186
　作業日数　time estimates, 185
　特徴　profile, 185
　レシピ　formula, 185-186
　割り方　opening, 186
インジェラ　Injera, 211
インスティテュート・オブ・カリナリー・エデュケーション　Institute of Culinary Education (ICE), 26

ウ・エ

ヴァシロピタ　Vassilopita, 136
ヴィエナ・ブレッド　Vienna bread, 313-317
　作業日数　time estimates, 313
　特徴　profile, 313
　レシピ　formula, 314-316
ヴィエナ・ロール
　→「カイザーロール」参照　Vienna rolls. See Kaiser rolls
ウォッシュ　Washes, 112
牛の目ローフ　Bull's eye loaves, 220
薄い色のライ麦パン　Light rye bread, 218-219
渦巻き模様のローフ　Spiral loaves, 220
旨味（うまみ）　Umami, 24, 124
エイシ　Aiysh, 221
エイミーズ・ブレッズ　Amy's Breads, 26, 28
液種
　→「ポーリッシュ種」「スターター」の項も参照　Sponge. See also Poolish; Starters
　定義　definition of, 70, 72
　普通の—　regular, 70
エピ（小麦の穂）　Epi (sheaf of wheat), 98
エンリッチタイプの生地　Enriched doughs, 61, 62

オ

オイル　Oil
　スプレー—　spray, 54
　ハーブ—　herb, 192

王冠形
    →「クーロンヌ」参照　Crown shape. See Couronne
オーヴェルニャ（帽子）　Auvergnat (cap), 101
オートリーズ　Autolyse, 76
オーブン　Ovens
    —にローフを入れる　loading, 114-117
    —の重要性 vs 生地の重要性　importance of, vs. dough, 27-28
    種類　variations in, 53
    薪窯　wood-fired, 33-34, 338-341
    炉床での焼成の準備　preparing, for hearth baking, 114-118
オーブン・アクション　Oven action, 86
大麦シロップ
    →「モルトシロップ」参照　Barley syrup. See Malt syrup
オールドファッション・カラメルグレイズ　Old-fashioned caramel glaze, 336
おこし種　Seed culture, 271-272
押しオーツ麦　Oats, rolled, 112, 323
オニオン（タマネギ）　Onions
    —とケシの実のフィリング入り 発芽小麦全粒粉のビアリー　and poppy seed bialys, sprouted whole wheat, 329-331
    あめ色タマネギとハーブのチャバッタ　caramelized, and herb ciabatta, 170
    ニューヨーク・デリのライ麦パン　New York deli rye, 281-284
    ロースト—とアジアーゴチーズのミッシュ　roasted, and Asiago miche, 347-351
温度計　Thermometers, 49

カ

カーティス、ステファニー　Curtis, Stephanie, 30-32, 35-36
カイザーロール　Kaiser rolls, 207-210
    成形　shaping, 208, 210
    特徴　profile, 207
    レシピ　formula, 207-209
化学的膨張剤　Chemical leavening, 62, 64, 86, 178
カクテル・ライ　Cocktail rye, 293
カサティエッロ　Casatiello, 156-159
    作業日数　time estimates, 157
    特徴　profile, 157
    レシピ　formula, 157-159
ガス抜き　Degassing, 87-89
型入れ　Panning, 92-93
ガナショー、ベルナール　Ganachaud, Bernard, 25, 36, 253
窯伸び　Oven kick, 29, 110, 113
カラメル化　Caramelization, 118
カラメルグレイズ　Caramel glaze, 175
カラメル色素　Caramel coloring, 219
カランティ、マイケル　Kalanty, Michael, 352
カリフォルニア・カリナリー・アカデミー　California Culinary Academy, 39
カルヴェル、レイモン　Calvel, Raymond, 25, 36-37, 88, 231

キ

生地
    →パン作りの各工程も参照　Dough. See also individual stages
    伸展性　extensibility of, 91-92
    耐久性　tolerance of, 91-92
    弾力性　elasticity of, 91-92
    パイ生地　pic, 150
    発酵を遅らせる　retarding, 28, 79
    複数の—を組み合わせる　combining more than one, 219
    目標温度　temperature, desired, 71
キノコのチャバッタ　Wild mushroom ciabatta, 169
キノコのチャバッタ（チャバッタ・アル・フンギ）　Mushroom ciabatta, wild, 169
気泡　Webbing, 87
基本のサワードウ・ブレッド　Basic sourdough bread, 277-279
    作業日数　time estimates, 277
    特徴　profile, 277
    レシピ　formula, 277-279
キャラウェイシード　Caraway seeds, 283
魚雷形
    →「バタール」参照　Torpedo shape. See Batard
切りこみ
    →「クープ」参照　Cutting. See Scoring
ギリシャの祝祭パン　Greek celebration bread, 136-138
霧吹き器　Misters, 117
ギルド　Guilds, 18, 20
キングアーサー・フラワー社　King Arthur Flour, 17

ク

クーシュ　Couches, 50, 68, 165, 168
クープ　Scoring, 113-114, 225, 307
クープ・デュ・モンド・ド・ラ・ブーランジュリー　Coupe du Monde de la Boulangerie, 27, 49, 297, 338
クープナイフ　Lames, 114
クーロンヌ（王冠）　Couronne (crown), 97
クザン、ミシェル　Cousin, Michel, 32
クラスト　Crust, 30, 84, 119, 124
クラム　Crumb, 30, 87, 124
クランベリーとクルミ入りの祝祭パン　Cranberry-walnut celebration bread, 182
    作業日数　time estimates, 182
    特徴　profile, 182
    レシピ　formula, 182, 184
クリアー粉　Clear flour, 44-45, 219
クリームイースト　Cream yeast, 81
クリームチーズのグレイズ　Cream cheese glaze, 336
クリストプソモ　Christopsomos, 136, 138-139
クリスマスのパン
    →「祝祭パンとクリスマスのパン」参照　Holiday breads. See

Celebration/holiday breads
クリスマスのブレッド・ブリュレ　Brule, holiday bread, 245
グリッシーニ　Grissini, 205
グルタチオン　Glutathione, 82, 85
グルテン　Gluten
　形成　developing, 44, 73-77
　小麦粉に含まれる—　in flour, 44-45, 76-77, 142
　伸展性と弾力性　extensibility and elasticity, 91-92
グルテンチェック　Windowpane test, 76, 78
グルテン膜テスト
　→「グルテンチェック」参照　Membrane test. See Windowpane test
クルミ　Walnuts
　—を使ったサワードウ・ブレッド　in sourdough breads, 270, 280
　クランベリーと—入りの祝祭パン　celebration bread, cranberry-, 182-184
　クリストプソモ　christopsomos, 138-139
　シナモン・レーズン入り—のパン　bread, cinnamon raisin, 176-177
　メガリッチなスティッキーバンズ　beyond ultimate sticky buns, 332-336
グレイズ　Glazes
　オールドファッション・カラメル—　old-fashioned caramel, 336
　カラメル—　caramel, 175
　クリームチーズの—　cream cheese, 336
　ハチミツとアーモンドの—　honey almond, 336
　フォンダン　fondant, 175
グレイネッサンス（穀物のルネッサンス）・フェア　The Grainaissance Fair, 23
グレーゼル、マギー　Glezer, Maggie, 338

■ ケ・コ ■

計量
　→「ベーカーズパーセント」も参照　Measurements, 43-46, 67-68. See also Baker's math-formula system
ケスレット　Kesret, 211
玄米　Brown rice
　発芽小麦と—のパン　and sprouted wheat bread, 325-328
合計パーセンテージ（TP）　Total percentage (TP), 56
酵素　Enzymes, 41, 82-84
高糖用インスタントドライイースト　Osmotolerant yeast, 80, 240, 256
ゴールドメダル　Gold Medal, 338
コーンブレッド　Corn bread, 178-181
　作業日数　time estimates, 178
　特徴　profile, 178
　レシピ　formula, 179-180
コーンミール　Cornmeal
　アナダマ・ブレッド　anadama bread, 132-135

コーンブレッド　corn bread, 178-181
デリ・コーン・ライ　deli corn rye, 283
糊化　Gelatinization, 118, 120-121, 124
ココア　Cocoa, 293
ゴスラン、フィリップ　Gosselin, Philippe, 35-41, 84, 225, 253
粉の総重量（TWF）　Total flour weight (TFW), 56-60
小袋
　→「タバチェール」参照　Pouch shape. See Tabatiere
小麦
　→「小麦粉」「小麦全粒粉」の項も参照　Wheat. See also Flour; Whole-wheat flour
　—粒　berries, 44
　—に含まれるグルテン　gluten in, 44, 76
　種類　strains of; 44, 235
小麦粉
　→タイプ別の小麦粉の項も参照　Flour. See also individual types
　—に含まれるグルテン（タンパク質）　gluten in, 44-48, 76, 142
　色とテクスチャー　color and texture of, 47
　選び方　selecting, 45
　パテント粉とクリアー粉　patent vs. clear, 45
　ベーカーズパーセントにおける—　in the baker's math-formula system, 56-61
　ヨーロッパの—　European, 44-45
　種類　types of, 44-47
　無漂白—と漂白—　unbleached vs. bleached, 46
小麦全粒粉　Whole-wheat flour
　発芽—　sprouted, 325-328
　保存法　storing, 46
小麦全粒粉入りの軽いパン　Light wheat bread, 215-216
　作業日数　time estimates, 215
　特徴　profile, 215
　レシピ　formulas, 215-216
小麦全粒粉のパン　Whole-wheat bread, 322-325
　作業日数　time estimates, 322
　特徴　profile, 322
　レシピ　formula, 323-324
小麦の穂
　→「エピ」参照　Sheaf of wheat shape. See Epi
コリハー、シャーリー　Corriher, Shirley, 86, 118

■ サ ■

サッカロマイセス・イグジグース　Saccharomyces exiguus, 79, 85
サッカロマイセス・セレビシエ　Saccharomyces cerevisiae, 79, 85
砂糖（糖、シュガー）　Sugar
　シナモンシュガー　cinnamon, 177
　糖のカラメル化　caramelizing, 118-119
　発酵と糖　fermentation and, 79-82
サフ社の金ラベル　SAF Gold, 80, 240, 256
サマーローフ・フェスティバル　Summer Loaf Festival, 23, 41

サラミ　Salami
　　カサティエッロ　casatiello, 156-159
サワードウ・ブレッド
　　→「初種」「スターター」の項も参照　Sourdough breads, 269-300. See also Barm; Starters
　　—における発酵　fermentation in, 85, 87, 269
　　—に使用する市販のパン酵母　commercial yeast in, 280
　　—の材料と作り方のバリエーション　variations of ingredients and methods for, 279-280
　　基本の—　basic, 277-280
　　ニューヨーク・デリのライ麦パン　New York deli rye, 281-284
　　ヒマワリの種入りライ麦パン　sunflower seed rye, 297-300
　　プンパニッケル・ブレッド　pumpernickel, 293-296
　　ベーグル　bagels, 140
　　ポワラーヌ・スタイルのミッシュ　Poilane-style miche, 289-292
　　ライ麦100%の—　100% rye bread, 285-288
サンタローザ（カリフォルニア州）　Santa Rosa, California, 30, 338, 340-341
サンドイッチ・ローフ　Sandwich loaf, 103
サンフランシスコ　San Francisco
　　—のサワードウ・ブレッド　sourdough bread, 85
　　—のベーカリー　bakeries in, 24

シ

ジアスターゼ　Diastase, 83
シード類のトッピング　Seed garnishes, 112
ジェイムズ・ビアード・ハウス　James Beard House, 26
ジェイムズ・ビアード財団　James Beard Foundation, 26, 30
ジェイムズ・ビアード財団主催 全米製パン競技大会　James Beard National Bread Competition, 26-30, 270
シェラトン、ミミ　Sheraton, Mimi, 329
塩　Salt
　　ベーカーズパーセントにおける—　in the baker's math-formula system, 56-58
　　種類　varieties of, 43, 289
　　下準備　Mise en place, 67-69
シナモン・レーズン入りクルミのパン　Cinnamon raisin walnut bread, 176-177
　　作業日数　time estimates, 176
　　特徴　profile, 176
　　レシピ　formula, 176-177
シナモンシュガー　Cinnamon sugar, 177
シナモンとレーズンのベーグル　Cinnamon raisin bagels, 148
シナモンの渦巻き模様　Cinnamon swirl, 177
シナモンバンズ　Cinnamon buns, 171-175
　　作業日数　time estimates, 171
　　シナモンバンズ用の白いフォンダン　white fondant glaze for, 175
　　成形　shaping, 175
　　特徴　profile, 171

　　メガリッチな—　beyond ultimate, 332-336
　　レシピ　formula, 172-175
市販のパン酵母使用のパン　Commercially yeasted breads, 62, 64
シャーバー、エイミー　Scherber, Amy, 28
シャントレル　Chanterelles, 39
重曹　Baking soda
　　—の使用　use of, 86
重炭酸ナトリウム
　　→「重曹」参照　Sodium bicarbonate. See Baking soda
重量
　　→「ベーカーズパーセント」の項も参照　Weights, 43-44, 67-69. See also Baker's math-formula system
祝祭パン、クリスマスのパン　Celebration/holiday breads
　　編みパンの成形　shaping braided, 106
　　ギリシャの祝祭パン　Greek, 136-139
　　クランベリーとクルミ入りの祝祭パン　cranberry-walnut, 182-184
　　クリスマスのブレッド・ブリュレ　brule, 245
　　シュトレン　stollen, 301-306
　　パネットーネ　panettone, 240-245
ジュスト、キース　Giusto, Keith, 279
シュトレン　Stollen, 301-306
　　—で作るクリスマスのブレッド・ブリュレ　holiday bread brule from, 245
　　作業日数　time estimates, 301
　　成形　shaping, 305
　　特徴　profile, 301
　　歴史　history of, 301
　　レシピ　formula, 301, 303-306
焼成　Baking, 113-120
　　—中にパンの向きを変える　rotating loaves during, 117
　　—中の化学反応　reactions during, 118-120
　　—前のクープ入れ　scoring bread before, 113-114
　　スチームと—　steam and, 115-117
　　焼け具合の判断法　judging doneness, 120
　　炉床での—　hearth, 114-116
ショートニング　Shortening, 219, 318
ジョーンズ、ジュディス&エヴァン　Jones, Judith and Evan, 132
書籍（P. ラインハート著書、お薦めの書籍）　Books, 17-18, 352
ジョンソン＆ウェールズ大学　Johnson 8c Wales University, 17, 41, 65, 141, 227, 256, 313
シルパット　Silpat mats, 54
伸展性　Extensibility, 91-92

ス

スーア、ミッシェル　Suas, Michel, 352
スウェーデンのライ麦パン（リンパ）　Swedish rye (limpa), 307-309
　　作業日数　time estimates, 307

特徴　profile, 307
　　レシピ　formula, 307-309
スコット、アラン　Scott, Alan, 339
スターター
　　→「初種」の項も参照　Starters. See also Barm
　　餌を与える　feeding, 87
　　さまざまなビルドシステム　various systems for building, 269-271
　　ライ麦の—　rye, 271-272, 285-287
　　冷蔵または冷凍の方法　refrigerating or freezing, 87
スタインガーテン、ジェフリー　Steingarten, Jeffrey, 39, 247
スタンダードタイプの生地　Standard doughs, 61, 62
スタンリー・ギンズバーグ　Ginsberg, Stanley, 329
スチーム　Steam, 115-118
スティッキーバンズ　Sticky buns, 171-175
　　—用のカラメルグレイズ　caramel glaze for, 175
　　作業日数　time estimates, 171
　　成形　shaping, 173
　　特徴　profile, 171
　　メガリッチな—　beyond ultimate, 332-336
　　レシピ　formula, 172-174
スティッフタイプの生地　Stiff doughs, 61-62
スティラート　Stirato, 163, 263
ストゥルアン・ブレッド　Struan, 221
ストレート法
　　→「ストレート生地」参照　Straight dough method. See Direct doughs
ストレート生地　Direct doughs, 62, 64, 69
ストロンボリ　Stromboli, 188
スプレーオイル　Spray oil, 54
スペルト小麦　Spelt bread, 287
スモーキーマウンテン・ベーカリー　Smokey Mountain Bakers, 338
酢を使ったウォッシュ　Vinegar washes, 112

セ・ソ

成形
　　→「丸め」の項も参照　Shaping, 94-109. See also Rounding
　　—に必要な道具　equipment, 49-50, 92-93
　　編みパン　braided loaves, 106-109
　　牛の目ローフまたは渦巻きローフ　bull's eye or spiral loaves, 220
　　エピ（小麦の穂）など、ハサミで切りこみを入れるパン　epi (sheaf of wheat) and other scissor cuts, 98
　　オーヴェルニャ（帽子）　auvergnat (cap), 101
　　クーロンヌ（王冠）　couronne (crown), 97
　　クリストプソモ　christopsomos, 139
　　サンドイッチ・ローフ　sandwich loaf, 103
　　シナモンバンズとスティッキーバンズ　cinnamon buns and sticky buns, 173
　　シュトレン　stollen, 305-306
　　タバチェール（小袋）　tabatiere (pouch), 101
　　チャバッタ　ciabatta, 168
　　ディナーロール　dinner rolls, 104
　　バゲット　baguette, 96, 230
　　バタール　batard (torpedo), 95
　　パン・ド・カンパーニュ　pain de campagne, 233-234
　　ピザ　pizza, 248, 251
　　ピストレ（トルピード・ロールまたはホーギー）　pistolet (torpedo roll or hoagie), 102
　　フーガス（梯子パン）　fougasse (ladder bread), 100
　　ブール（ボール）　boule (ball), 94
　　フォカッチャ　focaccia, 191
　　フォンデュ（割れ目パン）　fendu (split bread), 99
　　ブリオッシュ・ア・テート　brioches a tete, 153
　　プル・アパート・ロール　pull-apart rolls, 104
　　プレッツェル　pretzel, 102
　　ブレッドスティック　breadsticks, 205-206
　　ベーグル　bagels, 141, 146
　　マーブル模様のライ麦パン　marbled rye loaves, 220
　　結びパン　knotted rolls, 105
セカンド・クリアー粉
　　→「パテント粉」参照　Second clear. See Patent flour
セッテパーニ、ビアジオ　Settepani, Biagio, 30
セブンスターズ・ベーカリー　Seven Stars Bakery, 28, 50
セモリナ粉　Semolina flour, 235, 263
ソーン、ジョン　Thome, John, 41
ソノマ（カリフォルニア州）　Sonoma, California, 49
ソノマ郡（カリフォルニア州）　Sonoma County, California, 17, 23, 338, 340-341

タ

ダーク・ライブレッド　Dark rye bread, 218-219
ダークライ　Dark rye flour, 219
耐久性　Tolerance, 91-92
タサジャラ・ベーカリー　Tassajara Bakery, 24
ダッチクランチ　Dutch crunch, 112, 313, 317
タバチェール（小袋）　Tabatiere (pouch), 101
卵　Eggs
　　ウォッシュに使う—　in washes, 112
ダリ、サルバドール　Dali, Salvador, 33
タルティーン・ベーカリー　Tartine Bakery, 325
炭酸アンモニウム、重炭酸アンモニウム　Ammonium carbonate/bicarbonate, 86
タンパク質の凝固とロースティング　Proteins, coagulating and roasting, 119, 124
弾力性　Elasticity, 91-92

チ

小さいブリオッシュ・ア・テート　Petites brioches a tete, 150-154

チーズ　Cheese
　　―のチャバッタ　ciabatta with, 170
　　カサティエッロ　casatiello, 156-159
　　クリーム―のグレイズ　glaze, cream, 336
　　サワードウ・ブレッドに使用する―　in sourdough breads, 280
　　ジャガイモ、チェダー―、チャイブ入りのトルピード　Cheddar, potato, and chive torpedoes, 343-346
　　ピザに適した―　for pizza, 252
　　ローストオニオンとアジアーゴ―のミッシュ　Asiago and roasted onion miche, 347-351
チャバッタ　Ciabatta, 163-170
　　あめ色タマネギとハーブの―　caramelized onion and herb, 170
　　キノコの―（―・アル・フンギ）　wild mushroom (alfunghi), 169
　　作業日数　time estimates, 163
　　成形　shaping, 168
　　チーズの―（―・アル・フォルマッジョ）　with cheese (alformaggio), 170
　　特徴　profile, 163
　　延ばし＆折りたたみ　stretch-and-fold method, 168
　　ビガ種を使った―　biga version, 166
　　プリエーゼと―　pugliese vs., 263
　　ポーリッシュ種を使った―　poolish version, 164-166
　　歴史　history of, 163
　　レシピ　formulas, 164-170
中和　Neutralization, 86
超強力粉　High-gluten flour, 44-46, 142
チン、フィリップ　Chin, Philippe, 39, 245

■ ツ・テ・ト

ツレキ
　　→「ランブロプソモ」参照　Tsoureki. See Lambropsomo
ディクローチェ、ピーター　DiCroce, Peter, 39
ディナーロール　Dinner rolls, 104, 259, 318-321
デッカー、ティム　デッカー、クリスタル　Decker, Tim and Crystal, 338-342
デュプリー、トイ　Dupree, Toy, 28
デュラム小麦粉　Durum flour, 235, 263
デリ・コーン・ライ　Deli corn rye, 283
デンプン　Starches
　　クラムに残った―　left in crumb, 123
　　糊化　gelatinizing, 118, 120, 124
　　分解されて糖になる　broken down into sugars, 79, 83, 123
糖化麦芽（活性モルト）　Diastatic malt, 83, 142, 199, 202, 204
ドウ夫妻（リンとジム）　Dow, Lynn and Jim, 340-341
糖蜜　Molasses
　　アナダマ・ブレッド　anadama bread, 132-135
　　スウェーデンのライ麦パン（リンパ）　Swedish rye (limpa), 307-309
　　ブランド　brands of, 132

トスカーナ・ブレッド　Tuscan bread, 310-312
　　作業日数　time estimates, 310
　　特徴　profile, 310
　　レシピ　formula, 310-312
トッピング　Garnishes, 112
とびきりおいしいマルチグレイン・ブレッド　Multigrain bread extraordinaire, 133, 221-224
　　作業日数　time estimates, 221
　　特徴　profile, 221
　　レシピ　formula, 222-223
トルピード・ロール　Torpedo roll, 102, 313
ドレスデン　Dresden, 301

■ ナ・ニ・ノ

ナポリ　Naples, 247
二酸化炭素　Carbon dioxide
　　化学的膨張剤と―　chemical leavening and, 86
　　パン酵母と―　yeast and, 87
二次発酵　Proofing (secondary fermentation), 110-112
　　―の開始　beginning of, 88, 110
　　温度　temperatures, 55, 110-112
　　時間　time for, 110-112
　　必要な道具　equipment, 49-53, 110-112
　　役割　function of, 110
乳酸菌による発酵　Bacterial fermentation, 85-87
ニューヘイブン（コネチカット州）　New Haven, Connecticut, 252
ニューヨーク・デリのライ麦パン　New York deli rye, 281-284
　　作業日数　time estimates, 281
　　特徴　profile, 281
　　レシピ　formula, 282-284
ニューヨーク・ハードロール
　　→「カイザーロール」参照　New York hard rolls. See Kaiser rolls
ニューヨーク市　New York City, 26-28, 48, 140, 141
延ばし＆折りたたみ（法）　Stretch-and-fold technique, 77, 168

■ ハ

パーシグ、ロバート　Pirsig, Robert, 24
ハーツホーン（鹿の角）　Hartshorn, 86
パート・フェルメンテ　Pate fermentee
　　―の使用　use of, 70-73, 128-130
　　定義　definition, 70
　　レシピ　formula, 129-130
パーネ・シチリアーノ　Pane siciliano, 235-239
　　―作りの秘訣　key to, 39
　　―の紹介　introduction of, 39
　　作業日数　time estimates, 235
　　特徴　profile, 235
　　レシピ　formula, 236-239
ハーブ　Herbs
　　あめ色タマネギと―のチャバッタ　and caramelized ciabatta,

170
    サワードウ・ブレッドに使用する— in sourdough breads, 280
    ハーブオイル　oil, 192
パイ生地　Pie dough, 150
配合率
    →各レシピのベーカーズパーセントを参照　Formulas. See Bakers math-formula system; individual breads
バゲット　Baguettes
    クープ入れ　scoring, 113-114
    成形　shaping, 96, 229
    パン・ア・ランシエンヌ　pain a l'ancienne, 225-230
    フランスパン　French bread, 197-201
    ポーリッシュ種を使った—　poolish, 36, 253, -255
ハサミ　Scissors, 98
梯子パン
    →「フーガス」参照　Ladder bread. See Fougasse
バター　Butter
    ブリオッシュに使用する—　in brioche, 149-150, 154-155
バタール（魚雷）　Batard (torpedo), 92-93, 95
ハチミツ　Honey
    —とアーモンドのグレイズ　almond glaze, 336
発芽小麦　Sprouted wheat
    —と玄米のパン　and brown rice bread, 325-328
    オニオンとケシの実のフィリング入り　—全粒粉のビアリー　onion and poppy seed bialys, 329-331
発酵種
    →「ビガ種」「パート・フェルメンテ」「ポーリッシュ種」「前処理」「液種」の項も参照　Pre-ferments. See also Biga; Pate fermentee; Poolish; Soaker; Sponge, 69-73, 84, 128-131
    —間での代用　interchanging, 129
    —の小麦粉を粉の総重量に入れて計算する　counting flour in, as part of TFW, 60
    種類　types of, 69-73
    役割　function of, 69, 84-85, 128
    レシピ　formulas, 129-131
発酵容器　Proof boxes, 110-111
初種
    →「スターター」の項も参照　Barm, 26, 273-276. See also Staters.
    おこし種　seed culture for, 271-272
    種継ぎ　refreshing, 274-276
    定義　difinition of, 85, 87
    保存法　storing, 273-274
    レシピ　formula, 273
ハッラー　Challah, 160-162
    作業日数　time estimates, 160
    特徴　profile, 160
    バリエーション　variations, 162
    歴史　history of, 160
    レシピ　formula, 160-162

パテント粉　Patent flour, 45
バヌトン　Bannetons, 29, 40, 49-50
パネトーネ　Panettone, 240-245, 302
    —で作るクリスマスのブレッド・ブリュレ　holiday bread brule from, 245
    —型　baking papers, 240, 244
    作業日数　time estimates, 240
    特徴　profile, 240
    焼き型の準備　preparing pans, 244
    歴史　history of, 240
    レシピ　formula, 241-244
ハメルマン、ジェフリー　Hamelman, Jeffrey, 352
パリ　Paris, 34-38, 49, 150, 225, 253, 289-290, 341
バルキー
    →「カイザーロール」参照　Bulkies. See Kaiser rolls
バルバリ　Barbari, 211
ハワイアン・スイートブレッド
    →「ポルトガル・スイートブレッド」参照　Hawaiian bread. See Portuguese sweet bread
パン・ア・ランシエンヌ　Pain a l'ancienne, 225-230
    —の人気　popularity of, 26
    —のバリエーション　variations of 39
    —を使ったピザ　pizza, 230
    —を使ったフォカッチャ　focaccia, 230
    クープ入れ　scoring, 225
    作業日数　time estimates, 225
    特徴　profile, 225
    バゲットの成形　shaping baguettes, 230
    ブーランジュリー・ゴスランの—　at Gosselin Boulangerie, 35-39, 84, 225, 253
    レシピ　formula, 227-230
パン・ド・カンパーニュ　Pain de campagne, 231-234
    作業日数　time estimates, 231
    成形　shaping, 233, 234
    特徴　profile, 231
    レシピ　formula, 232-234
パン・ド・ミー
    →「プルマン・ブレッド（ホワイト・ブレッド）」参照　Pain de mie. See Pullman (white) bread
パン・パリジャン　Pains parisiens, 92
パン・ポワラーヌ　Pain Poilane, 32-37, 289
パン・リュスティック　Pain rustique, 163, 263
パン酵母　Yeast
    —の種類　types of, 47, 79-81
    —の使用量を減らす　minimizing use of, 47, 70, 81-82
    発酵と—　fermentation and, 79-87
    保存法　storing, 48
    野生酵母　wild, 85-87
パン酵母不使用の生地　Unyeasted doughs, 64
パン職人のタイプ　Bakers, types of; 24-25

バンズ　Buns
    シナモン—とスティッキー—　cinnamon and sticky, 171-175
    ハンバーガー—、ホットドッグ—　burger or hot dog, 319-321
パンチング
    →「ガス抜き」参照　Punching down. See Degassing
パン作りの12の工程　Stages of bread production
    概観　overview, 66
    第1段階：下準備　stage l: mise en place, 67-69
    第2段階：ミキシング　stage 2: mixing, 69-78
    第3段階：一次発酵　stage 3: primary fermentation, 78-87
    第4段階：パンチング（ガス抜き）　stage 4: punching down (degassing), 87-89
    第5段階：分割　stage 5: dividing, 90
    第6段階：丸め　stage 6: rounding, 90
    第7段階：ベンチタイム　stage 7:benching, 91-92
    第8段階：成形と型入れ　stage 8: shaping and panning, 92-109
    第9段階：二次発酵　stage 9: proofing, 110-113
    第10段階：焼成　stage 10: baking, 113-120
    第11段階：冷却　stage 11: cooling, 120-121
    第12段階：保存、食べる　stage 12: storing and eating, 121-125
パン作りの道具　Equipment, 48-55
    オーブン　ovens, 27-28, 55
    温度計　thermometers, 49
    成形と発酵用の道具　shaping and proofing, 49-53
    チェックリスト　checklist, 68
    電動ミキサー　electric mixers, 48, 73-74
    フードプロセッサー　food processors, 48-49, 74
    ベーキングシートとシルパット（ベーキングマット）　baking parchment and Silpat, 53-54
    ベーキングストーン　baking stones, 54-55
    ホームベーカリー　bread machines, 48
パンのオリンピック
    →「クープ・デュ・モンド・ド・ラ・ブーランジュリー」参照　Bread Olympics. See Coupe du Monde de la Boulangerie
パンのカテゴリー別分類　Classification systems, for bread, 61-64
パンのコンテスト　Competitions, 26-30
パンの焼け具合の判断法　Doneness, judging, 120
ハンバーガーバンズ　Burger buns, 319-321
パンマリーノ　Panmarino, 259
パンを食べる　Eating, 123-125
パン作りに適した小麦粉　Better for Bread Flour, 45

ヒ

ビアード、ジェイムズ　Beard, James, 26
ビアンコ、クリス　Bianco, Chris, 246
ピーカンナッツ　Pecans
    メガリッチなスティッキーバンズ　beyond ultimate sticky buns, 332-336
ピーター・カンプ・ニューヨーク・クッキングスクール　Peter Kump's New York Cooking School, 26
ピール　Peels, 115
ヒールズバーグ（カリフォルニア州）　Healdsburg, California, 32
ビエーブル（パリ郊外の町）　Bievres, France, 34, 37, 289
ビガ種　Biga
    —の使用　use of, 70, 128, 131
    定義　definition of, 70, 131
    ポーリッシュ種と—　poolish vs., 70, 72, 128, 131
    レシピ　formula, 131
ピザ　Pizza
    —に適した小麦粉　flour for, 249
    —のバリエーション　variations of; 246
    —風フォカッチャ　-style focaccia, 195-196
    成形　shaping, 248, 251
    トッピング　toppings for, 252
    ナポリタン—　napoletana, 246-252
    パーネ・シチリアーノで作る—　pane siciliano, 235
    パン・ア・ランシエンヌを使った—　pain a l'ancienne, 230
    フォカッチャと—　focaccia vs., 187
    ワンランク上の—を作るためのアイデア　tips for, 252
ピストレ（トルピード・ロールまたはホーギー）　Pistolet (torpedo roll or hoagie), 102
ピタパン　Pita bread, 211
ヒッツ、シリル　Hitz, Ciril, 8, 352
ピッツェリア・ビアンコ　Pizzeria Bianco, 246
ピデ　Pide/pideh, 211
ヒマワリの種入りライ麦パン　Sunflower seed rye, 297-300
    作業日数　time estimates, 297
    特徴　profile, 297
    レシピ　formula, 297-300
ビュルバン、ベルナール　Burban, Bernard, 32
ビレッジ・ベーカリー　Village Bakery, 341

フ

プアマンのブリオッシュ　Poor man's brioche, 150, 151, 155
ファンシー・デュラム　Fancy durum, 47, 235, 263, 265
フィールド、キャロル　Field, Carol, 8, 157
フィラデルフィア　Philadelphia, 38-39, 141, 144, 245
フィリップ・オン・ローカスト　Philippe c n Locust, 39
フーガス（梯子パン）　Fougasse (ladder bread), 100
フードプロセッサー　Food processors, 48-49, 68, 74, 76, 165, 263
風味　Flavor
    —の形成　development of; 123-124
    —の層　layers of; 24, 123
    温度と—　temperature and, 121
    酵素と—　enzymes and, 41, 82
    五味　zones of the palate, 124
ブール（ボール）　Boule (ball), 90-94
フェスティバル　Festivals, 23, 41, 245

フェニックス（アリゾナ州）　Phoenix, Arizona, 246
フェランディ技能研修センター　Centre de Formation Technologique Ferrandi, 31-32
フェンスター、エレン　Fenster, Ellen, 162
フォーキッシュ、ケン　Forkish, Ken, 352
フォカッチャ　Focaccia, 187-196
　　―に使用するハーブオイル　herb oil for, 192
　　カリッとした―の作り方　crustier, 188
　　作業日数　time estimates, 187
　　成形　shaping, 191
　　特徴　profile, 187
　　トッピング　toppings for, 187, 196
　　パン・ア・ランシエンヌを使った―　pain a l'ancienne, 225, 230
　　ピザと―　pizza vs., 187
　　ピザ風―　pizza-style, 195-196
　　ポーリッシュ種を使った―　poolish, 193-194
　　レーズン―　raisin, 188
　　レシピ　formulas, 188-189, 191-196
フォレストビル（カリフォルニア州）　Forestville, California, 175
フォンダン　Fondant glaze, 175
フォンデュ（割れ目パン）　Fendu (split bread), 99
ブック・アンド・クック・フェスティバル　The Book and the Cook, 38, 245
ブドウ糖　Glucose, 79-80, 83, 118-119
ブラザー・ジュニパーズ・ベーカリー　Brother Juniper's Bakery, 325, 338, 340
フラットブレッド　Flat breads, 64, 221
フランスパン　French bread, 197-201
　　―に適した小麦粉　flour for, 199
　　60-2-2メソッド　60-2-2 method, 36, 84
　　クラムと―　crumb and, 95, 196
　　作業日数　time estimates, 197
　　特徴　profile, 197
　　レシピ　formula, 198-200
フランチェジーナ　Francesina, 205
プリエーゼ　Pugliese, 263-267
　　作業日数　time estimates, 263
　　チャバッタと―　ciabatta vs., 263
　　特徴　profile, 263
　　レシピ　formula, 265-267
ブリオッシュ　Brioche, 149-156
　　―・ア・テート　a tete, 150-154
　　―に使用するバター　butter in, 149-150, 154-155
　　作業日数　time estimates, 149
　　特徴　profile, 149
　　プアマンの―　poor mans, 150-151, 154-155
　　ミドルクラスの―　middle-class, 151, 154
　　リッチマンの―　rich man's, 150-151, 154
　　歴史　history of, 149-151
　　レシピ　formulas, 151-155
プル・アパート・ロール　Pull-apart rolls, 104
フルーツ（ドライ、または砂糖漬け）　Fruit, dried or candied
　　クリストプソモ　christopsomos, 136, 138
　　シュトレン　stollen, 301-306
　　パネトーネ　panettone, 240-242
　　メガリッチなスティッキーバンズ　beyond ultimate sticky buns, 333-336
　　ランブロプソモ　lambropsomo, 136, 139
ブルーノ・ベーカリー　Bruno Bakery, 30
ブルーム　Bloom, 114
ブルスケッタ　Bruschetta, 268
ブルックリン（ニューヨーク）　Brooklyn, New York, 30
プルマン・ブレッド（ホワイト・ブレッド）　Pullman (white) bread, 58-60, 91, 318
プレッツェル　Pretzels, 102
ブレッド・ベイカーズ・ギルド・オブ・アメリカ　Bread Bakers Guild of America, 9, 23, 25, 28
ブレッドスティック　Breadsticks, 205-206
プロヴィデンス郡（ロードアイランド州）　Providence, Rhode Island, 7, 9, 11-12, 17, 28, 132, 246, 256
ブロディ、ローラ　Brody, Lora, 111
分割　Dividing, 90-91
プンパニッケル・ブレッド　Pumpernickel bread, 281, 293-296
　　作業日数　time estimates, 293
　　特徴　profile, 293
　　バリエーション　versions, 293
　　レシピ　formula, 294-296
プンパニッケル用ライ麦　Pumpernickel rye flour, 219

へ

ベアー、エド　Behr, Ed, 39
『ベイカーズ・カタログ』　The Baker's Catalogue, 17, 50
ベーカーズパーセント　Baker's math-formula system, 56-61
ベーキングシート　Baking parchment, 53
ベーキングストーン　Baking stones, 53-55, 115-116
ベーキングパウダー　Baking powder
　　―の使用　use of, 86
ベーグル　Bagels, 140-148
　　―に使用するモルトシロップ　malt syrup for, 142
　　―用の小麦粉　flour for, 140-143
　　作業日数　time estimates, 140
　　サワードウで作る―　sourdough, 140
　　シナモンとレーズンの―　cinnamon raisin, 148
　　成形　shaping, 140-141, 146
　　卵を使う―　egg, 140
　　特徴　profile, 140
　　ニューヨークの水と―　New York City water and, 48, 140, 142
　　茹で― vs 蒸し―　water vs. steamed, 140

茹で方　boiling methods for, 143
歴史　history of, 140
レシピ　formula, 144-147
ベネットヴァレー・ブレッド・アンド・ペイストリー　Bennett Valley Bread and Pastry, 338, 342
ペペ、フランク　Pepé, Frank, 252
ベンチタイム　Benching, 66, 90-91
ペントザン　Pentosan gums, 219, 285

ホ

膨張剤の種類
　→「化学的膨張剤」「パン酵母」の項も参照　Leavening, types of, 65. See also Chemical leavening; Yeast
ボウル・アクション　Bowl action, 86
ホーギー
　→「ピストレ」参照　Hoagie. See Pistolet, 313
ポートランド（オレゴン州）　Portland, Oregon, 23
ホームベーカリー　Bread machines, 17-18, 47-49
ポーランド国王ヤン 3 世ソビエスキ　John Ⅲ (Jan), King of Poland, 140
ポーリッシュ種　Poolish
　―の使用　use of, 57, 70, 72-73, 128, 130
　定義　definition, 70
　ビガ種と―　biga vs., 70, 72, 84-85, 128-131
　レシピ　formula, 130
ポーリッシュ種を使ったバゲット　Poolish baguettes, 253-255
　作業日数　time estimates, 253
　特徴　profile, 253
　由来　origin of, 36, 253
　レシピ　formula, 253-255
ポーリッシュ種を使ったフォカッチャ　Poolish focaccia 193-194
ボール形
　→「ブール」参照　Ball shape. See Boule, 94
保存法　Storing
　小麦全粒粉　whole-wheat flour, 46
　サワードウのスターター　sourdough starter, 87
　初種　barm, 273
　パン　bread, 121-123
　パン酵母　yeast, 48
ホットドッグバンズ　Hot dog buns, 318-321
ポテト（ジャガイモ）　Potatoes
　―、チェダーチーズ、チャイブ入りのトルピード　torpedoes, Cheddar, chive, and, 342-345
　―とローズマリーのパン　rosemary bread, 259-262
　―を使ったサワードウ・ブレッド　in sourdough breads, 280
　プリエーゼ　pugliese, 263-267
ホテル・リッツ　Ritz Hotel, 32, 150
ホブズ　Khobz/khoubiz, 211
ポルトガル・スイートブレッド　Portuguese sweet bread, 256-258
　作業日数　time estimates, 256
　特徴　profile, 256
　レシピ　forrmula, 257-258
ホワイト・ブレッド　White breads, 318-321
　―のさまざまな名称　names for, 318
　作業日数　time estimates, 318
　特徴　profile, 318
　プルマン・ブレッド　pullman, 58-60, 91, 318
　レシピ　formulas, 319-321
ホワイトライ　White rye flour, 47, 219, 269, 280, 287
ポワラーヌ、マックス　Poilane, Max, 33, 37, 289
ポワラーヌ、リオネル　Poilane, Lionel, 9, 32, 35, 37, 78, 289, 341
ポワラーヌ・スタイルのミッシュ　Poilane-style miche, 289-292
　作業日数　time estimates, 289
　特徴　profile, 289
　レシピ　formula, 290-292
ポンスフォード、クレイグ　Ponsford, Craig, 9, 27, 49, 297, 338

マ

マーブル模様のライ麦パン　Marbled rye bread, 217-220
　作業日数　time estimates, 217
　成形　shaping, 220
　特徴　profile, 217
　レシピ　formula, 218-219
マーラブ　Mahleb, 136
マイヤーズ、ジル　Myers, Jill, 10, 225
前処理　Soaker, 72
前発酵生地　Indirect doughs, 69, 73
マギー、ハロルド　McGee, Harold, 82, 86
薪窯での焼成　Wood-fired baking, 338-341
マスティック　Mastic, 136
マニーシュ　Mannaeesh, 211
マリー・アントワネット（王妃）　Marie Antoinette, Queen, 18, 149-150
マルギエリ、ニック　Malgieri, Nick, 9, 26-27
丸め
　→「成形」の項も参照　Rounding, 66, 90-91. See also Shaping,
マンクーシュ　Mankoush, 211
マンハッタン市（カンザス州）　Manhattan, Kansas, 24, 26, 28

ミ

ミキシング　Mixing, 69-77
　―で材料を均一に混ぜる　ingredient distribution and, 76
　―のメソッド　methods, 74-75
　機械を使う―　by machine, 48-49, 73-74
　グルテンの形成と―　gluten development and, 76-77
　手を使う―（手捏ね）　by hand (kneading), 48, 73-75
　発酵の開始と―　fermentation initiation and, 77
　目的　goals of, 69, 73-77
水　Water

ウォッシュに使用する—　in washes, 112
　　温度　temperature, 71
　　生地の吸水　absorption of; by dough, 75
　　ベーカーズパーセントにおける水分　in the baker's math-formula system, 56-61
　　ミネラルウォーターと水道水　bottled vs. tap, 48
ミッシュ　Miches, 14, 29, 32-34, 289-292, 325, 347-351
ミドルクラスのブリオッシュ　Middle-class brioche, 151, 154
ミラノ　Milan, 240
ミルク　Milk
　　ミルク・ドウ　dough, 318

ム・メ・モ

結びパン　Knotted rolls, 105
無漂白小麦粉　Unbleached flour
　　—の使用が好ましい理由　preferability of, 46-47
メイラード反応　Maillard reaction, 118-119
メラ　Mella, 211
モルトシロップ　Malt syrup, 142-143, 204
モルトパウダー（粉末）　malted barley flour 83-84, 199, 204

ヤ・ユ・ヨ

焼きナスのピューレ　Eggplant puree, smoked, 268
休ませる
　　→「ベンチタイム」参照　Resting. See Benching
野生酵母のスターターで作ったパン　Naturally leavened breads, 62, 64
ユダヤ教　Judaism, 160, 162
余韻　"Loyalty factor", 24, 30, 297
「ヨーロピアン・ベイク」　"European bake," 337

ラ

ライミール　Rye meal, 72, 219
ライ麦粉　Rye flour, 47, 219, 269, 280, 285, 287, 293, 307
ライ麦パン　Rye breads
　　—用のライ麦のスターター　rye starter for, 272, 281, 287
　　薄い色の—　light, 218-219
　　カクテル・ライ　cocktail, 293
　　キャラウェイシードを使った—　caraway seeds with, 283
　　スウェーデンの—（リンパ）　Swedish (limpa), 307-309
　　セーグル　seigle, 280
　　ダーク・ライブレッド　dark, 219
　　デリ・コーン・ライ　deli corn, 283
　　ニューヨーク・デリの—　New York deli, 281-284
　　バイエルン・ライ　Bavarian, 293
　　ヒマワリの種入り—　sunflower seed, 297-300
　　プンパニッケル・ブレッド　pumpernickel, 293-296
　　マーブル模様の—　marbled, 217-220
　　ミキシング　mixing, 219
　　メテイユ　meteil, 280

　　ライ麦100%のサワードウ・ブレッド　100% sourdough, 285-288
ライ麦100%のサワードウ・ブレッド　100% sourdough rye bread, 285-288
　　作業日数　time estimates, 285
　　特徴　profile, 285
　　レシピ　forrmula, 285-288
ラウアー、ハインツ　Lauer, Heinz, 301
ラクトバチルス　Lactobacillus, 85
ラバッシュ・クラッカー　Crackers, lavash, 211-214
ラバッシュ・クラッカー　Lavash crackers, 211-214
　　作業日数　time estimates, 211
　　特徴　profile, 211
　　軟らかいバージョン　softer, 211
　　レシピ　formula, 213-214
ランブロプソモ　Lambropsomo, 136, 139

リ・ル・レ

リーンな生地　Lean doughs, 61-62, 64, 69, 74, 77, 88
リッチマンのブリオッシュ　Rich man's brioche, 150-151, 154
硫酸ナトリウムアルミニウム　Sodium aluminum sulfate, 86
リュスティックタイプの生地　Rustic doughs, 52, 60, 62, 74, 88
リンパ
　　→「スウェーデンのライ麦パン」参照　Limpa. See Swedish rye
ルヴァン・ルヴール
　　→「液種」「スターター」参照　Levain levure. See Sponge; Starters
冷却　Cooling, 120-121
レーズン　Raisins
　　—フォカッチャ　focaccia, 188
　　クリストプソモ　christopsomos, 138
　　シナモン・—入りクルミのパン　walnut bread, cinnamon, 171-173
　　シナモンと—のベーグル　bagels, cinnamon, 148
　　シュトレン　stollen, 301-306
　　パネトーネ　panettone, 240-245
　　メガリッチなスティッキーバンズ　beyond ultimate sticky buns, 332-335
　　ランブロプソモ　lambropsomo, 139

ロ

ローストオニオンとアジアーゴチーズのミッシュ　Roasted onion and Asiago miche, 347-351
ローズマリー　Rosemary, 259
ロータス・ベーカリー　Lotus Bakery, 340-341
ロートル・ブーランジュリー　L'Autre Boulangerie, 32
ロールパン　Rolls
　　カイザーロール　kaiser, 207-210
　　小さなブリオッシュ・ア・テート　petites brioches a tete, 150-154
　　ディナーロール　dinner, 104, 259, 318-321

トルピード・ロール　torpedo, 102, 313
プル・アパート・ロール　pull-apart, 104
結びパン　knotted, 105

ロシュ・ハシャナ　Rosh Hashanah, 162
炉床での焼成　Hearth baking, 77, 88, 114
ロックポート（マサチューセッツ州）　Rockport, Massachusetts, 132
ロバートソン、チャド　Robertson, Chad, 325, 352

ワ

「笑う」
　→「ブルーム」参照　Grigne 114
割れ目パン
　→「フォンデュ」参照　Split bread. See Fendu

著者

ピーター・ラインハート (Peter Reinhart)

製パン指導者として広く知られる、パン職人・講師・作家。現在、米国ノースカロライナ州にあるジョンソン＆ウェールズ大学シャーロット校でフルタイムのベイキング講師として教壇に立つ。並行して作家としての活動も行っている。

1991年、自身の店「ブラザー・ジュニパーズ・ベーカリー」の名を冠した著書 "Brother Juniper's Bread Book" を上梓。1994〜95年にかけて行われた全米製パン競技大会では、クレイグ・ポンスフォード（パンの世界選手権 "クープ・デュ・モンド" 1996年度バゲット及びパン・スペシオ部門優勝者）等の強豪に競り勝って優勝。翌96年にパリに行き、リオネル・ポワラーヌ、ベルナール・ガナショー、フィリップ・ゴスランら、フランスの著名パン職人と交流。この頃、自身の店を閉め、活動の比重を講師・作家活動へと移す。1998年刊の著書 "Crust and Crumb" で「料理界のアカデミー賞」と呼ばれるジェイムズ・ビアード賞を受賞。2001年刊の "The Bread Baker's Apprentice"（本書の原書の旧版）で、ジェイムズ・ビアード賞、国際料理専門家協会（IACP）クックブック・オブ・ザ・イヤー賞受賞。2007年刊の "Whole Grain Breads" で3度目のジェイムズ・ビアード賞を受賞。2016年、"The Bread Baker's Apprentice" の改訂版（本書の原書）を刊行。計10冊以上の著書がある。妻のスーザンとノースカロライナ州に在住。

日本語版監修者

竹谷光司 (たけや・こうじ)

1948年北海道生まれ。北海道大学を卒業後、山崎製パン入社。ハリー・フロインドリーブ氏の紹介で3年間旧西ドイツ（現ドイツ）でパンの研修を受ける。1974年に帰国し日清製粉に入社。日本パン技術研究所（JIB）、アメリカパン技術研究所（AIB）を経て1986年、日本の若手リテイルベーカリー有志とベーカリーフォーラムを立ち上げ、今日のベーカリー発展の礎を築く。その後ミックス粉、小麦、小麦粉、製粉、食品の基礎研究に携わり2007年、製粉協会・製粉研究所へ出向、全国の育種家の知己を得る。2010年、千葉県佐倉市に「美味しいパンの研究工房・つむぎ」開店。著書に『新しい製パン基礎知識』（パンニュース社）、『プロの理論がよくわかる 一からのパン作り』（旭屋出版）がある。

訳者

ハーパー保子 (はーぱー・やすこ)

翻訳家。おもな訳書に『料理の科学』（全2巻）、『続・料理の科学』（全2巻）（以上 楽工社）、『集中力 ─ 人生を決める最強の力』、『記憶力 ─ 成功をもたらす無限の力』、『賢者の宝物 ─ ゆるぎない真理の教え』（以上 サンマーク出版）、『実践 マインドフルネス』（ガイアブックス）、『フィットネス健康療法ガイド』（産調出版）などがある。

THE BREAD BAKER'S APPRENTICE, 15th Anniversary Edition
by Peter Reinhart
Copyright©2016 by Peter Reinhart
All photographs copyright©2001 by Ron Manville
with the exception of photos on pages 339-341 by Aaron Wehner.
First published 2019 in Japan by Rakkousha, Inc.
This translation published by arrangement with Ten Speed Press,
an imprint of the Crown Publishing group, a division of Penguin Random House LLC
through Japan UNI Agency, Inc., Tokyo

全米製パン競技大会のチャンピオンと作る
アルチザン・ブレッド

2019年9月7日　第1刷

著者	ピーター・ラインハート
写真	ロン・マンビル
日本語版監修	竹谷光司
訳者	ハーパー保子
日本語版レシピ作成協力	山田密穂
編集	松成容子（たまご社）＋楽工社編集部
発行所	株式会社 楽工社 〒190-0011 東京都立川市高松町 3-13-22 春城ビル 2F 電話 042-521-6803 www.rakkousha.co.jp
印刷・製本	大日本印刷株式会社
装幀	芦澤泰偉
本文デザイン	児崎雅淑（芦澤泰偉事務所）
DTP	株式会社ユニオンワークス

978-4-903063-86-7

本書の一部あるいは全部を無断で複写複製することは、法律で認められた場合を除き、著作権の侵害となります。

好評既刊

風味の事典

ニキ・セグニット著
定価(本体7200円+税)

豚肉とリンゴ、サーモンとディル、チョコレートと唐辛子——。
おいしい「風味」を作りだす「食材の組合せ」を、
料理の実例と共に紹介する唯一の事典。980項目の組合せを収録。
「こんな風味があったのか!」「こんな組合せがあったのか!」
伝統料理から有名シェフの料理まで、意外な実例多数収載。
ミシュラン三つ星シェフ、ヘストン・ブルーメンソール氏 推薦。
「ひらめきを得られる、独創的な本」

はじめに／ロースト風味／肉の風味／チーズ風味／土の風味／ピリッとした刺激の風味／硫黄のような風味／海の風味／オイル漬／塩漬の風味／草の風味／スパイシー風味／森の風味／さわやかなフルーツ風味／クリーミーなフルーツ風味／柑橘系の風味／低木と多年草の風味／花の香り系のフルーツ風味／人物紹介／参考文献／索引

西洋料理の黄金比

マイケル・ルールマン著
定価(本体2500円+税)

「料理界のハーバード大」と呼ばれる、
米国最高峰の料理大学で伝授されてきた、
門外不出の黄金比を初公開!
パン=小麦粉5:水3、ソーセージ=肉3:油脂1など、
33種の黄金比を収録・解説。
プロには必須、家庭料理にもすぐ取り入れられる、
「基本配合比率」の総合解説書。

黄金比一覧表／黄金比とは何か なぜ比率が重要なのか／容積ではなく〈重さ〉を基本に／1章 小麦粉の生地／2章 ストック(出汁)——スープ、ルーなどもあわせて／3章 肉と魚介——ソーセージ、ベーコン、コンビーフなど／4章 油脂ベースのソース／5章 カスタード——プリン、アイスクリーム、バニラソース他／黄金比の意義と役割／索引